역사소비시대의 역사 읽기

한국사 속의
한국사

3 근·현대 150년

역사소비시대의 역사 읽기

한국사 속의 한국사 3

초판 1쇄 인쇄일 ｜ 2016년 11월 10일 **초판 1쇄 발행일** ｜ 2016년 11월 15일
초판 2쇄 인쇄일 ｜ 2017년 09월 01일 **초판 2쇄 발행일** ｜ 2017년 09월 11일

지은이 ｜ 고석규 · 고영진
펴낸이 ｜ 강창용
펴낸곳 ｜ 느낌이있는책

주소 ｜ 경기도 고양시 일산동구 중앙로 1233 현대타운빌 1202호
전화 ｜ (代)031-932-7474 **팩스** ｜ 031-932-5962
홈페이지 ｜ http://www.feelbooks.co.kr
이메일 ｜ feelbooks@naver.com
등록번호 ｜ 제10-1588 **등록년월일** ｜ 1998. 5. 16
책임편집 ｜ 이윤희 **디자인** ｜ 김민정
책임영업 ｜ 최대현, 민경업

ISBN ｜ 979-11-86966-09-9 04910
      979-11-86966-06-8 (세트)
값 18,500원

· 잘못된 책은 구입처에서 교환해드립니다.
· 표지 우측 하단 사진 출처 : 정태원 로이터통신, 이한열기념사업회

이 도서의 국립중앙도서관 출판예정도서목록(CIP)은 서지정보유통지원시스템 홈페이지(http://seoji.nl.go.kr)와 국가자료공동목록시스템(http://www.nl.go.kr/kolisnet)에서 이용하실 수 있습니다.(CIP제어번호: CIP2016026112)

역사소비시대의 역사 읽기

한국사 속의 한국사

③ 근 · 현대 150년

| 고석규 · 고영진 지음 |

느낌있는책

스마트 시대의 미래를 열어가는
한국사 3.0

지금 인터넷 없는 세상은 상상할 수 없다. 최초의 인터넷 환경을 웹 1.0이라고 한다면, 참여·공유·개방, 그리고 융합을 특징으로 하는 인터넷 환경을 웹 2.0이라 불렀다. 사물인터넷이 키워드로 등장하고, 언제 어디서나 존재한다는 유비쿼터스 네트워크 시대가 현실화되고 있는 지금, 맞춤형 소셜 네트워크가 이끄는 소통과 공감, 그리고 협력이 덧붙여진 웹 3.0 시대에 들어섰다.

한국사를 보는 차원도 이제 3.0 단계를 향하고 있다. 식민지라는 현실 하에서 전개된 미숙한 단계의 한국사 1.0을 극복하고, 산업화와 민주화의 두 과제를 성취하는 과정에서 민족주의와 내재적 발전론을 앞세웠던 정치 과잉의 한국사 2.0 단계가 있었다. 이제 21세기에 들어오면서 정치 과잉에서 벗어나 좌·우의 진영논리를 넘어서는 균형 있는 시각을 갖추어 나가려는 노력들이 나타나고 있다. 이른바 소통과 공감의 한국사를 지향하는 한국사 3.0의 단계로 접어들고 있다. 이 책은 3.0 단계의 한국사를 지향한다. 스마트 시대의 미래를 열어가는 한국사의 새로운 답이 여기에 있다.

요즘 역사에 대해서는 할 말이 너무 많다. 먼저 '역사 소비 시대'라고 불러도 어색하지 않을 만큼 수많은 역사물들이 소비를 기다리는 상품들처럼 시장에서 각축을 벌이고 있다. 영화는 물론 TV 드라마, 소설, 게임 등 모든 대중적 장르에 다 있다. 광고에도, 각종 생활소품에도 역사는 소비되고 있다. 왜 이처럼 역사물이 소비 대상이 되며, 그런 현상은 역사인식에 어떤 영향을 미치는가? 이런 역사물의 범람이 초래하는 소비사회의 위협으로부터 벗어나 올곧은 답을 찾고 싶은 사람들에게 이 책은 좋은 길잡이가 될 것이다.

한편, 한국사 국정교과서 시대에 대안을 찾아 역사의 진실을 알고 싶어 하는 사람들에게 이 책은 또한 좋은 지침서가 될 것이다. 주지하다시피 지금 중·고등학교 한국사 교과서 국정화 문제가 역사교육의 현안이 되고 있다. 숱한 여론의 반대에도 불구하고 정부에서는 마침내 2015년 10월 중·고등학교 한국사 교과서 국정화 방침을 정했다. 그래서 지금 이른바 '올바른 교과서'를 만들겠다고 밀어붙이고 있다.

한국사 교육을 강화하여 올바른 역사인식을 갖추게 하자는 것까지는 좋다. 그렇지만 국정교과서가 그 답은 아니다. 왜냐하면 올바른 역사인식이란 정부가 정해 주는 하나의 답을 통해서 형성되는 것은 아니기 때문이다. 다양성을 토대로 창조사회를 지향하는 21세기에 정부가 정해 주는 하나의 답만이 올바르다고 가르치는 역사교육은 너무나 시대착오적이다.

역사는 사람들의 경험에 대한 역사가들의 기록이자 평가이다. 따라서 사람들의 생각이 서로 다르듯이 역사도 서로 다를 수밖에 없다. 그렇다고 '다르다'에 멈추라는 뜻은 아니다. 역사의 해석은 다르지만, 받아들이는 개인의 입장에서는 그중 어느 하나를 선택하게 된다. 이때 자신의 판단에 따라 주도적으로 선택을 할 수 있도록 도와주는 것이 올바른 역사교육이다. 수많은 선거에서 유권자는 누군가를 선택해야 하는데 이때에도 물론 정답은 없다. 각자의 입장에 따른 선택이 있을 뿐이다. 역사인식도 이와 마찬가지다. 이 책은 국정교과서가 강요하는 하나의 답과는 달리 여러 답을 전제로 자기 주도적 선택을 할 수 있는 능력, 즉 역사인식을 형성하는 데 동반자가 될 것이다.

　이 책은 우리 역사를 읽고 싶어 하는 분들에게 꼭 필요한 안내서가 될 것이다. 이 책은 우리 역사의 사실史實들을 전해 준다. 그러나 거기에 그치지 않는다. 단순히 '사실'들을 전해 주기보다는 사실들과 함께 그 사실들에 대한 '비평'을 썼다. 우리 역사의 사실들은 인터넷 검색창을 두드리면 금방 눈앞에 나타난다. 이제 어떤 사실을 안다는 것만으로 역사의 프로가 될 수는 없다. 그러면 프로 역사가는 아마추어와 뭐가 다를까? 그 답은 역사 속의 역사를 읽어내는 데 있다. 검색창에서 찾는 파편적 지식이 아니라 사실을 분석하여 인과관계를 밝히고 나아가 비판 능력까지 갖는 맥락적 지식이 그 답이다.

　역사는 암기과목이 아니지만, 수험생들에게는 암기가 필요하기도 하다.

이때 파편처럼 흩어져 있는 지식이라면 암기조차 힘들지만, 맥락을 이루는 지식이라면 암기하기도 쉽다. 이 책은 역사의 맥락을 이해하게 하여 외우지 않고도 외워지는 역사 공부의 도우미가 될 것이다.

이 책은 《역사 속의 역사 읽기》(1996, 풀빛)를 토대로 하고 있다. 《역사 속의 역사 읽기》는 첫 출간 이래 독자 여러분들로부터 과분한 사랑을 받았다. 그런데 나온 지 벌써 20년이 지났다. 과거 그 자체야 변하지 않는 것이지만, 그 사이에 역사 연구는 끊임없이 진행되어 수없이 많은 연구 성과들이 나왔다. 또 강산이 두 번 바뀔 동안 우리 사회도 크게 달라졌다. 따라서 역사를 보는 눈 자체에도 적지 않은 변화가 있었다.

그래서 이 책을 새롭게 다듬어야겠다는 생각을 한 지는 오래되었다. 그러나 생각만 할 뿐 이런저런 일들에 치어 미루다가 마침 느낌이 있는 책 출판사의 제의가 있어 기꺼이 다시 써 보기로 했다. 하지만 그 과정은 결코 순탄치는 않았다. 시작한 지 3년 만에 겨우 세상에 나오게 되었다.

이 책에서는 지난 20년이란 결코 짧지 않은 시간이 만들어 낸 많은 변화들을 폭넓게 담으려 애썼다. '역사 소비 시대의 역사 읽기'라는 제목을 달고 있는 서장은 모두 다시 썼다. 또 선사 시대부터 현대까지 기본적인 구성은 크게 달라지지 않았지만, 최근의 성과까지도 담으려 꼼꼼히 살폈고, 시각 자체에 대한 교정도 있었다. 역사가의 시각이 사회의 변화에 따라 어떻게 달라지는지 관찰하는 것도 이 책을 읽는 즐거움 가운데 하나일 것이다. 그리고 무엇보다 책의 외모가 시원스레 달라졌다. 판형은 물론 다양한 그림이나 사진들을 활용하여, 보면서 읽을 수 있는 대중역사서로 탈바꿈하였다.

대중의 시대에 대중의 기호에 맞게 책을 써야 한다는 것은 백 번 옳다. 이는 재미있어야 한다는 뜻이다. 그래서 재미있게 쓰려고 노력했다. 하지만 역사는 마냥 재미만 있을 수는 없다. 지식이나 경험 중에는 재밌게 얻을 수 있는 것도 있겠지만 분명 인고하며 배워야 하는 것도 있다. 우리는 역사에서 기쁨만 배우는 것은 아니다. 그 기쁨을 얻기 위해 겪은 아픔까지도 배우는 것이다. 장미의 가시가 주는 아픔을 느낄 때 비로소 장미의 온전한 아름다움을 느낄 수 있는 것처럼 역사도 분명 그렇다.

이 책을 통해 역사의 재미와 더불어 의미를 찾아 한국사 속의 한국사의 신세계를 느껴보기 바란다. 그리고 그 세계에서 역사의 사실들은 물론, 자신의 독창적인 역사 읽는 법도 찾기를 바란다. 우리 함께 균형 잡힌 사고, 공감의 확대를 통하여 공존의 길을 열어 가자.

이 책이 다시 세상의 빛을 보기까지 느낌이 있는 책 강창용 대표의 도움이 무엇보다 컸다. 감히 엄두도 내지 못하고 있던 필자들에게 뜻밖의 제안으로 도전 의지를 북돋아 주었고, 답답함을 참아가면서 무던히도 많이 기다려 주었다. 고맙다는 말로는 부족하겠지만 지면을 통해 감사의 뜻을 전한다. 그리고 이렇게 멋진 책으로 만들어 준 노은정 팀장, 편집부원 여러분들에게도 감사드린다. 이 책의 모태가 되는 《역사 속의 역사 읽기》에 함께 작업했던 선·후배 동료 연구자들은 물론, 풀빛출판사 측에도 이 자리를 빌어 깊은 감사의 뜻을 전한다.

　분에 넘치는 추천의 글을 보내 주신 한영우 교수님, 이태진 교수님, 허영만 화백님, 최원정 아나운서님께도 평생 갚아야 할 큰 은혜를 입었다. 앞으로 더 좋은 책을 만들어 답하기로 다짐하며 글을 마친다.

2016년 11월

고석규·고영진 씀

CONTENTS

제5장 민족운동의 발전

제6장 민족운동의 새로운 모습

Korea

HISTORY OF KOREA

제1장 │ 개항과 근대 국민국가

1 서양의 도전, 병인양요와 신미양요

KOREA

병인양요와 신미양요는 제국주의 침략의 서막이자 근대 반외세운동의 시작이라고 할 수 있다. 제국주의 열강과 맞서 싸웠던 당당한 우리 선조들의 그 발자취가 남아 있는 곳이 바로 강화도이다.

TGV와 외규장각 도서

2004년 서울–대구 간 경부고속철도가 처음 개통되고 나서 지난 2015년 서울–광주 간 호남고속철도가 개통됨으로써 이제 전국이 반나절 생활권이 되었다. 덕분에 철도 이용승객은 크게 늘어나고 지역 관광산업은 혜택을 입었지만 반면 항공과 고속버스 업계는 승객이 줄어 울상이다.

  1989년 본격적인 사업이 시작되면서 이 고속전철의 수주를 둘러싸고 프랑스의 TGV와 독일의 ICE가 치열한 경쟁을 벌였다. 프랑스는 당시 미테랑 대통령이 1993년 한국에 직접 오기까지 하였다. 그때 미테랑 대통령은 2권의 의궤를 가지고 왔는데 그 의궤가 바로 병인양요 때 프랑스 함대가 강화도에서 약탈해 간 외규장각 도서 중의 일부였다. 그는 고속철도의 차량을 TGV로 하면 그 나머지 책들도 곧 되돌려 주겠다고 약속하였다.

  그러나 당시 그 책을 가져온 도서관의 여직원들이 못 주겠다고 떼를 쓰는 어처구니없는 일이 일어나 미테랑 대통령 자신뿐만 아니라 프랑스 정부의 신뢰성을 의심케 하는 일이 벌어졌다. 어쨌든 이 사건은 국민들의 호기심을 끌

16

기에 충분하였다. 문화적 자존심이 누구보다도 강하다고 스스로 자부하는 프랑스가 자신들이 보유하고 있는 문화재를 그 이유야 어찌 되었든 되돌려 주겠다는 것은 대단히 이례적인 일이었기 때문이다.

프랑스에 있는 우리 문화재가 한둘이 아닌데 유독 외규장각에 있던 도서가 반환의 대상이 되었던 까닭은 왜일까? 먼저 거기에는 1975년 프랑스 도서관에 처박혀 있던 이 책들을 처음 발견한 고 박병선 박사를 비롯해 이 책의 반환을 위해 애써 왔던 여러 연구자와 관계자들의 헌신적인 노력이 있었기 때문이다. 그 다음으로 중요한 이유는 외규장각 도서가 프랑스로 가게 된 사정의 불법성 때문이다. 그 불법성이란 바로 이 글에서 말하려는 병인양요에서 비롯된 것이다. 병인양요는 나라와 나라 사이의 공식적인 전투가 아니었다. 이 전투는 프랑스 측의 공식적인 승인을 받지 않은 약탈전이었다. 따라서 규장각 도서도 전리품이 아니라 프랑스해군이 조선을 침략해서 약탈해 간 이른바 '장물'이었다. 그렇기 때문에 국제법적으로 당당히 반환을 주장할 수 있다는 것이다.

어쨌든 미테랑 대통령이 1993년 의궤 1권을 반환한 이후 여러 우여곡절 끝에 2011년 조선 왕조 의궤 296책이 반환됨으로써 강화도 외규장각에서 약탈당했던 조선 왕조 의궤 297책은 145년 만에 모두 한국으로 돌아왔다. 그러나 완전한 반환이 아니라 5년 단위 대여 갱신 방식으로 돌아온 것이고 아직 돌아오지 못한 도서도 있으니 마냥 좋아라 할 일은 아니다.

병인양요의 원인

서양 제국주의와의 만남은 병인양요에서처럼 노략擄掠이란 방식으로 이루어졌다. 따라서 이런 외세의 침략에 당당히 맞섰던 항전의 역사는 두말할 필요 없이 정당한 것이었다. 그러면 이 외규장각 도서 반환문제와 관련이 있는 병인양요는 어떻게 일어났는가부터 살펴보자.

당시 사람들은 서양의 오랑캐를 '양이洋夷'라고 하였다. 따라서 이 양이들이 우리 조선에 들어와 소란스럽게 한 사건을 '양요洋擾'라고 한다. 양요는 개항 직전에 크게 두 차례가 있었다. 하나는 프랑스군이 침략했던 1866년의 병인양요이고, 다른 하나는 미군이 침략했던 1871년의 신미양요가 그것이다.

병인양요가 일어난 직접적인 원인은 1866년 대원군 집권기에 있었던 천주교 탄압사건인 병인박해丙寅迫害였다. 병인사옥丙寅邪獄이라고도 한다. 이에 앞서 1801년(순조 1)의 신유박해와 1839년(헌종 5)의 기해박해 등 천주교 신도 탄압사건이 두 차례 더 있었다. 기해박해 때는 프랑스 신부이며 선교사인 앙베르, 모방, 샤스탕 등이 피살되는 사태가 발생하였다. 이로 인해 1846년에 프랑스 동양함대 사령관이었던 세실이 군함 3척을 이끌고 와서 문책의 서한을 전하고 돌아갔다. 이듬해에는 다시 회답을 얻기 위해 피에르 대령을 군함 2척과 함께 파견하였으나 전라도 고군산열도에서 난파하는 바람에 뜻을 이루지 못하고 돌아간 적이 있었다. 조선으로서는 불행 중 다행이었다.

이런 사건들을 거치고 난 뒤, 대원군이 집정하고 있을 때인 1866년에 병인박해가 일어났다. 병인박해는 대원군이 의도적으로 천주교를 탄압하려 했다기보다는 당시 상황에 끌려간 면이 없지 않았다. 대원군은 당시 점증하는 러시아의 침략 위협 속에서 어떻게 대처할 것인가를 고민하고 있었다. 이때 천주교도들인 김면호·홍봉주 등이 오랑캐로써 오랑캐를 제압하는 이이제이以夷制夷의 방아책防俄策(러시아를 막는 방책)을 건의하였다. 즉 프랑스의 힘으로 러시아를 저지하자는 것이었다. 대원군은 이 건의를 받아들였고 이에 따라 여러 가지 외교적인 교섭을 시도하였다.

그러는 사이에 청나라의 천주교 탄압 소식이 전해졌다. 그러자 반反대원군 세력들은 천주교와 접촉하고 있던 대원군에게 정치 공세를 폈다. 이에 위협을 느낀 대원군은 급기야 쇄국양이와 사교금압邪敎禁壓 정책으로 전환하였다. 대원군은 이처럼 자신의 정치적 생명의 유지를 위해 천주교에 대한 대대적인 탄압을 가하게 되었다. 그 결과, 베르뇌와 다블뤼 등 9명의 프랑스 신부를 비롯하여 8천여 명의 교인들이 죽음을 당하였다.

이렇게 박해가 심해지자 피신해 있던 리델Ridel 신부는 7월 조선을 탈출, 청나라의 톈진으로 가서 프랑스 동양함대 사령관 로즈Roze, P. G.에게 보복원정을 촉구하였고, 이에 로즈는 프랑스 정부의 승인 없이 그해 10월 7척의 군함을 이끌고 프랑스 선교사들의 학살책임을 묻는 무력시위를 벌였다. 이것이 바로 병인양요의 시작이다.

병인양요의 직접적인 계기가 되었던 것은 병인박해이지만 프랑스 함대의 침략은 근본적으로 프랑스의 제국주의적 팽창의 연장선상에서 일어났다. 당시는 이른바 '제국주의 시대'였다. 나폴레옹 3세의 통치 아래 있었던 프랑스 역시 제국주의 정책을 표방하는 데 예외가 아니었다. 그리하여 이들은 인도차이나 반도를 점령하여 식민지로 삼았으며, 곧 이어서 중국, 그 다음에 조선에까지 침략의 야욕을 기울였다.

이미 1855년 게랑 제독의 지휘 아래 뷔르지니호가 1개월간에 걸쳐 조선 서해안을 정찰하고 나서, 조선은 허약하여 쉽게 열강의 희생물이 될 것이고 러시아가 벌써부터 침략의 손을 뻗치고 있는 듯하니 프랑스가 선수를 써서 무력으로 이 나라를 점령하여 식민지로 만들어야 할 것이라는 내용의 보고서를 해군성에 보내기도 하였다. 이런 일련의 사실들로 미루어 볼 때 병인박해는 다만 구실이었을 뿐 병인양요라는 제국주의의 침략은 예정된 것이었다.

병인양요의 경과

병인양요는 크게 제1차 원정과 제2차 원정으로 나누어 볼 수 있다. 제1차 원정은 1866년 9월 18일부터 10월 1일까지 3척의 함대가 서울 서강西江까지 올라와서 세밀한 지세 정찰과 수로 탐사를 하고 3장의 지도를 만들어 돌아간 것을 말한다.

이어 10월 11일에 제2차 원정을 시작하였다. 이때는 군함 7척, 대포 10문, 총병력 1,000명의 함대가 강화도로 곧장 진격하여 강화부를 점령하였다. 여기서 프랑스군은 "우리 동포형제를 학살한 자를 처벌하러 왔다. 조선이 선교사 9명을 학살했으니 조선인 9천 명을 죽이겠다."고 하였다고 한다.

조선 정부에서도 대응을 하기 위해 급히 순무영이라는 기구를 설치하고 군대를 파견하였다. 그러나 출동한 조선 측 군대는 10월 26일 강화도 북단 갑곶 맞은편에 있는 문수산성에서 프랑스 군대에 패배하였다. 상황이 이렇게 돌아가자 당시 부대를 지휘하던 양헌수梁憲洙는 화력 면에서 절대 우세인 프랑스군을 진압하는 데는 정규전이 아니라 기습전이 필요하다는 판단을 하고 549명의 군사로 비밀리에 도하 작전을 전개하여 강화도 남단 정족산성을 점거하였다.

조선군이 정족산성을 점거했다는 보고를 받은 로즈 제독은 올리비에 대령에게 정족산성 공격을 명령하였다. 11월 9일 올리비에 대령은 프랑스군 160명을 이끌고 정족산성을 공격하였으나 잠복 중이던 양헌수의 포수들의 일제 사격을 받아 6명이 전사하고 60~70명이 부상을 당하였다. 조선군은 1명이 전사했을 뿐이었다. 결국 프랑스 함대는 다음날인 11월 10일 강화도에서 철수하고 말았다.

양헌수승전비각

병인양요 때 정족산성에서
프랑스군을 격퇴한 양헌수
장군을 기리는 비각으로
강화도 전등사 내에 있다.

이때 프랑스군은 강화도 외규장각에 있던 고서 345권과 정부 재정용으로
비축해 놓았던 은괴 19상자 등을 약탈해 갔다. 알려진 바에 의하면 은괴는
로즈 제독이 나폴레옹 3세에게 바쳤는데, 나폴레옹 3세는 "이건 정규적인
정부 승인을 얻은 전쟁이 아니니까 내가 받을 수가 없다."고 하며 거절하여
약탈자들이 쑥덕공론 끝에 나눠가졌다고 한다.

병인양요 당시에 대원군이 국민의 적개심, 즉 외세에 대한 적개심을 고무
했던 글이 《용호한록龍湖閒錄》이라는 문집에 들어 있다.

1. 괴로움을 참지 못하고 화친을 허락한다면 이는 나라를 파는 것이다.

2. 고통스러움을 참지 못하고 교역을 허락한다면 이는 나라를 망하게 하
   는 것이다.

3. 적이 경성에 다다랐을 때 도성을 버리고 간다면 이는 나라를 위태롭게
   하는 것이다.

4. 만약 육정육갑六丁六甲으로 귀신을 부르는 기술이 있어 기문奇文을 베풀

어 적을 쫓는다 하더라도 이후의 폐는 사학邪學보다 더욱 심할 것이다.

프랑스에 대한 전투에 적극적으로 임할 것을 강조하는 글인데, 대원군의 태도가 대단히 강경했음을 충분히 느낄 수 있다. 물론 그의 이런 태도에 당시 유학자들은 상당히 적극적으로 호응을 하였다. 그 대표적인 인물이 화서華西 이항로李恒老(1792~1868)였다. 이항로는 당시 75세의 고령이고 병중에 있었음에도 불구하고 강력하게 싸울 것을 주장하였다. 강화도에서 프랑스군을 크게 무찔렀던 양헌수도 바로 그의 제자였다. 이와 같은 위정척사의 분위기는 당시의 시대정신이었다. 이런 정신에 힘입어 제국주의 군대의 침략에 당당히 맞설 수 있었다.

신미양요의 경과

또 하나의 양요인 신미양요가 일어나게 되는 계기는 미국 상선 제너럴셔먼General Sherman호 사건이었다. 이 사건은 병인양요보다 3개월 전인 1866년 7월에 일어났다. 제너럴셔먼호는 겉으로는 장사하는 배라고 하였지만 실상은 미국 해군이 타고 있었다. 이 배는 대동강을 오르내리면서 조선 선박을 납치하여 식량과 물품을 약탈하고 선원 가운데 일부는 육지에 상륙하여 평양 주민에 대한 약탈과 살육을 자행하였다. 여기에 분격한 평양 주민들이 평양감영의 군사와 합세해서 이 배를 불태우고 무장한 선원들을 모두 살해했다. 당시 평안감사는 박규수였다.

이 사실이 미국에 알려지자 미국은 그 책임을 묻고 동시에 이를 빌미 삼아 조선을 개항시키려고 하였다. 미국은 이미 10여 년쯤 전인 1854년에 해군 함정의 대포로 일본을 개항시킨 경험이 있었다. 따라서 이번에도 조선을 같은 방법으로 개항시키기 위해서 청국에 주재하고 있던 미국공사 로우Low, F. F.에게 훈령하여 아시아 함대를 출동케 하였다. 로우는 아시아 함대 사령관 로저스Rodgers, J.와 상의한 끝에 조선 원정을 명령하였다.

초지진과 광성보 사이에 위
치했던 덕진진은 강화 12
진보(鎭堡) 가운데 하나로
강화해협에서 가장 강력
한 포대가 있었으나 신미
양요 당시 미군과의 치열
한 전투 끝에 함락되었다.

　이에 따라 미국 함대는 군함 5척에 수해병 1,230명, 함재대포 85문을 가
지고 일본 나가사키에서 보름 동안 훈련을 실시한 뒤 1871년 5월 16일에 조
선 원정에 나섰다. 이때 동원한 병력은 남북전쟁(1861~65)으로부터 미국—스
페인전쟁(1898)에 이르기까지 미국이 벌인 해외 침략 가운데 최대 규모였다고
한다.

　로저스는 조선 대표에게 서울로 가기 위한 수로를 탐색하고자 강화해협을
측량하겠다고 일방적으로 통고한 뒤, 6월 1일 강화해협의 탐사를 강행하였
다. 미함대가 강화도 동남부인 손돌목에 이르자 연안 강화포대로부터 기습
공격을 받아 조선과 미국 간에 최초로 군사적 충돌이 벌어졌다. 이를 우리는
보통 '손돌목 포격사건'이라고 한다.

　상황이 이렇게 되자 미국 대표는 조선 정부에 강력하게 항의하고 사죄와
손해배상을 요구하였다. 그러나 조선 정부는 거부하였다. 먼저 침략해 들어
온 것은 미국이었으니까 거부는 당연한 조처였다. 결국 평화적 해결이 결렬
되자 미국 함대는 6월 11일 강화도 남쪽에 있는 초지진에 상륙하였다. 상륙
부대는 10개 중대로 포병대·공병대·의무대·사진 촬영반도 포함되어 있었는
데, 우선 해상에서 함포사격으로 초지진을 초토화하고 상륙한 뒤에 그 위에

초지진

병인양요와 신미양요를 비롯해 운요호 사건 때에도 격전이 벌어졌던 역사의 현장이다.

있던 덕진진을 점거하고 그 바로 위의 광성보를 공격하였다.

이 광성보 전투에서 조선군은 전사가 53명, 부상이 24명 등 상당히 많은 피해가 나고 지휘관이었던 어재연魚在淵도 전사하였다. 미군은 3명이 죽고 10명이 부상을 당하였다. 자기들이 볼 때는 개가를 올린 셈이었다. 이들은 광성보를 점거하고 수자기帥字旗를 탈취하고 성조기를 게양하며 승리를 자축하였다. 이 수자기는 그동안 미국 해군사관학교 박물관에 전시되어 있다가 2007년에 10년 장기대여 형식으로 반환되어 현재 강화역사박물관에 전시되어 있다.

광성보를 점령한 미국 함대는 머지않아 철수하였다. 미국의 본래 목적은 조선을 침략해서 조선 인민을 살육하는 데 있었던 것은 아니었다. 그저 적당히 위협해서 일본처럼 개항시키려고 하는 데 있었다. 그런데 조선군의 반격이 만만치 않았고 특히 대원군이 여전히 결사항전을 불사하니까 미국은 개항하려는 정책을 단념하고 7월 3일에 함대를 철수시켰다. 그래서 조선 측으로 볼 때는 전투에는 패배했을지 모르지만, 전쟁에서는 승리하였다고 할 수 있다.

제국주의에 대한 승리, 그 이후

두 차례에 걸친 양요는 조선인들에게 무엇을 남겼을까? 우선 무력의 열세임에도 불구하고 대포를 끌고 온 외국 함대를 물리쳤다는 데에서 의기양양한 자신감이 생겼다. 아울러 서양 오랑캐에 대한 적개심, 반외세 감정 등이 널리 퍼져 갔다.

이에 힘입어 대원군은 전국 각지에 "양이가 침범함에 싸우지 않음은 곧 화의하는 것이요, 화의를 주장함은 나라를 파는 것이다. 우리 자손만대에 경계하노라. 병인년에 짓고 신미년에 세우다.洋夷侵犯 非戰則和 主和賣國 戒我萬年子孫 丙寅作 辛未立"라는 내용을 담은 척화비를 세우기도 했다. 국민들의 배외감정을 북돋우는 동시에 서양과의 교역을 주장했던 사람들을 경계했던 것이다. 병인양요가 일어나던 '병인년에 짓고' 신미양요가 일어나던 '신미년에 세우다'라는 그 시점이 참으로 절묘하다. 그만큼 외세에 대한 자신감, 당당함을 담고 있는 비였다.

미국 선교사였던 그리피스가 1882년에 쓴 《은자의 나라, 조선》에서 당시

광성보

신미양요 때 미군과 격전을 벌인 곳이다.

조선인들이 서양에 대해 어떻게 생각했는지를 보자.

중국에서는 이 원정이 실패이며 패배라고 여겨지고 있었다. 조선인은 미국인들이 해적·도적의 죽음, 즉 제너럴셔먼호 사건에 복수하기 위해 왔지만 여러 차례 전투 뒤 완패했기 때문에 다시 쳐들어오지는 않을 거라고 생각하였다. 대원군에게 이 두 차례의 사건은 개인적 영광을 더하는 계기가 되었다. 호랑이 포수들 및 조선의 보수주의자들은 자신들이 프랑스와 미국 양측에 저항하여 성공하였으며, 그 군대에 손실을 주고 내쫓았다고 확신하게 되었다. 창춘長春에 있는 스코틀랜드 선교사가 외국인의 무력과 전쟁에서의 우수성에 대하여 어떤 조선인에게 이야기했을 때 그것을 듣고 있던 그 조선인은 분노하여 머리를 치켜들고 손가락을 확 꺾으면서 다음과 같이 답하였다고 한다. "당신들 외국인의 어떤 발명품에 대하여도 우리가 두려워한다고 생각하는가? 어린아이조차도 당신들의 어떤 무기도 우습다고 할 것이다."

신념에 찬 우물 안의 개구리라고나 할까. 그러나 비록 그렇다 할지라도 당시 사람들의 이런 의식은 이후 반외세운동의 토대가 되었다. 따라서 병인양요와 신미양요는 제국주의 침략의 서막이자 근대 반외세운동의 시작이라고 할 수 있다. 그리고 이 두 차례의 양요가 있었던 격전지가 바로 강화도이다. 여러분들이 강화도에 가면 관련 유적지들을 많이 볼 텐데 그곳들이 바로 제국주의 열강과 맞서 싸웠던 당당한 우리 선조들의 발자취라는 사실도 함께 기억해 주길 바란다.

2 개항의 의미

우리나라가 불평등조약 체계 속에 빠져들게 된 것은 국제정세의 흐름이라든가 경제동향 등을 제대로
인식하지 못한 결과였다. 결국 개항을 계기로 그렇지 않아도 어려웠던 우리 내부의 문제에다가 제국
주의 문제가 덧붙여지면서 민족적 위기로까지 치닫게 되었다.

개항=제국주의 식민지?

개항이란 말은 우리에게 별로 반가운 말은 아니다. 보통 사람들은 개항이라
고 하면 곧 우리나라가 식민지로 전락하는 서막 정도로 인식하고 있다. 19세
기 세도정치기와 마찬가지로 개항 이후 일제 식민지가 되기까지 우리 역사는
매우 부정적으로 인식되어 왔다.

그 까닭은 두말할 필요 없이 이 시기를 거쳐서 나라가 망하고 제국주의 일
본의 식민지가 되었기 때문이다. 더욱이 일제 강점기 동안 일본의 식민사학
자들은, 조선이 제국주의 침략을 받아 식민지가 된 사실을 설명하면서 우리
민족의 역사를 부정적으로 왜곡한 다음, 거기에서 식민지로 전락한 원인을
찾았다. 망할 만하니까 망하였다는 식이다. 그러나 지금은 이런 식의 인식이
옳지 않다는 것은 삼척동자도 다 안다. 그런 점에서 잘못된 한국사 인식의
출발점이 되었던 개항의 의미를 냉철하게 다시 짚어 볼 필요가 있는 것이다.

개항이란 말 그대로 항구를 연다는 뜻이다. 그러나 문제는 누구에게 왜
열게 되었는가 하는 점이다. 따라서 개항의 의미를 정확하게 알기 위해서는

바로 서양제국주의의 본질이 무엇인지, 이들이 왜 아시아 국가들의 문을 열게 하려고 했던 것인가를 살펴볼 필요가 있다.

개항은 누구에 의해? 왜?

대체로 서양자본주의 국가들은 1860~70년대쯤 되면 산업혁명을 거의 완료하고 독점자본주의 단계에 접어든다. 그때부터 식민지 확보를 위해 세계로 뻗어 나가기 시작하였다. 그것은 값싼 원료와 넓은 상품 시장, 새로운 자본 수출의 대상지 등을 구하기 위해서였다. 이런 현상들이 나타나던 시기를 세계사적으로는 제국주의 단계 또는 자본주의 세계체제라고 한다.

이런 제국주의 국가들이 우리를 포함한 동양에 대해 구체적으로 어떤 일들을 벌였을까? 제일 먼저 1840년에 영국이 중국에서 일으켰던 제1차 아편전쟁을 들 수 있다. 이로 인해 중국의 5개 항구가 개방된다. 곧 이어서 1856년 영국과 프랑스 연합군이 제2차 아편전쟁을 일으켰고, 중국은 더 많은 항구를 개방하지 않으면 안 되었다. 이를 틈타 러시아도 중국으로부터 흑룡강과 연해주를 얻어 냈다. 그 결과, 중국은 거의 서양 자본주의 국가들의 반식민지가 되었다. 한편 미국은 비슷한 시기인 1854년에 포함砲艦 외교에 의해 일본을 강제로 개항시켰다.

이런 것들이 우리가 개항하기 전까지 서양 자본주의 국가가 동양에 밀려온 모습들이었다. 결국 서양 제국주의 국가들은 상품과 자본을 수출하는 대상지로서 식민지가 필요했던 것이며 그 첫 수순이 개항이었다.

중국과 일본이 이미 개항한 뒤인 1860년경이 되면 다음은 우리나라 차례라고 하는 위기의식이 전국적으로 널리 펴져 있었다. 말하자면 중국·일본에 이어 우리가 개항하는 것은 피할 수 없는 추세였다고 할 수 있다. 그런데 문제는 서양 제국주의 국가가 아니라 그들을 흉내 낸 일본에 의해서 개항을 하였다는 데 있다. 어떻게 보면 이 점이 대단히 불행한 일이었다고 할 수 있다.

그렇게 된 데에는 몇 가지 이유가 있지만 먼저 당시 서양 자본주의 국가들이 동방 끝에 있는 조선에까지 식민지 전쟁을 일으킬 만한 여력이 없었다는 점을 들 수 있다. 영국과 프랑스는 각각 자신들의 식민지였던 인도와 인도차이나를 경영하는 데 정신이 없었고, 러시아는 부동항을 얻기 위해서 블라디보스토크 근처를 개척하는 시기였다. 미국도 남북전쟁 직후였기 때문에 아직 조선에까지 관심을 기울이지 못하였다.

다음으로는 우리나라보다 20년 앞서 개항한 일본이 1868년에 메이지 유신을 단행하여 근대국가 체제를 갖추고 군사력을 강화해서 조선을 침략하기 위해 기회를 노리고 있었던 점을 들 수 있다. 바로 이것이 당시 국제정세와 맞아 떨어진 것이다.

또 하나 들 수 있는 점은 강력한 쇄국정책을 취했던 대원군이 물러나고 고종이 친정을 하게 되었던 국내 사정이다. 고종의 친정은 사실상 명성황후와 그 척족들이 실권을 잡은 것을 의미하였다. 바로 민씨 정권이다. 이 민씨 정권은 대원군 정권과는 달리 서양 문물도 받아들일 필요가 있다고 생각하고 특히 군사력 부분에 관심을 기울이는 측면도 있었다.

나아가 정부 주위에도 서양 문물을 받아들여야 한다, 개국통상을 해야 한다고 주장하는 인물들이 적지 않았다. 즉 북학파의 거두였던 박지원의 손자인 박규수나, 김옥균·박영효 등 당시 세도가문 출신의 젊은 관료들, 역관 출신으로 서양 문물에 해박했던 오경석 등이 여기에 속하였다. 이처럼 안팎의 여러 요인들이 맞물리면서 조선은 개항이란 사건을 맞았다.

강화도조약

1875년 12월 일본 군함 운요호雲揚號가 강화도 근처에 와서 수로측량을 한다고 하자 강화도 포대가 대응하여 양자 사이에 충돌이 있었다. 이 사건에 이어 일본은 다시 부산항으로 군함을 끌고 들어와서 살육전을 펼쳤다. 이에 대해 조선 정부 안에서도 상당히 많은 논의가 있었는데 갑론을박을 하다가 조선 정부 내에 있던 자주적인 개국통상론자들과 당시 청나라로부터 파견되어 있었던 청나라 사신 등이 개국을 권유하자 결국 개항으로 기울어지게 된다.

이렇게 해서 1876년 2월에 맺어진 것이 강화도조약, 즉 〈조·일수호조규朝日修好條規〉이다. 이것과 5개월 뒤인 7월에 좀 더 구체화된 〈조·일수호조규 부록〉과 잠정적인 통상협정이라고 할 수 있는 〈조·일무역규칙〉을 조인하였다. 이 세 가지를 묶어서 우리는 보통 강화도조약이라고 한다. 외국과 체결한 최초의 근대적인 조약이라고 할 수 있다. 이 가운데 대표적이라고 할 수 있는 〈조·일수호조규〉의 내용을 살펴보면 다음과 같다.

제1조 조선국은 자주의 나라이며 일본과는 평등의 권리를 보유한다.

제2조 일본 정부는 지금부터 15개월 뒤에 수시로 사신을 조선국 경성에 파견한다.

제3조 양국의 왕래 공문은 일본은 일본어로, 조선은 한문으로 한다.

제4조 부산 초량에는 일본공관을 두어 무역사무를 처리토록 하고 일본인의 왕래통상을 들어주어야 한다.

제5조 부산 외에 경기, 충청, 전라, 경상, 함경 5도의 연해 중 통상에 편리한 항구 2개를 개항한다.

제6조 일본 선박이 조선 연해에서 조난을 당하였을 때 조선은 지원을 다하여야 한다.

제7조 일본 항해자로 하여금 조선 연해를 측량하고 지도를 제작하도록 허용한다.

제8조 일본 정부는 개항장에 일본국 상민을 관리하는 관청을 설치할 수 있다.

제9조 양국 인민의 무역을 양국의 관리는 조금도 관여하지 못하며 제한·금지도 하지 못한다.

제10조 일본인이 개항장에서 죄를 범한 경우에는 일본국 관원이, 조선인이 죄를 범한 것은 조선국 관원이 심판한다.

제11조 통상장정을 만들어 양국 상민의 편의를 도모함이 마땅하다.

제12조 위 11개조는 이날부터 양국이 영원히 신의를 갖고 준수한다.

불평등조약의 내용과 영향

이 〈조·일수호조규〉와 〈부록〉, 〈조·일무역규칙〉의 내용을 종합해 보면 강화
도조약이 불평등조약이라는 사실을 바로 알 수 있다. 이 조약에서 조선은 부
산·원산·인천 등 3개 항구를 개방하고 일본 측이 자유롭게 조선 연해를 측
량하고 지도를 작성하는 자유를 보장하였다. 또한 일본 관리나 일본인이 내
지여행을 할 수 있도록 하고 조선에서 일본으로 쌀이나 잡곡을 수출하는 것
을 허락하였으며 나아가 무관세무역과 일본인에 대한 치외법권, 일본화폐의
조선 내에서의 사용도 보장하였다.

일본인들은 이 조약을 통해서 그들이 얻어 낼 수 있는 것을 다 얻어 냈다
고 해도 과언이 아니었다. 반면 조선은 이런 불평등 조약으로 심각한 타격을
받았다. 이후 1882년 서양 국가 중 최초로 미국과 〈조·미수호통상조약〉을
체결하였다. 《조선책략》에서 이미 제시했듯이 청나라가 러시아와 일본의 견
제를 위해 미국과의 수교를 적극 알선한 결과였다. 그러나 이 조약도 부분적
으로 개선되기는 했지만 여전히 치외법권, 최
혜국대우 등이 포함된 불평등조약이었다.

개항 초기 외국 상인의 활동은 개항장
에 국한되었지만 1884년 이후 내지통상
이 허용되면서 국내 상인은 외국 상인
과의 힘겨운 경쟁에서 점차 떨어져 나
갔다. 그리고 주로 쌀·콩 등 농산물
을 수출하고 기계제 면직물과 지
배층의 사치품 등 공산품을 수입
하는 무역 구조가 이루어져 농

강화도조약문

우리나라가 외국과 맺은
최초의 근대적 조약이지
만, 일본이 조선의 해안을
자유롭게 측량할 수 있게
허용하거나 일본인이 조
선에서 일본의 법에 의해
보호를 받을 수 있게 하는
등 불평등한 규정이 포함
되어 있다.

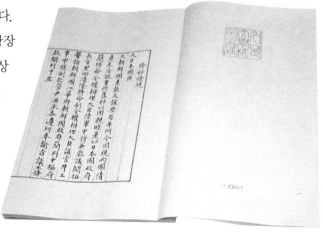

촌의 면포수공업을 비롯하여 국내 수공업자들이 큰 타격을 받았다. 또한 쌀 수출로 인한 쌀값의 등귀로 소빈농과 도시 빈민의 몰락도 가속화되어 갔다.

더욱이 개항기 때에는 외국 화폐가 국내에서 사용됨으로써 우리나라는 화폐주권까지 잃게 되었다. 반면 지주 계급은 소작미를 일본으로 수출함으로써 부를 축적할 수 있었기 때문에 해체되어야 할 시점에 오히려 지주제가 강화되어 가는 역현상도 나타났다. 그리고 외국 상품의 침투는 지배층의 사치욕구를 자극해서 농민들에 대한 착취와 수탈을 더욱 강화시켜 나갔다.

이처럼 불평등조약으로 인한 폐해는 컸고 또 빨리 번졌다. 그런데 당시 사람들이라고 해서 불평등한 조약이 우리 경제에 심대한 타격을 줄 수 있다는 뻔히 예상되는 결과를 정말 몰랐을까? 지금까지 연구 결과는 정말 몰랐을 것이라고 본다. 그러면서 왜 몰랐을까 하는 이유, 즉 정세판단의 오류를 일으킨 원인들을 몇 가지로 설명하고 있다. 그럼 현재까지 제시되고 있는 이유들을 살펴보도록 하자.

먼저 미숙한 외교 방식이다. 그때 조선은 청나라와는 사대외교를, 기타 일본이나 다른 나라와는 교린외교를 하는 등 전통적인 외교 방식에 머물러 있었다. 그런데 당시 상황은 이런 방식이 아니라 나라와 나라 사이에 실력 곧 힘으로 우열을 가리는 근대적인 외교를 해야 했다. 결국 조선이 이런 근대적인 외교에 익숙하지 못해 일본의 경제적인 침략 의도를 쉽게 간파하지 못하였다는 점이 한 가지 이유였다.

다음으로 제국주의 침략의 본질을 인식하지 못하였다는 점이다. 군사나 문화적 침투는 경제 침략을 이루기 위한 수단인데 그 본말을 뒤집어 대처했던 것이다. 당시 조선 정부는 경제적 침략보다 일본을 통해서 아편이 수입된다든지 무기가 수입된다든지 천주교가 전래된다든지 하는 것들을 더 경계하였다. 그래서 이런 세 가지 침투를 하지 않는다는 조건들을 보장받는 대신에 경제적인 타격을 받을 수 있는 조항들을 삽입하게 되었다. 더구나 일본과 맺었던 이런 불평등 조약은 선례가 되어 그 뒤 우리나라와 조약을 맺는 모든 서

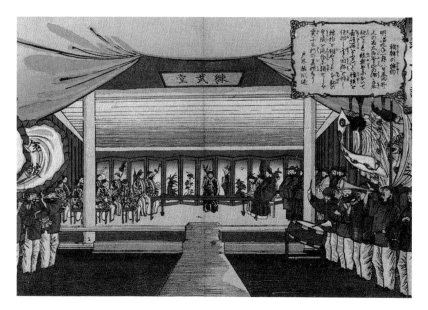

이른바 강화도조약 당시의 모습을 묘사한 니시키에(錦絵)

조선은 일본과의 〈조·일수호조규〉에 이어 미국, 영국 등 서양의 열강들과도 차례로 수호통상조약을 체결하였다.

양 열강들에게 '최혜국대우'라는 명목으로 똑같이 적용이 되었다. 그럼으로써 그 폐해가 급속히 확대 재생산되었던 것이다.

우리나라가 불평등조약 체계 속에 빠져들게 된 것은 이처럼 국제정세의 흐름이라든가 경제동향 등을 제대로 인식하지 못한 결과였다. 결국 개항을 계기로 그렇지 않아도 어려웠던 우리 내부의 문제에다가 제국주의 문제가 덧붙여지면서 민족적 위기로까지 치닫게 되었다. 주변의 국제정세나 역사의 흐름에 대해 항상 눈을 부릅뜨고 지켜본다는 것은 당시뿐만 아니라 지금도 대단히 중요한 일이다. 우리가 개항의 역사에서 얻는 의미가 있다면 바로 이런 점들이 아닐까.

3 위정척사운동

> "우리의 물건은 한정이 있는데 저들의 요구는 그침이 없을 것입니다. 일단 강화를 하고 한 번이라도 응해 주지 못하게 되면 저들의 노여움은 여지없이 우리를 침략하고 유린함으로써 우리의 모든 전공 前功은 깨어지고 말 것이니 이것이 바로 강화가 난리와 멸망으로 이르게 되는 바의 첫째 이유입니다."
> – 면암 최익현 〈지부복궐척화의소〉

화이론華夷論과 소중화小中華

개항과 함께 다가온 민족적 위기 앞에서 이를 극복하려는 반외세운동들도 활발히 일어났다. 위정척사운동은 이런 반외세운동의 주요한 흐름을 이루었다. '위정척사'란 한자로 풀이하면 지킬 '위衛', 바를 '정正', 물리칠 '척斥', 사악할 '사邪', 즉 바른 것은 지키고 사악한 것은 물리친다는 뜻이다. 이때 바른 것은 중화로서의 중국문화를 말하고, 사악한 것은 오랑캐로서의 서양문화를 말한다.

어떤 나라의 문화 수준을 '중화=화華'와 '오랑캐=이夷'라는 기준으로 구분해서 국제관계의 우열을 정하는 논리를 화이론적 세계관이라고 한다. 화이론은 상하의 위계를 분명히 하는 성리학의 기본철학을 국제관계에 반영한 논리이다. 위정척사사상은 바로 이런 화이론에서 연유한 반외세운동론, 즉 화이론의 근대적 변용이었다.

당시 위정척사사상을 선도하던 사람들로는 화서華西 이항로李恒老(1792~1868)와 노사蘆沙 기정진奇正鎭(1798~1879)이 대표적이었다. 이들은 한말 성리학의 대가로 그 사상은 이理와 기氣, 즉 선과 악의 구별을 강조하고 이理를 절대화하는 경향을 가지고 있었다.

또한 17세기 중반에 그때까지 세계의 중심이었던 명나라를 만주에서 흥기한 여진족(만주족)이 점령하고 청나라를 세웠다. 그러나 조선의 유학자들은 명나라를 멸망시킨 청나라는 오랑캐의 나라이므로 원래 중화였던 명나라의 명맥을 잇는 나라는 조선이고 따라서 조선만이 중화다운 나라, 즉 소중화小中華라고 생각하였다. 이런 소중화의식이 당시 사회정세·국내정세 등과 맞물려서 위정척사사상으로 귀결되었다.

위정척사사상

위정척사사상의 구체적인 내용은 어떠했을까? 먼저 시국관을 보면, 위정척사론자들은 당시 상황을 오랑캐들이 창궐하여 국가의 존망이 걸릴 정도로 위급한 때라고 보았다. 북쪽에서 만주족이 중원을 차지하고 있는데, 거기다가 이제는 서양 오랑캐까지 밀려와서 올바른 주장正論은 망해 가고 사악한 설邪說들이 난무하고 있다는 것이다.

이런 위기적인 상황을 극복하기 위해서는 공자와 맹자의 가르침에 따라 언로를 널리 열고 현명한 자에게 정치를 맡기고 사악한 자를 멀리하고 백성들을 수탈하는 정치를 금하고 사치의 습성을 버리고 어진 마음을 가져야 한다고 주장하였다. 말하자면 군사력이나 경제력을 키우는 부국강병책이 아닌, 정신적인 요소를 강조했던 17세기의 성리학적인 방법으로 19세기 당시의 문제를 해결하려고 했다.

위정척사론자들은 나라 간의 우열도 화이론에 따라 나누었다. 그 말은 공자·맹자의 가르침이 얼마나 퍼져 있느냐가 나라 간 우열의 기준이었다는 것이다. 이런 구분에 따르다 보면 서양 또는 기독교 세력은 공자·맹자의 교화를 전혀 받지 않았으니까 당연히 오랑캐로 구분될 수밖에 없다. 더욱이 기독교 세력들은 조상도 섬기지 않으면서 대신 천주를 받들어서 모든 사람은 평등하다고 하니까 위정척사사상가들 눈에는 부모도 없고 임금도 없는 천박한 것들로 보였던 것이다. 금수禽獸, 즉 짐승과 같다는 것이다. 그래서 위정척사론자들은 서양 문물은 모두 우리의 미풍양속을 어지럽히는 사악한 것으로 보았다.

이런 인식은 교역관이나 통상관에도 그대로 반영되었다. 그런데 이중에서 특히 흥미로운 것은 통상을 반대하는 논리였다. 그들의 주장에 따르면 서양에서 만드는 공산품은 손으로 만들기 때문에 무한하고, 반면에 우리나라에서 산출되는 농산물은 자연의 조화에 힘입어 만들어지기 때문에 유한하다고 보았다. 따라서 무한하게 만들어지는 공산품과 유한하게 만들어지는 농산품으로 쌍방 간에 교역을 이루면 결국 우리나라의 재물이 모두 서양으로 빠져 나가고 말 것이라는 것이다. 그렇기 때문에 통상해서는 안 된다는 것이다. 이런 주장은 서양 것은 쓰지 말아야 한다는 주장으로 이어졌다.

결국 서양의 물품을 쓰지 않음으로써 수입을 막을 수 있고 그로 인해 국가를 지키고 전래의 풍속과 교화도 유지할 수 있다고 보았다. 말하자면 서양 제국주의 국가와의 교역을 무역이라는 측면보다는 "풍속이 변한다." "전통이 변한다." "문화가 변한다."는 측면에서 파악했다고나 할까. 제국주의가 무엇인가에 대한 역사적·논리적 인식은 부족했다 하더라도 제국주의 침략이 어떤 결과를 가져올 것인가에 대해서는 제대로 알고 있었다고 할 수 있다.

위정척사운동의 전개

이런 인식을 바탕으로 위정척사운동은 이미 개항 전부터 시작되고 있었다. 위정척사사상의 대표적 인물이었던 기정진은 병인양요가 일어난 직후인 1866년 7월 최초로 위정척사 상소를 올려 국방력 강화와 양물금단론洋物禁斷論을 주장하여 서양과의 교역을 강력히 반대하였다. 이어 이항로 역시 서양의 경제적 침략을 지적하며 서양 물건의 사용 금지를 주장하는 상소를 올렸다.

그런데 이보다 역사적으로 더 유명한 것은 이항로의 제자였던 면암勉菴 최익현崔益鉉(1833~1906)이 운요호雲揚號 사건 직후인 1876년 1월 국왕에게 〈지부복궐척화의소持斧伏闕斥和議疏〉라는 상소를 올린 사건이었다. 번역하면 도끼를 들고 궁궐 앞에 엎드려 올리는 척화를 주장하는 상소라는 뜻으로 자기 상소를 받아 주지 않으려면 그 도끼로 자기 목을 치라는 것이다. 대단히 비장한 각오를 담고 있는 것이라고 할 수 있다. 그 내용의 일부는 다음과 같다.

대개 정자와 주자는 성인들인지라 그들의 말은 가히 믿을 수 있습니다. 마땅히 오늘의 군자들의 소견보다도 나을 것입니다. 그런데 정자는 강화하는 것은 중화의 도를 어지럽히는 것이라 하였고, 주자는 강화하는 계책을 결행하면 삼강이 무너지고 만사를 망치게 될 것이니 이는 큰 환란의 근본이라고 하였습니다. 정자와 주자의 교훈으로써 오늘날 이를 헤아려 본다면 적과 더불어 강화함은 반드시 난리와 멸망을 가져오게 되는 것이어서 만에 하나라도 결코 다행히 되는 일은 없을 것입니다. 대략 세어 봐도 다섯 가지 폐단이 있습니다. 신은 죽음을 무릅쓰고 조목조목 열거하겠사오니 바라옵건대 성상께서는 해결할 수 있는 방법을 구해 보시옵소서. …… 우리의 물건은 한정이 있는데 저들의 요구는 그침이 없을 것입니다. 일단 강화를 하고 한 번이라도 응해 주지 못하게 되면 저들의 노여움은 여지없이 우리를 침략하고 유린함으로써 우리의 모든 전공前功은 깨어지고 말 것이니 이것이 바로 강화가 난리와 멸망으로 이르게 되는 바의 첫째 이유입니다. …… 저 외적들로 말하면 한갓 재화와 여색만 알고 조금도 사람의 도리를 모르는 금수들일 뿐입니다. 사람과 금수가 화호하여 같이 떼 지어 있으면서 근심과 염려가 없기를 보장한다는 것은 그 무슨 말인지 알 수 없사오니 이것이 강화가 난리와 멸망을 가져오게 되는 다섯째 이유입니다.

보다시피 첫 번째 이유는 교역과 관계되는 것이고 다섯 번째 이유는 문화

적인 영향에 관한 것이다. 여기서는 첫째와 다섯
째 이유만 인용하였는데 둘째는 교역이 불리한
이유가 무엇인가에 대해 지적했고, 셋째는 일본
인도 역시 서양인과 다를 바가 없으므로 강화가
이루어지면 서양의 천주교 서적과 천주의 초상
화가 들어와서 온 나라에 천주교가 퍼질 것이라
는 경고이다. 그리고 넷째는 일본인도 금수와 같
기 때문에 강화를 하면 조선도 역시 금수의 나
라가 될 것이라는 주장이다. 최익현이 상소에서
주장했던 이 다섯 가지의 요구사항은 위정척사
사상의 주요한 내용들을 전부 거론하고 있다고
해도 과언이 아니다.

이에 대해서 정부는 함부로 상소를 바치고 임
금이 거둥하는 길에 도끼를 들고 엎드려 있는 것이 상당히 해괴한 짓이라고
해서 즉각 최익현을 체포해서 전라도 흑산도로 귀양을 보내 버린다. 통상개
국을 추진하고 있던 당시 정부의 입장에서는 당연한 처벌이었다.

유생들의 상소운동

이 최익현의 상소 외에도 개항에 반대하는 척사론자들의 상소는 이른바 '상
소운동'이라고 말할 수 있을 정도로 계속되었다. 그러나 최익현을 유배 보냈
던 데에서 보았듯이 국왕과 민씨 정권이 강경한 억압 의지를 보이자 잠시 소
강상태에 빠진다. 그러다가 1880년 일본에 수신사로 갔던 김홍집이 당시 일
본에 주재하고 있던 청나라 공사관의 참사관이었던 황쭌셴黃遵憲이 지은 《조
선책략朝鮮策略》(원제는 《사의조선책략私擬朝鮮策略》)이라는 책을 가져와 국왕에
게 헌납하고 이것을 국왕이 전국 유생들에게 배포하자 상소운동이 다시 전
국적으로 폭발하게 된다.

《조선책략》은 당시까지 전 세계의 정세를 대략적으로 살피면서 조선이 취해야 할 외교정책에 관해 쓴 책이다. 황쭌셴은 이 책에서, 조선의 대외적 위험은 북쪽에 있는 제정러시아의 침략 가능성에서 생기는 것이므로 이를 막기 위해서는 중국과 친하고親中國 일본과 손을 잡고結日本 미국과 연대해야 한다聯美國고 주장하였다.

당시 조선의 유생들에게 일본은 왜이倭夷이며 미국은 양이洋夷였다. 그런데 이들 오랑캐와 "손을 잡아라." "연대하라."고 하는 주문은 화이론에, 더 근본적으로는 성리학에 대한 정면 부정이었던 셈이다. 따라서 《조선책략》의 배포 사건은 그렇지 않아도 입이 부어 있던 양반 유생들을 들쑤셔 놓는 기폭제가 되었다.

그리하여 1881년 1월부터 상소운동이 본격적으로 일어났다. 그중 대표적인 것이 이만손李晚孫(1811~1891) 등 영남 지역의 유생들이 올린 〈영남만인소嶺南萬人疏〉였다. 만 명의 사람이 서명했다고 해서 만인소라고 부르는 이 상소에서 유생들은 《조선책략》과 같은 사악한 책을 들여온 김홍집은 마땅히 역적의 이름으로 처단해야 한다고 주장하였다. 그러나 결과는 이만손과 상소를 작성한 강진규의 유배로 끝이 난다.

이어 8월에는 강원도 유생이었던 홍재학이 〈만언척사소萬言斥邪疏〉를 올리는데, 이 상소는 다른 상소와는 달리 김홍집의 규탄에 그치지 않고 고종이 직접 정치를 한 이래 위정척사의 태도가 석연치 않아 사악한 무리를 방치한 실정을 범했으며, 고종이 전국 유생에게 내린 척사윤음도 기만적이며 심지어 국왕이 외국에 영합한다고까지 비판함으로써 홍재학은 체포되어 능지처참당하였다. 이렇듯 계속되는 상소운동에 대해 정부는 그때마다 상소를 올린 사람들을 귀양보내거나 사형에 처하는 강경책을 썼다.

유생들의 상소는 8월에 일어나는 이재선李載先 사건으로 일단락된다. 이 사건은 대원군 계열의 안기영·권정호 등이 위정척사론자들과 연대해서 고종을 폐위시키고 대원군의 서자 가운데 맏이인 이재선을 왕으로 옹립하려고 했던 쿠데타 사건이었다. 그런데 주모자 중 한 명의 밀고로 사전에 발각되어 실패하였다.

이후 유생들의 태도는 크게 두 가지로 갈라지게 된다. 하나는 여전히 위정척사론을 굳게 견지하는 것이었고, 다른 하나는 서양의 장점은 취해서 조선이 부국강병할 수 있는 기술로 삼아야 한다는 동도서기론東道西器論을 받아들이는 것이었다. 동쪽의 도를 근본으로 하되 서쪽의 문명기술도 받아들여야 한다는 이런 주장은 조금씩 양반유생들에게도 침투되어 갔다.

하나의 사상이나 운동은 긍정적인 요소와 부정적인 요소를 동시에 가지고 있을 수 있다. 그러므로 그 가운데 어느 하나만을 강조하기보다는 전체 흐름 속에서 그 변화양상을 구조적으로 짚어보는 것이 바람직할 것이다. 위정척사운동도 마찬가지가 아닐까. 결국 위정척사운동은 그 자체로는 많은 한계를 가지고 있었지만 주체성의 수호라는 측면에서는 긍정적인 역할을 하였다. 또한 동도서기론적인 변용을 거쳐 가면서 개화사상도 부분적으로 포섭해 근대민족주의의 한 부분을 형성했다고 할 수 있다.

4 개화파와 갑신정변

갑신정변과 관련된 사람들이야말로 조선이 근대화정책을 추진해 나가는 데 꼭 있어야 할 핵심적인 사람들이었다. 그런데 이들이 갑신정변으로 인해 사라짐으로써 국가적으로 볼 때 주요 역량의 손실이란 결과를 가져왔고 따라서 이후 근대화의 추진에 오히려 부정적인 영향을 미쳤다.

역사와 평가

역사라는 말은 여러 가지 의미로 쓰인다. 우리가 보통 이야기하는 역사라는 것은 '쓰여진 역사'로서의 역사를 의미한다. 쓰여진 역사라고 했을 때 그 핵심은 평가 또는 해석에 있다. 따라서 어떤 역사적 사건에 대해서 평가가 엇갈리는 것이야말로 피할 수 없는 역사의 본질인 셈이다. 지금 우리가 여기서 다루고자 하는 개화파나 갑신정변의 문제도 그렇게 평가가 엇갈리는 사례 중의 하나이다.

평가가 엇갈리는 것이 역사의 본질이라고 해서 그러면 어떤 식의 평가도 모두 옳다는 것이냐? 물론 그럴 수야 없다. 그러면 엇갈리는 평가 중에서 어떻게 옳고 그름을 구분할 수 있는가? 정말 어려운 문제이다. 그 답은 결국 실증성·합리성으로 뒷받침되는 최대한의 객관성을 갖추었다고 받아들여지는 역사가 현재의 바른 역사라고 할 수 있을 것이다.

그러면 여기서 또 의문은 꼬리를 문다. 최대한의 객관성 여부는 어떻게 판단하는가? 조금 막연한 느낌이 없지 않지만 "총체적인 시각에서 바라봐야 한다."라는 말로 답을 대신할 수밖에는 없다. 즉 엇갈리는 평가의 여러 면을 동시에 수용함으로써 객관적인 위상을 정해 본다는 것이다.

예를 들면 갑신정변을 다룰 때 갑신정변에 반대한 사람들도 분명히 있었을 텐데 이런 것들을 함께 인식하지 못하고 갑신정변을 주도한 사람들만을 중심으로 설명해 왔다. 서로 적대적인 태도를 취했던 개화파와 의병을 다루는 경우도 마찬가지였다. 그러다보니까 의병을 다룰 때는 개화파가 비판의 대상이 되고 개화파를 다룰 때는 다시 의병이 비판의 대상이 되는 순환적인 논쟁만이 거듭될 뿐이었다. '황희 정승'식의 해석이라고나 할까? 왜 양자 사이에 그런 차이가 나타났는가 하는 사고의 상관성에 대한 고찰은 없었다.

따라서 이런 것들을 좀 더 냉정하고 객관적으로 파악하기 위해서는 상반되는 양자의 입장을 흑백이 아닌 상관성의 정도로 분석하는 총체적 시각이 필요하다. 이런 인식은 단지 개화파나 갑신정변의 해석에만 필요한 것은 아니다. 모든 역사적 사건에 다 해당된다. 한 나라의 역사라 할 때 그 안에는 여러 사람들의 삶이 얽혀 있는 것이고, 따라서 그 사람들이 왜 당시의 조건 속에서 서로 다른 입장과 태도를 보일 수밖에 없었는가를 총체적으로 파악해야만 역사적 실체에 좀 더 가깝게 다가갈 수 있기 때문이다. 이런 문제의식은 비단 역사의 해석만이 아니라 현대를 살아가는 데도 삶의 지혜가 될 것이다.

개화파의 형성

개항 당시 조선 사회는 필연적으로 이루어야만 했던 역사적 과제가 있었다. 하나는 봉건적인 체제를 근대적인 체제로 전환해 나가는 일이었으며, 다른 하나는 동아시아를 침략하고 있었던 제국주의 세력으로부터 국권을 수호하는 일이었다. 전자가 반봉건, 후자가 반외세=반침략이라는 과제였다. 당시 사람들은 이 두 가지 과제를 동시에 해결하지 않으면 안 될 절대절명의 역사적 조건 속에 살고 있었다.

그런데 우리는 당시 조선의 정권을 담당했던 세력들 대부분이 이런 현실에 대한 대응 능력이 없었던 것처럼 단순하게 생각해 버리는 경향이 있다. 이런 인식 태도는 바람직하지 않다. 당시 조선의 권력을 장악하고 있던 국왕 고종과 민씨 척족 세력들, 그리고 그들과 관계를 맺고 있던 관료들도 서양이라는 존재를 어떻게 인식해야 할 것인가, 어떤 방식으로 부국강병을 이룩해서 국권을 수호해야 할 것인가 등의 문제를 가지고 적지 않은 고민과 모색을 했었다.

개화파는 이 가운데 개항 이후 정부가 추진했던 근대화정책의 실무관료를 역임하면서 고종의 신임을 받고 급속히 성장해 간 세력들을 말한다. "신사상은 박규수집 사랑방에서 나왔소. 김옥균과 홍영식, 서광범 그리고 박영효 등이 재동의 박규수 사랑에 모였소."라는 박영효의 회고처럼 이들은 북학사상을 계승하면서 서양의 문물을 수용함으로써 근대국가를 수립하려는 혁신적인 입장에 서 있었다. 중심인물로는 김옥균·박영효·홍영식·서광범 등을 들 수 있다.

당시 개화파의 지도자였던 김옥균(1851~1894)은 충청도 공주 출신으로 김병태의 장남으로 태어났다. 7세 때 당숙인 김병기에게 입양되어 서울에서 자랐다. 1872년(고종 9) 문과에 장원 급제하고 사헌부 지평, 홍문관 교리 등을 지냈으며 이후 청년정치가로 정계에서 두각을 나타내기 시작했다. 박영효(1861~1939)는 진사 출신 반남 박씨 박원양의 아들로 1872년 영혜옹주와 결혼하여 철종의 부마가 되었다. 그는 형인 박영교를 통해서 김옥균을 알게 되었다. 홍영식(1855~1884)은 1873년(동 10) 문과에 급제하고, 1881년 조사시찰단朝士視察團의 일원으로 일본을 시찰했으며, 1883년 전권부대신全權副大臣으로 미국도 다녀왔다. 개화당의 중신으로 병조참판을 거쳐 우정국 총판이 되었다. 서광범(1859~1897)은 대구 서씨 영의정 서용보의 증손으로 참판 서상익의 아들이었다. 그는 1880년(동 17) 과거에 합격하여 승정원 동부승지 등을 지냈고 일찍부터 김옥균과 사귀어 형제처럼 지냈다. 이들이 이른바 급진개화파가 되었다.

김옥균

안동 김씨 세도가문의 촉
망받던 젊은이였던 김옥
균은 급진개화파의 지도
자로 갑신정변을 일으켜
실패하자 일본으로 망명
했다가 1894년 3월 상하
이에서 프랑스 유학생 출
신인 홍종우에게 암살당
하였다. 역사의 아이러니
가 아닐 수 없다.

당시 정치 세력은 개화파와 왕실 및 민씨 척
족 중심의 고위관료 세력을 하나의 무리로 하고
대원군 및 척사론자들을 또 하나의 무리로 하여
크게 둘로 나뉘어져 있었다. 개화파와 민씨 척
족 중심의 고위관료들이 정권을 잡았던 당시 정
부의 근대화 이념은 동도서기론東道西器論이었다.
동도서기론은 동양의 정신은 유지하면서 서양
의 기술을 받아들이자는 것이었다. 북학사상을
계승하면서 중국의 중체서용론中體西用論과 일본
의 화혼양재론和魂洋才論 등의 영향을 받은 것이
다. 정부는 이런 동도서기론에 입각하여 부국강
병을 추진해 갔다. 이런 계열에 섰던 김홍집·김
윤식·어윤중 등은 급진개화파와는 입장이 달라
온건개화파라 부른다.

개항 직후인 1876년부터 정부는 일본에 두 차
례에 걸쳐 수신사를 파견하였다. 잘 알다시피 대원군과 위정척사론자의 격렬
한 반대를 불러일으켰던《조선책략》이라는 책도 김홍집이 1880년 제2차 수
신사로 갔을 때 가져온 것이었다. 1881년에는 우리가 흔히 신사유람단紳士遊覽
團이라고 부르는 조사시찰단朝士視察團을 일본에 파견해 일본 각지의 행정·군
사·교육·산업시설을 시찰하게 하고, 영선사領選使를 청에 파견하여 군사기술
을 배워오게 하였다. 또한 행정기구를 개혁하여 통리기무아문統理機務衙門을
설치하고 신식군대로서 별기군別技軍을 만들기도 하였다.

동도서기론에서 문명개화론으로

개화파를 정확히 성격 규정하자면 문명개화론자라고 할 수 있다. 이들은 조
선을 아직 야만의 상태에 있는 나라로 보는 반면, 서양을 개화된 나라로 본

다. 따라서 조선이 야만의 상태에서 벗어나기 위해서는 개화를 해야 한다고 생각하였다.

그러나 같은 집권 세력이면서도 민씨 척족을 중심으로 한 고위관료 세력들은 조선도 이미 개화된 나라로 보았다. 다만 이때의 개화는 문명개화와는 달랐다. 이때의 개화는 유교에 의해 교화되었다는 의미에서의 개화였다. 어쨌든 이런 논리에 선다면 조선은 이미 개화된 나라인데 또 무슨 개화를 한다는 말인가 하는 반론이 성립할 수 있다. 따라서 이들은 개화파의 전면적인 개화 주장에 의문을 제기하였다. 똑같은 개화라는 말이지만 서로 간에 이해하는 방식이 달랐던 것이다.

이런 차이가 있었지만 1880년대 초반까지는 개화파도 청과의 전통적인 관계 위에서 동양의 유교도덕 같은 정신은 유지하고 단지 서양의 기술문명을 수용함으로써 부국강병을 이룩할 수 있다는 동도서기론적인 인식을 지니면서 개화정책을 추구해 나갔다. 그런데 이런 개화정책은 당시 위정척사론자들과 개국으로 인해 피해를 받고 있던 일반민의 불만을 불러일으켰다. 그 결과는 먼저 1882년 임오군란으로 터져 나왔다.

이 임오군란을 해결하는 과정에서 청군이 개입하게 되고 주체적인 해결 역량이 없었던 민씨 정권은 청에게 의존할 수밖에 없는 상황이 되었다. 그러자 개화파는 "청의 내정간섭에서 벗어나야 한다.", "청과의 사대관계를 단절해야 한다.", 나아가 "일본이 문명개화론에 입각해서 이룩한 메이지유신의 성과를 적극적으로 수용해야 한다."고 하면서 민씨 정권의 친청정책에 강력히 반대하였다. 결국 이를 계기로 그때까지 그래도 함께 개화정책을 추구해 왔던 민씨 척족 중심의 관료 세력들과 개화파는 결별을 하게 되었다. 이후 개화파는 서양의 기술뿐만 아니라 서양의 제도와 정신까지 받아들이자는 문명개화론을 강력하게 주장하면서 기존의 동도서기론자와 첨예하게 대립하였다.

갑신정변의 발발

갑신정변은 국가경영에 대한 위와 같은 인식의 차이에서 양자 간의 대립이 불거지다가 마침내 급진적인 개화파 세력이 일으킨 쿠데타였다. 그런데 이 갑신정변을 이해하는데 한 가지 어려운 부분이 있다. 도대체 그들은 왜 당시 조선의 고위관리들을 여럿 죽여 가면서까지, 또 촉망받는 젊은 자신들을 죽음의 위기로까지 내몰면서 이런 정변을 일으켰을까? 냉정하게 생각해 볼 때 의문이 아닐 수 없다. 더구나 당시 그들은 주·객관적으로 볼 때 역량이 그렇게 성숙해 있었던 것도 아니고, 그렇게 정변을 일으킬 만큼 절박한 위기의식이 있었던 것도 아니었기 때문에 더욱 그렇다.

당시 개화파는 근대화에 필요한 재정의 마련 방안을 둘러싸고 민씨 척족 중심의 관료 세력과 결정적으로 대립하고 있었다. 후자는 당오전과 같은 악화를 발행하여 해결하려 했고, 전자는 일본으로부터 차관 도입을 주장하였다. 결국 개화파에게 호의적인 입장을 가지고 있던 고종이 개화파의 주장에 동의하여 차관 도입을 추진했으나 실패하고 말았다. 일본이 조선에 차관을 줄만한 재정적 능력이 없었던 것이다. 그러자 정부는 청에 의존하는 방향으로 나갈 수밖에 없었다. 이런 상황에서 개화파는 정변, 즉 쿠데타라는 방식을 통해서 정권을 장악해 그동안 자신들이 생각해 왔던 개혁방안들을 추진해 나가려고 했다.

김옥균 등 급진개화파는 1884년 12월 4일(음력 10월 7일) 우정국 낙성 축하연 때 자체 무장력과 일본군을 동원하여 정변을 일으켰다. 그날 밤 그들은 거물 대신들을 처단하고 정권을 장악하였다. 그리고 이튿날 신 정부를 수립하고 이른바 〈혁신정강〉을 공포하였다. 이때 공포한 〈혁신정강〉의 항목은 80여 개 조항에 달했다고 하나 현재 전해지는 것은 김옥균의 《갑신일록》에 있는 14개 조항뿐이다.

갑신정변을 통해 이들이 이루고자 했던 내용은 〈혁신정강〉에 잘 나타나 있는데, 14개조로 되어 있는 이 정강의 내용은 다음과 같다.

1. 대원군을 즉각 환국還國하도록 할 것, 조공하는 허례는 폐지할 것

2. 문벌을 폐지하여 인민평등의 권權을 제정하고 사람으로써 관官을 택하게 하고 관으로써 사람을 택하게 하지 말 것

3. 전국의 지조법地租法을 개혁하여 이간吏奸을 막고 백성의 곤란을 구제하며 겸하여 국용國用을 유족하게 할 것

4. 내시부를 혁파하고 그중에서 재능이 있는 자는 등용할 것

5. 전후 간탐奸貪하여 나라를 병들게 함이 현저한 자는 정죄할 것

6. 각도의 환자還上는 영구히 폐지할 것

7. 규장각을 혁파할 것

8. 급히 순사를 두어 도둑을 막을 것

9. 혜상공국惠商公局을 혁파할 것

10. 전후 유배·금고된 사람은 작량酌量하여 방출放出할 것

11. 사영四營을 합하여 일영一營으로 하고 영중營中에서 장정을 뽑아 급히 근위대를 설치할 것

12. 무릇 국내 재정은 모두 호조에서 관할케 하고 그밖에 모든 재정 아문은 혁파할 것

13. 대신과 참찬은 매일 합문閤門 안의 의정부에서 회의하고 결정하여 정령政令을 공포해서 시행할 것

14. 정부 육조 이외의 무릇 불필요한 관청에 속하는 것은 모두 혁파하고 대신과 참찬으로 하여금 협의하여 처리케 할 것

이를 요약하면 대외적으로는 청으로부터의 독립을 확보하고 대내적으로는 당시 불법적으로 자행되고 있던 관의 수탈을 금지시킴으로써 국민들의 삶을 편안케 하자는 것이었다. 그리고 재정기구를 일원화하여 중간에 빠져 나가는 것을 막음으로써 재정을 튼튼하게 하고, 이를 바탕으로 근대국가를 만들어 나가려고 하였다.

그러나 정변은 3일 만에 끝나고 말았다. 청이 1,500명의 병력을 동원해 신속히 사태에 개입해 왔고 청과의 정면충돌은 시기상조라 여긴 일본 정부의 지시에 따라 일본군이 철수했기 때문에 자체 군사력이 취약했던 개화파 정부는 쉽게 무너져 버렸다.

갑신정변에 대한 평가

갑신정변을 어떻게 평가할 수 있을까? 우선 이들이 일본을 정변에 끌어들였는데, 그렇다고 이들이 의도적으로 일본의 영향력 아래 들어가려고 했다고는 볼 수 없다. 다만 국내적으로 자기 기반을 가지고 있지 못했기 때문에 일본을 이용해서 부족한 점을 보완하겠다는 생각을 했던 것이다. 그런데 자기의 주체적인 역량이 없이 외부의 역량에 의존했을 때, 주관적으로는 이용하려 했다고 할 수 있을지 모르지만 객관적으로는 이용하기보다는 오히려 이용당할 수 있는 위험이 컸다. 사실 갑신정변이 3일 천하로 끝난 이유도 일본군이 갑자기 철수함에 따라 곧바로 자기들이 정권을 유지해 나갈 수 있는 힘을 잃었기 때문이었다.

다음으로는 갑신정변이 우리나라의 근대화에 어떤 영향을 미쳤나 하는 점이다. 갑신정변이 실패하고 난 직후에 윤치호가 일기에 쓴 내용을 보면, 일체의 '개화'라는 말은 입에 떠올릴 수도 없는 분위기가 되고 말았다는 이야기를 하고 있다.

개화파의 인식에 한계가 있었던 것은 사실이지만 방향 설정에는 일정한 의의가 있었던 것은 분명하였다. 따라서 조선이 필연적으로 나가야 할 길임에도 불구하고 국민들에게 개화=친일=매국으로 인식하게 함으로써 근대화의 당위성을 계몽하는 데 저해가 되었던 것이다.

그리고 갑신정변 주도 세력에 의해서 죽은 많은 조선의 고위관리들, 반대로 갑신정변에 가담했다가 죽은 사람들과 10년 가까이 해외에 망명해야 했던 사람들, 사실 이런 사람들이야말로 조선이 근대화정책을 추진해 나가는 데 꼭 있어야 할 핵심적인 사람들이었다. 그런데 이들이 갑신정변으로 인해 사라짐으로써 국가적으로 볼 때 주요 역량의 손실이란 결과를 가져왔고 따라서 이후 근대화의 추진에 오히려 부정적인 영향을 미쳤다.

새로운 정부가 들어설 때마다 개혁을 외친다. 그러나 진정한 개혁이란 무엇이며 어떻게 해야 하는 것일까? 갑신정변을 살펴보면서 그 시기라든가 주체적 역량, 당시의 주·객관적인 조건 등이 모두 조화되어야만 올바른 개혁이 이루어질 수 있지 않나 하는 생각을 해 본다.

5 독립협회와 만민공동회

독립협회운동은 그동안 소수의 개화파 관료들만이 중앙에서 근대화정책을 추진해 나갔던 한계를 극복하고 새로운 부르주아적 지향을 지니는 보다 많은 사회 세력들을 이 근대화운동에 동원하였다. 그리하여 사회의 근대화를 크게 진전시켰다는 점에서 중요한 역사적 의의를 지녔다.

독립문

차를 타고 서울의 서대문 밖을 지나다 보면 독립문이 보인다. 성산대로 건설에 따라 그 위에 금화터널로 들어가는 고가도로가 세워지게 되어 부득이 1979년에 원래 위치에서 북서쪽으로 70미터 정도 옮겨 세웠다. 당시에는 길 한쪽에 궁상맞게 서 있어 초라해 보였는데 2009년 서대문 독립공원 재조성 사업에 따라 깔끔하게 정비되어 시민들에게 개방되었다.

독립문은 잘 알다시피 중국 사신을 맞이하던 영은문迎恩門이 있던 자리에 영은문의 기둥만을 남기고 부순 다음 그 앞에 세웠던 독립의 상징물이었다. 그리고 독립협회는 이 독립문을 건립하기 위한 추진위원회로 결성했던 것이다.

아관파천俄館播遷과 정동구락부貞洞具樂部

독립협회와 만민공동회를 이해하기 위해서는 먼저 1896년 2월에 고종이 러시아공사관으로 피신한 사건인 '아관파천'부터 살펴볼 필요가 있다.

아관파천과 관련해서 주목해야 할 세력은 정동구락부를 중심으로 활동하던 정동파라 불리던 사람들이었다. 정동은 서울 신문로 근처에 있는 지명이고 구락부는 영어의 'club'을 한자화한 것인데, 주로 미국을 중심으로 한 구미외교관·선교사·상인들과 긴밀한 관련을 맺고 있었던 조선인 관료들의 사교 클럽이었다. 대표적인 인물로는 이완용·박정양·윤치호·민영환·이윤용 등을 들 수 있다. 이 가운데 박정양·이윤용 등은 갑오개혁 초창기에 군국기무처의 핵심멤버로 활동했고 김홍집·박영효의 연립내각에도 하나의 정파로 참여하였다.

친러·친미파로 분류되던 정동파를 내각에 포함시킨 것은 당시 일본공사인 이노우에 가오루井上馨의 고려였다. 그는 이런 연립내각 구성이 갑오개혁에 대해 러시아·미국 등 열강의 지지와 고종·명성황후의 협조를 얻을 수 있으리라 기대했기 때문이다. 그러나 1895년 4월 러시아는 프랑스·독일 등과 함께 일본의 랴오둥반도 점령을 좌절시키는 등(삼국간섭) 오히려 세력을 확대해 갔고 일본은 상대적으로 약세를 노출시켰다. 이에 일본은 세력 만회를 위해 1895년 10월 왕궁을 습격하여 명성황후를 살해하는 만행을 저질렀다(을미사변).

그러자 조선 왕실은 러시아와 손을 잡고 세력을 만회해 보려고 하였다. 여기에 정동구락부가 직접적인 관련을 맺고 활동을 하였다. 그리하여 선교사·미국인·러시아인들과 함께 고종을 미국공사관으로 옮기려고 하는 미관파천美館播遷을 계획하고 실행에 옮기다가 실패하기도 했다. 그러다가 결국은 고종을 러시아공사관으로 옮기는 아관파천을 시도해서 성공하였다. 물론 이는 왕권 강화를 위한 고종의 정치적 모험이기도 하였다.

아관파천에 의해 기존의 개화파 정권은 무너졌다. 그리고 이제 그 자리를 정동구락부 인물들이 분점하였다. 독립협회는 바로 이때 이 정동구락부 인물들을 중심으로 독립문 건립을 추진하기 위해 결성하였다. 1896년 7월이었다. 그러나 이들이 독립협회라는 단체를 만들고 독립문을 건립하겠다고 한

것을 단순히 상징물 하나를 만들겠다는 차원으로만 이해해서는 안 될 것이다. 말하자면 또 다른 목적이 있었다.

당시는 아직도 기존의 보수관료 세력이 강력하게 존재하고 있어 개혁을 추구해 나가는 데 상당한 걸림돌이 되었다. 이런 가운데 청일전쟁 직후에 체결된 시모노세키조약에서 청은 조선이 독립국임을 승인하였다. 정동구락부 세력들은 이를 이용하여 독립문을 건립하고 이 상징물을 통해 조선이 자주독립국임을 대내외에 인식시키며 나아가 정동구락부를 중심으로 하는 개명관료 세력들이 결집할 수 있는 조직체로 독립협회를 만들었다. 어쨌든 왕 앞에 새로운 세력들이 하나의 새로운 정치 조직을 결성하였다는 것은 의미 있는 일임에 틀림없었다.

독립문

청나라의 간섭에서 벗어나 조선의 자주성과 주체성을 되찾자는 의미에서 중국 사신을 맞이하던 영은문을 부수고 그 앞에 세웠다.

독립협회와 만민공동회

아관파천 후 1년만인 1897년 2월에 경운궁(지금의 덕수궁)으로 환어還御한 고종은 대한제국을 선포하여 사실상 황제가 주도하는 국가 체제를 수립하였다. 한편 아관파천 이후 조선 관료들의 자율성을 보장해 주던 러시아가 1897년에 들어서면 조선에 대해서 적극적인 진출을 시도하는 모습을 보인다. 이런 상황에서 독립협회는 황제권의 독주와 러시아의 침투에 대해 비판적인 자세를 취하면서 토론회 등을 통해 이를 사회문제화시켜 나갔다.

토론회는 1897년 8월부터 1898년 12월까지 총 34회나 열렸다. 토론회에서 다룬 내용들은 새 교육에 관한 것, 자유독립, 이권 반대, 자유민권, 의회 설

을미사변 이후 고종은 경복궁에서 러시아공사관으로 거처를 옮기고 1년 여간 그곳에 머문다.

립 등 정부에 비판적이고 계몽적인 것들이 많았다. 독립협회에서 주장하는 것이 아무리 옳다고 하더라도 국민들이 받아들이지 못하면 사실상 성공할 수 없기 때문에 토론회를 통해 많은 국민들이 문제점들을 공유할 수 있게 한다는 것이었다.

나아가 1898년 3월에 가서는 대중을 동원하여 정치적 의사를 표현하는 방식을 사용하기도 했다. 즉 당시 러시아가 부산 앞바다에 있는 절영도를 점령하고 조차를 요구해 왔으며, 러시아인 재정고문 알렉시에프가 전국의 재정을 관할하기 위해 한러은행을 설치하고 러시아 장교와 하사관이 군사교관으로 초빙되어 한국군의 훈련을 담당하는 등 조선에 대해 이권 침탈을 강화해 가자 독립협회는 대중집회를 열어 이에 강력히 반대하였다.

이때 있었던 대중집회가 바로 만민공동회였다. 여러 계층의 사람들이 함께 모여 하나의 모임을 갖는다고 해서 만민공동회라는 이름을 사용하였다. 오늘날 야당에서 흔히 여론 몰이의 수단으로 종종 활용하는 '장외투쟁'에 해당한다고 볼 수 있다. 사실 어떤 단체가 정치적인 영향력을 발휘하려면 대중

들의 호응이 필연적인 것인데, 독립협회는 그런 점에서 상당한 성공을 거두고 있었던 셈이다. 이런 대중정치를 폈다는 것은 근대여론정치의 선구적인 모습으로서 각별한 의미를 지닌다고 할 수 있다. 과연 대중의 시대인 근대사회에 들어섰음을 실감케 하는 사건이었다.

그러나 아관파천 이후 러시아를 비롯한 서양 제국주의 국가들의 이권 침탈이 본격화되는데, 이 이권 침탈의 조선 측 책임자가 바로 독립협회 위원장이며 외무대신이었던 이완용이었다는 사실에서 우리는 당혹감을 느끼게 된다. 어떻게 보면 역설적이라고나 할까. 물론 이완용은 만민공동회 활동이 본격화하면서 제명당하고 말지만 어쨌든 독립협회라고 할 때의 독립이라는 말과 이권 침탈의 주무담당자라는 역설을 어떻게 이해해야 할 것인가는 결코 간단치 않은 숙제이다.

이때만 하더라도 독립협회 사람들은 이권을 빼앗긴다는 생각보다는 여러 제국주의 국가들에게 이권을 줌으로써 그들의 이해관계를 중첩시키고, 그렇게 해서 조선이 어떤 특정 국가에 의해 침탈을 당할 때 자기의 이권을 지키기

위해서라도 개입해 주지 않을까 하는 생각을 가지고 있었다. 그런데 이런 생각은 당시 우리 국민들의 정서나 국가적인 이익으로 봐서도 받아들일 수 없는 것이었다.

한양의 종루(지금의 보신각)

종루가 있는 이곳 종로는 서울 중심부에 자리 잡고 있어서 만민공동회의 주요 집회장소가 되었다.

또 하나 흥미로운 사실은, 독립협회가 당시 러시아와 러시아의 동맹국이었던 프랑스 등의 이권 침탈에 대해서는 상당히 적극적으로 저항하는 자세를 보여 주고 있는 데 반해 미국이나 일본·영국 등의 이권 침탈에 대해서는 적극적인 반대 의사를 표명한 적이 없었다는 것이다. 그 이유로는 아무래도 러시아가 조선의 국권을 침탈할 수 있는 가장 일차적인 적대 세력이라는 생각을 가지고 있었다는 점을 들 수 있다.

반면 대러시아 연합전선을 펴나갔던 미국·일본·영국에 대해서는 러시아의 침탈을 견제해 줄 수 있는 세력으로 보았다. 예를 들면 1898년에 동부철도 부설권을 일본에게 주게 되는데, 독립협회는 당시 이 문제에 대해서 반대하지 않았다. 이것은 물론 독립협회 사람들이 잘못 생각한 데에서 기인한 것이었지만 단지 이들이 잘못 생각하고 있었다는 것으로 끝나서는 의미가 없다. 이들이 왜 그렇게 잘못 생각하고 있었는지를 지금 다시 생각해 볼 필요가 있는 것이다.

관민공동회官民共同會와 〈헌의육조獻議六條〉

이런 상황에서 러시아 세력이 조선에서 철수하였다. 그 이유가 꼭 독립협회의 투쟁 때문만은 아니었지만, 독립협회는 이를 계기로 개명관료들로 이루어진 새로운 내각을 구성하면 근대화정책을 성공적으로 추진할 수 있으리라 생각하고 반정부투쟁을 강화해 나갔다.

그리하여 왕실 주도의 경제정책을 비판하면서 그 담당자였던 이용익을 탄핵하여 퇴진시켰으며, 정부가 고종 독살미수사건을 계기로 갑오개혁 때 폐지된 봉건악법인 노륙법拏戮法(처자까지 연좌하여 죽이는 법)과 연좌법을 부활시키려고 하자 이를 추진한 대신을 퇴진시키고 나아가 근대화 정책에 소극적인 벌열가문 출신의 일곱 대신의 퇴진운동을 벌여 성사시키기도 했다. 또한 의회 설치를 내용으로 하는 전면적인 중추원 개편을 요구하여 독립협회의 정치참여 가능성을 확보해 가기도 하였다.

그 결과, 규탄을 받았던 일곱 대신이 물러나고 개혁파에 속했던 박정양이 서리의정사무署理議政事務에 임명되어 정권을 장악하게 되었다. 독립협회는 이 내각의 지위를 공고히 함과 동시에 관민합동으로 대집회를 여는 것이 바람직하다고 생각하고 1898년 10월 박정양과 여러 대신들이 참석한 가운데 종로에서 관민공동회를 개최하였다. 여기에서 대정부 결의안이라고 할 수 있는 〈헌의육조〉를 채택하여 대신들과 독립협회 간부가 서명한 뒤 고종에게 제출하였다. 그 내용은 다음과 같다.

1. 외국인에게 의존하지 않고 관민이 한마음으로 힘을 합하여 전제황권을 견고히 할 것
2. 정부가 외국과 맺는 모든 조약은 각부 대신과 중추원 의장이 합동으로

서명 날인할 것

3. 전국의 재정은 탁지부에서만 총괄하며 예산과 결산을 공개할 것
4. 모든 범죄는 반드시 재판을 거쳐 처리할 것
5. 칙임관은 정부의 논의를 거쳐 과반수의 찬성을 얻어 임명할 것
6. 법률을 반드시 지킬 것

관과 민이 함께 모여 국사를 논의한 관민공동회는 우리나라 역사상 이것이 처음이었다. 그만큼 그 의미를 높이 평가해도 지나치지 않을 것이다. 당시정부에서도 관민공동회에서 이렇게 결정한 〈헌의육조〉를 긍정적으로 받아들였다. 그래서 유명무실했던 중추원을 의회적 기능을 가지는 기구로 개편하고 중추원 의관의 반수인 민선의관 전원을 독립협회에서 선출하게 하였다. 그러나 선출 직전에 독립협회가 혁파됨으로써 실패하고 말았다.

독립협회운동의 의의와 한계

독립협회운동은 그동안 소수의 개화파 관료들만이 중앙에서 근대화정책을 추진해 나갔던 한계를 극복하고 새로운 부르주아적 지향을 지니는 보다 많은 사회 세력들을 이 근대화운동에 동원하였다. 그리하여 사회의 근대화를 크게 진전시켰다는 점에서 중요한 역사적 의의를 지녔다. 만민공동회·관민공동회는 참여 세력의 범위를 민중에게까지 넓혔다는 점에서 더욱 큰 의미를 지녔다.

그러나 1896년에 결성되어 1898년 만민공동회와 관민공동회를 통해 절정기에 이르렀던 독립협회운동은 결국 실패하고 말았다. 독립협회의 세력이 확장되자 이에 위협을 느낀 국왕 측근 세력인 조병식·유기환 등이 고종에게 독립협회가 군주제를 폐지하고 공화제를 수립하려 한다는 모함을 하자 이에 고종이 주도급 인사들을 구속시키고 군대를 동원하여 강제로 해산시켰기 때문이다.

이런 결과를 가져오게 한 데에는 독립협회의 내적인 문제도 없지 않았다. 활동 말기에 가면 당시 일본에 망명해 있었던 박영효 세력이 독립협회에 침투해 들어오기 시작하였다. 이들은 독립협회의 활발한 투쟁을 이용하여 정권을 잡아보겠다는 움직임을 보이게 되는데, 이것이 결국 고종으로 하여금 보부상으로 구성된 황국협회와 군대를 동원해서 강제로 독립협회를 해산시키게 하는 빌미를 주었다.

독립협회가 당시 정치의 실세였음은 사실이지만 정권을 교체할 수 있을 정도의 위치에 있거나 또는 그런 힘을 지니고 있던 것은 아니었다. 그럼에도 불구하고 박영효 세력과 그 추종자들에 의해서 지나치게 정권투쟁으로 치달아 오히려 정부의 강력한 탄압을 불러일으켰다.

말하자면 그동안 많은 사회 세력들의 지지를 받으면서 성장했던 근대지향적 세력들이 추구해온 목표가 현실화할 수 있는 가능성이 있었음에도 불구하고, 주도 세력의 지나친 조급함과 주체적 역량의 결여 등이 강제해산을 가져오게 했던 것이다. 이렇게 운동이 막을 내리게 됨으로써 이는 이후 근대화의 주체 세력들이 민간적인 차원에서 성장하는 것을 어렵게 만들었다.

사회를 변혁시킨다는 것은 대단히 어려운 일이다. 갑신정변과 갑오개혁이 몇몇 상층부에 의해서 진행되었던 데 반하여 독립협회와 만민공동회에는 학생·시민·상인 등 당시 새로이 성장하는 사회 세력들이 많이 참여하였다. 그러나 주도 세력의 한계로 말미암아 실패하고 말았다. 개혁이 제대로 이루어지기 위해서는 주도 세력, 그리고 그들과 함께하는 일반대중이 호흡을 같이하고 조화를 이루며 나아가야 한다는 것이 이 독립협회운동을 살펴보면서 배울 수 있었던 점이다.

6 의병전쟁

활발한 의병투쟁이 있었기에 일제가 조선을 식민지화하는 작업 자체가 그만큼 늦어질 수밖에 없었다. 나아가 우리의 국권을 끝까지 지키려는 저항의식이 살아 있었기 때문에 식민지가 되어서도 국내외에서 민족해방운동을 끈질기게 전개해 나갈 수 있었다.

단발령과 을미의병

근대 국민국가를 수립하려는 운동에는 두 가지 큰 흐름이 있었다. 이런 흐름들을 학계에서는 보통 '위로부터의 개혁'과 '아래로부터의 변혁'이라고 해서 구분한다. 전자는 갑신정변·갑오개혁으로 이어지는 흐름이고, 후자에 속하는 것은 동학농민혁명 같은 민중운동이다. 그런데 모든 운동이 처음부터 끝까지 어느 하나의 흐름에만 서있었던 것은 아니다. 위에서 아래로 운동의 주체역량이 바뀌어 가는 운동도 있었다. 그런 전형적인 것이 바로 여기서 다룰 의병전쟁이다.

한말의 의병전쟁은 크게 세 단계로 나누어 볼 수 있는데, 보통 의병전쟁이 일어난 해당 연도의 간지干支를 따서 을미의병(1895년), 을사의병(1905년), 정미의병(1907년)이라 부른다. 한편으로는 을미의병을 전기의병, 을사의병을 중기의병, 정미의병을 후기의병으로 부르기도 한다.

먼저 을미의병부터 알아보도록 하자. 을미의병의 원인으로는 두 가지를 드는데, 명성황후 시해사건과 단발령이 그것이다. 이 가운데 단발령이 보다 직접적인 원인이었다. 성년남자의 머리 위에 튼 상투를 자르라는 단발령은 을미개혁 중 하나였다. 을미개혁은 1895년 10월 을미사변 직후 수립되었던 친일내각인 제3차 김홍집 내각이 행했던 일련의 개혁으로 자주성과는 거리가 먼 개혁이었다.

단발의 경우는 그 자체만 본다면 근대화의 상징적 몸짓이라 할 수 있다. 활동상·건강상 편리할 뿐만 아니라 근대적인 짧은 머리 모양을 할 때 근대적인 정신이 그 안에 깃든다고 보았던 것이다. 그러나 신체발부身體髮膚는 부모로부터 받은 것이라 조금도 훼상毀傷하지 않음이 효孝의 시초라고 배워 왔던 성리학자나 그 세례를 받고 살아왔던 대부분의 백성들에게 단발은 너무나 갑작스런 충격이었다. 따라서 받아들일 수 없었다. 단발은 곧 효의 부정이라고 생각했던 것이다.

단발령은 결국 당시의 정권이 앞뒤 재보지 않고 둔 커다란 악수惡手가 되어 버렸던 셈이다. 이 점은 당시 유생 의병장의 한 사람이었던 유인석의 말에서도 잘 드러난다. 그는 명성황후 시해사건은 국민 전체가 분통해 마땅할 일이지만 자기같이 관직에 있지 않은 사람들이 나설 문제가 아니어서 의병을 일으키지 않았다고 한다. 그런데 단발령은 명분과 기존의 윤리질서에 대한 도전이고 나아가 자신은 물론 거의 모든 국민들에게 직접 해당되는 문제이기 때문에 가만히 있을 수 없어 의병을 일으켰다는 것이다.

1894년에 일본군대가 경복궁을 점령한 사건(갑오변란甲午變亂)이나 한 나라의 왕비를 참혹하게 죽인 사건(을미사변)을 계기로 의병이 활발히 일어난 것이 아니라 단발령을 계기로 의병이 본격적으로 일어났다는 것은 초기 의병전쟁의 성격과 관련해서 시사하는 바가 크다. 이는 국가와 민족이 걸린 문제보다는 개인적인 문제가 인간을 행동하게 만든 직접적인 계기였다는 것, 말을 바꾸면 그만큼 국가니 민족이니 하는 것이 평범한 개인을 움직이게 하기는 쉽지 않다는 것이다. 물론 그렇다고 국가의식이나 민족의식이 없었다는 것은 아니다. 일제가 갑오변란이니 을미사변이니 해서 주었던 자극은 비록 즉각적인 반발은 없었다 하더라도 어느 틈인가 저변에서 민족의식을 확산시켰다. 따라서 을미의병의 계기가 단발령이었다고 해도 그 아래 이렇게 커온 민족의식이 깔려 있었던 것은 당연하였다.

한편, 이 시기 의병은 일본에 대한 대항보다는 정부에 대한 대항이라는 성격이 강하였다. 당시 집권하고 있던 김홍집 내각은 명성황후가 학살되었음에도 불구하고 그 사실조차도 공표하지 못하게 한다든가, 일본인이 무관하다고 선언한다든가 해서 우리 백성들의 분노를 자아내게 했다. '말리는 시누이' 역할을 톡톡히 한 셈이었다. 따라서 당시 내각은 의병항쟁의 직접적인 목표가 되었다. 그런 정권에서 11월에 반포한 단발령은 타는 불에 기름을 끼얹는 격이었다.

을미의병의 구성과 성격

을미의병은 주로 양반들이 중심이 되어서 일어났다. 그 계기가 단발령이었기 때문에 더욱 그렇기도 하였다. 이때의 지도층 양반들은 충忠을 지고至高의 선善으로 여기는 성리학자들이었다. 따라서 의병 자체가 왕의 보위를 위한 것이었다.

한편, 왕의 대행자인 지방관이나 왕의 군대에 저항한다는 것은 곧 불충不忠이었다. 그런데도 이때 의병을 일으킬 수 있었던 것은, 당시 정권 자체를 우리의 정권이 아닌 친일 괴뢰정권으로 보았기 때문이다. 지방관들이 의병에 의해 피살되는 것도 마찬가지였다. 즉 지방관을 우리 왕의 신하가 아니라 일본의 신하라고 여겼기 때문이다.

물론 그렇게 적극적인 투쟁을 벌일 수 있었던 데는 또 다른 이유도 있었다. 즉 양반유생들이 의병 진영을 구성하는 데 중요한 역할을 하긴 했지만 직접 무기와 총칼을 들고 나가 싸운 것은 그들이 아니었다는 점이다. 실제로 전투에 나가 싸웠던 사람들은 양반유생의 머슴이나 소작농민들, 그리고 사냥꾼이라고 할 수 있는 포수들이었다. 특히 포수들은 무기를 다루어 본 경험이 있기 때문에 무장부대의 지도자 역할을 하는 경우가 많았다. 그런데 이들은 충이라는 성리학적 명분에 얽매이지 않았다.

이처럼 의병은, 유생 출신들이 주로 지도부를 이루었지만, 실질적인 군사력은 평민이나 천민들의 몫이었다. 그러다보니 그 안에서 신분적인 갈등이 나타나기도 하였다. 한 예를 들자면, 포수 출신으로서 유인석 의병부대에서 핵심적인 무장 지도자였던 김백선의 경우이다. 김백선이 충주성을 공략할 때 양반 출신의 의병장이 도와주기로 했었다. 그러나 실제로는 도와주지 않았다. 비록 도움이 없었어도 충주성 공략은 성공하였다. 그 후 김백선이 돌아와서 양반 의병장에게 도와주지 않은 것에 대해 항의하였다. 그러자 어떻게 상놈이 양반에게 대들 수가 있느냐고 하며 김백선을 처형해 버렸다. 그 결과 무장부대의 지도자가 없어지게 되면서 전력은 급격하게 저하되고 곧이어 있었던 제천 전투에서 의병부대는 완전히 궤멸되고 말았다.

단발령에 대한 반대라든가 친일적인 정부에 대한 반대에 대해서는 국민 모두가 공감하고 있었다. 그러나 공감만 가지고 목숨을 건 전쟁에 쉽게 나갈 수 있는 것은 아니다. 따라서 실질적인 군사력이 되었던 평민이나 천민들에게 전쟁에 참여할 수 있는 적극적인 동기를 부여해 주어야 했다. 그러나 김백선 사건에서 상징적으로 보이듯이 유생들이 아직까지도 봉건적인 신분개념에서 탈피하지 못함으로써 그 동기부여에 실패하고 말았다. 총체적인 의병의 목적보다는 그 안에서 이루어지는 봉건적인 관계가 스스로 함정을 파는 꼴이 되었던 것이다. 결국 이런 점들이 을미의병의 결정적인 한계라고 할 수 있다.

을사늑약과 을사의병

을사의병은 1905년에 체결된 을사늑약이 계기가 되어 그 이듬해 본격적으로 일어났다. 을사늑약은 11월에 강제 조인되었기 때문에 실제 의병이 본격적으로 일어나는 것은 다음 해인 1906년이었다. 따라서 이를 병오의병이라고도 부른다. 그러나 을사냐, 병오냐 이런 이름 붙이기는 그렇게 중요한 것은 아니다.

을사의병은 을미의병과는 달리 국권 침탈에 대한 저항의 성격이 강하였다. 유생 의병장들의 사고방식도 단순이 봉건체제나 윤리를 유지해야 한다는 차원에서 벗어나 당시 국제질서 속에서 조선이 독립국가로서 대우받아야 하며 그러기 위해서는 이 국가를 지켜야 한다는 차원으로 발전하였다. 단발령 때와는 달리 국가의식이 상당히 형성되었던 것이다.

그러나 문제가 없었던 것은 아니었다. 그 대표적인 예가 최익현의 경우라고 할 수 있다. 화서 이항로의 제자로 당시 대표적인 유학자였던 최익현은 전북 태인에서 의병을 일으켜 그 수가 1,000여 명에 이르렀다. 그런데 전투를 벌이다가 순창에서 국왕의 명령을 받은 정부군과 대치하게 되었다. 이때 최익현은 정부군에 대해 같은 조선인들끼리 피를 흘리지 말자고 제의를 하는데 정부군은 이를 거절하였다. 그러자 최익현은 국왕의 명령을 거역할 수 없다며 스스로 의병의 해산을 명령하였다. 그리고 그 자신은 체포되어 대마도로 끌려가 끝내 거기서 죽음을 맞이하였다. 이 사건은 유생 의병장들이 아직도 봉건적인 이념의 굴레를 벗어나지 못했다는 사실을 보여 주고 있는 것이다.

의병은 말 그대로 의義를 위해서 자발적으로 일어난 비정규군이라고 할 수 있다. 따라서 정규적인 군사훈련이나 무기를 보급 받고 있는 존재들도 아니었다. 그러므로 전력적인 측면에서 상당한 열세를 지닐 수밖에 없었는데, 지도부의 이런 계급적·사상적 한계로 인해 효과적으로 저항하지 못했던 것이다.

정미 7조약과 정미의병

마지막 단계의 정미의병은 헤이그 밀사사건, 고종의 퇴위, 정미 7조약, 군대 해산 등 1907년에 일어나는 일련의 사건을 계기로 일어났다. 고종의 퇴위는 군주를 외세가 마음대로 갈아 치웠다는 점에서 의병을 일으키는 명분을 제공하였다. 또 군대해산은 해산된 군인들이 의병에 참여함으로써 의병 진영의 전력을 급상승시키는 결과를 가져왔다. 그리하여 의병들의 투쟁은 전쟁

포수 출신 의병장 홍범도

조선이 강제 병합되자 만
주로 건너간 홍범도는 대
한독립군을 이끌며 봉오
동·청산리 전투에서 대
승을 거두는 등 독립운동
을 하다가 1937년 스탈
린의 한인강제이주정책
에 의해 카자흐스탄으로
강제 이주되었다가 1943
년 사망하였다. 지금도 중
앙아시아 한인사회에서는
전설적 영웅으로 평가받
고 있다.

의 단계에까지 들어가게 되었다.

이 정미의병에서는 새로운 양상들이 많이 나타났다. 우선 의병진영 안에 평민 등 다양한 계층의 의병장들이 등장하고 투쟁 지역도 전국적으로 확산되어 전국 340여 개 군 가운데 몇 개 군을 제외한 전 지역에서 의병전쟁이 벌어졌다.

당시 대표적인 평민 의병장으로는 신돌석과 홍범도 등을 들 수 있다. 신돌석은 경상북도 영해지방을 중심으로 활동했는데 화적 출신이었다는 이야기가 전해지고 있다. 사실 이 시기의 화적이라는 것은 단순한 도적이라기보다는 봉건적 수탈이나 일제의 경제적 침탈에 대한 하나의 저항 형태로 볼 수 있을 것이다. 홍범도는 포수 출신으로 함경도 지방에서 활동했던 의병장으로 우리는 1920년대 초 만주 봉오동·청산리 전투에서 일본군에게 대승을 거둔 독립군 장군으로 더 기억하고 있다. 이밖에 머슴 출신 의병장들도 나타나는 등 다양한 형태의 의병장들이 이 시기에 활약하였다.

또한 그 이전의 의병은 학통을 중심으로 일어나 지역적인 구분이 명확하게 나타났던 한계를 지니고 있었는데 이때에 이르면 각 지역 간의 연합전선, 대규모 부대에 의한 연합작전 등이 이루어지고 있다.

그리하여 1908년에는 전국 13도의 1만여 명의 의병이 모여 창의군倡義軍을 결성하고 이인영을 총대장, 허위를 군사장으로 하여 서울진공작전을 벌이기도 하였다. 그러나 허위가 거느린 선발군이 일본군의 저지로 나아가지 못하고 총대장 이인영이 부친상을 당하여 낙향을 하게 되고, 더욱이 전국의 의병이 함께 모이면서도 평민 출신 의병장들은 처음부터 참여시키지 않음으로써 결국 지도부의 붕괴를 가져와 서울진공작전은 실패로 끝나고 말았다.

아직까지 신분의식에서 벗어나지 못하고 국가의 존망보다 개인의 윤리가 우선시되는 모습을 여기서도 볼 수 있다. 의식의 전환이라는 것이 대단히 중요하지만 그것을 실천한다는 것은 사실 매우 어려운 일인 것이다.

서울진공작전은 비록 실패로 끝났지만 의병전쟁은 공세적 성격을 띠며 전국적으로 확대되어 갔다. 그러자 일본은 이에 대응하여 병력을 급속히 증강하고 대대적인 '토벌작전'에 나섰다. 그러나 이미 불붙기 시작한 의병전쟁은 1908~9년의 2년간 오히려 절정에 이르렀다. 그만큼 민족적 저항이 큰 흐름을 타고 있었다. 이를 표로 정리하면 다음과 같다.

〈정미의병 당시 각 도별 교전 횟수〉

구분 / 도별	교전 횟수		교전 의병 수	
	1908년(하반기)	1909년(상반기)	1908년(하반기)	1909년(상반기)
경기도	78	165	1,453	3,453
충청도	330	204	14,481	1,835
전라도	493	820	20,504	23,155
경상도	311	222	9,030	4,601
강원도	273	124	18,599	2,468
황해도	232	111	7,998	2,148
평안도	149	78	3,981	663
함경도	110	14	6,721	279
합 계	1,976	1,738	82,767	38,593

* 국사편찬위원회 편(1965), 《한국독립운동사》 I

위 표에서 명백히 알 수 있듯이 전라도 의병이 교전 횟수나 교전 의병 수에서 다른 지역에 비해 단연 많았고 특히 1909년 상반기로 가면 그 차이가 더욱 커짐을 알 수 있다. 이는 동학농민혁명의 맥락에서 이해할 수 있을 것이다.

이와 같이 강력한 의병의 항쟁이 전라도를 중심으로 지속되자, 1909년 후반 일본군은 '남한대토벌작전'을 벌여 그야말로 씨를 말리는 토벌에 들어갔다. 이렇듯 일본군의 공세가 더욱 거세지면서 남한의 주민들은 학살에 가까운 피해를 입었다. 이에 의병활동은 산간 지역을 중심으로 하는 소규모의 유격부대 형태로 전환되어 가거나 아예 연해주나 간도로 망명해 독립군으로 전환하여 활동을 이어 갔다.

의병전쟁의 의의

정미의병 단계에 이르면 평민 출신의 의병장들이 출현하고 의병부대들 간의 연합작전이 벌어지는 등 질적·양적으로 큰 발전을 이루었다. 위에서 시작한 민족운동이 아래로부터의 변혁운동으로 전환해 갔다. 운동에서 이렇게 중요한 질적 전환을 이루었음에도 불구하고 의병전쟁은 끝내 실패하고 말았다. 어쩌면 그 당시의 의병이 객관적인 전력이라는 측면에서 현대식 무기와 훈련된 병사들을 가진 일본 군대를 이겨낸다는 것은 사실상 불가능한 일이었는지도 모른다. 또한 양반유생의 계급적·사상적 한계와 지도력의 부재 등이 실패를 가져온 원인들이었다.

영국의 기자 매킨지가 찍은 조선 의병들

매킨지 기자는 의병과의 인터뷰를 통해 "의병운동을 통해서 일본을 이기기 힘들다는 것은 알고 있지만 일본의 노예가 되어 사느니 자유민으로 죽는 것이 훨씬 낫다."는 한 의병의 얘기를 듣고 깊은 감명을 받는다.

그럼에도 불구하고 이러한 활발한 의병투쟁이 있었기에 일제가 조선을 식민지화하는 작업 자체가 그만큼 늦어질 수밖에 없었다. 나아가 우리의 국권을 끝까지 지키려는 저항의식이 살아 있었기 때문에 식민지가 되어서도 국내외에서 민족해방운동을 끈질기게 전개해 나갈 수 있었다. 말하자면 의병전쟁의 정신과 경험이 일제 강점기 민족해방운동의 중요한 동력이 되었던 것이다.

　우리는 순국선열 하면 일제 강점기에 민족운동을 했던 분들만 머리에 떠오른다. 그러나 지금까지 살펴보았듯이 한말에도 민족의 자존을 위해 제국주의의 침략에 저항하며 목숨을 바쳤던 많은 선열들이 있었다. 이렇게 수많은 사람들이 희생했는데도 우리는 왜 식민지가 되었는지 다시 한 번 생각해 볼 필요가 있지 않나 생각된다. 그들의 희생을 헛되이 하지 않기 위해서라도 말이다.

7 애국계몽운동

애국계몽운동을 주도했던 계층은 주로 국내외에서 신교육을 받은 신지식층과 개신유학자들이었다. 이들은 냉엄한 국제 현실 속에서 국권을 회복하고 부국강병을 이룩하기 위해서는 실력양성, 즉 자강에 힘쓰지 않으면 안 된다고 보았다.

계몽단체의 설립

의병전쟁이 무장투쟁을 통해 국권을 수호하려는 운동이었던 데 반해 애국계몽운동은 계몽과 실력양성을 통해 국권을 회복하려는 운동이었다. 애국계몽운동은 자강운동 또는 계몽운동, 문화운동 등으로 불리기도 하였다. 또 이 운동은 갑신정변에서 갑오개혁, 독립협회로 이어지는 '위로부터의 개혁'의 흐름을 이었다고 할 수 있다.

애국계몽운동을 주도했던 계층은 주로 국내외에서 신교육을 받은 신지식층과 개신유학자들이었다. 이들은 냉엄한 국제 현실 속에서 국권을 회복하고 부국강병을 이룩하기 위해서는 실력양성, 즉 자강에 힘쓰지 않으면 안 된다고 보았다. 그리고 구체적인 방법으로 학교를 세워 교육을 진흥시키고 언론·출판 등을 통해 국민을 계몽하고 산업을 진흥시켜 경제적 실력을 쌓아야 한다고 주장하였다. 그 결과 많은 단체와 학회, 학교들이 설립되고 신문·잡지들이 발간되었다.

독립협회가 해산된 이후 제일 먼저 설립된 정치단체는 1904년에 설치된 보

안회輔安會였다. 당시 러일전쟁 중이던 일제가 대한제국 정부에 황무지 개척
권을 요구하자 지식인들과 시민들을 중심으로 보안회를 설립하여 수천 명의
회원들이 반대운동을 전개하였다. 결국 일본이 요구를 철회해 목적은 달성
했지만 일제의 탄압을 받아 해산되었다.

이어 공진회共進會 등을 거쳐 1905년 헌정연구회憲政研究會가 설립되었다. 이
단체는 의회를 중심으로 하는 입헌정치체제의 수립을 목적으로 활동하였으
며, 왕실과 정부도 헌법과 법률을 준수해야 하고 국민은 법률에 규정된 권리
를 자유롭게 누릴 수 있어야 한다고 주장하였다. 그러나 을사늑약으로 통감
부가 설치되고 정치집회가 금지되자 해산되었다.

대한자강회大韓自强會는 이 헌정연구회를 계승하여 1906년에 설립되었다.
대한자강회는 국권을 회복하기 위해서는 교육진작教育振作과 식산흥업殖産興
業을 통해 자강에 힘쓸 것을 주장하였다. 또한 전국 25개 지역에 지회를 두고
기관지로 《대한자강회월보大韓自强會月報》를 발행하였으며, 정기적으로 연설회
를 개최하여 대중적 기반을 넓혀 갔다. 그러나 1907년 헤이그 밀사사건으로 일
제가 고종을 강제 퇴위시키자 이에 대해 격렬히 반대하다 강제 해산당하였다.

같은 해 그 후신으로 대한협회가 설립되었다. 이 단체 역시 회지를 발간하

고 전국 각지에 지회를 설치하고 국민 계몽에 힘써 1908년 지회가 60여 개, 회원 수가 수만 명에 달하였다. 그러나 지도부가 일진회와 제휴하는 등 일제와 타협적 경향을 보이면서 본래의 취지가 퇴색되었으며 일제의 강제병합 뒤 해체되었다.

신교육과 언론·출판운동

정치단체뿐만 아니라 학회도 전국적으로 설립되었다. 1906년 평안·황해도 출신 인사들을 중심으로 서우학회西友學會가 설립되었으며 같은 해 함경도 출신 인사들이 한북흥학회漢北興學會를 설립하였다. 두 학회는 1908년 서북학회西北學會로 통합되었다. 또한 1907년에는 호남 출신 인사들이 중심이 된 호남학회湖南學會와 충청 출신 인사들이 중심이 된 호서학회湖西學會가 결성되었고, 1908년에는 경기·충청 출신 인사들이 기호학회畿湖學會를, 강원 출신 인사들이 관동학회關東學會를, 영남 출신 인사들이 교남학회嶠南學會를 설립하였다. 일본에서도 유학생들이 태극학회太極學會와 공수학회共修學會 등을 결성하였다.

학회의 본부는 서울에 설치하고 각 군 단위로 지회를 두었으며 월보月報 등 기관지를 발간하고 많은 사립학교를 설립하였다. 《서우西友》, 《서북학회월보西北學會月報》, 《기호흥학회월보畿湖興學會月報》, 《호남학보湖南學報》 등과, 서북학회가 세운 협성학교協成學校(1907)와 기호흥학회가 세운 기호학교畿湖學校(1908) 등이 대표적이라고 할 수 있다.

학회들은 국권 회복을 위한 신교육의 필요성을 강조하며 학교를 설립해 교사와 인재를 양성하고 교과서를 편찬하여 학교에 공급하였다. 또한 실업부와 측량과, 농림강습소 등을 설치하여 실업 진흥을 위해 노력하기도 하였다. 아울러 강연 등을 통한 대중계몽에도 힘써 정치·사회단체의 역할도 수행하였다.

근대 교육을 통한 실력양성은 이미 개항 이후 1880년대부터 강조되어 원산학사元山學舍를 비롯해 여러 학교가 설립되었다. 그러나 그 수가 폭발적으로 늘어난 것은 1905년 을사늑약 이후로 교육을 통해 국권 회복을 이루겠다는 신교육운동의 결과였다. 그리하여 3~4년 사이에 전국적으로 3,000여 개의 사립학교가 세워졌는데, 1905년에는 보성학교와 양정의숙, 휘문의숙, 1906년에는 진명여학교와 숙명여학교, 중동학교, 1907년에는 평양 대성학교와 정주 오산학교 등이 대표적이었다.

　사립학교의 교육 내용은 서양 근대학문과 우리나라의 역사·지리, 그리고 병식체조兵式體操, 즉 교련敎鍊이 중심을 이루었다. 특히 민족의식과 애국심을 고취시켜 국권 회복의 의지를 강조하는 데 중점을 두었다. 〈애국가愛國歌〉와 〈권학가勸學歌〉와 같은 창가唱歌가 교

실과 거리에 울려 퍼졌다. 일제는 이러한 신교육운동과 한국민의 교육열에 깜짝 놀라 1908년 〈사립학교령〉을 제정하여 탄압을 가하였다.

　언론과 출판을 통한 계몽운동도 이 시기에 활발히 이루어졌다. 1896년 본격적인 근대 신문으로 《독립신문》이 창간된 이래 1898년 《황성신문皇城新聞》과 《제국신문帝國新聞》이 간행되었으며, 1904년 《대한매일신보大韓每日申報》, 1906년 《만세보萬歲報》, 1909년 《대한민보大韓民報》 등이 창간되어 국민 여론을 일으키고 계몽하는 데 큰 역할을 하였다. 해외에서도 미국에서 《신한민보新韓民報》, 연해주에서 《해조신문海朝新聞》 등이 간행되었다.

　특히 《황성신문》은 을사늑약이 체결되자 장지연의 〈시일야방성대곡是日也放聲大哭〉이라는 논설을 실어 조약 체결의 부당성을 알리고 정부대신들의 매국행위를 규탄하였다. 일제의 검열을 피하기 위해 영국인 베델E.T. Bethell, 裵說과 양기탁이 공동으로 발행한 《대한매일신보》는 일제의 국권 침탈과, 이완용 정부와 일진회의 매국행위 등을 강력히 비판하고 의병들의 활동을 상세

《대한매일신보》 창간호

1904년 7월 18일 국문과 영문 겸용으로 창간되었다. 영국인 베델이 발행인 겸 편집인으로 일본군의 사전 검열을 피할 수 있는 유일한 신문이었기에 항일사상을 고취시키는 데 크게 기여하였다.

히 보도하여 국민들로부터 큰 호응을 얻어 최대 부수를 발간할 수 있었다.

한편 많은 책과 잡지들이 출판되어 국민들의 민족의식과 애국심을 고취시켰다. 신채호는《을지문덕전乙支文德傳》,《최도통전崔都統傳》,《이순신전李舜臣傳》등 외적의 침략에 맞서 싸웠던 영웅·호걸들의 전기를 저술했으며,〈독사신론讀史新論〉을 발표하여 역사 서술의 주체를 민족으로 설정하고 중국·일본중심의 역사 인식과 서술을 강하게 비판하였다. 또한《월남망국사越南亡國史》,《미국독립사美國獨立史》,《이태리건국삼걸전伊太利建國三傑傳》,《비스마크(비스마르크)전比斯麥傳》등 외국의 건국사나 흥망사, 위인전 등이 번역되어 널리 읽혔다.

이에 대해 일제는《경성일보京城日報》등 친일신문을 만들어 대응하였으나효과가 없자 '신문지법新聞紙法(1907)'과 '출판법出版法(1909)'을 만들어 억압하였다.

국채보상운동

국채보상운동은 일제의 경제적 침략에 대응해 일으킨 운동이었다. 1906년일제는 통감부를 설치하고 시정개선이란 명목으로 차관을 제공하였다. 말이시정개선이었지, 실제로는 식민지 건설을 위한 정지작업에 소요되는 비용이었다. 그런데 1년 만에 그 액수가 1,300만 원에 이르러 나라의 경제적 독립을

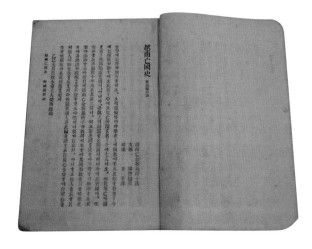

위협하게 되었다. 그러자 1907년 대구에서 광문사廣文社의 김광제·서상돈 등이 국채보상기성회를 조직하면서 운동을 시작하였고 이는 곧 전국으로 확산되었다. 취지는 국가가 차관을 갚을 능력이 없으므로 2천만 국민이 3개월 동안 금연하여 모금한 돈으로 국채를 보상하여 국권을 회복하자는 것이었다.

이 운동이 전 국민의 호응을 얻게 된 데는《대한매일신보》,《제국신문》,《황성신문》,《만세보》등의 언론들과 서울여자교육회, 대한부인회, 진명부인회 등 여성단체의 역할이 컸다. 그리하여 고관·양반부터 부녀자·기생에 이르기까지 전 국민이 참여했으며, 일본과 미국 등 해외 동포들도 모금을 보내왔다. 특히 여성들은 은비녀와 은가락지·은장도 등 패물과 찬값을 절약한 감찬비減餐費를 내놓기도 하였다. 그 결과, 모금이 시작된 지 3개월 만에 모금액이 20만 원에 달하였다. 마치 우리나라가 1997년 외환위기로 IMF의 구제금융을 받았을 때 전 국민이 금 모으기운동을 벌였던 모습을 보는 것 같다고나 할까.

그러나 외채를 다 갚은 IMF 때와는 달리 국채보상운동은 안타깝게도 실패로 끝나고 말았다. 일제는 이 운동을 주도하던《대한매일신보》의 발행인인 베델을 국채보상금을 횡령한 혐의로 구속하였다. 베델은 뒤에 증거 불충분으로 풀려나지만 이 사건을 계기로 국채보상운동은 크게 위축되었다. 이후 국채보상금처리회가 조직되어 보상금의 처리문제를 논의하기도 하지만 결국 일제에 강제병합되면서 모금한 돈을 모두 총독부에 빼앗겨 버렸다.

사회진화론과 애국계몽운동

이렇듯 애국계몽운동은 정치단체활동뿐만 아니라 학회·학교 설립을 통한 신교육운동, 신문·잡지에 의한 언론계몽운동, 국학·국사를 통한 신문화운동, 신문학운동, 민족산업진흥운동, 국채보상운동, 민족종교운동 등 다양하게 전개되었다. 그리하여 짧은 시간 안에 민족 역량을 끌어 올리는 데 많은 기여를 하였다. 그러나 한계도 없지 않았다.

애국계몽운동은 개화사상과 문명개화론, 사회진화론 등에 기반했는데, 특히 생존경쟁生存競爭과 약육강식弱肉强食, 우승열패優勝劣敗 등을 인간사회에 적용한 스펜서Herbert Spencer의 사회진화론의 영향을 강하게 받았다. 사회진화론이 조선에 널리 알려진 것은 청말 사상가였던 량치차오梁啓超의 《음빙실문집飮氷室文集》을 통해서였다.

본래 사회진화론은 제국주의의 침략과 식민지배를 정당화하는 이론이었다. 애국계몽운동가들은 일본의 국권 침탈이 조선의 실력 부족에서 비롯되었으므로 실력 양성을 통해서 부국강병을 이루고 나아가 제국주의 국가와 같은 발전을 이루어야 한다고 생각하였다. 약자도 노력하면 강자가 될 수 있다는 것이었다. 이는 조선의 현실을 이해하고 극복하려는 측면에서는 긍정적인 기여를 하였지만 다른 한편으로는 문명개화·근대화를 절대적 가치로 받아들임으로써 독립도 실력양성을 이룬 뒤에나 가능하다는 데까지 나아갔다.

이러한 실력양성 지상주의는 의병전쟁을 바라보는 데서도 드러난다. 애국계몽운동가들은 의병들을 '폭도暴徒'라고까지 지칭하고 의병들의 활동이 일본 군대의 점령지 확대 구실을 주고 오히려 백성들을 크게 괴롭히고 있다고 비판하였다. 《대한매일신보》도 의병전쟁이 "때와 힘을 헤아리지 않고 일시의 혈분血憤에 따라 오합지졸을 모아 망거妄擧하는 것은 국가의 화란禍亂을 증대하고 생민生民을 문드러지게 하는 것"이라고 하며 의병전쟁을 무모한 행동으로 보았다. 결국 의병전쟁과 애국계몽운동 사이에는 많은 간극이 있었던 것이다.

운동 노선의 전환, 신민회

한편 일제의 탄압이 심해지고 식민지화가 점점 현실로 다가오자 애국계몽운동 안에서도 인식의 변화가 있었다. 그 대표적인 단체가 신민회였는데, 안창호·이동휘 등이 중심이 되어 1907년 비밀결사로 조직하였다.

신민회는 국권 회복과 공화제에 기반한 근대국가를 지향하였다. 조직은 비밀에 붙여졌으나 활동은 공개적으로 하였다. 즉 교육을 위해 평양에 대성학교, 정주에 오산학교 등을 세웠으며 출판활동을 위해 평양과 대구 등지에 태극서관太極書館을 설립하였다. 또한 수양단체로 청년학우회靑年學友會를 조직하고 평양에 자기磁器회사를 설립하여 민족산업 육성에 노력하였다. 따로 독자적인 신문은 간행하지 않았으나 《대한매일신보》를 사실상의 기관지로 활용하였다.

이런 가운데 일제의 강제병합 시도가 노골화되자 1909년 국외에 독립군 기지를 건설해야 한다는 주장이 본격적으로 제기되었다. 그리하여 이를 둘러싸고 안창호를 중심으로 한 온건계열과 이동휘를 중심으로 하는 급진계열로 나누어졌다.

안창호를 포함한 온건계열이 주로 실력양성론에 입각해서 도덕·교육·산업운동을 주장하고 시행해 나간 데 반해, 양기탁·이동휘·신채호 등 급진계열은 1909년 독립군 양성에 의한 독립전쟁의 필요성을 인식하고 이를 실천에 옮겨 나갔다.

급진계열은 장차 미국과 일본, 또는 러시아와 일본이 서로 전쟁을 일으킬 가능성이 높다고 전망하고 그렇게 될 경우 일본을 상대로 하는 국제적인 힘의 연대가 가능할 것이기 때문에 이것을 호기로 삼아서 독립전쟁을 일으킨다는 전략을 수립하였다. 그리고 이를 위해 국외의 가능한 지역에 독립운동기지를 건설하여 군사간부를 양성하는 것이 필요하다고 보았다.

이런 운동 방안을 국외 독립전쟁론이라고 하는데, 이는 합법적 테두리 안에서 실력양성운동에 그친 기존의 애국계몽운동과는 다르다고 할 수 있다. 신민회의 독립전쟁론은 애국계몽운동과 의병전쟁을 발전적으로 종합한 전략으로 일제의 강점 이후 여러 민족운동 세력의 기본적인 독립운동 전략이 되었다. 그리하여 많은 애국계몽운동가들과 의병 세력들이 이 운동 노선에 기초해서 연해주나 만주로 가서 독립군기지를 건설하는 데 참여하였다.

신민회의 국내 활동은 1911년 흔히 '105인 사건'이라 부르는, 일본이 조작한 데라우치寺內正毅 총독 암살미수사건으로 크게 타격을 받아 중지되었다.

8 고종과 대한제국

격동의 한국 근대사에서, 비록 부침이 있었지만, 고종이란 한 왕이 언제나 권력의 정점에 있었다. 고종의 역할은 종래 너무나 과소평가되어 왔다. 따라서 고종에 대한 오해의 해소는 곧 우리 근대사의 바른 정립으로 가는 지름길이라고 할 수 있다.

고종 시대사

고종高宗시대는 한국 현대사의 뿌리, 원형이라고도 할 수 있다. 오늘날로 이어지는 각종 현상들이 그때부터 나타나기 시작하였다.

조선 왕조 최초의 황제이자 사실상 마지막 왕이었던 고종. 고종(1852~1919)은 조선의 제26대 임금(1863~1897)이며, 대한제국의 초대 황제인 광무제光武帝 (1897~1907)이다. 개항부터 3·1 운동까지 그야말로 격동의 한국 근대사에서, 비록 부침이 있었지만, 고종이란 한 왕이 언제나 권력의 정점에 있었다. 고종의 역할은 종래 너무나 과소평가되어 왔다. 따라서 고종에 대한 오해의 해소는 곧 우리 근대사의 바른 정립으로 가는 지름길이라고 할 수 있다.

고종은 민국民國정치, 즉 한 군주 아래 만민이 평등한 세계를 만든다는 정치이념으로, 1873년 말 친정에 나선 후, 초기의 개화정책을 주도하였다. 그러나 국왕에 의해 주도된 초기의 개화정책은 청의 간섭과 재정 부족, 또 이어지는 일본의 강압 등으로 인하여 소기의 성과를 거두기 어려웠다.

육영공원 등 교육기관의 설치, 우편제도의 실시, 전선의 가설, 상설 조폐

기관인 전환국典圓局의 설치 등과 같은 근대화 분야에서는 어느 정도 성과를 낼 수 있었다. 하지만, 군대 양성이나 무기제조 등 국방력 강화나 교통시설의 확충 등 부국강병을 위한 정책은 거의 진전을 볼 수 없었다. 1883년 기기국機器局을 세우고 기기창機器廠을 만들어 독자적인 근대병기 생산을 시도하였지만, 성과는 기대에 못 미쳤다.

그러다가 1897년 2월 아관파천과 이듬해 대한제국의 선포를 거치면서 고종은 근대국가 건설에 다시 나섰다. 고종에 대한 인식이 크게 달라진 데에는 역시 대한제국기의 성과와 그에 대한 평가가 달라진 데 힘입은 바 크다. 이제 대한제국기를 중심으로 어떤 일들이 어떻게 일어나고 있었는지 알아보도록 하자.

대한제국에 대한 평가

대한제국은 1897년 10월 12일부터 1910년 8월 29일까지 존속했던 조선 왕조의 국가이다. 대한제국에 대한 평가는 엇갈린다. 일제의 입장에서 보면, 그들의 식민지 지배를 정당화하기 위해 부정해야 할 일차적 대상이 고종과 대한제국이었다. 따라서 의도적으로 대원군과 민왕후(훗날 명성황후, 1851~1895) 사이의 대립을 부각시켰고, 조선 왕조의 자립능력을 부정하기 위해 고종의 무능을 강조하였다. 고종의 존재 자체를 지워 버리려 하였고, 그래서 대한제국을 철저하게 외면하였다. 한편, 독립협회와 대한제국은 한때 협조도 했지만 끝내 대립하여 협회가 강제로 해체되었다. 따라서 개화파를 긍정적으로 평가하는 연구자들도 대한제국을 부정적으로 보고 있다.

그러던 것이 최근 20년 사이에 고종과 대한제국에 대한 평가는 크게 달라졌다. 이태진 교수의 《고종 시대의 재조명》(2000, 태학사)을 비롯한 일련의 역작들이 학계에 발표된 이후 고종은 무능한 왕에서 오히려 꽤 괜찮았던 왕으로 평가가 달라졌다.

대한제국기의 자주적 발전의 가능성을 확인하면서, 고종은 근대를 지향한 개명군주로, 대한제국은 황제권 중심의 근대 국민국가를 지향한 국가로 평가하고 있다. 비록 결과가 실패로 끝났지만 고종의 개혁과 국권國權 확립을 위한 노력은 인정받고 있다.

아관파천

1894년 6월 21일 일제가 경복궁을 무력으로 침범한 갑오변란甲午變亂 이후 1년 반 동안 조선의 조정은 일본의 거듭된 왕궁유린으로 참담하기 그지없었다. 그 와중에 1895년 10월 8일 경복궁에서 민왕후가 일본공사 미우라 고로三浦 梧樓의 지휘 아래 일본인 낭인들에 의해 무참히 살해되는 을미사변乙未事變이 일어났다.

이런 엄청난 일이 벌어졌는데도 조선 정부는 장례는커녕, 왕후의 죽음조차 공식적으로 공표할 수 없었다. 11월 한 달 동안 나라 전역에서 사건의 전모와 왕후의 생사여부를 확인해야 한다는 요구가 거세어졌다. 이에 당시 친일 내각은 사건이 있었다는 사실은 마지못해 인정하였다. 한편 고종은 11월 26일 각국 대사들을 초청한 자리에서 왕후를 죽인 죄인을 재판에 회부하여 처벌할 것을 밝히고, 대원군에 의한 폐후廢后 조칙을 취소하고 왕후의 죽음을 발표하였다.

실추된 왕권을 다시 세우고 모반인들을 처벌하도록 하는 국왕의 조치들은 커다란 호응을 받았다. 그리고 이틀 후인 11월 28일 민왕후계의 친미·친러의 정동파 관리들과 군인들이 친일 정권을 타도하고 새 정권을 수립하고자 국왕 고종을 궁 밖으로 빼내오려 하였다(춘생문사건春生門事件). 그러나 밀고로 인하여 실패하고 말았다. 일본 측은 이 '국왕탈취사건'을 기화로 히로시마廣島감옥에 수감 중이던 을미사변 관련 주모자들을 증거불충분이라는 이유를 내세워 전원 석방하였다. 한편, 12월 30일 반포된 단발령을 계기로 전국에서는 의병활동이 활발히 일어났다.

이런 어수선한 분위기 속에서 고종과 정동파는 다시 기회를 노려 1896년 2월 11일 아관파천을 감행하였다. 그날 고종은 조칙을 내려 김홍집 일파, 곧

김홍집, 유길준, 정병하, 조희연을 을미사적乙未
四賊이라고 밝혀 역도로 규정하고, 그들이 진행시
키던 국모 재간택과 이미 내린 폐비에 관한 조칙
을 무효로 돌렸다. 민왕후의 국장도 무기한 연기
하였다. '아관파천'은 을미사변 등으로 대변되는
일본의 압박을 피하고 무력해진 왕권을 회복하
려는 의도를 바탕에 깔고 취한 비상수단이었다.

아관파천 후 고종은 조선이 자주독립국가임을
세계에 알리고 군주가 주체가 되는 통치체제를
확립하는 데 전력을 다하였다. 고종은 러시아공
사관에서 일 년 동안 머물면서 그저 갇혀만 있던
것은 아니었다.

한시라도 빨리 환궁하여 나라의 기초를 든든
히 함으로써 독립하고자 하는 마음은 고종이나

러시아공사관

옛 러시아공사관 일부가
지금도 서울 중구 정동에
남아 있다.

백성이나 다를 게 없었다. 이런 배경하에 아관파천 초기에는 고종과 대신大
臣, 신지식인과 도시민 모두가 부국강병이 절실하다는 것을 공감하였다. 그
리고 내정과 외교에서 다양한 움직임이 잇따랐다. 민영환 특사가 러시아에
파견되는가 하면, 정부의 지원을 받아 최초의 한글신문인《독립신문》(1896.
4)이 발간되었고 독립협회(1896. 7)가 결성되었다. 민영환 특사의 러시아 파견
은 정부에서 직접 추진한 외교적 대책의 모색이었고, 독립신문 발간과 독립
협회의 창립은 정부에서 민간을 통해 우회적으로 추진한 개화운동이자 자
주독립운동이었다. 그런 맥락에서 경운궁 환궁과 대한제국 선포 등이 가능
하였다.

경운궁 환어還御와 대한제국의 탄생

아관파천 직후 고종은 경운궁(지금의 덕수궁)의 중건과 수리를 명하여 1902년

까지 7년간의 공사 끝에 전각과 문들을 완성한다. 그중 정관헌, 순덕전, 구성헌, 중명전, 환벽정 등이 양관이고, 특히 석조전이 유명하다.

1897년 2월 20일 국왕은 경운궁으로 환어하였다. 경운궁은 러시아공사관과 경계가 잇닿아 있었다. 왕이 환어하는 날, 러시아공사관에서 경운궁으로 가는 길 사이에는 친위대 병정과 순검들이 늘어섰고, 배재학당 학생들이 독립신문사 건너편에 나와 만세를 불렀고, 어가御駕가 지나는 길에 꽃을 뿌리며 환영하였다. 이는 당시 국가의 자주독립을 기원하는 국민들의 여망을 여실히 보여 주는 사례였다. 이런 국민들의 여망이야말로 대한제국을 성립시키는 중요한 기반이었다.

1897년 5월 이후 제위에 오를 것을 요청하는 각계각층의 상소문들이 빗발치듯 이어졌다. 이런 분위기를 타고 8월 16일 새 연호를 '광무光武'로 정하고 조서를 반포, 외부外部에 의하여 각 공사관에 통보하였다. 9월 21일 황제즉위식을 거행할 환구단圜丘壇 축조를 명하였고, 10월 12일에 이르러 즉위식을 거행하였다. 경운궁에서 환구단 정문에 이르는 길가는 축기를 들고 환호하는 군중들로 메워졌다. 13일에는 조서를 내려 황제위에 오른 것과 국호를 '대한大韓'으로 정하였음을 선포하였다. 이로써 대한제국이 성립되었다. 이어 14일에는 이 사실을 외부에서 각국 공·영사관에 통보함으로써 대한제국이 완전한 자주 독립국가임을 내외에 선언하였다.

국호 '대한'

황제 즉위식 바로 전날 대신들과의 어전회의에서 고종은,

"우리나라는 곧 삼한三韓의 땅인데, 국초國初에 천명을 받고 하나의 나라로 통합되었다. 지금 국호를 '대한大韓'이라고 정한다고 해서 안 될 것이 없다. 또한 매번 각 국의 문자를 보면 조선이라고 하지 않고 한韓이라 하였다. 이는 아마 미리 징표를 보이고 오늘이 있기를 기다린 것이니, 세상에

공표하지 않아도 세상이 모두 다 '대한'이라는
칭호를 알고 있을 것이다."

라 하여 국호로 '대한'을 제안하였다. 이에 대하여
신하들은 천명이 새로워지고維新 온갖 제도도 다
새로워졌으니, 국호도 역시 새로 정해야 할 것인
데, 조선은 바로 기자가 옛날에 봉해졌을 때의 칭
호이니, 당당한 황제의 나라로서 그 칭호를 그대
로 쓰는 것은 옳지 않다고 하여, 옛 것을 답습하
지 않은 '대한'이 좋다고 하였다. 이에 국호가 '대
한'으로 정해졌다. 국체를 제국으로 바꾸어 중국
과 대등한 관계가 되었음을 표시하였고, 국호 역
시 중국으로부터 벗어남을 중시하여 중국으로부
터 책봉된 나라 이름인 조선을 버리고 제국에 어
울리는 '대한'을 택했던 것이다. 이렇게 대한제국은 탄생하였다.

대한제국을 선포하고 황
제 지위에 오른 고종

대한국국제의 선포, 광무
개혁 등을 통해 새로운 면
모를 보임으로써 무능한
왕에서 꽤 괜찮았던 왕으
로 평가가 달라졌다.

〈대한국국제大韓國國制〉의 선포

군주권은 대한제국기에는 황제권으로 표현된다. 흔히 대한제국과 시종일관
대립했다고 오해되는 독립협회의 경우에도 최근의 성과에 따르면, 근대국가
건설에서 대한제국의 구상과 매우 근접해 있었던 것으로 밝혀졌다. 그리고
그렇게 근접할 수 있는 기저에 바로 자주적·점진적 개화개혁론이 놓여 있다
고 한다. 독립협회의 근대국가 건설론에서도 황제권을 국민통합의 구심점으
로 삼고 의회를 설립하여 의정부를 견제함으로써 황제권 중심의 정치체제를
구축하는 것이 기본 대전제로 되어 있었다. 그래서 이러한 독립협회의 근대
국가 건설론을 대한제국에서 대부분 수용하여 개혁사업에 반영하고 있었다.
그런 연계의 매개는 독립협회가 황제권을 인정하고 있었다는 점이다. 그 점

은 물론 '외국인에게 의부依附하지 않고 관민이 동심합력同心合力하여 전제황권을 공고하게 할 것'이라고 되어 있는 〈헌의육조〉의 제1조에 분명히 드러난다. 헌의육조는 1898년 10월 관민공동회에서 채택된 바 있다.

정부는 초기에 독립신문 발간과 독립협회의 활동을 후원하였다. 독립문 건립도 추진토록 하였다. 대외적인 문제에 부딪치면 독립협회를 완충장치로 활용하였다. 협회도 한동안 정부에 지원을 아끼지 않았다.

그러나 체제 문제를 놓고 관계가 틀어졌다. 의회제도를 내세운 독립협회는 정부와 보수적인 대신들에 의해 축출되었다. 독립협회가 내세운 의회는 순수한 의미의 민권과는 달랐다. 황제권을 약화시켜 개명관료 독재를 추구하는 데 목적이 있었다. 고종은 황제 중심의 전제정치만이 독립의 기초를 견고하게 다질 수 있는 유일한 길로 인식하고 있었다. 따라서 의회개설운동은 전제정치에 손상을 주는 것으로 간주하였다. 그래서 받아들일 수 없었다.

고종은 민권에 대해 상대적으로 진보적인 입장에 있었다. 1898년 11월 26일에 독립협회의 민회가 다시 종로에 모이기 시작했을 때, 고종은 민회를 효유하기 위해 경운궁 인화문 밖에 직접 나서서 설득하는 친유親諭를 행하기도 했다. 이런 행위는 그저 일시적이거나 즉흥적인 것은 아니었다. 그것은 민유방본民惟邦本이라는 유교적 이데올로기의 표현이기도 하고, 상언·격쟁제도의 자연스런 수행이기도 하였다. 그러나 보다 정확히 말하자면, 민회를 인정하는 고종의 일관된 행위의 연속이었고, 정조에 의해 구체화된 새로운 왕정론이 고종에 의해 다시 부활되는 것으로 이해할 수 있다. 즉 고종은 전통적인 위민관爲民觀에서 한걸음 더 나가 절대다수인 민의 지지없이는 왕조가 유지될 수 없다는 인식 아래 민과 국國=왕의 일체성을 강조하는 민국론民國論을 새로운 왕정론으로 정립시켰다.

강제 결혼, 과부의 개가 및 그 소생자의 등관登官 제한, 신분적인 통혼 제한, 연좌제, 참형·능지형 등을 없애는 등 획기적인 인권 신장의 내용을 담고 있는 〈형법대전刑法大全〉을 편찬·반포한 것(1905. 1. 29)도 이런 맥락 위에서였다.

이제 근대화의 주도권도 황제가 갖는다. 이는 법적으로도 분명해졌다. 독립협회가 해산되고 난 후인 1899년 8월 17일 〈대한국국제〉를 반포하였다. 대한국국제는 오늘날의 헌법에 해당하는 것으로 무엇보다 먼저 대한국은 세계만국이 공인한 자주독립의 제국임을 천명하였다. 그리고 황제는 불가침의 무한한 군권君權을 향유하는 전제정치를 지향함을 밝히고 있다. 군 통솔권은 물론, 입법, 사법, 행정, 외교 등에 관한 전권을 갖도록 규정하였다. 이는 갑오·을미개혁 당시 위축된 군권을 복고하여 이의 전제화를 꾀한 것이다. 그동안 외압에 의해 군주권이 과도히 침해된 데 대한 반작용이기도 하였다.

이는 그동안 명문화되지 않았던 황제권이 성문법에 의해 규정되었다는 점에서 의미를 가진다. 그리고 아울러 황제권이 근대개혁을 주도해 가는 주체가 되겠다는 점도 분명히 하고 있어 주목된다.

광무개혁

아관파천 이후부터 1904년 러일전쟁이 일어나기까지 황제권이 주도하던 각종 근대화 시책들을 당시의 연호인 '광무光武'를 따서 '광무개혁'이라 부른다. 광무개혁은 옛것을 근본으로 삼고 새것을 참고한다는 '구본신참舊本新參'을 정책이념으로 하였다. 이는 군주권의 절대성을 전제로 하는 자주적·점진적 개화개혁론에 토대를 두었다.

윤용선 의정議政, 이재순 궁내부대신, 박제순 외부대신, 윤웅렬 군부대신, 심상훈 탁지부대신 등 고종의 측근들이 이를 추진하였다. 탁지부 하급관리였던 이용익은 1897년 황실의 재정을 총괄하는 내장원경內藏院卿이 되었고, 중앙은행 총재 등을 거쳤다. 1902년에는 탁지부 대신이 되어 화폐개혁을 단행하였다. 황실 재정의 강화에 큰 성과를 올렸다.

이런 광무개혁기 사업으로 첫손에 꼽히는 것이 토지조사사업(양전사업, 量田事業)과 지계地契 발급사업이었다. 이는 정부의 조세수입을 늘리고 근대적인 토지소유권을 확립하기 위한 조치였다. 전국 토지의 약 3분의 2에 달하는 218군郡에서 제1차 양전사업, 제2차 양전·지계사업을 시행하였다. 이로써 근대적 토지소유권이 확립되었고 국가 재정도 개선될 수 있는 바탕이 마련되었다.

또 원수부元帥府를 설치하여 국방력 강화에도 주력하였다. 정예병력 1,600여 명을 양성하는 등 육해군 창설을 목전에 두었다. 군제軍制도 전면 개편하였다. 친위대親衛隊·시위대侍衛隊·호위대扈衛隊 등을 개편, 신설 또는 증강하였다. 지방의 진위대鎭衛隊도 확대하였다. 군부의 총기제조소·연와제조소·초자제조소 등이 용산 일대에 들어섰다. 고급장교 양성을 위한 무관학교도 설립하였고, 국가國歌와 각종 기旗, 훈장제도 등도 제정하였다. 이런 사업들은 황제가 직접 통제할 수 있도록 모두 궁내부 소속 기관들이 수행하였다.

1899년 9월 11일에는 조선에 대한 종주권을 주장해 오던 청국과 〈한·청통상조약韓淸通商條約〉을 체결하였다. 이는 한국과 청국이 사상 처음으로 대등한 관계에서 체결한 근대적 조약으로 대한제국의 자주독립을 국제적으로 선언하는 상징적 행위였다.

정부가 직접 공장을 설치하기도 하고 민간 회사의 설립을 지원하기도 하는 등 상공업 진흥에도 힘썼다. 이외에도 도량형제도의 제정·실시, 교통·통신 시설의 확충, 우편정보망 정비, 발전소·전기·전차 시설의 설치, 호적제 시행, 순회재판소 실시, 종합병원인 제중원濟衆院과 구휼기관인 혜민원惠民院의 설립 등이 이루어졌다.

북간도관리北間島管理를 설치, 1903년에 이범윤을 간도관리사(1903. 10~1905. 5)로 파견하여 이주 조선인들을 보호하였고, 이를 통해 쑹화강松花江 지류인 토문강土門江 이남에 대한 실효적 지배를 시도하기도 했다. 1909년 일본이 청·일 간에 간도협약을 맺으면서 만주의 철도부설권과 탄광채굴권을 대가로 받고 간도를 청의 영토로 인정해 버려 간도 문제를 어렵게 만들어 버렸다.

광무개혁은 국가의 완전한 자주독립과 근대화를 지향하며, 비교적 외세의 간섭 없이 자주적으로 추진되었다. 그리고 무엇보다 그 성공 가능성을 보여 주었다는 점에 의의가 있다.

그러나 한편, 광무개혁이 신속하게 또 뜻밖의 성과들을 올리며 진행되자, 일제는 더 이상 미루다가는 한반도를 식민지로 만들 기회를 잃을 수도 있다고 우려하였다. 이에 러일전쟁을 감행하여 대한제국의 국권을 강제로 빼앗아갔다. 러일전쟁 도발과 함께 정부의 개혁사업은 모두 중단되었다. 자주독립국가의 지위를 유지하며 근대국가를 건설하려던 고종과 대한제국의 치열한 노력도 결국 힘의 열세로 인하여 아쉽게도 미완의 시도로 끝나고 말았다.

천하의 네 가지 큰 그릇

> "기汽·전電·활活·우郵를 천하의 네 가지 큰 그릇四大器이라 하나니 이것들을 이용후생함이 다 국부민강의 대기초라."《황성신문》 1899년 5월 26일)

기는 기차, 전은 전기, 활은 활동사진, 우는 우편을 뜻한다. 근대의 모습을 그 전과 뚜렷하게 바꿔놓은 것은 바로 이 '네 가지'와 같은 기계문명의 발달이었다. 사람들은 기계문명이 만들어 준 편리함과 실용성에 찬사를 보내

덕수궁(구 경운궁) 중명전

대한제국 시기, 고종은 이 곳에 머물며 국제외교를 다졌다.

면서 근대가 가져온 생활의 변화를 실감하였다. 그때가 언제였을까?《황성신문》의 기사가 나온 1899년은 대한제국이 한창 근대화를 위해 기치를 올릴 때였다. 그중에서도 특히 기차와 전차가 이 땅 위를 달리기 시작하였을 때, 그때는 바로 대한제국기였다.

과학의 발달이 이루어 낸 '문명개화'에 대한 열광적인 숭배와 함께 대한제국은 근대화를 위해 마지막 안간힘을 쓰고 있었다.

기차·전차·우편·전신·전화

한국에 기차가 처음으로 도입된 것은 경인철도였다. 경인철도는 아관파천 직후인 1896년 3월 미국인 모스^{James R. Morse}가 부설권을 획득한 후 1897년 3월에 인천에서부터 시작하여 1899년 9월 18일에 제물포–노량진 간에 총연장 33.2㎞의 경인선이 최초로 개통되었다. 한강철교의 준공과 함께 1900년 7월 7일에 노량진에서 남대문역까지의 구간이 개통되었다.

근대적 교통체제는 1883년 6월 치도국의 설치로 시작하였지만, 철도부설을 위한 구체적 움직임은 대한제국에 들어와서였다. 1898년 7월 6일에는 국내철도의 부설에 관한 일체 사무를 감독·관장할 기구로 철도사鐵道司를 설치하였다. 곧이어 7월 27일 이를 철도국鐵道局으로 개칭하여 일등국으로 상향시켰다. 그리하여 서울–목포 간, 서울–의주 간의 철도는 자력으로 건설할 의지를 적극 드러냈다.

조선 최초의 전차는 1899년 5월 17일(양력) 서대문–청량리(홍릉) 9.7km 구간에서 운행을 시작하였다. 이 전차는 1898년 1월 콜브란–보스트윅사와 고종의 공동 출자로 설립한 조선 최초의 전기회사 한성전기회사가 들여온 것이었다. 고종의 홍릉 행차를 위한다는 구실로 만들어졌다. 명성황후의 장례 이후 고종이 빈번하게 청량리에 있는 홍릉으로 행차하였다. 그때마다 많은 돈이 들었다. 이에 미국인 콜브란 등이 경비절감을 이유로 전차 건설을 청하였고, 고종이 여기에 응해 한미합동사업으로 착수하였다. 1898년 10월 17일 공사가 시작되어, 2개월만인 12월 25일 완료되었다. 그러나 전기를 공급할 발전소 건설이 늦어져 운행되지 못하다가 동대문 내에 발전소 부지를 선정하고 발전시설을 건설하여 1899년 5월 17일 성대한 전차 개통식을 가졌다. 1901년까지 종로−남대문−용산(구 용산, 원효로) 간의 전차노선도 개통되었다.

우편사업은 갑오개혁 이후 재개되었다. 1895년에는 서울과 각 지방에 우체사郵遞司가 설치되었고, 기존의 봉수·파발·역참제도는 1895년 7월 1일(음 윤5월 9일)과 다음해인 건양 원년 1월 18일에 각각 폐지되었다. 1898년에는 전국에 임시 우체사를 설치하여 전국적인 우편망이 완성되었다. 만국우편연합 Universal Postal Union, UPU에도 가입하였다. 1897년 제5차 워싱턴총회에 주미공사 이범진李範晉과 통신원총판通信院總辦 민상호閔商鎬를 전권대표로 파견, 연합조약에 서명하였으며, 1900년 1월 1일 국호 대한국大韓國으로 정식가입이 승인되어 국제우편업무를 개시하였다. 3월 23일 통신원으로 독립한 뒤 우편엽서도 발행하는 등 크게 발전하였다.

서울과 인천의 전신 가설에 착수한 것은 1885년 8월이었고 9월 28일에는 서울에서 개국되어 사상 처음으로 서울에 전신이 개통되었다. 그후 전신사업의 확충과 개선을 거듭하였다. 조선을 둘러싼 국제정세의 변화에 따라 일본 세력이 다소 퇴조하면서 1895년 10월부터 1896년 7월 사이에 서로·북로전선을 일본으로부터 되찾고, 일본이 가설한 군용전선을 매입할 수 있었다. 동시에 남로전선을 점차 복구하여, 1896년 7월부터 비로소 근대통신사업을 본격화할 수 있었다. 1896년 7월에 전보사 관제를 공포하고 국내전보규칙國內電報規則을 제정하였다. 1903년 여름에 한성전보총국 관하에 4개의 지사가 설치되었다.

전화는 1898년 경운궁에 가설되었다. 시험용으로 들여온 것은 이보다 수년이 앞서지만 실제로 이용한 것은 이때가 처음이었다. 1902년 3월 19일에 통신원에서 서울과 인천 사이의 전화를 개통하면서 일반인들도 전화를 사용할 수 있게 되었다. 전화 개통은 서울과 지방 사이의 시외전화로부터 시작하였고, 6월에 가서야 서울 시내의 전화 교환업무가 시작하였다.

　배나 우마차에서 기선이나 기차로, 파발에서 우체·전신으로 바뀌는 교통·통신의 근대적 변모는 단순한 변화에 그치는 것이 아니었다. 근대성을 말할 수 있는 그런 변화의 기초가 이루어지고 있었음을 뜻한다. 그리고 여기서 다시 주목할 것은 그런 개혁의 정점에 강력해진 황제권이 있었다는 점이다.

황성皇城 만들기

1896년 8월 4일에 지방제도 관제官制를 개정하였다. 갑오개혁 때 23부제府制로 바꾼 것을 다시 13도제道制로 되돌렸다. 다만 수부首府인 한성부만 부府 체제를 그대로 유지하게 하였다. 이는 갑오개혁에서 지방제도를 일본식으로 바꾸면서 수도 한성부를 다른 지방들과 구별하지 않음으로써 왕도의 격을 떨어뜨린 데 대한 반발이었다. 한성부를 부로 구분함으로써 수부로서의 위상을 복구하였다. 이런 개정은 새 왕정체제에 걸맞는 왕도 정비에 상응하는

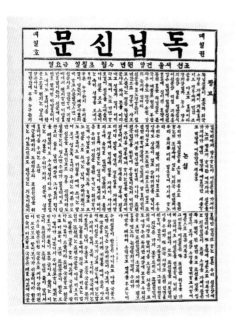

조치였다. 그리고 새 왕정체제에 걸맞는 왕도 정비란 1896년 가을부터 1903년 무렵까지 진행된 '서울 개조사업'이었다. 이는 황성 만들기를 위한 근대적 도시개조사업이었고, 황제권 중심의 근대화 사업의 상징적 행위였다.

　1896년 9월 29일 고종은 조칙을 내려 한성판윤 이채연과 총세무사 맥레비 브라운에게 경운궁(현 덕수궁) 중심의 도시개조사업을 시행토록 하였다. 종래의 경복궁과 운종가 중심의 도로체계 대신에 경운궁을 중심으로 하는 방사상 도로와 환상 도로 및 그 외접 도로를 새로 개통하였고, 기존 도로도 정비하였다. 경운궁이 새 정궁이 되었다. 또한 경운궁 앞은 백성들이 집회

를 열 수 있도록 광장을 마련했는데, 이는 현재의 서울광장 위
치이다. 그때에 시민공원 또는 시민광장도 등장했는데, 예
컨대 탑골공원이 이 시기에 만들어졌다.《독립신문》1896
년 11월 7일자 논설에서 이를 "조선이 이제 문명 진보의
길로 들어서는 것을 보여 주는 일"이라고 높이 평가하
였다.

대한제국기 서울의 도시개조사업은 도시근대화의
자주적 노력을 상징하는 성과였다. 도시개조사업의 성
과를 직접 목격한 이사벨라 비숍 여사는《한국과 그 이
웃나라들》에서 "한국인들은 어떤 행정적인 계기만 주어지
면 무서운 자발성을 발휘하는 국민들이다. 서울은 한국적인
외양으로 재건되고 있지, 절대로 유럽적으로 재건되고 있지는 않
다."라고 하여 근대화의 구체적 성과가 있었다는 점과 그것이 한국적인 주
체적 모습을 갖추어 가고 있었다는 점을 증언하고 있다. 그러나 일제의 강점
은 이러한 우리 스스로의 주체적 노력에 의한 도시근대화를 크게 왜곡시키
고 서울에 식민도시로서의 모습을 각인시켰다.

이사벨라 비숍

영국의 여행가로 **1894년**
부터 **1897년**까지 네 차례
나 조선을 방문하고 《한국
과 그 이웃나라들》이라는
책을 남겼다.

독도는 우리 땅

1905년 일본이 시마네현 고시를 통해 독도를 자국 영토로 편입시키는 조치
를 취하였다. 그러나 이보다 앞서 대한제국 정부에서는 독도가 한국 영토임
을 세계에 공표하였다. 즉 1900년 10월 25일, 울릉도와 죽도竹島, 석도石島를
관할하는 행정구역으로 울도군鬱島郡을 설치한다는 대한제국 칙령 제41호를
제정 반포하였다. 그래서 10월 25일이 '독도의 날'이 되었다.

대한제국은 일본인들의 끊임없는 울릉도 불법 입국과 정착을 방지하는 적
극적 대책의 일환으로 지방행정체계를 개편하였다. 종래 강원도 울진군에
속했던 울릉도를 '울도군鬱島郡'으로 승격시키고 새로이 울도군수를 임명하였

다. 그리고 이 관제 개정을 10월 27일자 의정부 총무국 관보에 게재하여 전 세계에 알렸다. 이로써 서양국제법 체계에서도 독도가 대한제국 영토임을 다시 한 번 세계에 공표하였다.

독도 공도정책을 폐기하고 이주정책을 실시하자 울릉도에는 다도해 호남지방 어민들이 다수 정착했는데, 이주민들은 독도의 종래 관명인 '우산도'보다 돌로 된 섬이라는 뜻으로, '돌섬(호남 사투리로 '독섬')'이라고 더 자주 호칭하였다. 이 '독섬'을 발음 중심으로 한자 표기할 때는 '독도獨島'라 표기하고, 뜻 중심으로 한자 표기할 때는 '석도石島', 즉 돌섬이라고 표기하였다.

러일전쟁 중에 일본은 독도를 불법적으로 자국의 영토에 편입시켰다. 이는 국제법상 명백한 불법 행위였다.

명성황후의 장례

고종이 대한제국을 선포하고 황제로 즉위하면서 왕후에게 '명성明成'이란 시호를 내렸고 황후로 추존하였다. 민왕후가 명성황후가 되었다. 명성황후는 죽은 지 2년여가 지난 1897년 11월 22일이 되어서야 비로소 성대하게 장례식을 치르고 청량리 홍릉에 안장될 수 있었다.

일본인들은 고종을 무능하고 유약한 군주상으로 왜곡한 것처럼 명성황후에 대하여도 악의적으로 왜곡하여 총명하나 부덕하고 간악한 왕비로 만들었다. 이 때문에 두 사람 모두 망국의 책임을 지고 비판으로부터 자유롭지 못하였다. 하지만 고종에 대한 평가가 달라지듯이 명성황후에 대한 평가도 달라지고 있다. 특히 1995년 초연 이후 뮤지컬 〈명성황후〉가 크게 성공하면서 일제의 국권 침탈에 저항하다 죽임을 당한 국모라는 긍정적인 평가로 전환하였다.

불행했던 한국 근대사를 몸소 체험하면서 일본의 침략으로부터 조선을 지키기 위해 숱한 고뇌 속에서 지내다 끝내 그들의 손에 의해 죽임을 당하고 말았던 명성황후. 그녀의 개화정책과 외교 전략 등은 아직 평가할 만한 연구의 축적이 이루어지고 있지 못하다. 장례마저도 죽은 지 2년이 넘어서야 겨우 치를 수 있었던 불운의 여인이었다.

고종이 남긴 것

러일전쟁에서 일본이 사실상 승리하고 1905년 을사조약을 강제함으로써 대한제국은 식민화의 길을 걷는다. 기치를 올리며 추진했던 대한제국의 개혁은 러일전쟁을 통한 일제의 무력적 침략에 의해 좌절되고 말았다. 모든 자주적 근대화 사업들은 일제에 의해 식민지 체제로 왜곡되고 말았다.

그러나 고종은 외교권 박탈을 강요하는 을사조약에 적극 반대하였다. 조약 무효를 선언하였고 비준을 거부하였다. 국가 간의 조약은 위임·조인·비준의 과정을 거쳐야 성립되는데, 을사조약은 어느 과정도 거치지 않았다. 이후 정미조약(1907)이나 병합조약(1910)도 위임과 비준의 과정을 거치지 않았다. 따라서 합병에 이르는 일련의 조약들은 무효일 뿐 아니라 더 나아가 아예 성립하지도 않았다.

고종은 을사조약 이후에도 끊임없이 주권회복을 시도하였다. 이를 위해 1907년 6월 만국평화회의가 열리는 헤이그에 특사를 파견하여 일본의 부당한 침략을 세계에 알렸다. 고종은 이 사건을 구실로 일제에 의해 강제로 퇴위되었고, 1910년에는 이태왕이 되었다. 1919년 1월 21일에 사망한 뒤, 그가 독살당하였다는 독살설이 시중에 유포되었다. 윤치호에 의해 그의 독살설이 기록으로 전한다.

고종황제의 죽음은 3·1 운동을 일으키는 계기가 되었고, 그 결과, 대한민국임시정부가 세워졌다. 대한민국은 고종의 대한제국으로부터 연원하였다고 볼 수 있다. 그런 점에서 고종 시대사는 현대사의 뿌리가 된다.

Korea

HISTORY OF KOREA

제 2 장 | 1894년

1 동학농민혁명 1

동학농민혁명은 봉건사회의 낡은 틀을 붕괴시키는 데 결정적인 역할을 하였다. 또한 조선 후기 이래 진행되어 온 반봉건 농민항쟁의 총결산이자 근대민중항쟁의 출발점이었으며, 한국근현대사에서 가장 중요한 과제였던 반봉건·반침략투쟁의 선구였다.

동학농민혁명특별법

국가 차원의 진상규명과 명예회복을 통한 '역사바로잡기'라는 의미에서 그 필요성이 강조되어온 〈동학농민혁명참여자등의명예회복에관한특별법〉이 2004년 2월 9일 국회를 통과, 3월 5일 공포되었다. 실로 110년 만에 우리의 뒤틀린 역사 하나가 제자리를 잡게 된 것이었다. 비록 많이 늦었지만 다행스러운 일이었다. 그러나 그 과정은 결코 순탄하지 않았다.

동학 관련 특별법이 공포되기 이전에 이미 〈5·18민주화운동등에관한특별법〉은 1995년 12월 21일 제정되었고, 〈제주4·3사건진상규명및희생자명예회복에관한특별법〉도 2000년 1월 여야의원 공동 발의로 국회를 통과하였다. 그리고 동학농민혁명과 같은 시기의 의병운동 지도자 대부분을 국가유공자로 예우하고 있다.

그런데도 한말 항일투쟁사에서 최대 규모의 항쟁이었던 농민혁명은 여전히 관심 밖이었다. 이를 두고 푸대접이라 해도 지나치지 않을 상황이었다. 그러던 차에 동학농민혁명 100주년이 되는 1994년을 맞으면서 다양한 연구들

이 나왔고, 자료집 발간도 이어졌다. 기념사업들도 다양하게 거행되었다. 이런 분위기 속에서 늦게나마 특별법 제정 요구가 분출하였다. 하지만 일부 국회의원과 단체장 등의 무관심, 책임회피 등 정치적인 이유들로 천연되다가 2004년 2월 겨우 국회를 통과하게 되었다. 마땅히 제정되어야 했을 특별법이 이렇게 지체되었던 데 바로 우리 근·현대사의 비극적 사정이 놓여 있었다.

〈동학농민혁명참여자등의명예회복에관한특별법〉 제2조(정의)에 "'동학농민혁명 참여자'란 1894년 3월에 봉건체제의 개혁을 위하여 1차로 봉기하고, 같은 해 9월에 일제의 침략으로부터 국권을 수호하고자 2차로 봉기하여 항일무장투쟁을 전개한 농민 중심의 혁명 참여자를 말한다."라 하였다. 이는 곧 동학농민혁명이 조선후기 농민항쟁을 통해 성장한 농민대중이 동학의 조직을 이용하여 봉건사회를 변혁하고 자본주의 열강의 침략을 물리치려 한 대규모의 반봉건·반침략투쟁이었다는 뜻이다.

동학농민혁명의 다른 이름들

'동학농민혁명'은 지금까지 다양한 이름으로 불렸다. 당초에는 사건 발생 당

갑오동학혁명기념탑

5·16 군사정변을 '혁명'으로 평가받고자 제5대 대통령 선거일인 1963년 10월 15일을 며칠 앞둔 10월 3일에 완공, 건립하였다. 황토현 전적지에 있다. 농민보다는 동학의 상징성을 강조하고 있으나 '혁명'이란 표현을 써 그 의의를 평가한 데 의미가 있다.

시의 표현인 '동학란'이란 표현을 썼다. 정부 수립 후 상당 기간이 지나서도 교과서에서는 '동학란'이라고 하였다. 동학도들이 일으킨 난리란 뜻이었다. 1970년대 들어오면 난리라는 부정적 표현을 혁명으로 바꿔 '동학혁명'이 되었다. 1980년대가 되면 동학교문보다는 농민들을 주체로 보는 것이 타당하다는 주장이 받아들여져 '농민'이 추가되고 혁명보다는 다소 중립적 표현인 운동으로 바꾸어 '동학농민운동'이 되었다. 1994년 100주년을 앞두고 연구가 한창 활발해졌을 때 진보 학계에서는 '1894년 농민전쟁' 또는 '동학농민전쟁'이라 하여 운동이나 혁명보다는 농민전쟁임을 강조하였다. 다만 동학의 역할에 대한 견해차가 있었다. 2000년대에 들어오면 다시 혁명이란 표현이 부활하였고 특별법에서 '동학농민혁명'으로 정리되었다. 이 책에서는 국회에서 정한 특별법의 표현을 따르고 있다. 아직도 교과서에서는 '동학농민운동'이고, 그 밖의 이름들도 경우에 따라 여전히 쓰고 있다.

동학농민혁명의 흐름은 크게 교조신원운동기(1892~1893년), 반봉건 1차 봉기(1894. 1~5), 집강소기(1894. 5~9), 반침략 2차 봉기(1894. 9~11), 농민군 수난기(1894. 12) 등의 단계로 나눌 수 있다. 먼저 동학이란 무엇인가를 알아보고 이어서 혁명의 흐름에 따라 진행 과정을 살펴보기로 하자.

동학이란 무엇인가

1860년 수운水雲 최제우崔濟愚(1824~1864)가 유儒·불佛·선仙과 도참사상, 후천개벽사상 등의 민중 사상을 융합하여 동학東學을 창시하였다. 동학은 말 그대로 서학과 대비되는 사상으로 이전의 여러 사상을 집약시켰다. 중요한 것은 그 집약에 체계성이 있고 또 세련성을 갖춤으로써 저급한 수준의 민간신앙이 아닌 종교의 단계로 승화하였다는 점이다. 따라서 많은 사람들이 동학에 호감을 가지고 들어갔다. 그들 가운데는 못 살고 삶에 찌든 사람들이 많았지만 몰락한 양반이나 농촌 지식인들도 적지 않았다. 이들은 지도자가 되어 포교에 열중하였다. 여기에 기존의 변혁이념에 기반하여 운동을 벌여

왔던 변란 세력이 합류하여 동학은 짧은 시간 안에 세력을 크게 확대해 나갈
수 있었다.

인내천人乃天 사상과 포包·접接

하나의 운동이 효과적으로 전개되기 위해서는 구심점이 필요한데, 이를 위
해서는 사상적인 통일과 조직적인 결속이 필수적이다. 동학은 이 두 가지 요
소를 다 갖추었다. 동학이 사람들에게 큰 영향을 미친 것은 인내천사상이었
다. 사람이 곧 하늘이라는 것이다. 양반신분제도 아래 소외받고 억압받고 경
제적으로 착취당하던 사람들에게 평등을 의미하는 이 말은 대단한 호소력
을 가지는 것이었다. 더욱이 사람을 섬길 적에 하늘처럼 섬기라는 말은 실제
로 그렇든, 안 그렇든 간에 그곳에 가면 사람 취급을 받겠구나 하는 생각을
가지게 했다. 그러니 자연히 사람들이 몰려들었다.

　그러나 동학은 그 때문에 발생 초기부터 많은 핍박을 받았다. 잘 알다시
피 교조 최제우는 포교 4년만인 1864년에 혹세무민惑世誣民하였다는 죄로 사
형을 당하였다. 2대 교주 최시형도 산속으로 숨어 다니면서 포교를 하였다.
그런 와중에도 최시형은 동학의 기본경전인《동경대전東經大全》과《용담유사
龍潭遺詞》를 집성하는 등 조직 확대의 기반을 마련하였다. 1880년대에 동학의
교세는 영남 지방을 벗어나 호남·충청·경기, 그리고 강원 지방까지 확대되
었다. 1890년대에는 경상·전라·충청의 삼남三南 지방을 거의 포괄할 정도로
성장하였다. 여기에는 포包·접接이라는 조직망이 큰 역할을 하였다. 이런 조
직의 확대는 농민혁명을 예고하는 것이기도 하였다.

교조신원운동과 보은·원평집회

개항 이후 기독교·천주교와 같은 서양 종교들은 포교를 공인받았다. 그러나
민족종교였던 동학은 정부로부터 공인받기는커녕 억압을 받아 교주가 사형
을 당하기까지 하였다. 서양 종교들은 그 배후에 서양 제국주의 국가가 힘이

되었지만 동학은 그런 힘이 없었다.

　그러나 동학의 세력이 커가자 동학교도들은 교조신원운동을 전개해 나갔다. 이 운동은 불법 사교집단을 만들었다고 해서 죽은 교조 최제우의 원통함을 풀어 달라는 것으로 포교공인운동이라고 할 수 있다. 그러나 포교를 공인받는다는 것은 그 조직원들의 사회적인 활동도 보장받는 것을 의미하기 때문에 이 운동은 단순히 종교적인 차원에 그치는 것이 아니라 사회 세력으로서의 확산을 의미하는 것이기도 하였다.

　두 차례에 걸쳐 신원운동을 벌였던 동학교도들은 자신들의 요구가 받아들여지지 않자 1893년 봄에 대규모 집회를 열었다. 각각 충청도 보은과 전라도 금구의 원평에서 열렸다. 보은집회는 교단 중심의 북접이, 원평집회는 전봉준 계열의 남접이 주도한 것으로 알려져 있다. 기록을 보면 3~4만 내지 4~5만이 모였다고 하는데, 이 집회들은 한편으로는 동학의 세력을 과시하는 것이었으며 다른 한편으로는 농민들이 자신들의 한을 풀어 보겠다는 의지의 표현이기도 하였다.

　보은집회에서는 교조신원뿐만 아니라 탐관오리의 축출, 일본과 서양을 배척한다는 척왜양창의斥倭洋倡義의 구호까지 등장하였다. 그러나 지도부 안에서 강경파와 온건파 사이에 이견을 보이다가 좀 더 기다려 보자는 교단 중심의 북접 온건파의 의견이 받아들여져 보은집회는 해산되었다. 원평에 모였던 남접 강경파들도 다음을 기약하면서 일단 해산하였다.

　요즘에도 집회에 3~4만 명이 모이면 대단한 규모인데, 120여 년 전 시골 구석에 이만한 인원이 봇짐 싸들고 자기 먹을 것 들고 짚신 몇 켤레 걸머지고 모여드는 것이었으니 정말 볼만한 광경이었다. 따라서 이들 집회는 조정으로 하여금 깜짝 놀라게 만들었다.

북접과 남접

같은 시기에 비슷한 목적으로 열린 집회였지만 충청도의 보은과 전라도 원평의 집회는 서로 많은 차이가 있었다. 그리고 그런 차이는 그대로 1894년 동학 농민혁명에서 노선의 차이로 이어진다.

언제 어디서든 하나의 집단이 있으면 그곳에는 강경파와 온건파가 있게 마련이다. 동학에서도 이런 모습이 나타났다. 보은집회를 주도한 북접은 종교적인 지향이 강했던 온건파로, 원평집회를 주도한 남접은 사회적인 지향이 강했던 강경파로 나누어 볼 수 있다. 양자를 종교운동과 사회운동의 차원으로 구분할 수도 있을 것이다. 이런 차이를 옳고 그름의 차이로 볼 수는 없다. 다만 지향의 차이일 뿐이다.

1894년에 남접이 먼저 봉기했을 때 북접에서는 이를 견제하였다. 아직 때가 되지 않았다고 했지만, 실은 종교를 보호하려는 데 있었다. 즉 만일 이렇게 일어났다가 깨지는 날이면 교단도 모두 깨진다는 위기감을 가졌다. 반면에 남접에서는 교단의 보호보다도 잘못된 여러 가지 낡은 제도를 뜯어고치고 조선의 자주권을 훼손하는 외세를 몰아내는 일, 즉 반봉건·반침략이라는 민족적 과제의 수행을 더 시급하고 중요하게 여겼다. 그래서 봉기를 일으켰다. 다만 그 후 반침략의 제2차 봉기에서는 양자가 연합하여 같이 싸우는 모습을 보여 주었다. 물론 그 이전에도 북접 안에서 남접에 호응하는 세력들은 적지 않았다.

탐관오리의 대명사, 조병갑

동학농민혁명은 1894년 내내 진행되었다. 그 시작은 1월 10일 고부민란이었다. 민란의 원인 제공자는 군수 조병갑이었다. '조병갑' 하면 탐관오리의 대명사로 역사에 낙인 찍혀 두고두고 기억될 것이다. 당시 수령들은 어느 정도 탐학한 짓은 다 하였다. 조병갑만 부정을 저지른 것은 아니었다. 수령들은 삼정문란이라 불리는 부세 운영의 구조 속에서 부정으로부터 자유롭지 못하였다. 문제는 조병갑이 재수 없게도 전봉준을 비롯한 농민혁명의 지도자들이 사는 고부에서 그런 짓을 벌였다는 것이다.

그렇다고 조병갑에게 책임이 없다는 뜻은 아니다. 사실 그는 악독한 수령의 대명사라는 불명예에서 빠져 나올 기회가 있었다. 그는 민란이 일어나기 직전에 고부군수 임기가 다 되어서 다른 곳으로 가기로 되어 있었다. 그런데 재임운동을 하여 다시 임명되었다. 지금 고부는 조그마한 면에 불과하지만 당시에는 그 주변에서 제일 큰 군이었으며 물산도 풍부하였다. 따라서 빼앗아 먹을 것도 많다 보니까 재임운동까지 하였다.

고부의 농민들은 1893년 말경에 봉기를 일으키려다 조병갑이 다른 데로 간다고 하니까 주춤거리고 있었다. 그런데 그가 수령으로 다시 부임한다는 소식을 듣고는 더 이상 참을 수 없었다. 그러니 탐관오리 조병갑의 불명예는 자초한 측면이 분명하다. 억울해할 일은 아니다.

고부민란과 제1차 봉기

전봉준과 그의 동지들은 죽산리 송두호의 집에서 사발통문通文을 작성하여 봉기를 맹약하였다. 사발통문은 주동자를 모르게 하기 위해 참여한 사람 모

만석보 유지비(遺址碑)

조병갑이 수세(水稅)를 받기 위해 만든 만석보의 옛 터에 세운 기념비(1973년)로 정읍시 이평면 하송리에 있다. 전라북도 기념물 제33호. 조병갑은 농민들을 강제로 동원해 광산보(光山洑) 아래 새로 만석보를 쌓고 수세를 지나치게 많이 거두어 700여 석이나 착복하였다. 이는 고부민란의 직접적인 원인이 되었다. 유지비는 신보(新洑)인 만석보의 옛 터가 아니라 구보(舊洑)인 광산보 터에 세워져 있다.

두가 통문에 사발을 엎어놓고 빙 둘러서 서명하는 그런 식의 것이었다. 만약 20명이 서명을 했으면 20명 모두가 공동 책임을 지겠다는 뜻이다. 이는 또한 같이 행동하고 같이 죽자는 하나의 맹서이기도 하였다. 사발통문에서는 다음과 같은 내용을 결의하였다.

1. 고부성을 격파하고 군수 조병갑을 효수하라.
2. 군기창과 화약고를 점령하라.
3. 군수에게 아첨하여 인민을 침학한 관리를 격징하라.
4. 전주감영을 함락하고 서울로 직접 향하라.

여기서 전주감영을 함락하고 서울로 직접 쳐들어 올라간다는 것은 이전의 민란에서는 찾아 볼 수 없는 내용이었다. 한 지방의 모순만을 해결하는 것이 아니라 나라 전체의 모순을 해결하고, 우리만이 아니라 모든 사람을 이런 고통에서 벗어나게 하기 위해 전면적인 항쟁을 벌이자는 것이었다. 그만큼 운동이 더 높은 단계로 고양되어 갔음을 보여 주는 증거라고 할 수 있다.

마침내 1894년 1월 10일 농민들은 봉기를 일으켜 고부성을 점령하고 군수 조병갑을 내쫓았다. 원성의 대상이었던 만석보도 부숴 버렸다. 그러자 정부에서는 조병갑을 체포하여 의금부로 압송하고 대신 박원명을 새 군수로 임명하고 이용태를 안핵사로 파견하였다. 그런데 이용태라는 자가 사후 처리를 한답시고 들쑤시고 다니면서 "너 동학교도지?"라고 하면서 농민들에게 마구 탄압을 가하고 죽이기까지 하였다. 그때 전봉준은 새로운 준비를 위해 다른 동지들과 함께 몸을 피해 버리고 가족들도 다른 곳으로 이사를 시켰다.

이어 전봉준과 그 세력들은 무장茂長으로 가 그곳의 동학접주였던 손화중을 비롯하여 태인접주 김개남, 그리고 최경선·김덕명 등과 세력을 규합하여 연합전선을 형성하고 3월 20일 창의문, 즉 선전포고문을 선포하고 제1차 봉기를 하였다. 이것을 보통 '무장기포茂長起包'라고 부르는데 농민혁명의 서막이었다.

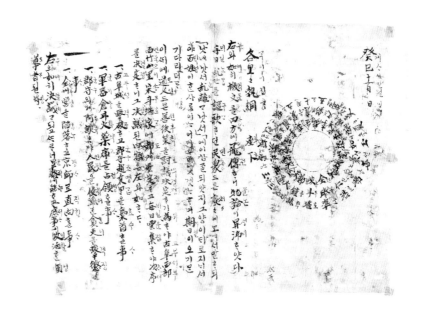

백산봉기

농민군은 고부성을 다시 함락하고 본진은 백산으로 옮겼다. 동시에 각지의 농민군들도 이 백산으로 모여들었다. 여기서 백산 격문을 띄워 제폭구민除暴救民과 보국안민輔國安民의 기치를 내걸고 농민군 4대 강령을 선포하였다. 이 강령의 내용을 보면 당시 농민군이 어떤 의도로 봉기하였는지 잘 알 수 있다.

1. 사람을 죽이지 말고 물건을 해치지 말라.
2. 충효를 온전히 하여 세상을 구제하고 백성을 편안히 하라.
3. 왜양倭洋을 축멸하고 성군의 도를 깨끗이 하라.
4. 병을 거느리고 서울로 진격하여 권귀權貴를 멸하라.

첫 번째와 두 번째는 농민군 스스로의 행동강령이란 성격이 강하고 세 번째는 외세를 배척하는 것이고 네 번째는 민씨 정권을 축출하자는 내용이다.

이 강령에 이미 반봉건·반외세의 내용이 나타나 있다. 특히 주목해야 할 것이 첫 번째 강령이다. 여기서 물건을 해치지 말라는 것은 가축을 잡아먹지 말라는 뜻이다. 당시에는 농민군들이 다 배가 고프고 규율도 확실히 서 있지 않아 마을에 들어가면 개·돼지·닭 등을 잡아먹는 경우가 많았다. 따라서 농민군 지도부는 백성에게 피해를 끼치지 않도록 절대로 개나 닭을 잡아먹지 못하게 강령의 첫 번째로 규정하였다. 반면 관군들은 마을로 들어가면 개·돼지·닭·소까지 다 잡아먹었다.

그리고 농민군이 기병했던 때가 한참 보리가 자라는 철이었는데, 시골길이라는 것이 그렇게 넓지 않으니까 수천 명이 움직이면 자연히 보리밭을 지나갈 수밖에 없었다. 이때 농민군은 전부 보리를 일으켜 주고 새끼로 묶어 주고 지나갔다. 반면 관군들은 마구 밟아 버리고 갔다. 또한 길가에 가는 노인이라든가 어린아이·부녀자들이 짐을 짊어지고 가면 농민군은 대신 들어다 주었다. 반면 관군들은 그것을 빼앗아 버렸다. 이렇게 양자의 행동이 대조적이니까 농민군은 가는 곳마다 환영을 받았지만, 관군이 들어가는 곳에서는

사람들이 다 도망가 버렸다.

이처럼 당시 농민군은 세세한 점까지 신경 쓰며 조직적으로 대응하였다. 또한 총대장 이하 각 영솔장까지 역할 분담을 확실히 하면서 군대로서의 규율을 갖추어 갔다.

황토현에서 전주성까지

농민군이 백산에 대규모로 모이자 전주감영에서는 무남영군武南營軍이라고 하는 제일 강한 군대와 보부상으로 구성된 연합부대를 출동시켰다. 이에 따라 농민군과 황토현에서 맞붙었다. 황토현은 지금 전라북도 정읍시 덕천면 하학리에 있는 야트막한 고개로 '진등'이라고도 부른다.

당시 농민군은 비교적 엄한 규율이 있어 정연했는 데 반해 감영군들은 술에 취하는 등 엉망이었다고 한다. 그런데 농민군이 거짓으로 패한 채하고 도망가니까 관군은 마치 자기들이 무서워서 도망가는 줄 알고 추격해 왔다. 전투는 날이 어두워진 후부터 시작하여 새벽까지 계속되었는데, 농민군이 큰 승리를 거두었다. 이 전투에서 보부상과 감영의 군대는 수백 명이 죽었다고 한다. 반면 농민군들은 별 피해가 없었다. 황토현 전투는 우리나라 역사상

민중이 일어나서 관군과 싸워 승리한 최초의 전투일 것이다. 이 승리로 농민군의 기세가 크게 올라 세력을 확산시키는 계기가 되었다.

이 전투에서 감영군은 회복할 수 없을 정도로 궤멸하였다. 반면에 농민군들은 승리에 힘입어 아침밥도 먹지 않고 곧바로 연지원을 거쳐 정읍을 공격하여 함락시켰다. 그 다음에 고창·흥덕·무장·영광·함평으로 갔다가 장성으로 다시 북상하였다.

그때 중앙에서는 초토사 홍계훈이 중앙의 가장 강력한 부대인 장위영군을 이끌고 내려오고 있었다. 그러나 800리 길을 오는 도중 군산과 전주 사이에서 반은 흩어져 버렸다. 군인들이 관군의 패퇴 소식을 전해 듣고 기가 꺾여 도망쳐 버렸던 것이다.

농민군은 장성에서 홍계훈 부대와 맞붙었다. 비록 군인들이 많이 도망갔지만 당시 홍계훈 부대는 대포 등의 강력한 무기를 갖추고 있었다. 이에 반해 농민군들은 장태 등의 원시적인 무기들뿐이었다. 그럼에도 불구하고 농민군은 장성 황룡강 전투에서도 승리를 거두었다. 그 이후에는 승승장구하여 마침내 전주성에 무혈입성하였다.

전주화약

농민군은 4월 27일에 전주성을 함락하였다. 조선 시기 동안 여러 차례 변란이 있었지만 인조반정 때 이괄의 난을 제외하고는 한 도道의 감영이 점령당한 적은 없었다. 그런데 농민군은 1차 봉기에서 처음부터 승리를 계속하더니 마침내 전주감영까지 함락시켰다. 이는 유래가 없는 엄청난 승리였다.

그러나 전주성 점령 이후 주변 상황이 크게 달라졌다. 점령 다음날인 4월 28일, 조정은 청나라에 출병을 요청하였고 이어 5월 5일 청군이 아산만에 상륙하였다. 청나라는 톈진조약에 의거하여 일본에 파병 사실을 통고하였다. 호시탐탐 기회를 노리던 일본도 공사관과 거류민 보호를 규정한 제물포조약을 구실로 5월 6일에 제물포(현재의 인천)로 군대를 파견하였다. 그리하여 두 나라 간에 전운戰雲이 고조되었다.

조정에서는 일본군의 예상치 못한 출병에 대비하기 위해, 파견되었던 관군을 조속히 서울로 불러 올려야 했다. 중앙의 군대를 이끌고 간 홍계훈도 전주성이 함락되자 입장이 난처해졌는데 이런 상황 변화는 그에게 탈출구이기도 하였다. 이 때문에 관군의 입장에서는 농민군과 시급히 타협해 전황을 정리할 필요성이 생겼다.

농민군의 입장에서도 타협이 필요하였다. 다른 지역에서 봉기가 계속 일어났지만 산발적이었고 특히 북접의 호응이 없었다. 그리고 전주성 점령 후에 벌인 관군과의 몇 차례 전투에서 오히려 열세를 면치 못하였다. 또 농번기도 돌아와 농민군은 '농민'으로서의 초조감을 감출 수 없었다. 이처럼 외국 군대의 출병을 비롯해 관군과 농민군 모두 각자의 어려운 사정이 있었기 때문에 서로가 타협, 즉 강화의 필요성을 느꼈고 결국 5월 7일 양자 사이에 전주화약을 맺게 되었다.

2 동학농민혁명 2

KOREA

이때 호남·호서·영남·강원·경기 등 각도의 동학군은 대부분이 모두 한곳에 모이니 수백만의 동학
군으로 인산인해를 이루었고 군기와 창검은 수백 리의 산하를 뒤덮었고 총포와 북과 나팔은 천지를
진동시켰다.

집강소의 설치

전주화약을 맺는 과정에서 농민군은 전주성 철수의 조건으로 폐정개혁안을
제시하였고 국왕에게 아뢰어 이를 시행할 수 있도록 해 줄 것을 요청하였다.
홍계훈도 이를 승락하였다. 그래서 이후 전라도 각지에 집강소執綱所를 설치
할 수 있는 합법적인 근거를 마련하였다.

본래 조선 사회에서는 전통적으로 향촌에 집강이 있어 수령을 보좌하고
풍속을 바로잡는 등의 일을 담당하였다. 농민들의 집강소는 물론 이와는 다
른 것으로 하나의 엄연한 행정체계였다. 즉 집강소의 집강이 수령들이 행하
던 행정을 대신 맡아서 행한다는 것이었다. 이렇게 되면 기존의 수령들은 쫓
겨나거나 그렇지 않으면 옆에서 협력하는 처지로 떨어졌다.

도소都所 ·대소도大都所 ·대의소大義所 ·행군의소行軍義所 등으로 불렸던 집
강소는 전라도 53개 군에 설치하기로 되었다. 그러나 53개 군에 일시에 설치
되거나, 또 같은 수준으로 운영되었던 것은 아니었다. 어떤 군에서는 수령이
자발적으로 집강소 설치에 협조하기도 하였으나 어떤 군에서는 강하게 반발

해서 설치하기까지 많은 시간이 걸리기도 했다. 또 어떤 군에서는 완강히 거부해서 끝내 설치하지 못한 데도 있었다. 나주가 집강소를 설치하지 못한 대표적인 곳이었다. 충청도 일대와 경상도 남부 일대에도 집강소가 군 단위는 아니지만 지역 단위로 설치되었다. 말하자면 집강소는 지역 사정에 따라서 다양하게 설치되는 과정을 밟았다.

집강소의 활동

집강소의 활동을 '농민자치'라고도 하는데, '농민통치'라는 말이 더 정확할 것 같다. 국가에서 임명한 수령은 왕의 권한을 대행하는 것인데, 그 수령을 제쳐놓고 농민들이 스스로 권한을 행사했다는 것은 단순한 자치가 아니라 일종의 통치행위라고 볼 수 있기 때문이다.

집강소의 활동이 수령의 활동과 다른 점은 크게 두 가지였다. 먼저 조선 후기의 가장 큰 모순이었던 양반신분제를 타파하는 데 앞장선 점을 들 수 있다. 갑오개혁을 통해서 그런 부분이 나타나기도 하지만 그것은 어디까지나 제도적인 차원이었다. 이것이 집강소기에는 실질적 해체를 보여 주는 현상들이 나타났다. 하나 예를 들면, 농민군들은 접장이라는 말을 다 같이 썼다. 접장은 본래 3~4명씩 같이 행동하는 보부상의 우두머리 또는 서울 주변 거지 조직의 우두머리를 지칭하는 말이었다. 그런데 이때 와서는 양반과 상놈, 나이 많은 사람이나 어린 사람, 여자나 남자를 불문하고 서로를 접장이라고 불렀다. 다만 그 위에 접두사를 붙였는데, 어린아이의 경우에는 동몽접장, 이런 식으로 불렀다. 이런 호칭에서 보듯이 신분적인 차별은 현장에서 사라졌다.

다음은 경제적 수탈과 불평등 관계를 시정하려고 했던 점이다. 농민군들은 노비문서뿐만 아니라 토지문서도 불태워 버리고 고리대나 그와 비슷한 것도 다 탕감해 주었다. 또 양반들의 재물을 빼앗아 가난한 농민들에게 나누어 주기도 하였다.

따라서 신분적으로, 경제적으로 평등한 사회를 지향하는 집강소의 이런 활동은 결과적으로 봉건적인 질서를 현저하게 해체시키는 결과를 가져왔다.

폐정개혁안

집강소기 농민들의 구체적인 요구들을 살펴볼 수 있는 것이 폐정개혁안弊政改革案이다. 폐정개혁안은 농민군이 봉기 과정에서 수시로 제출했기 때문에 여러 개가 있다. 그중에서 대표적인 것이 오지영의 《동학사東學史》에 보이는 12개조의 폐정개혁안이다. 그 내용은 다음과 같다.

1. 동학교도와 정부와의 사이에 오래 끌어온 혐오의 감정을 씻어버리고 모든 행정을 협력할 것
2. 탐관오리는 그 죄목을 조사해 내어 일일이 엄징할 것
3. 횡포한 부호들을 엄징할 것
4. 부랑한 유림과 양반을 징습懲習할 것
5. 노비문서는 불태워 버릴 것
6. 칠반천인七般賤人의 대우는 개선하고 백정 머리에 쓰는 평양립은 벗겨 버릴 것
7. 청춘과부의 재가再嫁를 허락할 것
8. 무명잡세無名雜稅는 모두 거둬들이지 말 것
9. 관리의 채용은 지벌地閥을 타파하고 인재를 등용할 것
10. 왜적과 내통하는 자는 엄징할 것
11. 공사채를 물론하고 기왕의 것은 무효로 돌릴 것
12. 토지는 평균하게 나누어 경작平均分作케 할 것

이 12개 조항은 집강소가 농민군이 요구한 것들을 항목별로 모아 정리한 것이라고 볼 수 있다. 이 개혁안에서는 탐관오리와 포악한 양반에 대한 응징,

노비제도의 폐지, 삼정의 개혁과 고리대의 무효화, 왜적과의 내통 금지, 토지의 평균분작 등 반봉건·반침략적인 개혁책들을 제시하고 있다.

이중 12조의 '평균분작'을 어떻게 해석할 것인가에 대하여 학계에서는 의견이 분분하다. 토지를 골고루 나누어 소유하게 하는 토지분배의 의미이냐, 아니면 단순히 소작·경작권 정도를 인정해 주는 것이냐, 아니면 소작을 골고루 짓게 하는 것이냐 하는 등의 차이였다. 아직 무엇이라고 단정할 수는 없지만 농민들이 지향했던 바는 토지소유의 균등이었을 것으로 여겨진다. 그래야만 진정한 의미에서 경제적인 평등을 실현할 수 있지 않았을까?

집강소의 한계와 의의

농민들이 주체가 되어 집강소 활동을 벌였지만 문제점도 없지 않았다. 우선 집강소 활동이 조직적이거나 체계적으로 이루어지지 못하였다. 53개 집강소 전체를 통일적으로 지도하는 기구가 없었다. 전봉준은 전라우도의 집강소만을 통괄하였으며, 전라좌도의 집강소는 따로 김개남이 통솔하였다. 또한 김덕명·손화중·최경선도 각각 한 지방씩을 담당하고 있었다. 이렇게 분산적으로 운영되다 보니 혼선을 초래했는데 그중에는 이들의 통제에서 벗어나 있는 집강소도 있었다. 그렇게 된 까닭은 이들 집강소가 전라도 전역에 일시에 설치된 것이 아니라 각 지역 사정에 따라 순차적으로 다양하게 설치되었던 사정과 관련이 있다. 그리고 집강소 설치가 관을 완전히 배제하고 이루어진 것이 아니라 전라감사 김학진과의 상호 교감 속에 이루어진 것이었기 때문에, 어떤 군의 경우는 관의 협조 아래 집강소 활동이 전개되기도 하였다. 이런 점들 때문에 농민군들이 폐정개혁을 시행하는 데 지장을 주기도 하였다.

또한 집강소 초기에는 분풀이식 활동이 이루어진 경우도 적지 않았다. 종의 신분으로 있다가 모처럼 나와서 활동하니까 양반과 상전에 대해서 그동안 억눌렸던 감정이 폭발하였다. 따라서 양반들을 패대기치거나 발길질을 하는 등 무법적인 일이 벌어지기도 했다. 집강소 설치가 처음부터 엄격한 법제적인 과정을 통해서 이루어진 것이 아니었기 때문에 무질서·무절제한 측면이 없지 않았다.

농민들이 역사상 행한 최초의 정치에 무리가 있었다 해서 그걸 폄하할 수는 없다. 농민에게만 너무 무리한 도덕적 수준을 요구하는 그런 잘못된 기대는 버려야겠다. 외세의 침입 등 여러 가지 어려운 상황에도 불구하고 농민들이 스스로의 통치기관을 형성하고 꾸려갔다는 것만 해도 대단히 큰일을 해냈다. 오늘날 정치행태를 보더라도 정권의 바른 집행이 얼마나 어려운지를 알 수 있을 것이다.

제2차 봉기

집강소 활동을 하던 농민군은 그해 9월 제2차 봉기에 나섰다. 왜 2차 봉기를 해야 했는지부터 살펴보자.

2차 봉기는 당시 국내외 정치 상황의 변화와 밀접한 관련이 있었다. 청·일 양군이 조선에 출병하자 농민군은 사태의 심각성을 인식하고 관군과 전주화약을 맺은 다음 집강소 활동에 치중하며 사태의 추이를 예의 주시하고 있었다. 조선 정부도 일본의 철군을 요구하고 교정청을 설치해 스스로 개혁을 추진하며 일본의 내정개혁 요구를 거절하였다.

이에 일본은 6월 21일 새벽, 무력으로 경복궁을 점령하여 민씨 정권을 무너뜨리고 대원군을 앞세워 새 정권을 수립하였다. 이 사건을 '갑오변란' 또는 '경복궁쿠데타'라고 부른다. 이어 성립된 새 정권은 군국기무처를 만들고 그곳을 중심으로 갑오개혁을 추진해 나갔다. 한편 변란 직후인 6월 23일 일본 해군은 아산만 풍도에 있던 청국 함대를 공격함으로써 청일전쟁을 일으켰다.

일본군의 경복궁 점령과 청일전쟁은 농민군으로 하여금 심각한 민족적 위기의식을 느끼게 하였다. 농민군은 이런 변화에 따라 6월 말부터 재무장에 들어갔으나 여전히 관망하는 태도를 유지하고 있었다. 그러다가 8월 평양전투에서 일본군이 청군에 대하여 대승을 거두고 노골적으로 조선의 내정을 간섭하자 이에 격분하여 농민군은 9월 12일 삼례에서 2차 봉기를 하게 되었다. 1차 봉기가 반봉건투쟁의 성격이 강했다면 2차 봉기는 반침략·항일투쟁의 성격이 강하였다.

남접과 북접의 만남

전봉준은 삼례집회를 주도하면서 전라도 지역의 농민군을 결집하고 이어 충청도와 경상도 지역의 세력을 끌어들이기 위해 북접과의 연합전선을 모색하였다. 당시 북접은 1차 봉기 때에는 농민군에 참여하지 않았고 집강소 활동에도 비협조적이었다.

그러나 이때가 되면 오지영 등이 남접과 북접의 화해를 위하여 노력하였고, 그러던 차에 농민군이 다시 봉기하자 북접 내부에서도 황하일 등 남접에 호응하는 세력들이 나타났다. 또한 당시 관군들이 남·북접을 가리지 않고 탄압을 자행했기 때문에 남접에 지원을 요청하는 북접도 있었다. 그리하여 남접에 호의적이었던 세력들이 교주 최시형에게 남접과 연합하도록 압력을 넣기까지 하여 결국은 남접과 북접의 연합전선이 형성될 수 있었다. 전면적인 투쟁을 위한 항일역량이 총집결될 수 있었다.

마침내 남접과 북접의 농민군은 10월 9일 논산에서 합류하였다. 당시의 광경을 오지영의 《동학사》에서 잘 묘사하고 있다.

> 이때 호남·호서·영남·강원·경기 등 각도의 동학군은 대부분이 모두 한 곳에 모이니 은진·논산을 중심으로 여산·노성·공주·연산·부여·석성·익산·함열·용안·한산·서천·임천·옹산 등 제읍은 수백만의 동학군으로 인산인해를 이루었고 군기와 창검은 수백 리의 산하를 뒤덮었고 총포와 북과 나팔은 천지를 진동시켰다.

집결한 군사의 수가 수백만이라고 한 것은 과장된 표현이겠지만 대단한 군사력이었던 것만은 사실이었다. 대체로 당시 농민군의 수를 20여만 명 정도로 추산하고 있다. 전봉준의 직속 정예부대는 4,000여 명 정도였다.

공주로, 공주로

논산에 대본영을 설치한 남·북접 연합군은 10월 20일경 논산을 출발하여 드디어 본격적인 공주 공격을 시작하였다. 또한 각지의 농민군들도 계속 공주로 모여들었다. 물론 농민군 모두가 공주를 공격한 것은 아니었다. 김개남 부대는 전주성을 수비하기 위해 남아 있었고, 손화중과 최경선 부대는 일본군이 해안으로 침입하는 것을 방어하기 위해 광주와 나주에 있었다. 대접주 배상옥을 중심으로 한 무안의 농민군들도 후방을 지키는 교두보 역할을 맡았다. 공주 공격을 담당한 것은 전봉준 부대와 북접의 농민군이었다.

이때가 되면 일본군과 그들의 지휘를 받는 관군도 만반의 준비를 갖추고 농민군을 기다리고 있었다. 평양 전투에서 승리한 일본은 청일전쟁에서의 승리가 확실시되자 이제는 남쪽의 농민군 진압에 본격적으로 뛰어들었다. 일본군은 조선에 파견된 제19대대를 서西·중中·동東의 세 길로 나누어 각각 전라·충청·경상도 방면으로 내려보냈다. 특히 동로東路 부대를 먼저 보내 농민군을 전라도 방면으로 내몰아 포위·공격한다는 전략이었다.

이런 상황에서 농민군의 공주 공격에 대응하여 일본군 서로·중로 부대와 관군도 공주로 집결하였다. 당시 공주 감영에 모인 관군은 3,200명, 일본군은 2,000명 정도였다고 한다. 공주가 전투의 주요 접전지가 되었던 이유는 이곳이 서울로 가는 길목으로 군사적으로 대단히 중요했기 때문이다.

시체는 겹겹이 쌓여가고

관군과 일본군들이 각 봉우리를 미리 점령하여 대기하고 있는 상황에서 드디어 농민군의 공격이 시작되었다. 공주의 남쪽으로부터는 남접의 농민군이, 북쪽으로부터는 북접의 농민군이 각각 포위를 하면서 지구전을 벌였다. 그리하여 곳곳에서 양쪽의 공방전이 치열하게 벌어졌다. "공주성 안의 냇물이 피바다였다." "깃발이 여기저기 번쩍거렸다." 하는 기록들을 보면, 공주성을 둘러싸고 양측이 일진일퇴를 벌였던 것으로 보인다.

이런 상황에서 양쪽 군대는 11월 9일부터 4일간 우금치에서 최후의 일전을 맞았다. 당시 농민군은 30·40리에 걸쳐 산 위에 진을 쳐서 마치 사람으로 병풍을 친 듯 기세가 당당했다고 한다. 이어 주공격로인 우금치에 대한 농민군의 맹렬한 공격이 시작되었다. 그러나 우금치고개를 오르다가 밀리기를 수십 차례, 농민군의 시체는 겹겹이 쌓여갔지만 방어선은 뚫릴 줄 몰랐다. 당시 전투의 모습을 한 관변측 기록인 《공산초비기公山剿匪記》에서는 다음과 같이 적고 있다.

이날 저녁 적병의 요새에 보이는 불빛이 수십 리를 서로 비추고 있으며 인산인해人山人海로 거의 항하恒河의 모래알(항하는 인도의 갠지스 강으로 불교에서 많은 수를 말할 때 모래를 예로 들었다.―필자 주)처럼 많아 헤아릴 수 없었다. … 마치 파도가 몰아치는 듯한 형세였다. … 혈전을 벌인 지 몇 시간 만에 사상자가 매우 많이 발생하였다.

농민군의 역량이 총결집되어서 공방전을 벌인, 한마디로 장관이었다고 할 수 있다. 그러나 농민군은 패배하였다. 가장 중요한 이유로는 농민군 전략의 오류를 들 수 있다. 전봉준도 나름대로는 싸움에 치밀하게 대처했지만 일본군의 신무기가 그렇게 대단할 줄은 몰랐다. 그래서 정면 대결을 택했다가 크게 당하였다. 장기적이고 유격전 형태의 전투를 하는 것이 농민군에게 오히려 유리한 전략이었다. 이것이 첫 번째 판단착오였다.

농민군이 패배한 이유로 또 하나 무시할 수 없었던 것이 자연 조건이었다. 동양적인 사고로 말하면 하늘이 돕지 않았다. 운이 없었다. 전투가 벌어진 그해 11월은 대단히 추웠다. 공주 전투가 있기 이미 한두 달 전에 집을 떠난

기념탑은 동학농민혁명의
마지막 격전이었던 장흥
석대들 전투를 기념하여
1992년 건립하였다. 한편
이 전투에서 전사한 장흥
부사 박헌양 등 수성군 장
졸 96명의 위패를 봉안한
사당 영회당(永懷堂)이 기
념탑의 반대편 산록에 있
어 대조를 이룬다.

이들은 겨울옷을 제대로 준비하지 못하였다. 거기다가 짚신을 신고 싸우니
까 동상이 걸리고 식사를 하는 데도 막대한 지장이 있었다. 옷도 제대로 입
지 못하고 찬밥덩어리를 먹고 찬바람 속에서 동상에 걸리는 악조건 아래서
20여 일 동안 전투를 벌였다. 생각하면 눈물이 핑 도는 일이다.

우금치, 그 이후

우금치 전투에서 농민군은 절반 이상이 죽었다. 패배한 농민군들은 일단 후
퇴하였다. 북접 농민군의 주력인 손병희 부대는 임실에서 최시형을 만나 장
수·금산 등을 거쳐 북상하였다. 그러다가 영동·보은 등지에서 양반유생·향
리들로 구성된 민보군(民堡軍), 일본군 등과 접전을 벌이는데 거기서 패배하고
는 강원도로 도망가 살아남았다.

전봉준 부대는 원평·태인에서 역시 전투를 하였지만 이기지 못하였다. 전
봉준은 11월 28일 금구에서 부대를 해산하였다. 그리고 김개남과 힘을 합쳐
다시 재봉기하기 위해 김개남의 은신처로 가다가 순창 피노리에서 체포되었
다. 그날이 12월 2일이었다. 김개남은 하루 전인 12월 1일 태인의 종송리(지금
의 정읍시 산내면 종성리)에서 체포되었다.

농민군 잔여 세력은 진주·하동에서 온 세력들과 함께 전라도 해안의 장흥·강진 일대에서 전투를 벌였다. 특히 장흥의 이방언이 이끄는 농민군은 한때 장흥읍성을 함락하고 강진 병영을 공격하는 등 기세를 올렸다. 그러나 12월 14~15일 양일간에 걸쳐 벌인 '석대들 전투'에서 일본군의 신식무기 앞에 속수무책으로 큰 피해를 입고 패배하였다. 이는 사실상 동학농민혁명의 마지막 대일항전이었다.

농민군의 본격적인 희생은 오히려 이때부터 시작되었다고 해도 과언이 아니다. 힘이 없어지니까 민보군·관군·일본군이 가서 무차별적으로 죽였다. 《동학사》에서는 이 농민혁명으로 죽은 자가 무릇 30~40만 명에 달했다고 쓰고 있다. 학계에서는 10만 명 정도로 추산하고 있다. 그래도 결코 적은 숫자가 아니다.

3 녹두장군 전봉준과 농민군의 지향

'때를 만나서는 천하도 내 뜻과 같더니 / 운 다하니 영웅도 스스로 어쩔 수 없구나.
백성을 사랑하고 정의를 위한 길이 무슨 허물이랴 / 나라 위한 일편단심 그 누가 알리.'

— 전봉준 유언시

녹두가

동학농민혁명의 지도자였던 전봉준은 녹두綠豆장군이라 불렸다. 그를 기리
는 뜻을 담은 '녹두가'라는 노래가 있다. '새야새야 파랑새야'라고도 부른다.

새야새야 파랑새야
녹두밭에 앉지마라
녹두꽃이 떨어지면
청포장수 울고간다

새야새야 파랑새야
우리논에 앉지마라
새야새야 파랑새야
우리밭에 앉지마라

여기서 녹두꽃은 전봉준을 비유한 것이다. 가사는 간단한데, 전봉준의 거
사가 실패로 돌아가자 민중들의 안타까움과 원한이 이런 노래로 표현되지
않았나 생각된다. 이 '녹두가'도 유명하지만 김개남과 얽힌 노래도 있는데, 그
내용 가운데에는 이런 대목이 있다.

개남아 개남아 김개남아, 그 많은 군사 어디 두고 짚둥리가 웬 말이냐

짚둥리란 잡혀갈 때 묶여 가는 모습을 말하는 것인데, 김개남이 잡혀 가
는 것이 억울하다는 뜻이다. 민중의 의식이 노래를 통해서 이렇게 표현되었
다. 민중의 정서들은 소박하지만 이런 노래들을 통해 가장 실감 있게 느낄
수 있다.

전봉준의 성장과정

전봉준의 별호는 녹두였다. 실제로 아주 눈이 빛났고 얼굴은 상당히 하얗고
그러면서도 당찼는데 체구가 아주 작아 그런 별호가 붙었다고 한다. 우리가
흔히 볼 수 있는 전봉준 사진, 즉 그가 체포되어 압송되어 갈 때의 사진을 보

118

아도 그런 인상을 받을 수 있다.

녹두장군 전봉준의 출생 배경과 성장 과정은 어떠했을까? 어떤 소설을 보면 "전봉준은 귀한 집에 태어나서 지식이 있었기 때문에 과격하지 않았고 언제나 온건하고 타협적이었다. 그 대신 김개남은 아주 가난한 농투성이 아들로 태어났기 때문에 과격하고 무지막지하였다."라고 되어 있다. 그런데 이것은 거꾸로 본 것으로 사실과 맞지 않는다.

김개남은 물론 과격하기는 했지만 부잣집 아들로 태어났고 상당한 자산가였다. 실제로 김개남의 본관인 도강 김씨는 태인 일대에서 대단한 토호 집안이었다. 그에 반해 전봉준은 온건하고 타협적이었지만 실은 매우 가난한 집 출신이었다. 전봉준의 본관인 천안 전씨들이 20호 정도의 동성마을을 이루며 대대로 살아왔던 고창 당촌에서 전봉준 집안은 일정한 생업도 없었으며, 토지도 거의 가지고 있지 않았다. 비록 양반이기는 했지만 삶의 질은 평민에 가까웠다.

전봉준 집안은 전봉준이 10대 초반일 때 당촌을 떠난 뒤 일정한 거처를 정하지 못하고 전주·태인·고부 등 여러 지역으로 이사를 다녔다. 그의 아버지 전창혁은 농촌 지식인으로 훈장을 하기도 하고 장사를 하기도 하면서 생계를 이어 갔다. 어려서부터 자질과 지도력이 뛰어났던 전봉준은 오히려 이런 상황에서 많은 친구를 사귀었다. 특히 사람을 끌어모으는 데는 천재적인 재질이 있었다고 한다.

전봉준의 아버지, 전창혁

전봉준이 동학농민혁명의 발단이 되는 고부봉기를 일으키는 데는 그의 아버지 전창혁의 죽음도 계기가 되었다. 전봉준은 자기 세력을 꾸준히 키우고는 있었지만 처음부터 표면에 나서지는 않았다. 그런데 고부 농민들이 수령의 탐학을 하소연하기 위해 관가에 소장訴狀을 올릴 때 그의 아버지가 장두狀頭, 즉 대표로 나갔다가 잡혀서 무지막지하게 매를 맞고 장독杖毒에 걸려 죽은 사건이 발생하였다. 이에 전봉준은 동지들과 함께 아버지의 시체를 끌고 관가에서 3마장 정도 떨어진 서부면 죽산리라는 곳으로 가 장사를 지냈다.

물론 전봉준은 나중에 잡혀서도 공초供招, 즉 진술서에서 자신의 아버지 이야기는 일절 하지 않았다. 오로지 대의를 위해 일어났다는 점만을 내세웠다. 그러나 아버지의 죽음이 전봉준으로 하여금 봉기를 일으키게 하는 하나의 계기가 되었다고 보는 것이 자연스럽지 않을까?

흥선대원군과 전봉준

전봉준은 어려서부터 여러 지역을 돌아다니며 농촌의 현실을 몸소 체험하면서 현실감각을 갖출 수 있었다. 그가 봉기의 지도자가 되었던 데는, 개인적인 자질도 있었겠지만, 그런 바탕에서 국가의 장래에 대해 염려하게 된 데 기인하는 바도 컸다. 그는 젊은 시절부터 다산 정약용의 《경세유표》에 심취했었다고 한다. 정약용의 개혁론이 집약되어 있는 이 책은 시대의 모순을 어떻게 해결할 것인가에 대해 고민하는 청년 전봉준의 사상 형성에 많은 영향을 주었을 것이다.

30대에 들어서는 서울에 가 흥선대원군을 만났다고 한다. 당시 흥선대원군을 만나는 사람들은 대개 무언가를 부탁하는 경우가 대부분이었다. 그런데 전봉준은 와서 아무 말도 없이 우두커니 앉아만 있었다. 그래서 대원군이 "자네는 나한테 무슨 부탁이 있어서 왔나?" 하니까 아무 부탁의 말도 없이 "오직 저는 나라를 위할 뿐이다."라고 하였다는 것이다. 이에 대원군은 "비범한 청년이구나."라고 생각하고 서로 말을 주고받는 사이에 '강江'이라는 글자를 써 주었다고 한다. 이는 "네가 일어나서 한강까지만 와라. 그러면 내가 호응해 주겠다."는 뜻이었다고 한다. 이렇게 전해지는 일화를 통해 우리는 전봉준이 당시 현실의 모순을 어떻게 해결할 것인가에 대해 고민하면서 각 분야의 지도자를 만나고 또 끌어들이려고 노력했던 모습을 읽을 수 있다.

대원군과 전봉준의 관계는 이후에도 지속되었다. 당시 대원군은 대중적으로 인기가 높았다. 왜냐하면 대원군이 집권해서 삼정의 문란이나 매관매직과 같은 부정부패를 꽤 과감히 척결했기 때문이다. 그 성과를 '내정개혁'이란 말로 평가하고 있다. 그동안 눈꼴사납던 세도가들의 콧대를 비록 일시적이나마 꺾어 놓았던 것이 대중적인 인기를 얻는 비결이었다. 더구나 대원군 하야 후에 정권을 잡은 민씨 세력이 훨씬 더 반동적이고 부패했기 때문에 대원군의 개혁은 상대적으로 더욱 돋보였다.

권좌에서 물러난 대원군은 전봉준 세력을 이용해서 민씨 세력을 타도하고 다시 복귀하려는 생각이 없지 않았으며, 전봉준 역시 대원군과 손을 잡고 봉기의 합법성을 보장 받아 민씨 세력을 몰아내고 자신의 개혁 이상을 실현시켜 보려고 했을 것이다. 주판알을 퉁겨 서로 이득이 될 것이라는 생각이 서로의 관계를 유지시켜 주었다고 할 수 있다.

김개남과 손화중, 그리고 전봉준

전봉준은 농민군의 여러 지도자급 인물들과 일찍부터 교류하였다. 대표적인 인물로는 농민혁명 5대 지도자에 드는 김개남·손화중·김덕명·최경선 등을 들 수 있다. 이들과는 개인적 친분도 매우 두터웠다.

전봉준은 나이가 제일 많은 것도 아니었고 또 출신 배경이 좋았던 것도 아니었다. 나이만 보면 최경선·손화중보다는 많았지만, 김덕명·김개남보다는 적었다. 그럼에도 불구하고 이들 가운데 일급 지도자로 우뚝 서 농민군의 핵심이 되었다. 나아가 다른 지도자들과도 교류하며 그들의 참여를 끌어내고 조직화 해냄으로써 농민군의 투쟁 역량을 결집해 나갔다. 그건 그야말로 전봉준의 탁월한 개인적 능력 덕분이었다.

다섯 명의 농민혁명 지도자 가운데서도 특히 중요한 역할을 했던 전봉준과 김개남·손화중, 이 세 사람은 어떻게 연합하고 활동했을까? 먼저 이들의 개인적인 성격을 비교해 보면, 김개남은 자기 성질을 못 참는 대단히 과격한 편이었다. 그래서 집강소기에 양곡이 필요할 때면 상대에게 적당히 이야기하

왼쪽으로부터 전봉준, 손
화중, 김개남, 최경선, 최
시형, 손병희이다. 황토현
동학농민혁명기념관 안에
전시되어 있다.

고 달라는 것이 아니라 "너는 이제까지 잘 먹었으니까 나라를 위해서 내가 가져간다."하고는 빼앗아 가는 식이었다고 한다. 그에 비해 전봉준은 "우리나라를 위해서 당신이 내놓아야 한다. 어쩔 수 있겠느냐." 이렇게 이야기하며 설득해서 자기 목적을 달성하였고, 손화중은 설득하다 안 되면 포기하는 그런 스타일이었고 한다. 전봉준을 세 사람 가운데 중도적이라고 한다면, 김개남은 과격한 편, 손화중은 온건한 편이었다. 물론 목표는 세 사람이 다 같았다.

한편 김개남과 손화중은 일찍부터 동학조직에 들어가 동학교도를 많이 거느리고 있었다. 전봉준은 뒤늦게 들어갔다. 그래서 전봉준은 이 두 사람의 조직을 통해 농민군의 역량을 모아냈다. 백산에서 처음 봉기할 때 두 사람이 전봉준을 대장으로 추대했던 것은 전봉준의 조직 역량을 인정했다는 뜻이다.

세 사람은 전투에서도 각각의 군사를 가지고 각자의 역할을 맡아 활약하였다. 2차 봉기의 경우 전봉준은 삼례에서 공주를 공격하기 위해 친위부대 4천명을 이끌고 북상하여 북접 농민군 등과 연합하였다. 가장 강력한 부대였다고 하는 김개남 부대는 전봉준 부대가 공주로 진격할 때 합류하지 않고 전주로 갔다가 우금치 전투가 한창일 때 청주성을 공격하였다. 손화중 부대는 최경선과 함께 광주·나주에 남아 군수전軍需錢이나 군수미軍需米를 거두어 보내 전봉준 부대의 공주 전투를 지원하였고, 동시에 바다 쪽으로 들어오는 일본군을 막는 역할을 수행하였다. 그러나 이런 역할 분담은 기대와는 달리 역량의 분산을 초래함으로써 각개격파 당하는 결과를 낳았다.

세 사람의 최후

우금치에서 농민군이 대패한 뒤 세 사람은 결국 모두 죽음을 맞게 된다. 최근에 소개된《갑오군정실기甲午軍政實記》에 따르면, 세 사람의 체포 과정은 다음과 같다. 먼저 전봉준은 원평·태인 전투를 마지막으로 해서 백양사로 들어갔다가 순창 피노리에서 그 마을 선비인 한신현韓信賢, 김영철金永徹 등에 의해 붙잡혀 일본군 부대로 이송되었다. 김개남은 바로 그곳에서 20리 떨어진 태인 삼례면 종송리에서 심영沁營(강화 진무영)의 병사들에 의해 체포되었다. 20리 정도의 가까운 거리에 두 사람이 있었던 것은 서로 만나 재봉기를 꾀하려 했기 때문이라고 한다. 손화중은 태인 전투의 마지막 잔여부대와 합쳐 광주에서 치열한 싸움을 벌이고 고부로 갔다가 고창의 선비 이봉우李鳳宇 등에 의해 체포되었다.

전봉준과 손화중은 다른 동지들과 함께 서울로 압송되었으나 김개남은 체포 직후 전주에서 처형당하였다. 그 이유로는 두 가지를 들고 있다. 하나는 대원군과의 관계가 깊숙이 나올 것 같아서 죽였다는 것이고, 다른 하나는 김개남의 부하들이 살려 내려고 다시 쳐들어온다는 소문이 있어서 급하게 죽였다는 것이다.

서울로 끌려온 전봉준과 손화중 등은 일본군의 갖은 회유에도 불구하고 끝까지 거부하다 이듬해 3월 함께 처형되었다. 마치 갑오년 봄에 함께 죽기를 맹세하고 봉기를 일으켰을 때의 약속을 지키기라도 하는 것처럼. 전봉준은 죽으면서 다음과 같은 유언시를 남겼다.

때를 만나서는 천하도 내 뜻과 같더니

운 다하니 영웅도 스스로 어쩔 수 없구나.
백성을 사랑하고 정의를 위한 길이 무슨 허물이랴
나라 위한 일편단심 그 누가 알리.

한 시대를 호령했던 녹두장군 전봉준은 이렇게 자신의 생을 마감했지만 그가 남긴 역사의 자취는 오늘날에도 많은 사람들의 가슴속에 남아 있다.

농민군의 지향

농민군들은 무엇을 얻고자 그렇게 많은 희생을 무릅쓰고 일어났을까? 그 대답은 우선 반봉건·반침략이라는 말에서 찾을 수 있다. 즉 반봉건 근대화와 반침략 자주화의 실현에 의한 근대국민국가의 수립에 있었다고 보아도 이론은 없을 것이다. 이제 그 답을 좀 더 자세히 살펴보기로 하자.

농민혁명에서 농민들이 취한 개혁의 방향은 철저하게 봉건적 도덕규범의 부정에 기초하였다. 이런 봉건도덕규범의 부정이 가장 신랄하게 드러난 부면이 사회신분제였다. 실질적인 폐지의 효과를 거둘 수 있었던 것도 이것이었다. 신분적 굴레를 벗어버린 질서, 사회적 평등을 실현한 질서, 그것이 바로 농민들의 첫 번째 지향이었다.

박은식은 《한국통사韓國痛史》의 〈갑오동학란甲午東學之亂〉에서 "엄격하고 잔인했던 종래의 계급관념(신분제를 말함－필자 주)이 이로 말미암아 무너졌으니 또한 개혁의 선구라고 말할 수 있다."라고 하여 농민혁명의 성과로 신분제 타파를 꼽고 있다. 농민군이 신분제의 타파와 같은 평등주의적 향촌질서를 지향하고 있었다는 것은 여러 기록들을 통해 무수히 확인할 수 있다. 오지영은 전봉준의 죽음에 임해서 그를 평가하면서 "그는 불평등·부자유의 세상을 고쳐 대평등·대자유의 세상을 만들고자 한 자가 아닌가!"라고 하였다. 평등하고 모든 억압으로부터 자유로운 사회를 만드는 데 농민의 이상이 있었다는 것이다.

이러한 평등사회의 구현은 경제적 측면에서도 농민적 토지소유가 실현되고 소농민으로서의 자립이 보장되는 이른바 농업상의 평등주의로 나타났다. 그런 점에서 농민군의 지향을 농민적 토지소유를 주요한 내용으로 하는 '근대화의 농민적 길' 또는 '반봉건주의, 반식민주의, 비자본주의의 근대상'을 추구한 것으로 평가한다.

농민들의 생활목표는 기본적으로 생계 유지였다. 그러나 지주제나 봉건적 수취, 신분제의 질곡과 같은 봉건적 억압뿐만 아니라 시장경제의 침투도 토지의 상품화, 부세의 금납화 등을 유발시켜 농민층 분해를 초래함으로써 농민들의 생활을 파괴하고 있었다. 따라서 농민들은 자본주의화의 길에서 나타나는 시장경제=상품화폐경제의 침투에도 저항하지 않을 수 없었다. 그런 점에서 봉건말기 농민운동은 일반적으로 반봉건과 함께 반자본주의화 또는 비자본주의적 속성을 아울러 지니고 있었다.

반자본주의화적 속성은 농민운동을 외세에 대한 저항운동, 즉 반침략투쟁으로 이끄는 기초가 되었다. 그 이유는 다음과 같다. 농촌사회에 대한 자본주의적 침탈은 개항 이후 자본주의 열강의 침략에 따라 더욱 높아졌다. 따라서 농민들의 입장에서 반자본주의화의 실현을 위해서는 그 원인을 제공하고 있던 외세를 몰아내야 한다는 결론에 도달하게 된다. 여기에 반자본주의화운동이 자연히 반외세, 반침략투쟁으로 이어지게 되는 고리가 놓여 있었다.

동학농민혁명의 의미

동학농민혁명은 봉건사회의 낡은 틀을 붕괴시키는 데 결정적인 역할을 하였다. 또한 조선 후기 이래 진행되어온 반봉건 농민항쟁의 총결산이자 근대민중항쟁의 출발점이었으며, 한국근현대사에서 가장 중요한 과제였던 반봉건·반침략투쟁의 선구였다. 이같은 처절한 항쟁의 경험은 우리의 근대사에 당당한 생명력을 불어넣어 준다. 그런 까닭에 동학농민혁명은 근대민족해방운동사, 나아가 민족민주운동으로 이어지는 현대사 전반의 민주주의 실천의 흐름 속에서 끊임없이 재조명되면서 연구사의 길고 굵은 궤적을 그려 왔다.

그런데 우리는 지금까지 농민혁명의 절대적 당위성과 도덕성을 열렬하게 강조하는 가운데 어쩌면 농민들에게 근대변혁의 책임과 아울러 그 실패의 책임까지도 송두리째 지워 버렸는지 모른다. 그것은 민중이 역사의 주체라는 명제에 대한 오해에서 비롯된 것일 수 있다. 여기서 잊어서는 안 되는 것이 근대화를 부르주아적 근대화로 상정할 때, 그 사회는 농민들이, 또 농민들만이 만들 수 있는 것은 아니라는 점이다. 따라서 농민혁명의 역할과 위상에 대한 보다 분석적인 접근과 객관적인 평가가 요청된다고 하겠다.

4 청일전쟁과 갑오개혁

KOREA

동학농민혁명과 청일전쟁, 갑오개혁은 한국사뿐만 아니라 동아시아사, 나아가 세계사와도 유기적인 관계를 맺으면서 전개되었다. 개항으로 자본주의 세계체제에 편입되면서 조선도 '역사의 세계사화' 과정에 들어선 것이다.

역사의 세계사화

1894년은 동학농민혁명뿐만 아니라 청일전쟁과 갑오개혁이 일어난 해이기도 하다. 이 사건들은 개별적으로 진행된 것이 아니라 서로 밀접하게 연관되어 진행되었다. 또한 이 사건들은 한국사뿐만 아니라 동아시아사, 나아가 세계사와도 유기적인 관계를 맺으면서 전개되었다. 개항으로 자본주의 세계체제에 편입되면서 조선도 '역사의 세계사화' 과정에 들어선 것이다. 따라서 이 시기 조선의 역사도 좀 더 넓은 시야에서 살펴볼 필요가 있다.

1890년대 조선을 비롯한 동아시아는 서구 제국주의 열강들의 각축장이었다. 특히 조선은 서구 제국주의 열강뿐만 아니라 1840년대와 1850년대 서구 제국주의에 의해 강제로 개항당했던 같은 동아시아 국가인 청과 일본까지 주도권을 다투는 형국이었다.

전 세계적으로는 선발 자본주의국가인 영국·프랑스 등과 후발 자본주의 국가인 독일·러시아·미국 등이 식민지 쟁탈을 두고 대립하였으며, 특히 영국과 러시아는 세계 곳곳에서 충돌하였다. 러시아는 19세기 내내 남하 및 동

진정책을 추진하였으며 영국은 이런 러시아를 지속적으로 견제하였다.

영국과 러시아의 대립은 한반도에서도 일어났으니 1885년 3월에 일어난 거문도사건이 그것이다. 갑신정변 이후 청이 조선에 대한 내정간섭을 강화하자 조선은 이를 견제하기 위해 러시아와 교섭하고 비밀협약을 추진하였다. 그러자 영국은 이를 빌미로 3척의 군함을 파견하여 거문도를 불법 점령하고 1개월 뒤에야 조선 정부에게 정식 통고를 하였다. 이에 대해 조선 정부는 영국의 거문도 점령이 만국공법에 어긋나는 것이라고 항의하고 즉시 철수할 것을 요구하였다. 결국 영국과 러시아가 협상을 통해 대립이 완화되고 러시아가 조선의 어느 곳도 점령하지 않는다고 약속하자 1887년 1월 영국은 거문도에서 철수하였다.

이 사건은 자국의 힘이 뒷받침되지 않는 세력균형 정책이 얼마나 허망한 것이며 조선도 언제든지 제국주의 열강의 각축장이 될 수 있다는 사실을 보여 주었다.

〈톈진조약〉에서 동학농민혁명까지

임오군란과 갑신정변을 거치면서 청은 조선에서 일본보다 우월한 지위를 점하였다. 그러나 일본도 만만치가 않았다. 갑신정변이 실패한 뒤 일본은 오히려 군함과 군대를 이끌고 와 적반하장으로 일본인 피해에 대한 책임자 처벌과 배상을 요구하였다. 조선 정부는 강하게 항의하였으나 청이 사건 확대를 원하지 않아, 결국 1884년 11월 일본과 공사관 신축비와 배상금을 지불하는 내용의 〈한성조약漢城條約〉을 체결하였다.

또한 일본은 1885년 3월 청과 〈톈진조약天津條約〉을 체결하였다. 3개조로 되어 있는 이 조약의 주요 내용은 청과 일본의 군대를 한반도로부터 철수하며 조선에 변란이나 중대사건이 일어나 청·일 양국 또는 어느 한 나라가 파병할 경우 상대국에게 문서로 알리며 그 사건이 진정되면 즉시 철병한다는 것이었다.

이 조약에 의하여 청·일 양군은 1885년 6월 한반도에서 철수하였다. 조선에는 모처럼 평화가 찾아오고 근대국민국가로 나갈 기회가 올 것 같기도 하였다. 그러나 그것은 희망에 불과하였다. 현실은 청의 본격적인 내정간섭과 그에 기대어 권력을 유지하려는 민씨 척족 정권의 무능함이 있었을 뿐이었다.

임오군란 직후인 1882년 8월 청은 조선과 〈조·중상민수륙무역장정朝中商民水陸貿易章程〉을 체결하였는데, 아예 그 서문에는 조선이 청의 속방屬邦, 즉 속국이라고 명시하고 외교에 관한 일도 모두 청국에 문의할 것을 강요하였다. 이는 조선 시대 이래 의례적이고 관념적인 속방관계를 실질적인 속방관계로 바꾸려는 것이었다. 특히 1885년 파견된 위안스카이袁世凱는 조선의 내정과 외교에 노골적으로 간여하고 심지어 고종을 폐위시키려는 쿠데타까지 음모하여 공분公憤을 자아냈다. 그리고 민씨 척족을 비롯한 지배층의 수탈과 부패, 외세의 경제침탈과 사회경제적 모순의 심화는 결국 농민들의 강력한 저항을 불러일으켰다.

청일전쟁의 발발

동학농민군이 전주성을 점령하자 조선 정부는 청에 원병을 요청하였다. 청은 군대를 파견하고 〈톈진조약〉에 의거해 일본에 통고하였다. 상황을 예의주시하고 있던 일본도 청이 통고하기 이전에 이미 파병을 결정하고 있었다. 그리하여 1894년 5월 5일 청군이 아산에 도착하고 다음날 일본군이 인천항에 도착하였다.

갑신정변 이후 일본은 시베리아 횡단철도를 건설하며 동진정책을 취하고 있던 러시아에 대하여 심각한 위기의식을 느끼고 있었다. 또 조선에서 청의 영향력 확대를 견제하며 세력 확장의 기회를 엿보고 있었다. 당시 일본의 대표적인 군인 정치가였던 야마가타 아리토모山縣有朋는 일본 본토를 주권선主權線, 조선을 이익선利益線으로 보고 일본을 지키기 위해서는 이익선을 방호해야 한다고 주장하였다.

따라서 일본은 조선에서 입지를 강화하고 있는 청국을 제압하고 시베리아 횡단철도가 완공되기 전에 러시아와 일전을 벌인다는 방침하에 군비 확충에 총력을 기울였다. 조선에 출병하면서 전쟁을 총지휘하는 대본영大本營을 설치한 것도 그 일환이었다. 이처럼 청일전쟁은 러일전쟁의 서전緖戰 격으로 일본이 치밀하게 준비해 왔다.

이런 상황에서 일어난 동학농민혁명은 농민군의 의도와는 상관없이 일본이 청일전쟁을 일으키는 절호의 기회로 이용되었다. 청·일 양국이 군대를 파견하자 농민군은 정부와 전주화약을 맺고 해산하였다. 청·일 양국의 군사적 충돌을 우려한 조선 정부도 두 나라에 철군을 요구하였으나 일본은 거절하고 오히려 영국과 〈영·일통상항해조약〉을 체결하고 대본영을 궁중으로 옮겨 전쟁체제에 돌입하였다.

일본군은 먼저 6월 21일 경복궁을 무력으로 점령하여 민씨 정권을 붕괴시키고 대원군을 앞세워 친일 정권을 세웠다. 그리고 이틀 뒤인 6월 23일 아산만 풍도에 있던 청군 군함을 공격하여 격침시키면서 청일전쟁을 일으켰다. 또한 이틀 뒤인 6월 25일 군국기무처軍國機務處를 설치하여 갑오개혁을 단행하였다. 불과 5일 사이에 동아시아와 조선의 역사를 바꾸는 사건이 동시에 일어난 것이다.

청이 전쟁에서 이길 것이라는 국제사회의 예상과는 달리 일본은 이후의 전투에서 연전연승하였다. 성환·아산 전투에서 승리한 일본은 7월 1일 청에 공식적으로 선전포고를 하였으며, 이어 8월 16일 평양전투와 8월 18일 황해해전에서도 승리하였다. 평양 전투로 인해 승기를 잡은 일본은 2차 봉기한 동학농민군을 조선의 관군과 함께 진압하는 동시에 중국 본토까지 진출하여 10월 25일 랴오둥遼東반도의 뤼순旅順과 다롄大連을 함락시키고 이듬해 1월 22일 산둥山東반도의 웨이하이웨이威海衛까지 점령하였다. 일본군은 남쪽으로 타이완臺灣과 펑후열도澎湖列島도 점령하였다.

다급해진 청은 열강들에게 조정을 요청하였으나 실패하고 결국 1895년 3

청나라 철갑함 진원(鎭遠)

건조 당시 동양에서 가장
큰 전함(약 11,000톤)이었다.
청일전쟁에서 일본의 기
함 마츠시마(松島)에 의해
큰 손상을 입기도 하였으
며 나포되어 일본 해군에
편입된다.

월 23일 일본과 〈시모노세키조약下關條約〉을 체결하였다. 그 결과, 청은 조선
이 완전무결한 독립자주국임을 인정하였으며, 일본에 랴오둥반도와 타이완,
펑후열도를 할양하고 2억 냥을 전쟁배상금으로 지불하였다. 또한 사스沙市와
충칭重慶, 쑤저우蘇州, 항저우抗州 등을 추가로 개항하였다.

청일전쟁 이후 중국을 중심으로 한 동아시아 국제질서인 조공−책봉체제
는 해체되고 대신 만국공법질서를 내세운 일본이 새로운 강자로 떠올랐다.
청일전쟁은 일본이 근대국민국가를 형성하는 결정적인 계기가 되었으며, 전
쟁배상금으로 일본은 군비확장과 본격적인 산업혁명을 추진할 수 있게 되었
다. 또한 일본은 갑오개혁 등을 통해 조선에서의 영향력을 확대하고 만주 침
략에 유리한 고지를 확보함으로써 서양 제국주의 열강과 어깨를 겨루게 된
반면, 제국주의 열강에 의한 중국 분할은 가속화되었다.

비록 1895년 러시아와 독일·프랑스의 삼국간섭으로 요동을 청에 반환하
고 조선에서는 을미사변과 아관파천 등으로 영향력이 약화되기도 하지만,
일본은 군비 확장에 박차를 가하는 한편, 제1차 〈영일동맹〉(1902) 등을 통해
영국과 미국의 후원을 얻어 냈다. 그리하여 마침내 1904년 러일전쟁을 일으
켜 승리하고 본격적인 제국주의의 길로 들어섰다.

1905년 9월 일본과 러시아는 미국의 포츠머스에서 강화조약을 체결하였다. 그 조약을 통해 러시아는 일본에게 랴오둥반도의 조차권과 남만주철도를 이양하고 사할린 남부를 할양하였으며, 특히 한반도에 대한 지배권을 승인하였다. 〈포츠머스 강화조약〉이 체결되기 이전에 이미 미국과는 같은 해 7월 〈카쓰라–태프트 밀약Katsura-Taft Agreement〉을 통해, 영국과는 같은 해 8월 제2차 〈영일동맹Anglo-Japanese Alliance〉을 통해, 일본의 조선 지배를 승인받았다. 그리고 일본은 곧바로 11월에 〈을사늑약〉을 강제하여 조선을 보호국으로 만들었다.

갑오개혁의 실시

전주화약으로 동학농민군이 해산하고 조선 정부가 청·일 양군의 철군을 요구하자 군대 주둔과 전쟁 도발의 구실을 찾던 일본은 6월 8일 노인정회담老人亭會談을 통해 조선의 내정개혁안을 제시하며 강요하였다. 이에 대해 조선 정부는 6월 11일 독자적으로 개혁을 추진해 나가기로 결정하고 그 중심기구로 교정청校正廳을 설치하였다. 그리고 이틀 뒤 일본의 내정개혁 요구를 정식으로 거부하였다. 교정청은 비록 개혁의 질적 수준에는 한계가 있었지만 동학농민혁명에 의해 추동된 조선 정부의 주체적 노력이었다는 점에서 의미가 크다.

그러나 6월 21일 일본은 무력으로 경복궁을 점령하여 민씨 정권을 붕괴시키고 대원군을 다시 권좌에 앉히고 김홍집을 수반으로 하는 새로운 내각을 출범시켰다. 이 내각을 제1차 김홍집내각이라고도 한다. 그리고 6월 25일 군국기무처를 설치하고 일련의 개혁 작업들을 추진해 나갔다. 그해 11월 20일까지 군국기무처를 중심으로 행해진 이 개혁을 제1차 갑오개혁이라고 한다. 군국기무처의 회의원 대부분은 그 이전에 1개국 이상의 외국에 나간 경험이 있었으며 양반의 서자들도 다수 포함되어 있었다.

군국기무처는 먼저 정치 부문에서 궁내부를 새로 설치하여 왕실과 정부의 사무를 분리하고 국왕의 전제권을 제한하는 대신 종래 유명무실했던 의정부에 권한을 집중시켜 근대 국가의 내각제도를 지향하였다. 이어 사회 부문에서는 중국 연호를 폐지하고 개국 기년을 사용하였으며 과거제와 신분제, 연좌제 등을 폐지하고 조혼을 금지시키고 과부의 재가를 허용하였다. 경제 부문에서는 국가 재정을 탁지아문으로 일원화시키고 은본위 화폐제도를 채택하고 조세 금납화를 시행하고 도량형을 통일하였다.

제1차 갑오개혁은 당시가 청일전쟁 중이었기 때문에 일본의 간섭이 덜해 군국기무처 중심으로 갑신정변의 정강이나 동학농민군의 요구를 수용하면서 추진된 면이 없지 않았다. 그러나 청일전쟁에서 승세를 잡아가자 일본은 적극적으로 간섭하기 시작하였다. 새로 부임한 이노우에 가오루井上馨 공사는 동학농민군을 철저히 진압하는 동시에 일본에 비타협적이었던 대원군을 정계에서 은퇴시켰다. 또한 군국기무처를 폐지하고 정부의 각 아문에 일본인 고문관을 배치하였으며, 갑신정변으로 일본과 미국에 망명했던 박영효와 서광범 등을 귀국시켜 11월 21일 김홍집·박영효 연립내각을 출범시켰다. 이것이 이른바 제2차 김홍집내각이다.

제2차 갑오개혁은 연립내각 출범 이후 1895년 윤5월 15일 박영효가 반역 음모 혐의를 받고 다시 일본으로 망명하기까지 추진된 개혁을 말한다. 고종은 이노우에의 권고로 12월 12일과 13일 종묘와 사직에 나아가 서고문誓告文을 바치고 〈홍범 14조洪範14條〉를 반포하였다. 그 내용은 청으로부터의 독립, 왕실과 정부의 권한 분리, 왕실 비용의 절감과 왕비·종친의 정치 간여 배제, 지방제도와 군사·사법제도의 개혁, 외국으로의 유학생 파견 등으로 이루어져 있다.

이를 바탕으로 연립내각은 일본식 내각제를 도입하고 궁내부는 대폭 간소화하였다. 지방제도는 8도에서 23부로 개편하였으며 재판소를 설치해 사법권을 독립시키고 지방관의 권한을 축소시켰다. 또한 훈련대를 창설하고 한성사범학교와 외국어학교 등을 설립해 근대적 교육제도를 마련하였다. 그러나

제2차 개혁은 삼국간섭과 박영효의 망명 등으로 계획대로 이루어지지 못하
였다.

그 뒤 7월 5일 제3차 김홍집내각이 수립되었다. 이 내각은 1896년 2월 11일
아관파천으로 붕괴되는데, 그때까지 추진한 개혁을 제3차 갑오개혁 또는 을
미개혁이라고 한다. 이 3차 개혁 도중 명성황후가 일본에 의해 무참히 시해
당하는 을미사변이 일어나기도 하였다.

제3차 김홍집내각은 태양력을 사용하고 '건양建陽'이라는 연호를 새로 제
정했으며 종두법을 시행하였다. 또한 소학교령을 제정하여 초등교육에 관한
사항들을 처음으로 법제화하고 소학교 교육을 널리 시행하도록 하였다. 군
사제도로는 서울에 왕성 수비를 전담하는 친위대를, 지방에는 주요 지역의
방위를 담당하는 진위대를 설치하였다.

그런데 이 시기 개혁 가운데 제일 문제가 된 것은 단발령의 시행이었다. 이
는 명성황후 시해로 인해 분노를 금치 못하고 있던 국민들의 강한 반발을 불
러일으켰다. 특히 양반 유생들은 전국적으로 의병을 일으켜 저항하였다. 결

국 서울의 일본군이 의병 진압을 위해 지방으로 출동한 사이 고종은 러시아 공사관으로 거처를 옮기는 아관파천을 단행하였다. 이때 김홍집과 어윤중 등은 성난 군중들에 의해 살해되었으며 제3차 갑오개혁은 중단되었다.

동학농민혁명과 갑오개혁

우리는 흔히 동학농민혁명을 '아래로부터의 변혁'이라 하고 갑오개혁을 '위로 부터의 개혁'이라고 한다. 그러면 동시에 진행되었던 이 두 사건의 관계에 대해서 어떻게 보아야 할까?

갑오개혁은 일본이 기본틀을 만들었으며, 그것을 표면적으로 시행한 것은 개화파 정권이었다. 그런데 이 갑오개혁에도 토지문제에 관한 내용은 들어가지 않았지만 양반과 평민의 신분 타파나 수취제도의 개선, 재정의 일원화 등 농민적 지향을 가지는 내용들이 상당히 포함되어 있었다. 그런 점에서 근대지향적인 성격을 가지고 있다고 할 수 있다. 때문에 갑오개혁 중 결結과 호전戶錢 양세兩稅의 개정에 대해서 매천梅泉 황현黃鉉이 "새 법이 한번 반포되자 백성들은 모두 발을 구르고 기뻐하며 손뼉을 쳤다. 서양을 따르든 왜를 따르든 묻지 않고 흔연히 재생의 기색이 있었다."라고 지적했듯이 열렬한 지지를 보냈다.

다만 문제가 되는 것은 이런 개혁이 자주적인 개화파 정권에 의해서 이루어졌다면 분명히 근대국가로 가는 하나의 계기가 되었을 텐데 일본의 힘을 등에 업고 또 상당 부분은 일본의 사주를 받아가면서 하였다는 점이다. 예를 들어 경제개혁에서는 조세의 금납화를 시행하고 은본위제를 채택하였다. 금납화는 국가의 조세나 공물을 물품으로 내는 것이 아니라 돈으로 내는 것으로 사실 근대 자본주의 국가로 가는 데 반드시 거쳐야 할 과정이고 매우 편리한 제도이다. 은본위제도는 기본화폐로 은화를 사용하고 동전을 보조화폐로 삼는 것으로 역시 자본주의의 필수적인 요소라고 할 수 있다.

그러나 이런 개혁은 조선의 근대화를 위해서였다기보다는 일본이 경제적 침략을 쉽게 하기 위해 조선의 제도에 근대적인 틀만 씌워 변형시킨 것에 불과하였다. 결국 이런 점 때문에 갑오개혁은 진정한 민족국가·국민국가를 건설하는 데에는 많은 결함과 한계를 지니고 있었다. 반면 농민군들이 지향했던 변혁은 세련되고 다듬어지지는 않았을지라도 순수한 농민군들의 손에 의한 자주적인 것이었다.

결국 봉건사회를 해체시키고 근대적인 사회를 건설한다는 데에서는 갑오개혁이나 동학농민혁명이나 모두 같았지만 다음 사회를 어떤 방식으로 건설하느냐에 대해서는 차이가 있었다. 양자의 상관성을 따진다면 다음과 같이 말할 수 있을 것이다. 즉 군국기무처의 개혁에 일부 농민들에게 실익을 주는 것이 있었고 또 겉으로 볼 때 정부의 정점에 대원군이 있었던 동안은 농민군도 우려 속에서나마 기대를 가지고 있었다. 그러나 평양 전투에서 크게 승리한 일본군이 9월 18일 농민군을 진압하겠다고 한국 정부에 통고하였고, 21일 개화파 정권은 이를 수락하였다. 농민군 토벌을 위한 일본과 개화파 정권의 결탁이 이루어졌다. 이에 농민군도 8월 말부터 2차 봉기를 위해 재결집하기 시작하고, 마침내 9월 12일 삼례집회를 계기로 전면적인 반침략·항일 투쟁에 나섰다.

이렇게 보면 농민군은 자신들의 정세 판단에 따라 갑오개혁의 추이를 지켜보다가 그것이 그들의 기대에서 벗어나고, 더구나 대원군의 정치적 위상이 현저히 하락하여 자주성을 위협받게 되자 본격적인 재봉기에 나섰다고 해석할 수 있을 것이다. 다만 그 과정에서 자신들의 힘을 통일적으로 결집시키지 못하는 자체 취약성을 보였고, 무력적으로 개입한 일본과의 전투에서 패배하게 되었다.

말하자면 동학농민혁명은 갑오개혁의 조건으로서 봉건제 척결의 배경을 조성하여 주었지만, 갑오개혁이 타율적 진행에 따라 변질되고 소기의 성과를 이루지 못하게 되자 농민군은 스스로의 힘에 의한 민중혁명의 실현을 목표로 재봉기했다고 볼 수 있다. 따라서 1894년의 정세는 농민혁명이 주도하고 갑오개혁이 따르는 상황이었다. 그러므로 동학농민혁명이 실패로 끝나자 불완전한 형태의 타율적 '개혁'만이 남을 수밖에 없었다.

Korea

제3장 | 일제의 강점과
3·1 운동

1 일제의 강제 병합

1910년 8월 29일은 우리가 일본에게 나라를 빼앗긴 국치일이다. 그러나 이날은 동시에 우리가 국권을 회복하기 위해 민족해방운동을 시작한 날이기도 하다. 따라서 불행의 시작이란 측면보다는 그 불행을 어떻게 이겨내려 했는가 하는 측면에서 이날을 기억해야 할 것이다.

국치일國恥日

1910년 8월 29일은 우리가 일본에게 나라를 빼앗긴 국치일이다. 경술년(1910년)에 일어났다고 해서 경술국치庚戌國恥라고도 한다. 국치일을 한자 뜻대로 풀면 나라가 부끄러운 날이라는 의미이다. 그러나 일반 사람들 가운데는 이날이 국치일인지 모르는 경우가 많다. 뭐 그리 명예롭지도 못한 날을 꼭 굳이 외우거나 기념해야 할 것은 아니다. 다른 기념일처럼 달력에 표시되어 있는 것도 아니고 언론에서 시끌벅적하게 떠들지도 않으니까 어쩌면 모르는 것이 당연하다.

그날 8월 29일은 우리에게 매우 불행한 날이었다. 그러나 이날은 나라를 빼앗긴 날인 동시에 또한 우리가 국권을 회복하기 위해 민족해방운동을 시작한 날이기도 했다. 따라서 불행의 시작이란 측면보다는 그 불행을 어떻게 이겨내려 했는가 하는 측면에서 이날을 기억해야 할 것이다. 불행의 끝을 만들기 위한 민족의 투쟁이야말로 불행을 승화시키는 밑거름이었고 식민지가 남긴 살아 있는 교훈이다. 다시 되새기고 싶지 않지만 또 다른 불행의 시작을 막기 위해 눈을 부비며 그 불행의 시작부터 살펴보기로 하자.

병합 과정

일제가 우리나라를 식민지로 삼기까지는 여러 단계를 거쳤다. 일제는 먼저 가장 강력한 저항 세력이라고 할 수 있는 민중들을 동학농민혁명 때에 일단 꺾었다. 그러고 나서 우리나라를 둘러싸고 있는 열강들을 하나씩 배제시켜 나갔다. 어떤 나라는 외교적으로, 또 어떤 나라는 무력으로 밀어냈다. 즉 미국과 영국은 외교적인 관계를 통해서, 청나라는 청일전쟁에서, 러시아는 러일전쟁에서 각각 물리쳤다. 그래서 결국 한국에 대한 독점적인 지배권을 국제적으로 승인받았다.

이런 중에서도 일제가 본격적인 병합작업을 시작한 것은 러일전쟁 전후부터였다. 러일전쟁이 한창 진행 중이던 1905년 7월 일본은 미국과 〈카쓰라-태프트 밀약Katsura-Taft Agreement〉을 맺었으며, 그 다음 달에는 영국과 제2차 〈영일동맹Anglo-Japanese Alliance〉을 맺었다. 이 국제조약들은 일본의 한국에 대한 정치·경제·군사상의 특수 권익을 인정한다는 내용을 핵심으로 하고 있다. 또한 러시아도 러일전쟁 이후에 맺은 〈포츠머스 조약(1905. 9)〉에서 한국에 대한 일본의 독점적인 지배권을 승인하였다.

조선의 식민지화는 제국주의 국가 간에 이루어진 상호 교환의 산물이었다. 당시 미국은 필리핀에서 식민지 지배권을 유지하는 데 목적이 있었으며, 반면 일본은 조선을 식민지로 삼으려고 했다. 따라서 두 나라는 서로의 기득권을 인정해 주는 협약이 필요했던 것인데, 그것이 바로 〈가쓰라-태프트 밀약〉이었다.

이는 영국도 마찬가지였다. 당시 영국은 인도에서의 식민지 지배권을 유지하는 데 깊은 관심을 가지고 있었다. 따라서 일본과 영국 역시 서로의 기득권을 인정해 주는 협약이 필요하였다. 그것이 일본은 영국의 인도 지배를 인정해 주고 영국은 일본의 한국 지배를 인정해 준다는 제2차 〈영일동맹〉의 형태로 나타난 것이다.

이런 상호간의 승인이 있었기 때문에 1910년 일본의 한국 강점이 발표되었을 때 영국의 외무부장관은 일본이 한국에서 세력을 증가시키는 것에 대해서 영국 정부는 하등 반대할 만한 이유가 없다고 발표하였다. 미국 정부 역시 일본의 한국 강점을 지지하고 심지어 미국 신문들은 '일한병합'이 한국 민중의 행복을 증진해 줄 것이라고까지 논평을 하였다. 지금 우리가 볼 때는 야속한 일이었지만 그들에게는 자연스러운 것이었다. 국제관계란 이렇게 냉혹한 것이다.

없었던 조약

현재 학계에서는 일제가 각종 조약 문서에서 순종의 수결手決, 즉 서명을 위조하였다는 것이 밝혀지고 또한 미국 콜롬비아대학의 도서관에서 1905년의 을사조약이 일제의 강압에 의해 체결된 늑약勒約, 즉 강제로 체결된 조약이라는 고종의 친서가 발견되어 을사조약이 국제법적으로 무효이며 불법임을 주장하는 견해가 일반적이다.

"이제 와서 그게 불법이면 무슨 소용이냐?" "그렇다고 일제의 강점이 우리 역사에서 지워지느냐?"라고 반문할 사람도 있을지 모른다. 물론 그게 불법이라고 강점기의 역사가 그 명예를 회복받는 것은 아니다. 그러나 그 불법성

순종의 한일병합조약 전권위임장

순종은 한일병합 때 강압에 못 이겨 내각 총리대신 이완용을 전권위원으로 위임하는 위임장에는 서명했지만 비준서에 해당하는 칙유문(勅諭文)에는 서명하지 않았다.

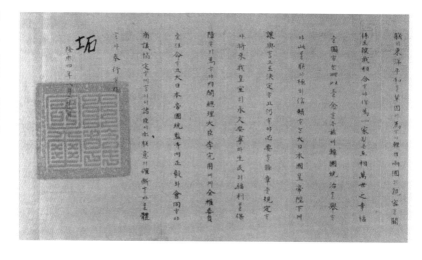

을 확인하는 것은 을사조약, 나아가 일제의 병합이 명백하게 침략행위라는 것을 증명해 준다는 데 중요한 의의가 있다. 최초의 조약이었던 을사조약이 무효이고 이후 잇달아 체결된 정미 7조약, 더 나아가 1910년의 한일병합조약 등도 다 무효라고 할 수 있는 것이다. 그리고 이는 국제법상 불법을 의미하므로 국제법상의 배상청구소송도 가능해진다. 그리고 무엇보다도 식민지 시혜론을 주장하는 일본인들의 망언에 쐐기를 박을 수 있는 증거가 된다.

조선총독부

병합으로 인해 우리나라는 자주적 발전의 길을 빼앗긴 채 완전히 식민지로 떨어지고 말았는데, 일제는 이 식민지를 지배하기 위해 어떠한 정치체제와 경제체제를 만들어 나갔을까?

일제는 한국을 강점한 뒤 통치기관으로 조선총독부를 설치하고 그 우두머리인 조선총독은 현역 육해군 대장 중에서 임명하였다. 조선총독부는 천황의 직속기관이었기 때문에 조선총독은 일본 천황을 제외하고는 어느 누구의 간섭도 받지 않는 무소불위의 존재였다. 말하자면 총독은 행정·입법·사법·군사통수권에 이르기까지 거의 무제한의 권력을 보장받은 식민지 최고의 통치권자였다. 이처럼 식민지 최고통치자를 문민이 아닌 군인으로 하였다는 점은 결국 식민지 지배의 성격을 상징적으로 보여 준다. 그만큼 폭압적이고 강제적이었다는 것이다.

조선총독부는 처음에는 중구 예장동 남산 자락에 있었는데, 1926년 광화문 경복궁 자리에 건물을 새로 지어서 그곳으로 이전하였다. 그러다가 해방 50주년이 되는 해인 1995년 김영삼 정부는 조선총독부 건물을 해체하고 경복궁을 복원하기로 결정하고 그 상징적인 행사로 8·15 기념식에 총독부 건물 첨탑의 절단식을 거행하였다. 아마 당시 텔레비전으로 중계되는 이 장면을 본 사람들은 아직도 기억이 생생할 것이다. 조선총독부 건물은 이듬해 11월 완전히 철거되었다. 물론 총독부 건물이 없어진다고 해서 식민잔재가 모두 없어지는 것은 아니지만 그 건물의 철거는 식민잔재를 없애겠다는 상징적인 의미를 지니고 있었다.

무단통치

무단통치는 1910년 강제병합부터 1919년 3·1 운동이 일어나기 이전까지 약 10년간에 걸쳐 일제가 한국을 강점한 첫 단계에서 실시한 식민지 지배방식을 말한다. 즉 강력한 군사력을 배경으로 각종 억압기구에 의거해 모든 분야에 걸쳐서 전개한 폭력적인 억압통치를 가리키는 것이다.

이때 폭력을 행사한 물리적 기반은 헌병경찰제도와 군대였다. 헌병경찰제도는 일상적인 경찰업무를 군사경찰인 헌병이 담당하도록 한 것으로서 우리 민족을 군사적으로 억압하기 위해서 만들어진 것이었다. 그에 따라 병합 후에 경찰관서와 헌병부대가 전국에 배치되었으며, 각지의 헌병부대 책임자가 경찰관서의 책임자를 겸하였다.

뿐만 아니라 서울이나 평양·청진·나남 등 중요한 군사적 요지에 육군 2개 사단 병력을 상시 주둔케 했으며, 남해안의 진해만과 동해안의 영흥만에는 해군기지를 설치하였다. 이밖에도 한국에 거주하는 일본인들을 동원해 그들로 하여금 소방대나 재향군인회 등을 조직하게 하고, 이들을 무장시켜 헌병정치의 무력을 보조하게 하였다. 행정기구는 일반적으로 민간인에 의해서 주도되는 것인데, 식민지 조선의 경우는 민간인은 소외되고 군사통치식으로 짜이고 운영되었다.

수탈을 위한 경제구조

그럼 이번에는 일제가 경제적 수탈을 위해 경제 구조를 어떻게 재편해 나갔는지 알아보자. 일제는 토지소유제도와 조세제도를 근대화한다는 명목으로 토지조사사업을 시행하였다. 이 토지조사사업은 한국의 경제구조를 일본 자본주의의 식민지시장으로 재편하는 과정에서 중추적인 역할을 하였다. 또한

1899년 경인선 철도 개통

우리나라 최초의 철도. 1896년 미국인 모스에 게 부설권이 주어졌으나 1898년 일본으로 부설권 이 넘어가 1899년 노량 진–인천 구간이 임시 개통 되고 이듬해 한강철교의 준공과 함께 경성역–인천 역 전 구간이 개통되었다.

일제는 값싼 한국쌀과 공업원료를 조달하는 데에 농업정책의 중점을 두었다. 그리하여 일본인의 입맛에 맞는 쌀을 재배하게 하려고 농민들에게 일본 벼 품종을 강제로 보급하고 면직물과 견직물의 원료가 되는 면화와 누에고치의 생산을 늘리도록 강요하였다.

나아가 일제는 상품 시장을 확대하고 한국의 식량을 효과적으로 반출해가기 위해서 교통운송수단을 식민지적으로 재편하였다. 이미 강제병합 이전에 경인선과 경부선 철도를 완공했으며 그 뒤에도 평남선·경원선·호남선 등의 기간철도망을 추가로 건설하였다. 또한 주요 간선도로망을 정비하는 동시에 부산·군산·인천·청진 등 주요 항구의 항만도 정비하였다. 이런 교통시설의 확충은 언뜻 보면 한국을 근대화해 준 것처럼 보이지만 그 본질은 한국을 일본 자본을 위한 시장으로 더욱 깊숙이 끌어들여 수탈을 용이하게 하는 데에 있었다.

1910년 '회사령'이라는 법령을 제정하여 한국의 상공업을 통제한 것도 이런 농업과 교통 분야에서의 재편 과정과 맥을 같이 한다고 할 수 있다. 회사령이 시행됨으로 인해 한국에서 회사를 설립하기 위해서는 총독의 허가를 받아야 했으며, 총독의 명령 하나로 회사가 해산되거나 폐쇄될 수 있었다. 이는 한국 민족자본의 발전을 철저히 억제하는 결과를 가져왔다.

이데올로기 정책

일본은 한국을 식민지로 지배하면서 낙후된 조선을 근대화시켜 준다는 것을 명분으로 내세웠다. 그러나 근대적 문물제도를 수립한다고 공언하면서도 실제로는 언론·출판·집회·결사 등 모든 근대적 기본권을 철저히 부정하였다. 예를 들면 청년회나 각종 학회 등과 같은 사회단체는 물론이고 심지어는 일진회·대한협회와 같은 친일단체들까지도 그것들이 조선인의 결사라는 이유만으로 해산시켰다.

또한 《대한매일신보》, 《황성신문》 등과 같은 한국인의 모든 신문과 출판물을 강제 폐간시켰으며, 국외에서 들어오던 신문·잡지에 대해서 엄격한 검열을 가하였다. 반면 《매일신보》나 《서울프레스》, 《경성일보》 등과 같은 관제 어용신문을 발간하여 총독부의 정책을 지지하고 선전하게 하였다. 한국민의 눈과 귀를 아주 막아 버리겠다는 것이었다.

이는 식민지 교육에서도 마찬가지였다. 일제는 교육기구·교육정책도 새로 마련하고 그를 통해 한국인을 일본의 신민으로 만들기 위한 식민지 동화교육을 실시하였다. 그리하여 유교적 충효사상이나 천황제 이데올로기를 중심으로 하는 교육을 시행하면서 일본어·일본역사·일본지리 등의 과목을 강조하였다.

동시에 일제는 한국인의 독자적인 교육기관을 길들이려고 하였다. 1911년 〈조선교육령〉과 〈사립학교규칙〉을 공포하여 조선인 사립학교의 경영 일체를 통제하고 반일적 성향을 가진 한국인 사립학교를 대량 폐쇄하였다. 그 결과 1908년에 3,000여 개를 헤아리던 조선인 사립학교가 1919년에는 690여 개로 줄어들었다. 한마디로 한국민을 '천황폐하'의 충실한 신민臣民으로 만들려는 것이라고 할 수 있다.

2 독립군기지 건설운동

KOREA

일제의 강제병합 이후 우리의 선조들은 정든 고향을 등지고 압록강과 두만강, 그리고 현해탄과 태평양을 건너갔다. 머나먼 이국에서 그들은 민족의 독립을 준비하고 또 이루기 위해 피눈물을 흘리며 노력하였다. 지금의 우리가 그들이 흘린 눈물의 의미를 조금이라도 이해한다면 우리의 삶은 좀 더 진실되고 경건해지지 않을까?

독립전쟁론

1910년 강제병합을 전후한 일제의 강압적인 지배는 한국인의 민족운동에도 적지 않은 영향을 주었다. 국내에서의 활동이 이제는 거의 원천 봉쇄되고 말았다. 뜻있는 많은 운동가들은 국외에서 길을 찾기 위해 나섰다. 그리고 국내의 독립운동은 비밀결사의 형태로 바꾸어서야 비로소 그 맥을 이어나갈 수 있었다.

이런 상황에서 종전의 반일운동을 주도해 오던 애국계몽운동과 의병운동의 주도 세력들은 국내에서는 더 이상의 활동이 곤란하다고 판단하고 새로운 활동방침을 모색하게 된다. 그 대표적인 것이 신민회가 내세웠던 독립전쟁론이다. 독립전쟁론은 국외에 독립운동 기지를 건설하여 기반을 마련하고 적절한 시기에 일본과 독립전쟁을 전개하여 국권을 회복한다는 것이었다.

그리하여 많은 운동가들이 이 노선에 기초해서 실제로 연해주나 만주로 가서 독립군기지를 건설하였다. 무장투쟁과 실력양성을 주장하던 애국계몽운동과 의병운동 양대 세력이 국가와 민족의 독립을 향해 통합했던 것이다.

대한의군大韓義軍 참모중장參謀中將이었던 안중근이 1909년 하얼빈역에서 침략의 원흉인 이토 히로부미伊藤博文를 사살한 것도 이러한 배경 속에서 나왔다고 할 수 있다. 안중근은 국내에서는 삼흥三興 · 돈의敦義학교를 설립해 애국계몽운동을 하다가 1907년 군대 해산과 고종 폐위 등으로 국운이 극도로 기울자 연해주로 가 의병활동을 하다 의열투쟁을 벌였다.

가장 바람직한 독립운동의 방법이라면 이상적이기는 하지만 국내에 있는 많은 민중들의 자발적인 참여를 끌어내는 것이다. 그러나 당시의 사정은 이런 생각조차 낭만적인 사고로 치부할 만큼 열악하였다. 따라서 국외 독립군 기지 운동은 차선이자 현실적으로는 최선의 방법이었다.

연해주와 만주에서의 독립운동

연해주에서는 1911년 5월에 이종호 등이 중심이 되어서 권업회勸業會라는 단체를 조직하였다. 권업회는 노령 연해주 지역의 한인 민족운동의 중심기관 역할을 하였다. 이 단체는 조선인의 산업과 상업 기업의 설립, 학교와 도서관의 설치, 신문·잡지 발간 등의 활동을 하였으며 기관지로서 《권업신문》을 발간하였다. 이 신문은 이름과는 달리 격렬한 반일논조를 주된 논지로 삼는 신

문이었다. 또한 권업회는 지부와 기관지 등을 통해 일제의 야만적인 통치와 경제수탈을 폭로·규탄하고 해외동포사회에 반일사상을 널리 고취시켰다.

권업회는 1913년 군사간부 양성을 위한 사관학교로서 대전학교大甸學校를 설립하였다. 그리고 1914년에는 대통령에 이상설, 부통령에 이동휘를 각각 선출하여 대한광복군정부라는 망명정부를 세웠다. 이 대한광복군정부는 '임시정부'라고 할 때의 정부와는 다른 것으로 요즘과 비교한다면 군사령부와 같은 군사조직을 의미하였다. 시베리아와 만주, 미주에 널리 퍼져 있는 무장력을 갖춘 각 독립운동단체를 모아 독립전쟁을 구현하는 것이 이 대한광복군 정부의 목표였다.

한편 북간도에서는 1911년에 이르러 간민회墾民會, 중광단重光團 등의 단체를 결성하였다. 간민회는 인재 양성과 교육·선전을 기본적인 활동 내용으로 하였다. 그에 비해 중광단은 이전의 의병들을 규합한 것으로 무장활동을 위해서 조직한 정치단체였다. 그러나 무기와 자금의 결핍으로 군대 편성에까지는 나아가지 못하였고 주변 지역의 청년들을 상대로 민족의식을 고취하고 군사훈련을 시키는 데 힘썼다.

또한 이 지역에는 대종교 포교당, 간민회, 한인기독교도 등 다양한 세력들

에 의해 조선인 교육기관들이 많이 세워졌다. 명동학교와 정동중학교 등이 대표적인데 여기서 뒷날 한국독립운동에서 지도적 역할을 하는 인물들이 많이 배출되었다.

서간도에서는 신민회 회원들이 중심이 되어서 1911년에 경학사耕學社, 1912년에 부민단扶民團 등의 한인 자치단체를 세웠다. 경학사에서는 군사간부 양성을 위한 신흥학교를 설치했는데, 이것이 그 유명한 신흥무관학교의 전신이다. 이 경학사와 신흥학교는 신민회의 신한촌 건설계획에 따라 이회영·이동녕·이상룡 등이 주도해서 개척한 것으로, 교육과 선전, 독립군 훈련 등의 활동에 힘썼다

뤼순감옥에 전시되어 있는 안중근 의사 친필묵

뤼순감옥에 수감되어 있을 때 일본인 검찰관과 간수 등에게 써 준 것으로. 현재 원본은 안중근의사 기념관에 보관되어 있다.

이처럼 연해주와 북·서간도 등 세 지역이 국외 독립군기지 건설운동의 집중적인 무대가 되었는데, 그 까닭은 무엇이었을까? 그 이유 중의 하나는 이 지역에 다수의 한인 이주민 사회가 형성되어 있었다는 점이다. 연해주 지역에 약 20만 명, 북간도에 약 30만 명, 서간도에 약 20만 명의 한인들이 이주해서 집단거주지를 형성하고 있었다.

또 다른 이유는 이 지역이 우리나라 국경과 가깝다는 점이다. 알다시피 서간도는 압록강 국경 바깥에 있는 중국 지역을, 북간도는 두만강 국경 바깥에 있는 중국 지역을 가리키고 연해주는 바로 두만강 이북의 러시아 지역을 말한다. 그러므로 그 지리적 위치에서 볼 때 국내 진공작전이라든가 그 밖의 여러 가지 군사적 행동을 그때그때 용이하게 또는 적절하게 수행할 수 있었다. 지금도 이 지역에는 그곳에서 독립군운동을 했던 사람들의 후손들이 살고

있다. 흔히 우리가 이야기하는 연변 조선족 자치주도 바로 북간도에 있다.

제1차 세계대전의 영향

1914년에 발발한 제1차 세계대전은 이처럼 활발하게 전개되던 연해주와 간도 지역의 독립운동에 좋지 않은 영향을 미쳤다. 말하자면 국외 독립군기지 건설운동이 벽에 부딪히게 되었다.

제1차 세계대전이 일어나자 일제는 러시아 영내에서 일본 제국주의를 위협하는 한국인들의 반일운동이 더 이상 일어나지 못하도록 러시아의 차르 정부에게 압력을 가하였다. 당시 차르 정부는 일본과의 우호관계를 유지할 필요성이 있었기 때문에 일제의 요청을 받아들여 권업회 등 현지 한인 민족운동 단체들에게 탄압을 가하여 모두 해산시켜 버렸다. 그래서 1917년 러시아혁명이 일어나기까지 약 3~4년 동안은 연해주 지역에서 반일민족운동을 공개적으로 벌이기가 어려웠다.

이런 상황은 서간도와 북간도에서도 마찬가지였다. 이 지역은 당시 위안스카이袁世凱를 정점으로 하는 중국 군벌 정권의 통치 지역이었는데, 세계대전의 발발과 더불어 일본 정부의 요청 또는 사주를 받은 군벌 정권이 이 지역

한인 민족운동 단체에 대해 탄압을 가하였다.

따라서 서·북간도에서도 공개적인 활동이 불가능해지자 일부 세력들은
무대를 다른 데로 옮겨서 활동을 계속하였다. 예를 들면 서간도의 신흥학교
졸업생들을 중심으로 한 일부 세력은 백두산 부근으로 이동하여 백서농장
을 설립했으며, 또 다른 세력들은 상하이 지방으로 옮겨서 현지 민족주의자
들과 협력해서 신한혁명당을 결성하였다. 물론 연해주와 서·북간도를 무대
로 하는 비밀운동도 끊이지 않고 지속되었다.

미국·일본에서의 독립운동과 대동단결선언 大同團結宣言

독립운동은 연해주와 만주 외에도 미국, 그리고 내지内地 일본에서도 활발히
전개되었다. 미국에서는 동포사회를 중심으로 대한국민회를 조직하였는데,
1917년 당시 이 단체의 지도자는 안창호와 박용만 등이었다. 대한국민회는
그 산하에 하와이지방총회, 원동지방총회 등 지부 기관을 설립하고 동포사
회의 결속과 민족의식의 고취를 위한 교육·선전과 신문·잡지의 발간 등 많
은 활동을 벌였다.

신흥강습소가 있던 중국 지린성(吉林省) 류허현(柳河縣) 싼위안바오(三源堡) 전경

신민회 간부였던 이회영, 이동녕 등이 1911년 설립하였다. 1913년 장소를 옮겨 신흥학교로, 1919년 5월 다시 장소를 옮겨 신흥무관학교로 명칭을 바꾸었다.

한편, 전혀 없었을 것 같은데 뜻밖에 일본에서의 독립운동도 활발하였다. 우리 입장에서 볼 때 일본은 '호랑이굴'에 비유할 수 있는데, 호랑이한테서 벗어나려는 운동이 국내보다도 오히려 일본에서 더 활발했던 것이다. 그렇게 된 까닭은 상대적이지만 식민지 조선보다 일본 내에서 정치적 자유가 훨씬 많이 허용되었기 때문이다. 1910년대 일본의 이런 상황을 다이쇼大正 데모크라시democracy라고 부르는데, 조선의 독립운동일지라도 학술 활동을 표방한다면 어느 정도 가능하였다.

따라서 일본에 유학간 유학생들을 중심으로 많은 단체가 설립되어서 조선의 독립운동과 관련된 활동들을 할 수 있었다. 대표적인 단체로는 동아동맹회와 조선인유학생학우회·조선학회 등이 있었다. 동아동맹회는 국권회복을 목적으로 하는 비밀결사였으며, 조선인유학생학우회는 합법적인 친목단체로서 기관지 《학지광學之光》을 발간하여 재일동포들과 유학생들의 반일의식 고취에 힘썼다. 또 조선학회는 표면상으로는 문화단체였으나 반일적인 정치색을 띠었고 웅변대회 등의 각종 대중집회를 통하여 계몽사업을 벌였다.

이렇듯 1910년의 국외 민족운동 단체들은 다양한 이념과 방법을 가지고 독립운동을 전개하고 있었다. 그런 중에 주목해야 할 일은 이런 여러 독립운동 단체들이 다양한 이념을 통일하고 새로운 방법을 모색하기 위한 노력들이 나타났다는 것이다. 그런 노력의 최초의 성과가 1917년 7월에 발표한 〈대동단결선언〉이었다.

신규식·조소앙·박용만 등이 중심이 되어서 발표한 이 선언은 국민주권에 입각해 공화주의를 선언하고 임시정부 수립이론을 제기했다는 점에서 역사적 의의가 컸다. 실제로 여기서 주장했던 내용들은 이후 3·1 독립선언의 내용에 그대로 계승·발전되었으며, 3·1 운동 직후 곳곳에 세워지는 임시정부 수립의 이론적 모체가 되었다. 결국 〈대동단결선언〉은 1910년대 독립운동의 이념을 총결산하는 동시에 1920년대 독립운동의 뿌리가 되었다.

일제의 강제병합 이후 우리의 선조들은 정든 고향을 등지고 압록강과 두만강, 그리고 현해탄과 태평양을 건너갔다. 머나먼 이국에서 그들은 민족의 독립을 준비하고 또 이루기 위해 피눈물을 흘리며 노력하였다. 지금의 우리가 그들이 흘린 눈물의 의미를 조금이라도 이해한다면 우리의 삶은 좀 더 진실되고 경건해지지 않을까?

3 복벽주의와 공화주의

복벽주의와 공화주 단체들, 공화주의 단체 중에서도 무장투쟁과 실력양성운동을 주장했던 단체들의 독립운동, 사립학교·서당·야학에 의한 민족교육운동과 종교계의 민족문화운동, 나아가 1910년대 말에 들어가면서 점차 고양되기 시작한 노동자·농민의 대중투쟁, 이런 것들이 모여 3·1 운동을 일으키는 동력이 되었다.

무단통치와 비밀결사

3·1 운동이 일어나기 전인 1910년대의 무단통치기에는 일제의 서슬 퍼런 억압 때문에 국내에서의 민족운동은 전혀 없었을 것으로 생각하기 쉽다. 그러나 겉으로는 조용했을지 모르지만 실제로는 비밀리 일제에 대한 저항운동을 활발히 전개하였다. 그렇지 않았다면 1919년 3·1 운동과 같은 거족적인 저항이 불가능했을 것이다. 3·1 운동은 결코 하루아침에 일어날 수 있는 것이 아니었다.

1910년대의 국내 민족운동 단체는 대부분이 비밀결사였다. 일제가 한국을 강제병합한 이후 국내에서는 일본에 반대하는 어떤 표현도 일체 불가능했기 때문에 비밀조직일 수밖에 없었다. 이런 국내의 비밀결사운동에 참가한 세력들은 여러 경향을 지니고 있었다. 일부는 대한제국의 회복을 주장하는 척사의병 계열의 복벽주의에 입각해 있었고 또 다른 일부는 계몽운동 계열에서 공화주의를 주장하였다. 먼저 복벽주의에 대해 살펴보고 이어 공화주의에 대해서도 알아보도록 하자.

복벽주의운동

복벽이란 말은 회복할 복復, 임금 벽辟으로 왕정을 다시 회복하자는 뜻이다. 이런 복벽주의 단체로는 대한독립의군부(1913)와 민단조합(1914) 등이 있었다. 이 단체의 주도자들은 과거 위정척사사상에 의거해서 의병운동에 종사하던 유생들이었다.

최익현의 문인이었던 임병찬이 주도한 대한독립의군부는 지방유생들의 모임이었던 향회鄕會를 바탕으로 호남 각 지방의 유생들을 규합하였다. 이들은 조선총독부에 축출각서를 보내고 일본 정부와 외국 정부에 항의각서를 보내는 한편, 의병전쟁을 재차 전개할 계획 아래 활동하였다. 민단조합을 주도한 인물들도 유생 출신 의병장으로 유명한 이강년·이인영의 휘하에서 활동하던 사람들이었다. 이들은 독립 후에는 향약을 실시하며 유교적 지배질서를 그대로 유지하려고 하였다.

복벽주의운동은 그 지향이 비록 시기에 뒤떨어졌다 할지라도 한말 의병운동을 계승하면서 민족의 주권을 회복하고자 했던 운동으로서 결코 그 가치가 떨어지는 것은 아니다. 서릿발 날리는 무단통치기에 이런 저항단체가 만들어졌다는 사실만 해도 커다란 의미가 있는 것이다. 그리고 투쟁하는 가운데 사람들의 생각도 발전하여 복벽주의의 한계도 자각하게 되는 것이다.

공화주의운동

공화주의는 나라의 주권이 국왕에게 있는 것이 아니라 국민에게 있다는 국민주권설에 기초하고 있다. 국가의 형태도 군주제가 아니라 민주주의적인 공화제를 지향하는 정치사상이다. 따라서 복벽주의보다는 훨씬 진보한 사상이라고 할 수 있다.

이런 공화주의 단체로는 풍기광복단(1913), 조선국권회복단(1915), 대한광복회(1915), 선명단鮮命團(1915), 조선국민회(1917), 자진회自進會(1918) 등이 있었다. 이 단체들을 주도한 인물들은 혁신유생과 애국적 자산가·중소상인·지식인 등 매우 다양했으며, 활동 내용이나 형태도 역시 다양하였다.

　선명단과 자진회는 친일인사나 총독부 고관들의 암살을 국권회복운동의 제일보로 삼았던 단체였다. 또한 풍기광복단은 대동상점을 거점으로 하여 만주에 있는 독립군과 연락을 취하며 일본인 광산이나 부호가를 대상으로 군자금 모집활동을 벌었다. 조선국권회복단은 곡물상의 상업조직을 이용하여 조직망을 확대하면서 역시 독립군을 경제적으로 지원하는 데에 활동 목표를 두었다.

대한광복회

공화주의 단체들은 나름대로 발전적인 통합을 이루기도 하였다. 풍기광복단과 조선국권회복단의 일부 인사가 통합해 이룬 대한광복회가 그 한 예이다. 대구에서 결성된 이 단체는 독립군 양성에 목표를 두고 사관학교를 건립하기 위한 자금의 모금에 힘썼으며, 그밖에 친일부호를 처단하기 위한 테러활동도 마다하지 않았다.

　이 단체는 회원이 무려 200여 명이나 되어서 비밀결사로서는 매우 큰 규모였다. 따라서 전국적인 조직망의 확충을 꾀하는 한편 국외에 독립군기지를 마련하기 위해 만주 등지에 있는 세력들과 연계를 맺기도 하였다. 1917년에는 친일 부호로 지목된 장승원과 친일 면장 박용하를 암살하여 사회의 이목을 크게 끌었다. 대한광복회의 강령은 지금도 남아 있는데, 그 내용은 다음과 같다.

1. 부호의 의연금 및 일인이 불법 징수하는 세금을 압수하여 무장을 준비한다.
2. 남북 만주에 군관학교를 세워 이주민을 소집하여 훈련한다.
3. 종래의 의병 및 해산군인과 만주 이주민을 소집하여 훈련한다.
4. 중국, 아라사 등의 여러 나라에 의뢰하여 무기를 구입한다.

5. 본회의 군사행동, 집회, 왕래 등 모든 연락기관의 본부를 상덕태상회尙德泰商會에 두고, 한국과 만주 각 요지와 북경·상하이 등지에 그 지점 또는 여관·광무소鑛務所 등을 두어 연락기관으로 한다.

6. 일인 고관 및 한일 반역자를 수시 수처에서 처단하는 행형부行刑部를 둔다.

7. 무력이 완비되는 대로 일인 섬멸전을 단행하여 최후 목적의 달성을 기한다.

대단히 적극적이고 호전적인 내용들을 담고 있다. 강령에 나타난 것으로 분석해 본다면 대한광복회는 한마디로 무장투쟁을 전면에 내세운 공화주의 단체라고 할 수 있다. 계몽주의 좌파와 의병운동을 합쳤다고나 할까.

바로 이런 성격 때문에 조직형태도 군대식으로 이루어져 있었다. 즉 총사령 밑에 부사령·지휘장·참모장·재무부장·선전부장을 두었으며, 각 도에도 지부를 만들어 지부장을 두었다. 만주에는 따로 연락원을 파견하기까지 하였다. 말하자면 1910년대 국내 비밀결사 가운데서 가장 전투적인 활동상을 보였다고 할 수 있다. 일본도 군대식으로 식민통치를 했고 그에 저항했던 우리 민족운동단체도 군대식으로 조직되었던 것이다. 묘한 조화 아닌가?

대한광복회는 1918년 초 전국의 조직망이 발각되어 주요 인물들이 검거, 사형됨으로써 조직이 파괴되었다. 그중 일부는 1920년 만주에서 암살단, 의열단에 가담하여 독립운동을 계속하였다.

계몽주의 우파의 활동

국내 공화주의 세력들 가운데는 무장투쟁보다는 실력양성론에 입각하여 교육계몽의 선전활동과 청년학생들의 조직활동, 산업기반의 설립 등에 주력한 단체들도 적지 않았다. 이런 단체들을 흔히 계몽주의 우파라고 부른다. 조선산직장려계朝鮮産織獎勵契 ·자립단·기성야구단·송죽회松竹會 등이 여

기에 속하였다. 조직의 구성원은 주로 청년·학생·중소상공인·기독교 인사
들이었다.

조선산직장려계는 교사와 학생 중심으로 조직되어 학생·청년들에게 민족
혼을 고취시켜 단결을 꾀하고 일본인에게 탈취당한 경제권을 탈환하기 위해
각종 사업을 전개하였다. 말하자면 교육과 산업에서 민족의 실력을 양성하
자는 취지를 갖고 있었다. 이는 바로 그 조직의 주구성원인 한국인 중소상공
업자의 입장과 요구를 반영한 것이다.

자립단은 입회비와 회비를 모아 실업을 경영하고 청년 교육을 하기 위해
함남 단천에서 조직된 단체였다. 기성야구단은 평양 대성학교 출신 학생이
주도한 비밀결사였다.

여성비밀결사였던 송죽회는, 송죽결사대라고도 하는데, 평양의 여학교 교
사와 학생들을 중심으로 결성되었다. 이들은 조직을 확대하고 회비를 수납
하며 교육을 통한 여성계몽운동에 종사하였다. 그렇게 해서 적립된 자금을
해외에 활동자금으로 보내거나 국내에 잠입한 독립투사들에게 숙식비 혹은
여비를 지급하는 방법으로 독립운동을 후원하였다. 이 단체는 점조직의 형
태로 조직하였다. 소나무형제라고 부르는 핵심회원과 대나무형제라고 부르는
하부조직들이 수직적으로만 연결되어 있었다. 이들은 1916년 이후 기독교 계
통 여학교 교사들을 망라하여 지방조직을 확대시켜 나갔다. 또한 1919년 3·1
운동 직후 평양을 중심으로 조직된 애국부인회의 기초가 되었다.

종교·교육기관의 활동

1910년대 국내 민족운동의 중심은 비밀결사였지만 그렇다고 해서 공개적인
활동이 전혀 없었던 것은 아니었다. 이 시기에는 일제의 무단통치로 인해서
공개적으로는 언론·출판·집회·결사의 자유가 전혀 허용되지 않았으며 단지
종교활동과 학교활동만이 부분적으로 허용되었다. 아무리 악랄한 식민통치
라 하더라도 종교를 부정하거나 교육을 폐기할 수는 없었던 것이다. 따라서

무단통치기에는 천주교·기독교 교회와 각종 사립학교를 기반으로 하여 교육문화운동이 전개되었고 그것에 독립운동의 씨앗들을 담을 수밖에 없었다.

사립학교들은 이 시기 민족교육의 산실이었다. 여기에서는 자연과학과 실업·역사·지리·창가·체조 등과 같은 근대적 교과목을 채택하여 가르치는 한편, 한글과 조선역사·애국창가 등도 은연중에 가르쳤다. 이런 활동들을 우리가 주목하지 않을 수가 없는 것이다.

사립학교와 더불어 활발한 교육활동을 한 곳이 아동들을 위한 전통교육기관인 서당이었다. 통계에 의하면 이 서당은 1911년 16,500여 개였는데, 1919년에는 19,600여 개로 늘어났다. 1908년 3,000여 개였던 사립학교가 일제의 탄압을 받아 1919년 690여개로 줄어들었던 것과는 대조적이다. 서당에서는 한문교육과 더불어 조선역사와 지리를 가르쳤다.

또한 노동자와 농민들을 위해서 설립된 초보적인 교육기관인 야학에서도 단순한 문맹타파뿐만 아니라 자주적인 민족의식을 고취하는 교육이 이루어졌다.

노동자·농민의 투쟁

1910년대에는 아직 정치적 성격을 갖는 것은 아니었지만 노동자·농민들의 대중투쟁도 적지 않게 발생하였다. 당시 노동자·농민들은 집단적인 자의식을 가지고 있었던 것은 아니었으나 자연발생적으로 자신의 생존권을 지키기 위한 대중투쟁에 비교적 활발하게 나서고 있었다.

농민과 소상인들은 토지조사사업, 임야조사사업을 비롯하여 각종 잡세의 신설과 조세의 증가에 대해 집단적으로 저항하였다. 1918년에는 몇몇 농촌 지역에서 현지의 주재소나 면사무소·우체국 등 일제 말단통치기구를 습격하는 농민폭동이 빈번하게 일어났다.

또한 노동자들 속에서 노동조합이 조직되기 시작하고 파업투쟁도 나타났다. 이 파업투쟁은 제1차 세계대전이 끝날 무렵인 1919년에는 크게 증가하였다. 즉 1917년까지는 연간 파업 건수가 10건을 넘지 못하고 참가인원도 100명을 넘는 경우가 드물었는데, 1918년에 가면 연간 50회, 참가인원도 4,400명으로 증가하였다.

3·1운동의 동력

지금까지 보아왔듯이 복벽주의와 공화주의 단체들, 공화주의 단체 중에서도 무장투쟁과 실력양성운동을 주장했던 단체들의 독립운동, 그리고 사립학교·서당·야학에 의한 민족교육운동과 종교계의 민족문화운동, 나아가 1910년대 말에 들어가면서 점차 고양되기 시작한 노동자·농민의 대중투쟁, 이런 것들이 모여 3·1운동을 일으키는 동력이 되었다.

국외에서의 독립운동도 물론 힘든 것이었지만 일제의 탄압을 직접 받고 있던 국내에서의 민족운동은 훨씬 더 힘든 것이었다. 그런 위험을 무릅쓰고 민족의 독립을 위해 자신의 목숨을 바쳐 싸웠던 선열들이 있었기에 오늘의 우리가 있지 않나 생각한다.

4 세계 속의 3·1운동

3·1운동은 우리나라 역사상 처음으로 세계적인 반향을 일으킨 세계사적 사건이었다. 3·1운동은 바로 이어 중국에서 일어난 5·4운동에 영향을 미쳤으며, 인도의 독립운동에도 영향을 미쳤다. 인도 민족독립운동의 지도자였던 네루는 3·1운동에 대해 '숭고한 독립운동'이라 일컬으면서 그에 대한 감명을 잊지 않았다.

기미년 3월 1일

1919년 3월 1일 오후 2시, 서울 한복판에 있는 탑골공원에는 학생들이 모여들었다. 모인 학생이 천여 명이었고 시간이 흐르면서 늘어났다. 기다리던 민족대표 33인이 보이지 않아 주저하더니, 경신학교 출신 정재용이 팔각정에 올라가 독립선언서를 낭독하였다.

이에 만세소리가 울려 퍼지고 태극기와 선언서가 쏟아져 나왔다. 사람들은 기뻐하며 수만의 시민들이 가담하여 시위에 나섰다. 시위대는 시민들에게 독립선언서를 나눠 주고 "일본군과 일본인은 일본으로 돌아가라." "조선독립만세" "조선 독립 정부를 수립하라."는 구호를 외쳤다. 일본 헌병과 기마병들은 칼을 휘두르며 해산시키려 하였으나 군중들은 물러가지 않다가 6시가 되어서 자진해산하였다. 이렇게 3·1운동은 한일병합조약의 무효와 한국의 독립을 선언하면서 비폭력 만세운동으로 시작하였다.

세계 민족해방운동의 고양

우리는 3·1 운동이란 화두를 꺼내면, "아! 그 독립운동" "삼일절!" 하는 감탄구가 나올 정도로 이 사건이 갖는 상징성은 매우 크다. 3·1 운동만큼 우리 국민들이 잘 알고 있는 역사도 드물 것이다. 그러나 역설적으로 3·1 운동만큼 그 역사적 의미 부여에 혼선이 있고 또 그에 따른 오해가 많은 것도 드물 것이다.

우리나라, 우리 민족이 1919년 그때까지 이룬 역사 속에서 3·1 운동은 처음으로 세계적인 반향을 일으킨 세계사적 사건이었다. 따라서 3·1 운동을 바로 이해하기 위해서는 시야를 넓혀 세계사적 차원에서 다각도로 추적해 볼 필요가 있다. 여기서는 이 점에 대해 좀 스케일 크게 살펴보도록 하자.

3·1 운동이 일어나게 된 데에는 국내·외적으로 여러 가지 요인이 있었다. 먼저 국제적 배경부터 살펴보자.

서울 광화문 기념비전에 모여 만세를 외치는 민중들

기념비전은 고종 즉위 40주년을 기념하기 위해 세운 〈고종즉위40년칭경(稱慶)기념비〉의 보호각이다. 고종에 대한 기억의 장소가 3·1 운동의 무대가 되었음을 알 수 있다.

3·1 운동이 일어난 1919년은 세계사적으로 매우 중요한 시기였다. 즉 1914년에서 1918년까지 계속되었던 제1차 세계대전이 끝난 직후였다. 이 시기에는 동·서양을 막론하고 세계적 범위에서 혁명적 분위기가 성숙되고 있었다. 세계 최초의 사회주의혁명인 러시아혁명이 바로 전쟁 종결기인 1917년에 일어났으며 독일·오스트리아·헝가리·이탈리아 등 여러 나라에서도 혁명운동이 고양되었다.

또한 독일·오스트리아의 지배 아래 있던 동유럽의 10여 개 약소 민족국가들이 제1차 세계대전에서 독일·오스트리아가 패전국이 됨에 따라 독립을 성취할 수 있었다. 그리고 아시아·아프리카 지역의 피압박민족들의 민족해방운동도 활발하게 전개되었다. 식민지 조선을 비롯하여 라트비아·리투아니아·에스토리아 등 발트 3국과 핀란드·폴란드, 그리고 인도·티벳·페르시아·

리비아·모로코 등이 여기에 속한다고 할 수 있다. 이른바 약소민족·피압박 민족이 속속 독립하던 국제적 분위기의 고양은 3·1 운동을 일어나게 했던 중요한 배경이었다.

배경이 이렇다 보니 3·1 운동의 영향도 국제적이었다. 3·1 운동은 바로 이어 중국에서 일어난 5·4 운동에 영향을 미쳤으며, 인도의 독립운동에도 영향을 미쳤다. 인도 민족독립운동의 지도자였던 네루는 그의 딸 인디라를 위해서 쓴 《세계사편력》이라는 책의 1932년 12월 30일자 글에서 3·1 운동이 일어난 지 10여 년이 지나서까지도 3·1 운동에 대한 감명을 잊지 않고 다음과 같이 쓰고 있다.

3·1 운동은 조선 민족이 단결하여 자유와 독립을 찾으려고 수없이 죽어가고 일본 경찰에 잡혀가서 모진 고문을 당하면서도 굴하지 않았던 숭고한 독립운동이었다. 그들은 그러한 이상을 위해 희생하고 순국하였다. 일본인에 억압당한 조선 민족의 역사는 실로 쓰라린 암흑의 역사였다. 조선에서 학생의 신분으로 곧장 대학을 나온 젊은 여성과 소녀가 투쟁에서 중요한 역할을 하였다는 것을 듣는다면 너도 틀림없이 깊은 감동을 받을 것이다.

윌슨의 민족자결주의

그러면 당시 국제정치 상황은 어떠했을까? 1917년 11월 러시아혁명에 성공한 뒤 레닌Vladimir Il'ich Lenin은 무병합·무배상에 의거하는 강화원칙을 제시하였다. 또한 1918년 1월에는 미국 대통령으로 새로 당선된 윌슨Thomas Woodrow Wilson이 민족자결의 원칙을 포함한 14개조의 새로운 강화원칙을 제시하였다.

이어 1918년 11월 독일이 항복함으로써 제1차 세계대전이 종결되자 제국주의 열강들에 의한 세계질서의 재편성이 시작되었다. 그리하여 미국·프랑스·영국·일본 등 승전국들의 주도 아래 국제질서의 재편을 논의하기 위한 파리강화회의가 1919년 1월 18일에 소집되었다. 일본이 승전국의 일원이었다는 것은 3·1 운동의 전도가 밝지 못하리라는 예고였다. 왜냐하면 이 강화회의는 본래가 제1차 세계대전에서 승리한 제국주의 열강 사이의 모순을 평화적으로 해결하기 위한 국제회의였기 때문이다. 말하자면 식민지 분할을 둘러싼 제국주의 전쟁에서 승리한 나라들이 패배한 나라들의 식민지를 어떻게 처리할 것인가가 주요 의제였다. 승리한 나라의 식민지가 문제가 되었던 것은 아니었다. 그러니까 우리나라는 의제 밖이었다.

일본은 제1차 세계대전이 발발하자 일본의 국운을 발전시키는 데 유리한 조건이 조성되었다고 판단하고 전쟁에 참여하였다. 일본이 세계대전에 참가한 것은 주로 만주에 대한 독점적 지위를 보장받고 중부 태평양의 남양군도 南洋群島에서의 우선적 이익을 확보하려는 의도 때문이었다. 그리하여 일본은 참전과 동시에 당시 독일이 장악하고 있었던 중국 산둥성과 남양군도를 점령하고 중국에게 '21개조 요구'를 내밀었다. '21개조 요구'란 만주·몽골 지방을 사실상 일본 영토로 만드는 동시에 전 중국을 일본의 영향력 아래 묶어 두려는 침략정책의 노골적인 표현이었다. 일본의 이런 침략정책은 중국과 태평양 일대에 깊은 관심을 보이고 있던 미국의 이해관계와 심각하게 대립하였다. 바로 이 점 때문에 윌슨의 민족자결주의가 패전국의 식민지에만 적용되는 것이었음에도 불구하고 조선 사람들에게 희망을 준 객관적 이유가 되었다.

우드로 윌슨 미국 대통령

민족자결의 원칙을 포함한 14개조의 새로운 강화원칙을 제시하였다.

국외 독립운동계의 대응

제1차 세계대전이 끝난 직후 미국과 일본 간의 대립이 격화되자 조선 독립운동의 지도자들은 미·

일 간 모순의 격화가 한국의 독립에 유리하게 작용할 것이라고 보았다. 그리하여 전후처리 문제를 둘러싸고 파리강화회의가 열리게 되자 거기에 적극 대응하였다. 왜냐하면 파리강화회의를 통해서 미·일 간 국제적 모순의 격화가 어떻게든 표출될 것이라고 예상했기 때문이다. 따라서 파리강화회의에 조선의 독립을 호소하는 외교사절을 파견하는 문제가 당시 독립운동계에서는 초미의 과제가 되었다. 1917년 7월, 상하이에서 신규식 등 14인이 독립국가 건설을 위해 임시정부 수립을 제안한 〈대동단결선언〉도 미·일의 대립을 조선 독립의 기회로 활용하려는 이런 움직임의 하나였다.

제1차 세계대전의 종결 이후 국제질서의 재편과정에 적극 대응하려는 움직임은 〈대동단결선언〉 이후에도 국내외 도처에서 일어났다. 가장 기민하게 움직인 것은 미국에 거주하고 있던 조선인 동포들이었다. 이 지역의 대표적 한인단체였던 대한국민회는 1918년 12월 재미한인전체대표회의를 소집하고 파리강화회의에 조선인 대표를 파견하여 조선의 실정을 열강에게 알리고 독립을 호소할 것을 결의하였다. 당시 대표로 선정된 이승만과 정한경은 윌슨 대통령과 미국 정부를 상대로 외교적 노력을 활발히 기울였으나 미국 측이 일본 정부의 시선을 의식해서 끝내 여권을 발급하지 않아 회의에 직접 참가할 수는 없었다.

그러자 이승만은 윌슨 대통령에게 한국을 국제연맹이나 미국의 위임통치 하에 둘 것을 요청하는 청원서를 보내기도 했다. 외국의 힘, 특히 미국의 힘을 빌려 독립을 해 보자는 이승만의 이런 행위는 뒷날 상하이 임시정부 의정원에서 임시 대통령이었던 이승만을 탄핵하는 이유가 되기도 하였다. 우리가 역사 속에서 늘 확인하는 것이지만 우리 힘에 의해서 이루어지는 것이 아니면 그 성과물도 결코 완벽하게 우리 것이 될 수 없다는 것이다.

파리강화회의에 대표를 파견하려는 움직임은 상하이에서도 있었다. 1919년 1월, 상하이에서 여운형·장덕수·김규식·김철·선우혁·서병호·한진교·조동호 등이 신한청년당을 조직하여 파리강화회의와 윌슨 대통령에게 한국독립을 진정하는 서한을 제출하기 위해 대표자로 김규식을 파견하였다. 한편 일본의 수도인 도쿄에서는 조선인유학생학우회·조선기독교청년회를 중심으로 1919년 2월 8일 유학생대회를 열어 조선청년독립단 명의로 〈독립선언서〉를 발표하고 민족대회 소집을 제안하였다. 또한 연해주와 북간도의 한국 독립운동 세력도 1919년 2월 대한국민의회를 결성하고 한국독립문제를 교섭하기 위한 대표자로 윤해·고창일을 파리강화회의에 파견하였다.

국내 독립운동계의 대응

국외 독립운동계의 이런 움직임에 발맞추어 국내에서도 미·일 간의 모순 격화를 활용해 독립운동을 전개하려는 움직임이 비밀리에 이루어졌다. 그 중심 세력은 학생층과 천도교·기독교 세력이었다. 이는 일제의 무단통치로 인해 민족운동을 할 수 있는 조직적 결집체가 학교나 종교단체밖에 없었고, 따라서 많은 민족주의자들이 그곳에 들어가 활동하고 있었기 때문이다.

그리하여 1918년 말부터 1919년 초에 걸쳐 천도교와 기독교 세력이 주축이 되고 불교 세력이 연합하여 '민족대표'를 구성하고 이들에 의해서 외교독립론에 입각한 독립운동이 계획되었다. 외교독립론은 세계의 여론과 동정에 호소함으로써 조선의 독립을 꾀하려는 독립운동론으로 세계대전 직후 국내외에서 활발하게 전개된 독립운동론이었다.

그리하여 민족대표들은 파리강화회의에 조선의 독립을 요청하는 대표를 파견하면서 이들의 외교 교섭력을 강화하기 위한 방안으로 대중을 동원한 만세시위운동이 필요하다고 생각하였다. 그것이 바로 3·1 운동이었다. 3·1 운동은 국제적인 호소를 위한 하나의 방편이었던 셈이다.

민족대표 33인

손병희를 대표로 천도교·기독교·불교의 지도자들로 구성된 민족대표 33인은 고종황제의 인산因山, 즉 장례식이 3월 3일로 결정되자 3월 1일 정오를 기해 탑골공원에 모여 독립선언서를 낭독하고 시위운동을 전개하기로 하였다. 또 각 지방에도 미리 조직을 짜고, 독립선언서를 인쇄하여 전국 주요도시에 은밀히 배포하여 전국적인 시위를 구성하였다. 이처럼 운동을 기획·준비하고 점화하는 데까지 민족대표의 역할은 컸다.

하지만 민족대표 33인은 3월 1일 오후 3시가 되어서야 원래 약속 장소였던 탑골공원에서 300미터 떨어진 태화관에 모였다. 그 자리에서 한용운이 독립선언서를 낭독하고 만세삼창을 불러 조선이 독립국임을 선언하였다. 모든 행사가 끝난 오후 4시 무렵, 그들은 총독부 정무총감 야마가타 이사부로山縣伊三郎에게 전화를 걸어 독립선언 사실을 알렸다. 이는 자신들이 태화관에 모여 있으니 잡아가라는 뜻이었다. 이처럼 이들은 경찰에 스스로 잡혀갔다. 탑골공원에서 애타게 기다리던 민중들과는 다른 길을 걸었다.

왜 이들은 탑골공원에 나가 시민들의 시위를 이끌지 않았을까? 궁금하기도 하고 아쉬움이 남기도 하는 부분이다. 당시 민족대표를 포함해서 주요 운동지도자들이 견지하고 있던 독립노선은 외교독립론과 비폭력 대중시위노선이었다. 이때 중심추는 외교활동에 놓여 있었으며, 대중시위운동은 외교활동의 강화를 위한 일종의 압력수단으로 간주되었다.

바로 이런 생각 때문에 민족대표들은 3·1 운동을 전개해 나갈 때 대중화·일원화·비폭력 노선의 3원칙을 견지했으며, 자신들의 역할을 독립청원을 위해 대표단을 파견하는 것과 독립선언서를 발표하는 것으로 한정시켜 버렸다. 그렇기 때문에 그들은 당시 만세시위운동의 전면에 나서지 않았다. 따라서 대중투쟁의 지도자로서 활동하였다고 보기 어렵다.

대외적인 교섭력을 높이고 외교적인 성과를 통해서 독립에 유리한 조건을 만든다는 것, 그 자체가 나쁘거나 문제가 되는 것은 아니다. 다만 거기에 지나치게 치중함으로써 민중의 역량을 효율적으로 활용하지 못한 결과를 낳았고, 운동의 한계로 드러났다. 이런 사실들이 민족대표 33인에 대한 평가를 어렵게 하고 있다. 그럼에도 불구하고 3·1 운동에는 많은 대중들이 참여하

삼일독립선언유적지

이완용 집터에 세워진 서
울 종로구의 옛 태화관 자
리이다. 지금은 태화빌딩
이 들어서 있다. 민족대표
33인은 탑골공원 대신 이
곳에 모여 독립선언서를
낭독한 후 일본 경찰에 스
스로 잡혀갔다.

였다. 여기에는 독립운동의 역량 강화뿐만 아니라 일제 식민지배에 따른 민
족모순의 심화 등 국내적 요인도 중요한 배경이 되었다.

　세계 속의 3·1 운동을 살펴보면서 한 나라의 역사를 국제적인 시각에서
볼 수 있는 능력을 기르는 것도 대단히 중요하다는 생각을 다시 한 번 하게
된다.

5 민족해방운동사에서 본 3·1운동

3·1운동은 한말 이래 전개되어 왔던 근대 국민국가 수립운동의 귀결점이면서 동시에 농민·노동자·학생과 같은 새로운 세력들이 민족해방운동의 전면에 나섬으로써 독립운동을 한 차원 높이는 출발점이었다. 그래서 3·1운동을 그 이전의 모든 민족운동이 그리로 합류하고 이후의 모든 민족해방운동이 거기서 분출하는 일대 호수라고 비유하기도 한다.

대상시기와 전개과정

3·1운동에 대해 보통사람들이 오해를 많이 하고 있는 것 가운데 하나가 그 운동의 시기이다. 대체로 3월 1일에 일어났거나 3월 1일을 기점으로 해서 며칠간 진행되었던 만세운동 정도로 알고 있다. 그러나 그렇지 않다. 정확히 말하자면 3·1운동은 제1차 세계대전이 끝나고 난 후인 1919년에서 1920년까지 약 2년간에 걸쳐서 지속된 독립운동이었다.

3·1운동은 크게 두 개의 국면으로 나눌 수 있다. 첫째 국면은 1919년 3월 1일을 기점으로 하여 파리강화회의가 종결되는 6월까지 약 넉 달 동안 전국 각지에서 광범위하게 진행된 대중시위운동을 말한다. 둘째 국면은 1919년 10월 대한민국 임시정부가 통합되어서 새로 출범하는 때를 기점으로 하여 1920년 말까지 조·중 국경지대와 서북간도·연해주 일대를 무대로 전개되었던 항일무장투쟁을 말한다. 우리가 보통 3·1운동이라 할 때는 주로 첫째 국면을 가리킨다. 그러나 둘째 국면을 함께 파악해야만 3·1운동의 진면목을 이해할 수 있다.

3·1운동은 외교활동과 비폭력 대중시위운동을 병행한다는 운동노선, 즉 외교독립노선의 소산이었다. 1919년 3월 1일을 기점으로 서울을 비롯한 평양·의주 등의 7개 도시에서 한국의 독립을 요구하는 대중시위운동이 일어났고 이후 약 10일간에 걸쳐서 평안도·황해도·경기도·함경남도 등 대체로 중부 및 북부지방의 도시 지역으로 확산되어 나갔다.

3월 중순 이후 일제의 탄압으로 도시 지역의 시위는 소강상태에 빠졌으나 대신 농촌지대에서 광범위하게 시위가 확산되어 5월 중순까지 지속되었다. 상당 기간 식민통치체제를 마비시켰다. 당시 전국 220개 군 가운데 212개 군에서 만세시위운동이 일어났다고 한다. 북간도·노령·연해주 등지에서도 반일대중시위가 전개되었고 이와 더불어 비밀결사가 도처에 조직되고 막대한 양의 반일 선전문서가 유통됨으로써 대중들을 조직하고 각성시켰다.

도시 시위운동의 주체

시위운동은 도시에서 농촌으로, 그리고 해외로 퍼져 나갔다. 이때 운동을 선도해 갔던 도시에서 시위운동의 선봉에 섰던 세력은 학생층이었다. 한위건·김원벽·윤자영 등 서울시내의 각급 전문학교 학생운동의 지도자들이 3월 1일과 5일 서울에서 시위운동을 주도하였다.

또한 학생층은 대중들에 대한 다양한 선전작업을 담당하였다. 이들은 《조선독립신문》,《노동회보》,《반도의 목탁》,《진민보》 등 30여 종에 달하는 신문들의 발행에 큰 역할을 하였다. 이밖에도 전단·포스터·격문·사발통문·경고문 등 다양한 매체를 이용하여 총독부 내의 조선인 관리들에 대해서는 사퇴를 촉구하고 일본인들에 대해서는 즉각 일본으로 돌아가라고 요구하였다. 나아가 대중시위운동 외에도 동맹휴학·수업거부·시험거부·공립학교 입학거부·일본인교사 배척 등의 방법으로 독립의지를 과시하였다.

도시 지역 운동의 약진을 가져온 또 하나의 세력은 노동자층이었다. 당시 노동자층은 자유노동자·광산노동자·공장노동자 등 크게 보아 세 부류가 있었다. 자유노동자란 항구나 철도역에서 화물운반에 종사하거나, 공사장에서 토목·건축노동에 종사하는 일용노동자로서 약 20만 명이 있었던 것으로 추정된다. 광산노동자는 당시 약 3만 명 정도였으며, 공장노동자는 경공업 분야에 약 5만 명 정도가 있었다. 이들은 도시의 시위투쟁에서 큰 역할을 하였다. 일찍이 3월 2일 서울시내 노동자 400명이 시위에 나섰는데, 이는 이후 전국 각지의 노동자 시위를 이끄는 기폭제가 되었다.

또한 노동자들은 시위 외에도 파업투쟁이라는 노동자 고유의 투쟁을 통해 독립운동에 참가하였다. 1917년 이전에는 불과 연 10회 미만에 지나지 않던 파업투쟁 건수가 1919년 1년간 84건에 달하였다. 특히 3~4월 서울의 공장·회사·상점의 직공 출근율은 10%에 그쳤다. 당시 경찰에 검거된 자 가운데 노동자가 점하는 비중을 보면, 서울의 경우는 17%, 전국적으로는 4%였다. 당시 노동자가 전체 인구구성 가운데에서 점하는 비중이 약 1%에 지나지 않았던 점을 고려한다면 이는 놀라운 숫자라 할 수 있다. 흔히 파업투쟁이라고 하면 자본가와 노동자의 모순에서 일어나는 것인데, 당시의 자본가는 일본제국주의였으므로 당시의 파업투쟁은 그 자체가 곧 민족해방운동이었던 셈이다.

농촌 시위운동의 주체

3·1 운동이 전국 방방곡곡으로, 그야말로 농촌 구석구석까지 퍼질 수 있었던 것은 당시 국민의 대다수를 차지하고 있던 농민층의 참여 때문이었다. 당시 농민은 전 인구의 85%를 점하고 있었다. 이들 농민들은 봉건적인 지주소작제와 일제의 식민지 농업정책에 의해서 큰 고통을 받았다. 그러다 보니 일제에 반대하는 시위운동에도 열심히 참여하였다.

3·1 운동의 진면목은 3월 중순 이후부터 5월 중순까지 전국적으로 진행된 농촌시위였다. 말하자면 3·1 운동의 주인공은 도시에서는 학생과 노동자, 농촌에서는 농민이라고 볼 수 있는데, 전체적인 비중을 들어 말하면 단

연 농민이라고 할 수 있다.

농촌시위는 대체로 장날을 이용하여 이루어졌고 시위양상도 비슷하였다. 운동을 주도하는 사람들이 독립선언서를 낭독하면 자연스럽게 시위대열이 형성되고 이들이 면사무소와 관공서를 향해 나가면서 만세를 부르고 일본인들의 철수를 요구한다. 그러면 일본의 헌병과 경찰이 나서서 유혈진압을 하고 주동자를 구속하였다. 이에 대해 농민들은 몽둥이나 죽창·도끼·삽·낫·괭이 등의 원시적인 무기를 들고 경찰서와 헌병대·면사무소·금융조합·일본인가옥 등을 습격하여 파괴·방화한다. 이에 다시 탄압이 이어졌다. 그러면 대체로 끝이 났다. 당시 3월에서 5월 사이에 감옥에 들어간 사람들 가운데 58.4%인 4,969명이 농민이었다는 사실에서도 알 수 있듯이 농민은 1919년 전국적으로 전개된 시위운동의 주역이었다.

당시 검거되었던 사람들은 일본 측 통계에 의하더라도 근 5만 명 정도였으며 죽은 사람도 7,000명이 넘는 엄청난 숫자였다. 이 숫자들은 당시 우리 민족이 품고 있던 독립에 대한 열망의 지수였다.

3·1 운동의 영향을 받아 중국에서 5·4 운동이 일어났다. 이때 중국 북경대학 학생구국회의 학생들이 3·1 운동에 관한 이야기를 기록한 〈독립운동기〉에 다음과 같은 글이 들어 있다. 평안북도 정주의 한 학생의 저항 사례였다.

한사람의 어린 생도가 오른손에 한국기를 들고 만세를 외쳤다. 일본병이 검으로 그 손을 내리쳐 베어 떨어뜨리자 왼손으로 기를 집어 들고 "독립만세"를 크게 외쳤다. 일본병은 다시 그의 왼손을 절단하였다. 그는 여전히 큰 소리로 "독립만세" 외치는 것을 그치지 않고 일본헌병에게 머리를 들이받으면서 쓰러져 죽었다.

이것이 얼마나 사실과 부합하는지는 알 수 없지만 당시 조선인들이 얼마나 열심히 싸웠고 얼마나 민족의 해방을 애타게 갈구했는가를 잘 알 수 있다.

실력양성론과 독립전쟁론의 대두

전국에 들불처럼 퍼져 나가던 만세시위운동은 6월을 기점으로 하여 소강상태에 빠졌다. 이는 같은 달에 있었던 파리강화회의의 종결과 관계가 있다. 파리강화회의가 조선 문제에 대해 아무것도 한 것 없이 끝나 버렸기 때문이다. 파리강화회의는 일본제국주의의 기득권을 인정했고 따라서 더 이상 국제적 차원에서 조선 독립의 가능성을 타진할 수 있는 길은 사라졌다.

이 회의에서 국제간, 특히 미·일 간의 대립이 폭발해서 조선의 독립에 유리한 분위기가 마련될 것이라 기대했었는데, 결과는 오히려 반대로 나타났다. 그러자 기대를 잃은 운동도 시들어질 수밖에 없었다. 이제 일제의 악독한 탄압을 무릅쓰고 그처럼 거세게 일어났던 만세시위운동도 끝낼 수밖에 없었다. 이는 만세시위운동에 허튼 기대를 불어넣었던 외교독립노선의 파탄이었으며 또한 비폭력·비무장노선의 한계를 여실히 드러내는 것이었다.

이처럼 1919년 6월 이후 외교독립노선의 무기력함이 명백히 드러나자 이를 대체할 새로운 운동론이 나타나기 시작하였다. 실력양성론과 독립전쟁론이 그것이었다. 이 두 노선은 제국주의 열강의 지원에 의존하는 외세의존적 태도에 반대하고 자주적인 힘으로 조선의 독립을 성취한다는 점에서는 동일하였다.

그러나 실제 운동의 내용이나 방법은 크게 달랐다. 실력양성론은 조선독립에 대한 전망을 장기적으로 놓고 비폭력적인 방법으로 인재의 양성과 산업의 발달을 통해서 실력을 양성함으로써 독립을 준비하자는 것이었다. 이에 반해 독립전쟁론은 폭력적인 방법, 즉 무장투쟁을 통해서 국제적으로 일본에 반대하는 열강들과 연합전선을 이루어 일거에 일본제국주의를 패퇴시킴으로써 독립을 이루자는 것이었다. 이 독립전쟁론은 병합 전후에 시작한 독립군기지 건설운동의 연장선상에 서 있는 것으로 1945년까지 민족주의운동 계열의 주요 활동으로 이어졌다.

민족해방운동의 일대 호수

3·1 운동은 그 본래의 목적인 한국의 독립을 이루지는 못하였지만 몇 가지 주목할 만한 역사적 성과를 거두었다.

첫째 민족해방운동의 기반을 소수의 민족주의 지도자들로부터 광범위한 대중 속으로 확산시키는 역할을 하였다. 외교독립론과 비폭력 만세시위운동의 무기력함에 실망한 대중들은 독립운동을 이끌어 갈 새로운 사상과 세력의 출현을 갈망하였다. 그리하여 3·1 운동을 거치면서 한국독립운동의 주도권은 종래의 상층 민족주의자로부터 민중에게로 옮겨 갔다.

둘째 일제의 식민통치에 막대한 타격을 주었을 뿐만 아니라 그 통치방식에 변화를 초래하였다. 일제는 그들의 통치방식을 무단통치에서 문화통치로 바꾸지 않을 수 없었다. 문화통치는 제국주의자들의 침략적·약탈적 본질에는 전혀 변화가 없는 것으로 더욱 고도화된 민족분열 정책이자 개량화 정책이었다. 그러나 일제는 물리적인 폭압만으로는 더 이상 우리 민족의 반일투쟁을 막을 수 없었기에 그러한 통치정책의 변화를 꾀하지 않을 수 없었다. 바로 그런 변화를 강요해 냈다는 것이 3·1 운동의 의미 있는 성과였다.

결국 3·1 운동은 한말 이래 전개되어 왔던 근대 국민국가 수립운동의 최종적인 귀결점이면서 동시에 농민·노동자·학생과 같은 새로운 세력들이 민족해방운동의 전면에 나섬으로써 독립운동을 한 차원 높이는 출발점이었다. 말하자면 하나의 극적인 전환점이었다. 그래서 3·1 운동을 그 이전의 모든 민족운동이 그리로 합류하고 이후의 모든 민족해방운동이 거기서 분출하는 일대 호수라고 비유하기도 한다.

동방의 등불

3·1 운동의 역사적 의의로 빼놓을 수 없는 것은 그 세계사적 의미이다. 3·1 운동은 국제적으로 고양되기 시작한 식민지 민족해방운동에 적지 않은 영향을 주었다. 제1차 세계대전 이후 사회주의 국가의 탄생, 자본주의 국가에

서 노동운동의 고양 등과 같이 전 세계적으로 혁명적 분위기가 높아가는 가운데 새로이 식민지의 민족해방운동이 세계 혁명의 한 부분으로 떠오르기 시작하였다. 3·1 운동은 바로 이때 일어난 식민지 민족해방운동으로서 그런 변화를 이끄는 선구적 운동이었다.

3·1 운동이 세계사에서 점하는 위치가 어떠한가를 〈동방의 등불〉이란 시가 잘 보여 준다. 〈동방의 등불〉은 1913년 노벨문학상을 수상한 세계적인 인도의 시성詩聖 라빈드라나드 타고르Rabindranath Tagore(1861~1941)가 지었다.

3·1 운동이 일어난 지 10주년 되던 해인 1929년 도쿄에서, 우연히 타고르를 만난 《동아일보》 기자의 조선 방문 요청을 받고 이에 응하지 못하는 대신 3월 28일 《동아일보》 기자에게 영어로 된 6행의 '간단한 의미의' 메시지를 써 주면서 《동아일보》를 통해 조선 민족에게 전해달라고 부탁하였다.

메시지 형태의 짧은 시는 〈빛나던 아시아 등촉 켜지는 날엔 동방의 빛〉이란 제목으로 번역 게재되었다. 원문과 번역문은 다음과 같다.

In the golden age of Asia

Korea was one of its lamp−bearers

And that lamp is waiting

to be lighted once again

For the illumination

in the East

일찍이 아세아의 황금시기에

빛나던 등촉의 하나인 조선

그 등불 한 번 다시 켜지는 날에

너는 동방의 밝은 빛이 되리라

朝鮮에付託

「빗나든 亞細亞燈燭
켜지는날엔 東方의빗」
◇東亞日報紙上을通하야◇
타翁이 朝鮮에付託

일즉이 亞細亞의
黃金時期에
빗나든 燈燭의
하나인 朝鮮
그燈불한번다시
켜지는날에
너는東方의밝은
비치되리라
라빈드라낫, 타고아

〈동방의 등불〉이 게재된 《동아일보》 1929년 4월 2일 기사

〈동방의 등불〉은 인도의 시성, 라빈드라나드 타고르가 "조선에 부탁"한다며 전해 준 시로 우리 민족 앞에 보낸 최고의 찬사였다.

이 시는 조선의 독립에 대한 강렬한 기원을 담고 있어, 3·1 운동 이후 실의에 빠져 있던 한국 민족에게 큰 감동과 자긍심을 일깨워 준 작품으로 평가된다.

20세기 초 세계질서는 제국주의와 식민지라는 민족적 억압구조로 편성되어 있었다. 타고르의 조국 인도 역시 영국의 식민지였다. 인도뿐 아니라 아시아 즉 동방의 거의 모든 나라들이 식민지였다. 따라서 식민지 민족들에게는 제국주의의 억압으로부터 벗어나는 것이 무엇보다 숭고한 민족적 과제였다.

바로 이런 상황에서 아직 어떤 민족도 시도해 보지 못한 민족해방이란 등불을 선명히 치켜든 민족이 바로 우리였다. 그 등불이 3·1 운동이었다. 3·1 운동에서 우리 민족이 치켜든 민족해방의 횃불은 암흑 속에 있던 동방의 여러 민족들에게 다가가는 희망의 등불이었다. 타고르가 코리아를 동방의 등촉에 비유한 것은 민족의 자주를 되찾자는 숭고한 민족적 과제를 위하여 희생하고 순국했던 우리 민족 앞에 보낸 최고의 찬사였던 것이다.

6 대한민국 임시정부

KOREA

헌법에도 나와 있다시피 대한민국은 그 정통성을 임시정부에서 찾고 있다. 그러나 임시정부 27년의 기간은 그야말로 영욕榮辱의 세월이었다. 그런 가운데서도 굳세게 임시정부를 유지했던 당시 사람들의 힘은 무엇이었을까?

'대한민국' 국호

'대한민국'은 우리나라의 정식 국호이다. 이 국호는 '대한민국 임시정부'에서 따온 것이다. 그만큼 대한민국 임시정부는 현재 우리나라의 정체政體와 매우 밀접한 관련이 있다. 그런데 이 임시정부에 대해서는 학자들 간에 또 국민들 간에도 평가가 엇갈린다.

더욱이 최근 정부가 추진하고 있는 한국사 국정교과서에 건국절과 이승만 국부론 등의 내용이 들어갈지도 모른다고 해서 사회적으로 큰 논란이 일고 있다. 이 때문에 대한민국 임시정부는 사람들로부터 많은 관심을 받고 있다.

그러면 우리는 대한민국 임시정부를 어떻게 보아야 할까? 사람에 따라 역사적 판단은 다를 수가 있다. 그러나 그 판단이 역사적 사실에 기초하지 않은 것이라면 분명 문제가 있다. 제일 먼저 역사적 사실 그 자체가 판단의 기본 잣대가 되어야 하는 것이다. 자, 그럼 판단은 잠시 미루고 임시정부의 성립 과정부터 살펴보도록 하자.

178

여러 개의 임시정부

알다시피 3·1 운동이 일어나 그 시위의 열기가 전국으로 노도와 같이 퍼져 가자 이런 열기는 당시 독립운동 지도자들을 크게 고무시켰다. 그리고 그것은 임시정부 수립의 필요성을 제고시켰다. 특히 파리강화회의를 겨냥한 대표를 파견하기 위해서는 국제법상 공신력 있는 단체의 대표가 있어야 했다. 그 단체는 물론 임시정부였다.

3·1 운동이 치솟아 오르던 1919년 4월을 전후해서 노령, 서울 그리고 상하이 등 세 곳에서 임시정부 수립이 발표되었다. 노령에서는 1919년 2월 중순에 전노한족중앙총회全露韓族中央總會를 대한국민의회로 개편하고 대한국민의회에서 3월 21일 임시정부의 체제를 정비하였다. 한편 한성 정부는 같은 해 3월 중순부터 서울에서 비밀리에 추진하였다. 4월 2일 인천에서 13도 대표자 41명이 회동하여 구체화한 뒤 4월 23일 서울에서 국민대회 이름으로 '조선민국' 수립을 선언하고 그 대표자를 선출해 해외의 반일운동가들과 연락하게 하였다. 그리고 4월 상하이에서는 그곳에 망명해 있었던 독립운동 지도자들이 한성 정부 수립 추진의 소식을 듣고 13도 대표로 임시의정원을 칭하고 4월 13일 대한민국 임시정부를 수립, 선포하였다.

이렇게 해서 거의 비슷한 시기에 3개의 임시정부가 만들어졌다. 그럼에도 불구하고 사람들은 보통 임시정부라고 하면 상하이 임시정부 하나만 있었던 것으로 안다. 지금 정부에서 대한민국 임시정부의 수립 기념일을 상하이 임시정부 수립일인 4월 13일로 잡고 있는 것도 그렇게 생각케 하는 이유 중 하나이다.

3개의 임시정부는 수립되자마자 통합운동에 착수하였다. 주로 노령의 대한국민의회 세력과 상하이의 대한민국 임시의정원 세력이 통합운동의 주역이었다. 여러 가지 우여곡절을 거쳐서 1919년 9월 6일 제1차 개헌 형식을 거쳐 대통령 중심제의 대한민국 임시정부로 통합되었다. 이 통합된 임시정부의 소재지가 상하이였다. 우리가 일반적으로 알고 있는 상하이 임시정부는 이

상하이 임시정부

1919년 4월 13일 상하이에서 임시정부를 수립, 선포하였다. 이후 해방될 때까지 상하이(上海, 1919), 항저우(杭州, 1932), 전장(鎭江. 1935), 창사(長沙. 1937), 광저우(廣州, 1938), 류저우(柳州, 1938), 치장(綦江. 1939), 충칭(重慶. 1940) 등지로 청사를 옮기며 27년간 굳세게 임시정부를 유지하였다.

때 통합된 임시정부인 것이다. 그러나 이 통합은 독립운동 노선에 대한 명확한 합의를 유보한 다분히 임시적인 통합이었다. 임시정부가 이룬 임시적 통합은 머지않아 임시정부의 활동을 위축시키는 굴레가 되고 만다.

대한민국 임시헌장

통합된 임시정부는 해방이 될 때까지 27년간 존속하였지만 그 기간 동안 활동 상황이 똑같지는 않았다. 상당히 큰 폭의 기복이 있었다. 따라서 임시정부의 활동을 제대로 이해하기 위해서는 시기를 구분해서 볼 필요가 있다.

임시정부의 활동은 크게 세 개의 시기로 나누어 볼 수 있다. 첫 번째는 1919년부터 1921까지로 제1차 세계대전 이후 국제적으로 혁명운동이 고양되었던 시기였다. 두 번째는 1921년부터 1940년까지 약 20년에 걸친 시기로 임시정부가 매우 침체되어 있던 시기였다. 세 번째는 1940년부터 1945년까지로 임시정부가 침체기를 벗어나서 어느 정도 활발한 재기의 움직임을 보였던 시기였다.

첫 번째 시기에는 일부 독립운동 세력을 제외하고는 대부분의 독립운동 세력이 이 임시정부 안에 망라되어 있었다. 노령 지방의 대한국민의회 내에

문창범 계열의 민족주의자들만이 참여하지 않았고 이승만을 대표로 하는 외교독립론자, 안창호를 필두로 한 실력양성론자, 이동휘를 대표로 하는 독립전쟁론자 및 초기 사회주의자 등이 모두 참여하였다.

따라서 명실상부하게 우리나라 독립운동의 최고기관이었다. 그리고 그 이름에 걸맞은 활동을 하였다. 《독립신문》이라는 기관지를 발행하고 파리강화회의에 임시정부 대표를 파견하였으며, 국내의 함경도와 평안도 일대에 행정기관으로서 연통제를 실시하였다. 이런 활동은 3·1 운동의 고양된 분위기 속에서 가능했다.

임시정부가 있다는 사실은 당시 사람들에게 식민지로 인한 주권 상실을 상쇄할 수 있고, 아울러 임시정부 그 자체로 인하여 주권이 우리에게 있다는 상징성을 가질 수 있기 때문에 그 의미는 대단히 컸다. 이런 상징성 때문에 오늘날에도 자꾸 임시정부와의 관련성을 주장하고 있는 것이다. 어쨌든 이 시기 임시정부의 성격을 가장 잘 알 수 있는 것이 〈대한민국 임시헌장〉이다.

제1조 대한민국은 민주공화제로 함.

제2조 대한민국은 임시정부가 임시의정원의 결의에 의하여 차此를 통치함.

제3조 대한민국의 인민은 남녀·귀천 급及 빈부의 계급이 무無하고 일체 평등임.

제4조 대한민국의 인민은 신교信教·언론·저작·출판·결사·집회·신서信書·주소·이전·신체 급及 소유의 자유를 향유함.

제5조 대한민국의 인민으로 공민 자격이 유有한 자는 선거권 급及 피선거권이 유有함.

제6조 대한민국의 인민은 교육·납세 급及 병역의 의무가 유有함.

제7조 대한민국은 신神의 의사에 의하야 건국한 정신을 세계에 발휘하며 진進하야 인류의 문화 급及 평화에 공헌하기 위하야 국제연맹에 가입함.

제8조 대한민국은 구황실을 우대함.

제9조 생명형生命刑 · 신체형身體刑 및 공창제公娼制를 전폐全廢함.

제10조 임시정부는 국토회복 후 만 일개 년 내에 국회를 소집함.

'대한민국은 민주공화제로 함.'이라는 제1조부터 '대한민국 인민은 교육 · 납세 급及 병역의 의무가 유有함.'이라는 제6조까지는 사실상 오늘날의 헌법에도 거의 그대로 반영되어 있다. 이는 이 헌법이 그만큼 진보된 것이었다는 점을 말해 주고 있다.

그러나 임시정부의 가장 큰 역사적 의미는 그 기본 이념으로 공화주의를 채택하였다는 데 있다. 즉 우리 역사상 최초의 공화주의 정부라고 할 수 있다. 따라서 임시정부의 수립으로 인해 민주공화제에 기초한 부르주아 민주주의 국가수립론이 독립운동 계열에서 지도적 지위를 차지하게 되었다.

김구의 《백범일지白凡逸志》

임시정부는 두 번째 시기에 가면 침체에 빠진다. 침체의 원인을 알기 위해서는 1919년 10월부터 1920년에 이르는 약 1년 반에 해당하는 시기에 주목할 필요가 있다. 이 시기에 대한민국 임시정부에서 주도적인 역할을 했던 정치 세력은 이동휘를 필두로 하는 초기 사회주의자들이었다.

이 초기 사회주의자들은 독립운동과 관련해서는 독립전쟁론을 견지하고 있었다. 이들은 주로 일제에 반대하고 조선의 독립을 지원하는 국제적 역량들을 무장투쟁으로 결속하는 데 관심을 갖고 있었다. 그래서 당시 혁명에 성공하여 지구상에 새롭게 등장한 러시아 소비에트 공화국과의 국제적 연대에 많은 힘을 기울였다. 그리하여 레닌으로부터 60만 루블에 달하는 운동자금을 수령한다든가 소련 영토 내에서 조선독립군을 양성할 수 있는 기지를 제공받는다든가 하는 수확을 얻어내기도 하였다.

그런데 이런 노선은 1920년에 외교론자들과 마찰을 일으키게 된다. 외교론자들은 1920년 국제연맹회의와 1921년 태평양회의 등의 국제회의가 소집되자 다시 한 번 외교운동론에 기초한 독립운동으로의 전환을 꾀하였다. 이에 대해 독립전쟁론자들과 초기 사회주의자들은 1921년 2월 임시정부를 노령으로 옮겨서 무장투쟁을 위주로 하자는 주장을 강력하게 제기하였다. 그러나 외교론자들의 반대로 받아들여지지 않자 이들은 임시정부에서 탈퇴하고 말았다.

이미 실력양성론자들도 1921년 5월 국민대표회의 소집을 주장하며 역시 임시정부를 탈퇴하였다. 따라서 임시정부에는 주로 외교론자들만 남게 되었던 셈이다. 더욱이 외교론자의 대표격이었던 대통령 이승만도 상하이를 떠나서 하와이로 활동무대를 옮겨 버렸다. 1923년 1월부터 5개월 동안 국민대표회의가 열리지만 합의 도출에는 끝내 실패하고 만다. 이때부터 임시정부는 일부 소수의 정치 세력에 의해서 유지되는 상태로 전락하게 되었다. 이 침체기의 상황을 잘 묘사한 글이 김구의 《백범일지》에 실려 있다.

이렇게 하여 정부는 자리가 잡혔으나 경제 곤란으로 정부의 이름을 유지할 길도 막연하였다. 정부의 집세가 30원, 심부름꾼 월급이 20원 미만이었으나 이것도 낼 힘이 없어서 집주인에게 여러 번 송사를 겪었다. …… 나는 임시정부 정청에서 자고 밥은 돈벌이 직업을 가진 동포의 집으로 이집 저집 돌아다니면서 얻어 먹었다. …… 나는 이들의 집으로 다니며 아침·저녁을 빌어먹는 것이니 거지 중에는 상거지였다.

이런 어려운 상황 속에서 버틸 수 있었다는 것은 역시 김구 선생의 민족에 대한 애정 때문이 아니었나 하는 생각이 든다. 그렇지만 김구 선생의 이런 노력에도 불구하고 임시정부는 별다른 활동을 하지 못한 채 이름만을 유지할 뿐이었다.

임시정부의 독립전쟁 계획

1930년대 이봉창과 윤봉길 등의 의열투쟁을 거쳐 마지막 시기인 1940년대에 가면 임시정부는 다시 영향력을 회복하게 된다. 특히 태평양 지역에서 미·일 간의 모순이 격화되어 마침내 태평양전쟁으로 폭발하면서 조선 독립문제와 관련한 중대 전환 국면이 조성되었다. 이것이 임시정부가 영향력을 회복하는 요인이었다.

또한 임시정부 참가 세력의 확대도 회복의 계기가 되었다. 1940년 5월 김구의 한국국민당 세력과 조소앙의 한국독립당, 지청천의 조선혁명당이 협력해서 한국독립당을 결성하였다. 이들이 임시정부의 여당이었다. 여기에 민족주의 좌파 세력이라고 할 수 있는 김원봉의 민족혁명당도 가담하여 명실상부하게 민족주의 세력의 결집체가 될 수 있었다.

임시정부의 영향력이 확대될 수 있었던 또 하나의 이유는 중국 국민당 정부의 재정 지원을 들 수 있다. 장제스蔣介石(1887~1975)의 중국 국민당 정부는 1940년 임시정부를 외교적으로 승인하는 것은 거절했지만 반일투쟁을 촉진할 필요 때문에 대한민국 임시정부를 적극적으로 이용하는 정책을 폈다. 이때 국민당 정부가 필요로 했던 것이 바로 임시정부의 군대였다.

임시정부는 1940년 9월 광복군을 창설하였다. 처음에는 30명에 불과하였으나 1942년 김원봉이 주도하는 조선의용대가 합류함으로써 약 300명 규모의 비교적 큰 부대로 발전해 나가는 데 성공하였다. 그리고 1945년 3월 해방 직전에는 총 병력이 약 450명 정도로 늘어났다.

그러나 이 광복군은 중국 측의 지원을 받는 대가로 중국군의 지휘·감독 아래 놓이게 되어 자주성에서 상당한 훼손을 받게 된다. 중국군의 허락이 있어야만 병사 모집과 교육훈련, 선전활동을 할 수 있었다. 그러나 광복군은 임시정부가 독립전쟁을 수용해서 일제가 패망하는 결정적 시기에 일본군을 맞상대로 하는 독립전쟁계획을 수립하였다는 점에서 적지 않은 의의를 갖고 있다고 할 수 있다. 바로 이런 활동으로 인해 임시정부가 해방이 된 조국에서 나름대로의 정치적인 위상을 차지하였다.

헌법에도 나와 있다시피 대한민국은 그 정통성을 임시정부에서 찾고 있다. 그러나 임시정부 27년의 기간은 그야말로 영욕榮辱의 세월이었다. 그런 가운데서도 굳세게 임시정부를 유지했던 당시 사람들의 힘은 무엇이었을까? 곰곰이 생각해 보면 아마도 쉽게 그 답을 찾을 수 있을 것이다.

7 봉오동·청산리 전투

KOREA

봉오동 전투와 청산리 전투는 우리 독립군이 일본군을 통쾌하게 무찌른 대표적인 전투였다. 그 가치는 아무리 높게 평가해도 지나치지 않을 만큼 값진 것이다. 그러나 또 그만큼 분명히 해두어야 할 것도 있다. 그것은 이 두 전투가 당시 독립군운동의 전부는 아니었다는 점이다. 베타와 감마들도 있었음을 알아두어야 한다.

베타와 감마

일제 강점기에 총을 들고 일본군과 맞서 싸운 전투라고 하면 누구나 김좌진金佐鎭(1889~1930) 장군의 청산리 전투를 떠올릴 것이다. 그런데 그 다음에 "그럼, 그것 말고 또 어떤 전투가 있지?"하고 물으면, 아마 "글쎄?"라고 하며 머리만 긁적거릴 뿐이다. 그렇지 않고 "봉오동 전투도 있지"라고 답하면 매우 훌륭한 수준이다. 근래에는 홍범도洪範圖(1868~1943)나 봉오동 전투에 대한 내용이 신문 지상에 간혹 소개되어서 어느 정도는 알려져 있다.

"청산리·봉오동 전투 말고 또 없어?" 하면 거의 대부분이 "그것 말고 또 전투가 있어?"라는 반문이 돌아올 것이다. 물론 그것은 대답하는 사람의 무지 탓이 아니다. 사실 그것밖에 대중에게 알려진 것이 없기 때문이다.

실제로 한국사 교과서를 보아도 해외 독립운동에 관한 부분은 1920년에 일어난 봉오동과 청산리 전투가 거의 다 싶을 정도이다. 그중에서도 청산리 전투가 독립군전쟁의 알파이자 오메가가 되어 있다. 물론 청산리 전투는 알파이자 오메가일 자격이 있다. 다만 아쉬운 것은 알파와 오메가 사이에 베

186

타나 감마도 있다는 걸 잊고 있다는 것이다. 이런 베타와 감마까지도 포함해서 우리 독립군전쟁의 사실들을 좀 더 정확히 또 풍부하게 알아야 할 여지는 무척 많다.

무장독립군운동의 배경

봉오동 전투니 청산리 전투니 하는 식의 독립운동을 무장독립군운동이라고 한다. 1920년대 활발히 일어나는 이런 무장독립군운동을 올바로 이해하기 위해서는 먼저 3·1 운동 직후 만주에서의 독립군운동 전반에 대해서 살펴볼 필요가 있다. 왜냐하면 봉오동과 청산리 전투도 그 맥락 안에서 일어난 전투였기 때문이다.

강제병합 직후 만주 지역을 중심으로 전개되었던 독립군기지 건설운동은 분위기를 타면서 꽤 활발하였다. 그러나 아쉽게도 별다른 성과를 내지는 못하였다. 따라서 1910년대 중반 이후에는 주춤한 상태였다. 그러다가 1919년에 3·1 운동이 일어났고 만주에서도 만세운동의 열기가 높았다. 이를 계기로 만주 지역 교민들의 민족의식이 상당히 고무된 상태였다.

1919년 당시 조선인들은 북간도에 30만 명, 서간도에 20만 명, 기타 지역까지 합하면 대략 70만 명이 만주 일대에 살고 있었다. 이들은 일찍부터 망명한 우국지사들의 항일민족교육, 즉 학교와 신문·강연회 등을 통한 교육으로 인하여 민족의식이 매우 강하였다. 여기에 더하여 3·1 운동이라는 거족적인 민족운동을 직접 체험함으로써 이들의 민족의식은 질적인 비약을 이룰 수 있었다.

또한 이들은 세계적으로 번지던 민족자결주의 등으로 인해 독립전쟁의 국제적 조건이 호전되자 독립의 의지를 만천하에 알리면 독립이 될 수도 있겠구나 하는 낙관적인 기대를 가지기 시작하였다. 아울러 1910년대의 독립군기지 건설운동 결과 인적 자원과 조직이 어느 정도 준비되어 있었다. 이런 점들이 이곳 만주에서 3·1 운동 직후 독립군운동이 활기를 띨 수 있게 한 주요 배경이었다.

대한독립군과 북로군정서, 서로군정서

3·1 운동 직후 만주에는 정말 우후죽순이라는 말이 어울리듯이 많은 독립
운동단체가 만들어졌으며 또 합쳐지고 없어지는 과정을 겪었다. 그 수는 확
실하지는 않지만 최소 50개에서 최대 100여 개 정도로 추산된다. 이들 가운
데 대표적인 단체로는 북간도에서 활동했던 대한독립군과 북로군정서, 서간
도에서 활동했던 서로군정서 등을 들 수 있다.

봉오동 전투와 청산리 전투에서 많은 활약을 했던 대한독립군은 홍범도
가 이끌고 있었다. 홍범도 부대는 1919년 말에도 만포진과 자성·갑산 지역에
진출하여 일본군수비대와 교전을 벌였으며, 뒤이어 1920년 초에는 전후 8회에
걸쳐 온성·무산 지역에 출몰하여 경찰서를 습격하는 등 많은 활약을 하였다.
대한독립군은 연해주에 있던 대한국민의회 등과도 관계를 가지고 있었다.

홍범도 장군의 봉오동
전투에 대해 일본군이
기록한 보고서(독립기념관
소장)

한편 김좌진이 이끌고 있었던 북로군정서는 병력
이 1,600여 명에 달했으며 잘 알다시피 청산리 전
투의 영웅들이었다. 지청천池靑天(1888~1957)이 이
끌고 있었던 서로군정서는 기존의 신흥학교를 신흥
무관학교로 개편하여 2,000여 명의 독립군을 양
성하고 일본 주재소를 습격하는 등 역시 활발히
활동하였다. 지청천은 이청천으로 불리기도 하
였다.

이처럼 1920년대는 독립군 활동이 매우 활발
했던 시기였다. 3·1 운동 직후 시기부터 1920
년 말까지 함경남·북도, 평안북도 등 국경 3도
의 독립군 활동상황에 대한 총독부 집계를 보
면, 독립군 활동건수는 1,651건, 동원된 인원

은 4,643명, 경찰서 및 관공서 습격은 38개 처에 사망 16명과 부상 25명, 일제에 의해 검거된 건수 및 인원은 각각 946건 7,813명에 달하였다.

봉오동 전투와 청산리 전투

이 시기 독립군 활동 가운데서도 가장 주목되는 전투는 바로 홍범도부대와 김좌진부대가 치른 봉오동과 청산리에서의 전투였다. 이름하여 '봉오동 전투', '청산리 전투'라고 한다. 당시 홍범도군을 비롯한 독립군 부대가 국내에 진공하여 여러 전투를 벌이자 이에 곤혹스러워진 일제는 함경북도 나남에 있던 일본군 제19사단을 동원하여 만주 지역까지 독립군 부대를 추격하였다. 일본군은 1920년 6월 중국 당국의 허가도 없이 불법으로 압록강을 건너 간도 지역까지 진출해 독립군들을 토벌하려고 하였다.

봉오동 전투는 국내 침공을 마친 홍범도 부대가 최진동 부대와 함께 봉오동 지역까지 추격해 온 일본군을 매복작전으로 섬멸한 전투였다. 당시 상하이 임시정부가 발행하던 기관지인 《독립신문》에 의하면 일본군 전사자는 157명, 중상자 200명, 독립군측 전사자는 4명, 중상 2명이었다고 한다. 물론 이 숫자는 임시정부에 의해 과장된 감이 없지 않다. 그렇다 하더라도 일본 정규군을 맞이하여 독립군 부대가 대규모 전투를 해서 승리를 거두었다는 점에서, 그것도 처음으로 승리했다는 점에서 봉오동 전투는 매우 중요한 역사적 위치를 점하고 있다.

봉오동 전투에서 참패의 쓴맛을 본 일제는 만주 지역의 독립군을 그냥 놓아두면 안 되겠다고 생각하고 이 지역 독립군에 대한 본격적인 토벌을 계획하였다. 그리하여 1920년 7월 '간도 지방 불령선인不逞鮮人 초토계획'이라는 대규모 군사작전계획을 수립하고 나남 19사단을 주력으로 한 약 2만 5천명의 병력을 동원하여 청산리 지역으로 들어왔다.

그러나 일본군의 토벌계획을 미리 탐지한 독립군 부대는 1920년 9월경부터 화룡현과 안도현의 접경지대인 이도구·삼도구 방면으로 근거지를 이동하기 시작하였다. 이도구와 삼도구 지역으로 독립군들이 다수 이동한 것은 이 지역이 백두산 기슭과 가까울 뿐만 아니라 여차하면 일본군을 피해 봉천 지역으로 도피하는 것이 용이했기 때문이었다. 청산리 전투는 바로 이런 과정에서 발생한 전투였다.

홍범도와 김좌진

우리는 청산리 전투를 생각할 때 청산리에서 단 한 번의 싸움이 있었다거나 김좌진이 이끄는 북로군정서만의 전투로 알고 있기가 쉽다. 그러나 청산리 전투는 김좌진 부대가 1920년 10월 21일 삼도구 청산리에서 일본군을 맞이하여 싸운 이후 이도구와 삼도구의 지역에서 10월 26일까지 전개된 10여 차례의 크고 작은 전투를 일괄해서 지칭하는 말이다. 또한 이 전투에는 김좌진 부대뿐만 아니라 홍범도 부대를 비롯하여 여러 독립군 부대 등이 참여하여 큰 활약을 하였다.

1930년 3월 김좌진 장군 장례식에서 낭독된, 김좌진 장군의 약력을 적은 글(독립기념관 소장)

　　임시정부의 《독립신문》은 청산리 전투의 전적에 대해 김좌진 부대 600명, 홍범도 부대 300명 등 총 3,000여 명의 독립군이 10여 회의 크고 작은 전투

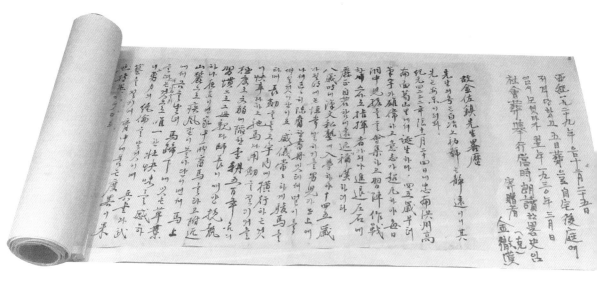

에서 일본군 1,200명을 사살했다고 보도하고 있다. 따라서 청산리 전투는 일본군의 간도 출병 이후 독립군이 일본군과 대결한 전투 가운데 가장 큰 규모였으며 최대의 전과를 올린 전투였다.

그럼에도 불구하고 청산리 전투에 대해 사실이 잘못 알려지거나 청산리 전투의 두 주역인 홍범도와 김좌진에 대한 평가가 제대로 되고 있지 못한 점이 없지 않다. 이렇게 되는데 적지 않은 영향을 미친 것은 청산리 전투에 김좌진의 부하로 참여하고 뒤에 가서 초대 국무총리까지 지낸 이범석李範奭(1900~1972)이 1971년에 쓴《우둥불》이라는 회고록이었다.

이 회고록에서 그는 김좌진과 자신의 공적만을 부각시키고 전쟁의 성과에 대해서도 일본군 전사자와 부상자가 3,300명에 달한다고 하는 등 과장한 감이 없지 않았다. 반면 홍범도의 역할은 비겁 무능한 자로 묘사하는 등 지나치게 낮게 평가하였다. 그 이유는 홍범도가 노령 지역의 사회주의자들과 관계를 가지고 또 지원을 받으면서 활동을 했기 때문이다. 결국 운동노선의 차이가 평가에 왜곡을 가져왔다고 할 수 있다. 사실 당시 홍범도는 조선 사람들뿐만 아니라 일본군도 '날으는 홍범도', '축지법을 구사하는 신출귀몰의 명장'이라고 불렀으며, 지금도 중앙아시아의 한인사회에서는 전설적 영웅으로 평가받고 있다.

혹자는 이런 이야기도 한다. 홍범도는 이미 한말 의병전쟁에서 의병장으로 두각을 드러냈었는데, 그는 바로 평민의병장 중의 하나로 미천한 신분의 포수였다. 이 점이 그의 평가를 제약했다는 것이다. 즉 민족의 영웅에 어떻게 천민 출신을 놓을 수 있느냐라는 봉건적인 신분의식이 작용하지 않았겠나 하는 점이다. 정말 아직도 그런 의식이 남아 있다면 큰일이다. 그러나 이런 점이 전혀 없었다고는 결코 장담할 수 없다.

한편 봉오동·청산리 전투 패배 이후 일본군은 이도구와 삼도구 지역의 조선인들에 대한 무차별 학살을 자행하는 경신참변(1920)을 일으켰으며, 이를 피해 러시아로 들어간 독립군들은 1921년 6월 자유시사변으로 인해 치명적인 타격을 받아 이후 활동이 많이 약화되기도 하였다.

영웅에서 민중으로

1920년대, 특히 1920년대 초반의 독립군운동은 3·1 운동 이후 우리 민족의 독립의지를 세계 만방에 알리고 국제 여론을 환기시켰다는 점에서 커다란 의미가 있었다. 그러나 독립군의 투쟁은 다른 나라로부터 지원을 받지 못한 채 고립무원의 외로운 투쟁을 벌이는 상태였다.

당시 독립군들은 말 그대로 격렬히 투쟁하면 열강으로부터 국제적인 지원을 받을 것으로 예상하였다. 그러나 현실은 그렇지 않았다. 또한 이들의 투쟁은 국내의 민중과 연결되지 못한 채 소수의 독립군 부대의 전투에 머물렀기 때문에 열띤 호응을 이끌어 내지 못하였다. 오늘날처럼 순식간에 보도가 되는 그런 상황도 아니었기 때문에 그 운동의 파장은 큰 동심원들을 이루지 못하고 말았다.

그 결과, 봉오동·청산리 전투가 끝나는 1921년을 고비로 하여 독립전쟁론은 설득력을 상실한 운동노선으로 전락하고 대신 1920년대 중반 이후에는 당시 국민의 대부분을 차지하고 있었던 농민이나 노동자 등 대중들과 함께하는 민족운동이 많이 일어났다.

봉오동 전투와 청산리 전투는 우리 독립군이 일본군을 통쾌하게 무찌른 대표적인 전투였다. 따라서 그 가치는 아무리 높게 평가해도 지나치지 않을 만큼 값진 것이다. 그러나 또 그만큼 분명히 해두어야 할 것도 있다. 그것은 이 두 전투가 당시 독립군운동의 전부는 아니었다는 점이다. 베타와 감마들도 있었음을 알아두어야 한다. 그리고 또 정말 목숨을 걸고 싸웠던 무명의 독립운동가들을 외면하고 몇몇 인물만, 그것도 모자라서 어떤 특수 목적을 위해 특정 인물만을 영웅시하는 그런 태도는 지양해야 할 것이다.

무장독립군운동은 독립운동치고는 가장 적극적이고 또 직접적인 운동이다. 그런 만큼 위험도 따르고 그러다 보면 대중과 격리되기가 쉽다. 당시의 무장독립운동은 바로 그 점에서 효율적으로 대처하지 못하였다. 그러다 보니 어느덧 전설만으로 남아 있을 뿐이다. 1920년대 중후반에는 이런 전설을 넘어서 조선 땅의 민중들을 직접 껴안는 민중운동들이 독립운동의 자리를 이어 갔다.

Korea

HISTORY OF KOREA

제4장 | 수탈을 위한 정책과 식민지 근대성

1 토지조사사업

토지조사사업은 전국 농경지의 면적을 정확하게 파악하고 그 각각의 소유권자를 법적으로 확정해주는 사업이었다. 이 사업은 일제가 조선을 병합한 직후인 1910년부터 시작했는데, 그 주된 이유는 식민지 경영의 비용을 식민지 자체 내에서 조달하기 위해서였다.

FTA와 토지조사사업

2004년 칠레와 FTA^{Free Trade Agreement}(자유무역협정)를 체결한 이래 우리나라는 2016년 현재 미국·중국·EU 등 총 15개국과 FTA를 체결하였다. 그 결과, 경쟁력이 떨어지는 다른 산업 분야도 마찬가지지만 특히 농촌은 수입 농축산물의 개방으로 많은 어려움에 직면하고 있다. 농촌의 어려움은 앞으로 더 가속화될 전망이다. 그런데 1910년대에 있었던 토지조사사업도 그 충격과 어려움에서 아마 지금보다 더 심하면 심했지, 덜하지는 않았을 것이다. 그만큼 우리 농촌에 큰 변화를 가져다주었다.

　토지조사사업에 대한 이해는 단순한 측면이 많다. 즉 일제가 근대법에 무지한 농민들의 허점을 이용해서 그들의 땅을 빼앗아 국유지로 만들었다는 식의 인식이다. 물론 이런 이해가 전적으로 잘못된 것은 아니지만 거기에는 다른 여러 가지 복합적인 문제들이 섞여 있다. 그러므로 종합적으로 살펴볼 필요가 있다.

　토지조사사업은 전국 농경지의 면적을 정확하게 파악하고 그 각각의 소유

권자를 법적으로 확정해 주는 사업이었다고 할 수 있다. 이 사업은 일제가 조선을 병합한 직후인 1910년부터 시작했는데, 그 주된 이유는 식민지 경영의 비용을 식민지 자체 내에서 조달하려고 했기 때문이다. 말하자면 재원 조달을 위한 보다 확실한 수탈기반을 마련하기 위해 병합과 동시에 이 사업을 추진하였다.

사업은 형식상으로는 1910년부터 시작하지만 일본이 러일전쟁에서 승리하고 우리나라에 대한 지배권을 장악한 1904년부터 이미 사전 준비작업이 시작되었다. 1904년에 탁지부 양지국이 만들어졌고 1908년에 임시재원조사국 양지과라는 것이 설치되었다. 양지量地라는 것은 토지를 측량한다는 뜻이다. 이 두 기구가 1910년에 만들어지는 토지조사국의 모체였다.

일제는 사업을 용이하게 하기 위해 법령도 제정하여 1906년에 토지가옥증명규칙과 토지가옥저당규칙을 제정하고 1908년에는 토지가옥소유권규칙과 국유미간지이용법을 제정하였다. 또한 이 해에 동양척식주식회사라는 식민지 개간회사를 설립하였다. 이런 사전 준비작업 위에서 1910년부터 본격적인 토지조사사업을 추진하였다.

동양척식주식회사 경성지사

동양척식주식회사는 1908년 일제가 조선의 토지와 자원 등을 수탈하기 위해 설립한 국책회사로 현재의 중구 을지로 2가 한국외환은행 자리에 있었다.

토지조사와 임야조사

토지조사사업은 크게 지목별 토지면적 조사와 필지별 소유권 조사라는 두 가지로 나누어서 진행하였다. 그리하여 한편으로는 정밀한 지적도를 작성하고 다른 한편으로는 각 필지별 소유권자들에게 지권地券을 발급해 주었다. 이런 방법을 통해서 일제는 우리나라의 모든 농경지를 파악하고 각각의 소유자를 확정해 나갔다.

또한 임야조사사업을 토지조사사업과 동시에 실시하였다. 임야조사사업은 농경지 이외의 산지·임야·황무지 등의 지적도를 작성하고 그 소유권자를 확정하는 사업으로 크게 보면 토지조사사업에 포함된다고 할 수 있다. 이 토지조사사업과 임야조사사업이라는 두 가지 사업을 통해서 우리나라의 모든 토지를 일제는 수탈을 위한 대상으로 정밀하게 파악하였다.

그럴듯한 사업 목적

당시 총독부는 토지조사사업을 실시하면서 그 목적에 대해 첫째 지세부담을 공평히 하고, 둘째 소유권을 보호하여 매매양도를 원활히 하고, 셋째 토지의 개량 및 이용을 자유롭게 하여 토지의 생산력을 증진시키기 위해서라고 하였다. 그러나 이는 다만 명분이었을 뿐, 실제 목적은 우리나라 경제를 완전한 식민지 경제로 재편하기 위한 것이었다.

일부 식민지 근대화론자들은 토지조사사업에 대해 '근대적'인 개혁사업이었다고 평가하기도 한다. 즉 이 사업으로 인해 이전까지의 부정확한 토지파악으로 인해 나타나는 문제점을 해결하고, 근대법적 일물일권주의一物一權主義에 입각하여 토지소유권을 확정했다는 것이다.

그러나 대한제국기의 양전사업에서도 확인할 수 있듯이 토지소유권이란 법적 권리는 이미 자리 잡고 있었다. 따라서 근대법적 토지소유권의 확정이 결코 새로운 일도 아니고 더구나 고마운 일은 더욱 아니었다. 백보 양보해서 설사 근대적인 외형을 갖추고 있다 하더라도 본질적으로 우리나라를 일제의 완전한 식민지로 만들기 위한 '식민지적' 개혁이었음에 틀림없었다. 이 점을 빼놓고 토지조사사업의 역사성을 평가한다면 그것 자체가 역사의 왜곡일 뿐이다.

일제에 병합되기 이전, 대한제국 정부의 조세수입에서 가장 높은 비중을 점하고 있던 것은 지세地稅였다. 지세란 토지를 소유한 대가로 내는 토지세를 뜻한다. 일제는 우리나라를 식민지화하면서 그에 필요한 제반 경비를 가능한 한 우리나라 안에서 충당하려는 계획을 세우고 있었는데, 그를 위해서는 안정적인 재정수입원을 확보하는 일이 무엇보다도 필요하였다. 이때 토지만큼 확실한 수입원은 없었던 것이다. 토지조사사업의 실질적인 첫 번째 목적은 확실한 재정수입원의 확보, 바로 거기에 있었다.

이런 재정수입원의 확보를 일제가 토지에서 구했던 것은 그럴 만한 사정이 있었다. 당시 우리나라는 전 인구의 90% 가까이가 농업에 종사하고 있었고 다른 산업들은 아직 세원稅源이 될 만큼 발달해 있지 않은 상태였다. 따라서 지세를 늘리는 것 이외에는 조세수입을 늘릴 뚜렷한 세원이 없다고 보았던 것이다.

일제가 토지조사사업을 시행한 또 다른 목적의 하나는 소유권의 확정이었다. 그때 중요한 것은 일본인들의 소유권이었다. 그때까지 일본인들은 조선 내에 많은 토지를 사실상 소유하고 있었다. 그러나 법적 권리는 없어 재산권 행사에 많은 제약이 따랐다.

개항 이후 조선에 들어온 일본 상인 등은 주로 조선의 쌀을 수집하여 일본에 반출함으로써 많은 이득을 얻고 있었다. 조선쌀은 일본쌀과 비교할 때 품질이나 맛은 비슷하면서도 값은 훨씬 쌌기 때문에 쌀 무역에 종사하는 일본 상인들은 큰돈을 벌 수 있었다. 조선에서 돈을 번 일본인 미곡무역상들은 점차 논 그 자체를 소유하여 안정적으로 수출용 쌀을 확보하고자 했다. 또 일부 일본인 고리대금업자들도 조선 농민의 땅을 담보로 돈을 꾸어 주고 그들이 빚을 갚지 못하면 가차 없이 땅을 빼앗았다.

그러나 병합 전 조선 정부에서는 원칙적으로 외국인의 토지소유를 금하고 있었기 때문에 그들은 토지를 사실상 지배했지만 소유권을 갖고 있는 것은 아니었다. 즉 조선인 명의를 빌어 토지를 사고 그 조선인과 영구임대 계약을 맺음으로써 소유권을 행사하는 그런 식이었다. 따라서 토지를 둘러싼 소송에 휘말리는 등 불안정하였다. 토지조사사업은 이런 문제점을 해결하고 일본인들로 하여금 안심하고 토지를 소유할 수 있도록 법적으로 보장해 주려는 의도를 가지고 있었다.

지주를 위한 사업

토지조사사업을 통해서 가장 큰 이득을 본 쪽은 두말할 것 없이 일본제국주의였다. 그러나 우리 내부에도 혜택을 받은 사람들이 없지 않았다. 바로 지주들이었다. 일제가 상당수의 땅을 국유지로 편입했지만 그렇다고 우리 땅을 전부 빼앗은 것은 아니었기 때문에 그 틈새에서 일부 지주들은 오히려 혜택을 누렸다.

일제는 토지조사사업을 진행하면서 지주의 이익만을 보호하는 입장을 취하였다. 토지신고서의 기준이 되는 결수연명부結數連名簿라는 것을 작성할 때 기존의 지방관이나 중간 관리층을 철저히 배제하고 주로 지역 지주들로 구성된 지주총대地主總代에 조사의 실무를 맡겼다. 이들이 토지소유권자를 확인하는 과정에서 지주의 이익을 우선적으로 확보하려고 했던 것은 당연한 일이다.

사업 이전에도 토지는 이미 매매·상속·증여의 대상이 될 정도로 사적 소유권이 발전해 있기는 했지만 소작인들의 경작권도 그것 못지않게 중요한 권리로 인정되었다. 즉 소작인이 특별한 잘못을 하지 않는 한 지주가 마음대로 소작권을 박탈하는 일은 드물었다. 따라서 그 이전의 토지대장인 양안量案에는 토지소유주와 경작자가 같이 기재되는 것이 일반적이었다. 그러나 토지조사사업에서는 토지에 대한 지주의 권리만을 배타적 권리로 인정하였고 소작인의 권리는 전혀 인정하지 않았다.

일제가 사업을 추진하면서 지주의 이익을 보호한 또 다른 예는 대단히 낮게 책정된 지세율에서도 찾을 수 있다. 식민지화와 동시에 새롭게 책정된 지세는 토지가격의 4/1,000로서, 이는 일본이나 대만의 경우보다 훨씬 낮은 것이었다. 일제는 한편으로 식민지 통치의 경비를 마련하기 위해서 지세의 증수를 필요로 하였지만 다른 한편으로는 일본으로 반출되는 조선쌀을 안정적으로 확보하기 위해서 조선 지주들의 이익을 보호하지 않을 수 없었다.

농민이 확보한 쌀은 상당 분량이 농민의 소비에 충당되지만 지주 소유분의 쌀은 거의가 상품화되는 것이어서 지주의 권리가 강화되면 될수록 일본으로 수출하는 쌀은 증가했기 때문이다. 이렇게 해서 지주를 자신의 편으로 끌어들임으로써 일제는 그들을 통해 식민지 민중을 더 쉽게 통제할 수가 있었다.

신고주의와 수탈성

또한 일제는 토지소유권자를 확정할 때 신고주의 원칙을 적용하였다. 신고주의는 토지소유권자가 법적 승인을 받기 위해서 그 토지가 자기 소유라는 것을 신고함으로써 비로소 조사의 대상이 되는 원칙이다. 이것이 내 땅이라는 신고를 하지 않으면 소유권을 인정받지 못한다는 말이다. 이 신고주의가 흔히 알고 있듯이 억울한 피해자들을 많이 만들어 냈다.

사업이 시작되었던 1910년경에는 일제의 강제병합에 대한 반발로 이 신고주의에 쉽게 협조할 분위기가 아니었다. 의병전쟁도 아직 끝나지 않았고 일제의 잔인한 탄압에 의한 후유증도 심각했었다. 이로 인하여 농민들의 반일 열기는 아주 높았기 때문에 일본인들에게 자진해서 토지를 신고한다는 것은 내키지 않는 일이었다. 어떤 사람들은 아예 그런 사업이 진행되는지도 몰라 신고를 못하기도 했다. 따라서 신고가 되지 않은 토지들은 토지조사요원 등의 농간에 의해서 다른 사람에게 소유권이 넘어가는 사례들이 적지 않았다.

토지조사사업이 궁극적으로 수탈적이고 강압적이었음은 3·1 운동 당시에 농민층들이 대거 참여하는 데서도 잘 드러난다고 할 수 있다. 사실 토지조사사업을 둘러싼 분쟁, 그 자체는 겉으로 볼 때는 그렇게 심각하지 않다고 느낄 수도 있다. 그러나 일단 3·1 운동이 일어나자 농민들은 면사무소를 습격하고 거기에 보관되어 있는 토지대장을 불태워 버리고 나아가 만세시위를 이끌어가는 경우도 많았다. 이는 그들이 토지조사사업 자체를 인정하지 않으려는 강한 의지를 가지고 있었음을 반증하는 것이라고 할 수 있는 것이다.

제국주의가 식민지를 침략하거나 수탈할 때는 그럴듯한 명분을 내세운다. 이는 지금도 마찬가지인 것 같다. 국제간의 치열한 경쟁 속에서 살아남을 수 있는 길은 상대국이 내세우는 그럴듯한 명분 속에 들어 있는 속마음을 읽어내는 혜안과 더불어 국익을 지켜 낼 수 있는 국력을 키우는 일이 아닐까?

2 산미증식계획

산미증식계획은 일본 도시노동자들의 식량문제를 해결하고 일본 내 과잉자본의 투자지를 확보하기 위해서 조선농민을 토지상실과 굶주림의 구렁텅이로 몰아넣은 대표적인 식민지 경제정책의 하나였다.

누구를 위한 증식인가?

1910년대 일제의 대표적인 수탈정책이 토지조사사업이라면 1920년대는 산미증식계획이었다. 산미증식계획은 말 그대로 쌀의 생산을 늘리는 계획이라고 할 수 있다. 일제는 이 계획을 시행하면서 토지조사사업처럼 그럴듯한 명분을 내세웠다. 즉 조선 내의 수요증가에 대비한다든가, 농가경제를 향상시켜 조선 경제의 향상을 도모한다든가 하면서 말이다.

그러나 그들이 내세웠던 명분대로 산미증식계획으로 인해 조선 농민의 생활이 나아진 것은 결코 없었다. 쌀은 분명 더 많이 생산되었지만 오히려 농민들의 생활은 이전보다 훨씬 더 악화되었다. 그 모순의 한가운데 산미증식계획의 수탈성이 놓여 있었다.

일본이 산미증식계획을 시행하지 않을 수 없었던 진짜 이유는 다른 데 있었다. 이는 특히 제1차 세계대전과 밀접한 연관이 있다. 세계대전이 일어나자 유럽 각국과 미국은 전쟁의 소용돌이에 휩쓸려 들어가고 따라서 이들 나라의 모든 생산설비는 군수물자의 생산으로 돌려졌다. 따라서 중국을 비롯한 아시아 지역에서 이들 나라의 상품은 급속히 사라져 버렸다. 그 자리에 일본 상품이 파고들어갔다.

그 결과 일본 경제는 전쟁 기간 중 급속히 신장하여 설비투자의 증대, 국제무역의 증대, 급속한 산업화와 도시화 등의 현상이 나타났다. 그러나 1918년 전쟁이 끝나자마자 유럽과 미국의 상품이 다시 중국시장으로 몰려 들어왔다. 이번에는 거꾸로 일본의 상품이 중국시장에서 밀려났고 일본 국내의 설비투자는 과잉상태로 빠져들었다.

또한 급속한 도시화와 산업화로 인해 도시 인구가 증가한 상황에서 도시 주민의 쌀 수요는 급속히 늘어난 반면 쌀 공급은 이를 따라가지 못하였다. 여기에 일본 내 미곡 상인의 모리행위가 작용하여 1918년에는 전국적인 '쌀소동'까지 일어날 정도로 일본 내의 쌀부족 현상은 심각하였다.

더욱이 일본상품의 가격경쟁력을 유지하기 위해서는 노동자들의 저임금을 유지해야 했고 저임금을 유지하기 위해서는 저곡가정책이 필수적이었다. 그런데 쌀이 부족했기 때문에 저곡가정책을 유지할 수 없었다. 지금은 없어졌지만 우리나라도 1960~70년대 고도성장할 때 수출제품의 가격경쟁력을 유리하게 하기 위해 저임금정책을 썼고 또 그 저임금을 유지하기 위해 이중곡가제를 행했었다.

산미증식계획 수립의 배경에는 이렇듯 심각한 위기에 직면했던 일본이 조선으로부터 쌀을 도입해서 해결하고자 했던 그들의 사정이 놓여 있었다. 아무리 그럴듯한 명분으로 위장한다고 해도 실질적인 목적이 거기에 있었음은 부인할 수 없다.

증식의 우여곡절

산미증식계획은 처음에는 1920년부터 15년간의 계획으로 수립되었지만 1926년에 계획을 수정하였다. 왜냐하면 그때까지의 사업이 예정대로 잘 진행되지 못했기 때문이다. 따라서 1920년부터 1925년까지를 제1차 계획, 1926년 이후를 제2차 계획으로 나누어 본다.

본래 처음 계획은 1920년부터 15년간 대략 2억 3천여 만 원을 들여서 42만 7천여 정보의 토지를 개량하고 영농방법을 개선하도록 지도해 9백만 석에 가까운 쌀을 증산하여 그 가운데 460만 석을 일본으로 가져간다는 것이었다. 이때에도 사업의 주체로 설정한 것은 지주였다. 그러나 이 계획은 1925년에 이르기까지 계획면적의 3/4에 해당하는 토지를 개량하는 데 그쳤고 쌀도 예상했던 만큼 증산되지 않았다.

그 이유는 무엇보다도 총독부로부터 토지개량 자금을 대출받은 지주들이 그 돈으로 더 많은 토지를 확보하는 데 열중했을 뿐, 막상 토지개량에는 투자하지 않았기 때문이었다. 또한 당시 정부알선자금의 금리가 연 10~11%로 높았으며, 기업가 자체조달자금의 비율이 너무 높았던 데서도 기인하였다. 결국 투자의 이득이 없으니까 투자를 하지 않았던 것이다.

계획이 지지부진하자 총독부는 1926년부터 계획을 수정하여 제2차 계획을 시행하였다. 이때 수정의 주안점은 개별 지주의 자금에 크게 의존하던 방식을 바꾸어 정부알선자금의 비중을 높인 데에 있었다. 일본 대장성 예금부, 동양척식주식회사, 식산은행 등은 총독부의 보증하에 다량의 자금을 지주에게 대출하였고, 지주층은 대출받은 자금을 기반으로 토지개량, 지목변경 등의 작업을 추진하였다.

쌀을 많이 생산하는 방법에는 크게 단위 면적당 생산량을 높이는 방법과 지목을 변경하여 쌀농사 지을 땅을 넓히는 방법이 있었다. 제1차 계획에서는 단위 면적당 생산량을 높이는 식으로 시도하였다가 그것이 어렵게 되니까 제2차 계획에서는 가능한 땅은 모두 논으로 만들어 무조건 쌀농사를 지어라 하는 식으로 바뀌었다. 특히 지목변경에는 우리 농사방법의 특성상 수리시설의 확충이 절대로 필요했기 때문에 수리조합의 역할이 상대적으로 매우 커졌다.

제2차 계획은 1920년대까지 3~4년 동안은 비교적 활발히 전개되었으나

1930년대에 들어서서는 거의 중단되었다. 1929년에 일어난 세계경제공황의 영향을 받아 일본의 농산물 가격이 폭락하게 되고 덩달아 쌀값이 떨어지게 되니까 일본농민들이 조선쌀 수입 반대운동을 벌이기 시작하였다. 이로 인해 사업이 거의 추진되지 않다가 1934년에 공식적으로 중단하였다.

지주를 위한 사업

2차에 걸친 사업의 결과 일단 수리 혜택을 입는 농지 면적은 1920년에 34만 정보에서 1935년에는 116만 정보로 거의 4배 가까이 늘어났다. 또한 우량품종도 1915년에 21.9%에 불과하던 것이 35년에서는 82.2%까지 증가했으며 화학비료의 시비량도 늘어나는 등 농업 조건이 크게 개선되었다. 수리조합도 1920년에 8개에 불과하던 것이 1931년에는 174개까지 늘어났다. 많은 변화가 우리 농촌에 일어났다.

수치상으로만 보면 그전에 비해 상당히 발전한 것처럼 보인다. 그러나 실제로는 그렇지 않았다. 제2차 수정계획에서 특히 강조한 것이 개간과 수리시설 정비였다. 개간사업은 주로 일본인 대농장회사가 국유 미간지나 간석지 등을 불하받은 뒤, 조선 농민을 동원하여 개간하는 방식으로 진행하였다. 이때 조선 농민들은 상당 기간 동안의 소작료 면제, 소작권 확보 등의 조건으로 개간에 참여하였으나 개간이 끝난 이후에는 사실상 아무런 권리도 인정받지 못하였다.

또한 수리시설 확충이라는 명목으로 조직된 수리조합도 사실상 대지주의 이익만을 보장하였을 뿐, 중소지주나 자작농에게는 힘겨운 부담을 강요하였다. 무엇보다도 수리조합비가 과중하여 많은 자작농과 일부 중소지주조차 수리조합비 부담 때문에 토지를 팔고 소작농이 되거나 토지소유규모를 줄이지 않으면 안 되었다.

산미증식계획은 그 과정에서 일본인 대지주를 비롯한 대지주 소유 토지의 확대, 중소지주·자작농의 토지소유 규모의 축소라는 결과를 빚어냈다. 그리하여 사업 기간 동안 중소지주는 자작농으로, 자작농은 자소작농이나 소작농으로 전락하는 현상이 일반화되었다. 그에 따라 소작지를 얻기 위한 경쟁도 치열해져 소작 조건은 더욱 나빠지는 등 농민생활은 급격히 악화되었다. 결국 개간이나 수리시설의 정비나 모두 일본인 대지주와 한국인 대지주에게만 이득을 주었다.

농촌의 현실

산미증식계획은 결국 쌀을 많이 생산하자는 것이다. 쌀이 많이 생산되어서 값싼 쌀을 우리 농민들도 먹을 수 있다면 좋은 일이라고 할 수 있다. 그러나 현실은 그렇지 않았다.

쌀 생산이 늘어난 것은 사실이지만 계획대로 늘어난 것은 아니었다. 원래 900만 석을 증산하여 그중 460만 석을 일본으로 가져간다는 계획이었다. 그러나 조선총독부 농림국에서 발간한 《조선미곡요람》(1932년)에 따르면, 총생산 규모로 볼 때 1920년 1,270만여 석에서 1928년 1,729만여 석으로 정점을 찍고 1930년에는 1,351만여 석으로 오히려 줄어든다.

정점을 찍은 1928년과 비교해 보더라도 약 460만 석이 늘어난 데 불과하였다. 그런데 같은 기간 일본으로 반출한 양을 보면 1920년에 175만 석에서 1928년에는 740여만 석으로 560여만 석이나 늘어났다. 증산된 총생산량 460만석 보다 100만 석이나 더 많은 쌀을 반출해 갔다. 결국 우리 농촌에서는 증산에도 불구하고 실제로 소비할 수 있는 쌀의 총량은 현저히 줄어들었다. 인구증가를 감안한다면 1인당 쌀 소비량은 더 줄어들었다.

그런데 문제는 여기서 그치는 것이 아니다. 지목변경이라는 것이 중요한 쌀 증산의 방법이었기 때문에 밭을 논으로 만들어 버리면 이전에 밭에 심던 작물을 심지 못하게 된다. 따라서 중요한 대용작물이었던 보리나 밀 등을 심을 수가 없게 된 것이다. 결국 쌀도 줄어들고 쌀 대신에 먹을 잡곡도 줄어드니까 그 부족한 부분은 어쩔 수 없이 아주 질이 떨어지는 만주산 조로 대체

할 수밖에 없었다. 그나마 먹을 것이 없어서 봄철이면 풀뿌리·나무껍질로 연명하는 농가가 속출하였다.

결국 매년 적지 않은 사람들이 보릿고개를 넘지 못해서 굶어죽게 되는 비참한 상태가 산미증식계획 기간 동안에 벌어졌다. 참 희한한 일 아닌가? 쌀 생산은 늘어나는데 그 쌀을 생산하는 농민들은 오히려 더 궁핍해지니 말이다. 여기서 일제 식민지 지배의 수탈성이 적나라하게 드러나는 것이다. 당시 《내외사정內外事情》이라는 잡지에 일본인이 쓴 글을 통해서 이런 농민들의 참상을 엿볼 수가 있다.

우리가 농촌에서 견문한 것은 아무리 말해도 상상할 수 없는 사실이 많다. …… 우리가 견문했던 가난한 농민의 식량을 참고로 봐도 잡곡 한 홉 정도에 풀뿌리나 나무껍질을 섞어 끓여서 먹는다. 봄에는 풀의 새싹을, 겨울에는 뿌리를 채굴한다. 나무껍질은 소나무 속껍질, 아카시아, 기타 모든 껍질을 잘게 하거나 도토리 열매로 가루를 낸 후 물을 넣어 단자團子를 만들고 소금을 쳐서 먹는다. 어떤 지방에서는 고령토를 먹는 예도 있다. 그 상태는 일본에서는 전혀 보이지 않는 비참하고 진기한 현상이다. 또 일면에서는 공과公課의 납세 성적이 불량한 것도 농촌의 피폐를 웅변으로 말해 준다. 보통학교 아동의 출석률이 불량한 것도 이에 기인한다는 것은 말할 필요도 없는 사실이다.

고령토를 먹는다고 하는데 고령토란 도자기를 만드는 데 쓰는 흙 아닌가? 그것을 어떻게 먹었는지 상상이 되지 않는다. 어떻게 보면 전근대사회에서 아주 심각한 흉년을 당했을 때 초근목피로 연명하던 모습을 이 글에서 살펴볼 수 있는 것이다.

무조건 쌀만 많이 생산하면 된다는 획일적인 정책으로 농촌의 가내수공업이 파괴되고, 지력을 회복하고 흉년을 대비한 구황작물 등을 마련하기 위해 행해지던 농업의 다각경영은 완전히 파괴되었다. 대신 쌀만 생산하는 쌀 단작농업체계monoculture라는 왜곡된 농업구조가 만들어졌다.

이런 쌀 단작농업체계가 현재 농산물 개방으로 인해 나타나는 우리 농촌의 위기를 배태한 먼 배경이 된다고도 할 수 있다. 산미증식계획의 결과, 많은 농토가 쌀을 짓는 농지로 바뀌었다. 그 결과 오늘날까지도 상대적으로 쌀이 차지하는 비중이 큰 구조를 이루고 있다. 따라서 쌀 개방으로 인한 영향을 다른 나라보다도 훨씬 크게 받을 수밖에 없도록 되어 있다. 이것도 식민지 지배의 산물이 아닌가 하는 생각이 든다.

결국 산미증식계획이라는 것도 일본 도시노동자들의 식량문제를 해결하고 일본 내 과잉자본의 투자지를 확보하기 위해서 조선 농민을 토지상실과 굶주림의 구렁텅이로 몰아넣은 대표적인 식민지 경제정책의 하나였다.

3 식민지 근대화, 시혜인가? 굴레인가?

식민지라는 억압구조 아래에서 일제가 만들어 놓은 일부의 근대화 시설은 결코 우리에게 베풀어진 시혜가 아니라 오히려 우리의 산업구조를 왜곡시켜 오늘날까지도 종속적이고 타율적인 경제구조를 벗어나기 어렵게 만든 역사의 굴레였다는 점을 분명히 알아야 한다.

조선의 근대화

지금도 대다수의 일본인들은 자신들이 우리나라를 식민지로 지배했기 때문에 한국이 오늘날과 같은 근대화를 할 수 있었다고 생각한다. 이런 일본인의 주장에 우리나라 정치가나 경제인, 심지어는 학자들도 동조하는 사람들이 있다. 더욱이 시간이 지날수록 이런 경향이 '학문'이란 이름하에 줄어들기는 커녕 오히려 늘어나는 것처럼 보이기도 한다.

이런 경향은 우리 경제의 양적 성장을 중시하는 데서 나온다. 우리나라에 산업화가 시작된 1930년대는 우리나라 경제에 큰 변화가 일어났던 때이기도 하다. 회사가 늘어나고 기업의 수가 늘어나고 그에 고용되는 노동자의 수도 크게 늘어나는 등 산업화의 여러 측면이 골고루 나타났다. 그래서 당시에도 일본 제국주의는 이런 변화를 조선의 근대화이자 산업혁명이라고 자화자찬하기도 했다.

여기에 현혹되어 많은 우리 조선인 자본가들과 민족개량주의자들이 친일파로 전락하는 현상도 나타났다. 식민지 상황에서도 자본주의적인 근대화를 달성할 수 있다는 주장이 당시 여러 사람들 사이에서 폭넓게 받아 들여졌다. 요즘 나오는 이른바 '식민지 근대화론'은 1930년대 일본인과 친일파가 했던 주장이 현대에서 그대로 재판되고 있는 것이나 다름없다.

그 당시의 친일파들은 조선인이 일본인처럼 생각하고 일본인처럼 활동하고 일본 천황에게 충성을 바치면 조선인도 일본인 못지않게 잘 살 것이라는 환상에 빠져 있었다. 그러나 이런 주장은 자본주의적 근대화를 지상과제로 설정하고 그것을 위해서는 우리 민족 자체가 말살되어도 좋다고 하는 매국적이고 매족적인 주장일 따름이었다.

식민지시기에 경제 발전이 있었다 해도 그것은 일본인의 것이었지, 한국인의 것은 아니었다. 제2차 세계대전에서 일본이 패망하고 우리나라 경제가 일본으로부터 해방되었지만, 우리에게 남은 것은 폐허나 다름없었다. 게다가 6·25 전쟁을 거치면서 한국인 경제는 사실상 무無에서 시작하였다. 이런 점들만 보더라도 그들의 주장이 사실무근이라는 것을 알 수 있다.

영향과 혜택

무조건 잘 살기만 하면 좋다는 그런 것보다는 어떤 국가, 어떤 체제 안에서 누가 중심이 되어서 잘 사느냐 하는 것이 더 중요하지 않을까? 왜냐하면 우리는 돼지가 아니고 인간이며 더구나 자존심을 갖고 있는 엄연한 민족이기 때문이다. 그래서 목적보다는 방법과 과정이 중요할 수도 있다는 것이다. 그럼에도 불구하고 일제의 식민지 지배가 조선의 근대화에 기여했다는 주장이 지금도 존재하고 오히려 늘어가고 있는 까닭은 도대체 무엇 때문일까?

그것은 아무래도 1970년대 이후에 우리나라 경제가 외형적으로 급속한 성장을 이룩했기 때문이다. 그때부터 일본 내의 대다수 사학자들이 우리 경제의 발전이 바로 일본의 식민지통치 덕분이라는 이야기를 꺼내기 시작하였다. 그런 주장들에 대해 우리나라에서는 별 반응을 보이지 않는데, 근래에 들어 대단히 유감스럽게도 우리나라 학자들 가운데서도 일본인들의 주장에 공감하는 사람들이 조금씩 나타나고 있다.

일본인들이 주장하는 요점은 일본이 우리를 식민지로 지배하면서 한국인들에게 근대적 기업을 경영하는 방법이라든가 근대적 기업에서 일하는 기술 등을 가르쳐 주었으며, 철도나 도로·항만과 같은 근대적 산업시설을 건설해 주었는데, 그것이 해방 이후 한국경제를 건설하는 데 중요한 인적·물적, 나아가 정신적인 자원으로까지 기능하였다는 것이다.

그러나 '영향'과 '혜택'은 구분되어야 하지 않을까? 우리나라가 근대화하고 산업화하는 데 식민지 시대의 산업화 경험이 영향을 주었던 것은 사실이나 그 영향은 좋은 방향으로 작용한 것이 아니라 오히려 정반대 방향, 즉 아주 나쁜 방향으로 작용하였다. 말하자면 그 영향이 곧 혜택은 아니었다. 식민지 산업화는 시혜라기보다는 폐해를 만들어 내는 가장 근원적인 요소였다.

식민지 산업화의 경험은 우리 경제구조 자체를 취약하게 만드는 등 심각한 문제들을 남겼다. 대외의존적 경제구조와 정경유착, 재벌기업의 문어발식 경영과 횡포, 중소기업의 위축, 장시간 노동을 비롯한 열악한 노동조건 등이 왜곡된 식민지 산업화의 영향 탓이었다. 어찌 보면 정말 못된 점만 배운 셈이다. 우리가 해방 이후 경제성장을 했다고 한다면 그것은 오히려 일제의 이런 못된 경제적인 폐해를 극복한 성과라고 할 수 있다.

식민지 산업화의 목적

누구의 주장이 옳은가는 1930년대의 식민지 산업화·공업화가 어떤 배경에서 어떤 방식으로 진행되었는가를 살펴보면 자명해진다. 1930년대 식민지 산업화는 우리의 필요에 의해서 또 우리 경제의 발전과정에서 자연스럽게 이루어진 것이 아니었다.

1929년에 세계경제공황이 일어나자 당시 선진자본주의 각국은 공황을 극복하기 위해서 여러 가지 방안을 강구하였다. 예를 들면, 미국처럼 영토가 넓고 자원이 풍부하고 국내에 개발의 여지가 많은 나라에서는 뉴딜정책과 같이 국내 수요를 창출하는 정책을 채택하였다. 반면에 영국이나 프랑스처럼 자국 내에 별다른 추가 투자의 여지가 없었던 나라에서는 식민지와의 경제적 연계를 강화하고 다른 나라와 자국 식민지간의 관계를 단절시키는 블럭경제화 정책을 추진하면서 공황에 대처해 나갔다.

그러나 일본이나 독일·이탈리아 등 영토도 좁고 식민지도 상대적으로 적은 나라들은 심각한 곤란을 겪게 되었다. 일본만 하더라도 당시 영국의 식민지였던 인도라든가 프랑스·네덜란드의 식민지였던 인도차이나·인도네시아 일대 지역과의 무역이 크게 줄어들었고 미국으로의 수출도 마찬가지로 줄어들었다.

따라서 일본이 취할 수 있는 방법은 새로운 식민지를 창출하는 한편, 국내에 남아도는 자본을 식민지에 본격적으로 투자하는 것밖에 없었다. 1931년 중국 동북 지방을 침략하여 일본의 괴뢰 정권인 만주국을 세운 것이나, 식민지 조선에 산업투자를 확대한 것도 모두 공황으로 인한 일본 자본주의의 위기를 극복하기 위한 방편이었다.

결국 제국주의 국가들은 각각 자신들이 처한 상황에 따라 세계대공황을 극복하는 방법이 달랐는데 일본은 우리나라에 대한 식민지적 경영을 더욱 강화하는 식으로 나타날 수밖에 없었던 것이고 그 결과가 바로 식민지 산업화였다.

식민지 산업화의 실상

공황의 피해가 가장 심각했던 1930년대 전반기에는 그 피해를 가장 많이 받았던 일본의 낙후산업, 즉 면방직공업이나 제사製絲공업이 주로 조선의 값싼 노동력과 값싼 원료를 노리고 진출해 들어왔다. 그래서 영등포 일대에 대규모 방직공장이 많이 들어선다. 이어 북부산악지대의 풍부한 수자원을 이용하여 값싼 전력을 얻기 위해 발전시설들도 많이 건설되었다. 이처럼 면방직공업과 전기사업 부분에 많은 일본인 기업들이 진출해 들어옴으로써 산업화의 단초가 마련되었다.

당시 총독부는 이렇게 진출해 오는 일본 기업들에게 최대한의 이윤을 보장해 주기 위해 어떤 행동도 마다하지 않았다. 금리를 낮춰 주고 적자를 볼 경우 보조금도 주고 그들 회사에서 노동운동이 일어나지 않도록 노동운동을 무자비하게 탄압하는 등 이들이 마음 놓고 기업 활동을 할 수 있도록 온갖 배려를 아끼지 않았다. 말하자면 일본 기업가들의 천국이 된 셈이었다.

한편 일제는 총독부 정책에 적극 협조하는 한국인 기업가들에게는 만주에 투자할 수 있도록 알선해주거나 낮은 금리의 자금을 융자해 주는 조치를 취하였다. 이는 일본의 침략전쟁에 한국인들을 끌어들이려는 정치적 계산에 따른 행동이었다. 물론 일제는 1920년대에 들어서면서 조금씩 한국인 기업가들 가운데 일부를 친일파로 만들기 위한 작업을 해 왔지만 이때가 되면 아주 노골적으로 끌어들였다.

그러나 이런 방법을 통해서도 일본의 경제는 그렇게 호전되지 않았다. 만주사변에 대해서 국제연맹은 일본의 행위를 불법적인 침략행위로 규정해 규탄하였고, 미국·영국 등은 경제제재 등의 조치로 일본에 항의하였다. 만주를 점령하기는 했지만 선진 각국과의 경제교류는 더한층 줄어들었다. 따라서 일본은 더 많은 식민지를 확보하는 수밖에 없었다. 1937년의 중일전쟁과 1941년의 태평양전쟁은 그 결과로 나타난 것이다. 중일전쟁이 발발함에 따라, 일본의 입장에서 당장 급한 것은 전쟁 물자의 생산이었다. 그리하여 그 이후로 조선에 대한 투자는 면방직공업이나 전기공업 대신 직접 무기를 만드는 군수산업부문에 집중되었다.

병참기지화정책

일제의 식민지 경제정책을 거칠게 정리해 보면 다음과 같다. 식민지를 확보하자 재원 조달을 위해서 토지조사사업을 벌이고, 일본이 공업화되어서 값싼 쌀이 필요하니까 산미증식계획을 하여 쌀을 반출해 가고, 그러다가 산업화로 인한 공황 속에서 투자할 자리를 찾다 보니까 우리나라에 산업화정책을 취하고, 그것도 안 되어서 식민지전쟁을 벌여야 하니까 이제는 우리나라의 산업시설을 군수시설로 만들었다고 할 수 있다. 한마디로 자국의 이익을 위해서 우리나라 경제를 좌지우지하였다. 이렇게 볼 때 대륙침략을 위한 병참기지화정책은 일제가 취했던 마지막 경제정책이 되었던 셈이다.

병참기지화정책은 조선 땅을 대륙 침략을 위한 군수병참시설로 만드는 것이었다. 따라서 군수산업에 각종 특혜를 베풀어 준 반면, 일반 소비재산업에는 여러 가지 규제를 가하였다. 모든 생산요소는 총독부의 일방적 지시에 따라 총독부가 요구하는 부분에 배치되어야 하였다. 군수산업에는 각종의 면세조치와 특혜금융, 보조금 지급 등을 통해서 엄청난 폭리를 안겨준 데 반하여 그 밖의 산업에는 금융규제와 세금징수, 원료 등의 규제를 통해 경영 자체를 곤란하게 만들었다.

그 결과, 어쨌든 외형적으로는 공업생산이 크게 증가한다. 그러나 총독부의 지시에 따라서 투자가 결정되고 금융방법이 결정되고 하는 이런 상황에서 기업가의 창의성이나 건전한 경쟁 등 자본주의가 지니고 있는 장점은 나타날 수 없었다. 오직 총독부의 일방적 명령에 얼마나 충실히 따를 것이냐, 총독부 관리와 얼마나 친하냐 하는 것이 기업이 살아남느냐, 살아남지 못하느냐를 결정하는 기준이 될 정도였다. 결국 기업들은 완전히 총독부 권력에 예속되어서만, 일본 제국주의의 지시에 충실히 따라야만 살아남을 수 있었다. 말하자면 기업들에게 해바라기성 소질을 일찍부터 키워 준 셈이다. 반면 그렇지 않은 기업들은 민족적 차별 때문에 몰락하거나 일본인 기업의 하청을 받는 아주 작은 업체로 쪼그라드는 길을 걷지 않을 수 없었다.

식민지 근대화의 허상

이렇듯 1930년대의 식민지 산업화는 공업생산액이 증가했다든가 회사의 기업자본이 증가했다든가 또는 노동자의 숫자가 늘었다든가 하는 외형적인 성장은 분명히 있었지만, 한국의 경제를 군수공업만이라고 하는 기형적이고 왜곡된 경제구조, 그리고 일본 자본이 없이는 운영이 불가능한 대외의존적인 경제구조, 나아가 총독부 관료와 결탁하지 않고서는 성장할 수 없는 정경유착적인 구조로 만들어 놓았다. 한마디로 경제구조의 총체적 왜곡이었다. 결국 오늘날 우리가 안고 있는 경제 문제의 상당 부분이 식민지 산업화에 그 연원이 있었던 것이며 식민지적 기업정신의 산물이라고 할 수 있다.

식민지라는 억압구조 아래에서 일제가 이루어 놓은 일부의 근대화시설은 결코 우리에게 베풀어진 시혜가 아니라 오히려 우리의 산업구조를 왜곡시켜 오늘날까지도 종속적이고 타율적인 경제구조를 벗어나기 어렵게 만든 역사의 굴레였다는 점을 분명히 알아야 한다. 경제가 발전하고 사회가 발달하는 것도 좋지만 중요한 것은 우리들 스스로의 힘에 의해서 민주적인 절차를 거쳐서 이룩해야 한다는 사실 아닐까?

식민지 조선과 제국 일본의 연계

앙드레 슈미트Andre Schmid는 일본근대사는 내지만의 역사로 따로 떼어낼 수 없고 식민지와의 '관계' 속에서 설명되고 분석되어야 한다고 주장한다. 그동안 일본사에서 '조선 문제'는 외국의 역사일 뿐이었다. 메이지 시대의 성취가 아시아와 관계없이 이루어졌다고 보면서, 일본의 식민지배가 동아시아에 평화, 질서, 그리고 발전을 가져왔다고 믿어 왔다. 하지만 최근 연구에 따르면, 일본의 산업화를 이끈 조건의 중심에 식민지가 있었고 식민지배가 근대 일본사를 이끈 결정적 동력이었다고 주장한다. 그리하여 식민지 조선과의 관계를 일본 근대 형성의 중요한 요소로 볼 때 비로소 일본 연구를 지배해 왔던 제국적 시각의 문제점을 피할 수 있다고 본다.

이런 주장은 우리에게도 그대로 해당한다. 우리 역시 식민지시기 역사를 연구할 때 제국, 즉 일본 본토와 별개로 보아 왔다. 따라서 이제부터라도 그것을 식민지와 제국의 상관성 위에서 보아야겠고, 또 그렇게 볼 때 비로소 식민지 근대화의 의미, 즉 "수탈인가? 시혜인가? 아니면 또 무엇인가?"라는 문제도 제대로 볼 수 있을 것이다.

　20세기 전반기의 역사는 분명히 식민지 조선과 제국 일본이 연계된 역사이며, 식민지와 제국을 침투할 수 없는 별개의 공간이 아니라 이질적이면서도 서로 연결된 공간으로 살필 때 식민지 역사에 대한 바른 이해가 가능할 것이다. 즉 시각의 확대뿐 아니라 공간인식의 확대가 필요하다. 그런 점에서 식민지와 제국을 분절分節이 아니라 결절結節에서 살필 때 식민지 시대상에 대한 연구 수준을 한 단계 상승시킬 수 있을 것이다.

4 문화통치

KOREA

문화통치는 일제가 폭력적인 식민지배를 완화한 것이 아니라 한층 더 교활하고 기만적인 방식으로 식민지 조선을 지배하기 시작했다는 것을 의미할 뿐이다. 문화통치로 인해 식민지 조선 사람들의 처지가 달라진 것은 아무 것도 없었다.

문화통치에 대한 오해

우리는 일제 강점기 식민정책의 변화를 흔히 1910년대는 무단통치, 1920년대는 문화통치, 1930년대 이후는 황국신민화정책에 기반한 민족말살통치로 각각 구분한다. 구분은 구분일 뿐, 강점기 내내 일제의 식민지배는 사실상 달라진 것이 없었다. 오히려 점차 더 강화되어 갔다. 그럼에도 불구하고, 특히 1920년대의 문화통치에 대해서는 '문화'라는 말에 현혹되어 오해가 있다. 즉 3·1 운동에서 보여 준 우리 민족의 거족적 저항으로 인해 일본제국주의가 양보하여 식민지배의 강도를 낮춘 유화정책이라고 보는 경향이 있다.

《조선일보》나 《동아일보》와 같은 민족지의 창간을 허락한다든가 학교의 교사들이 제복을 벗고 칼을 내려놓는다든가 등등 겉으로는 꽤 완화되는 모습을 보였다. 이런 모습의 변화 때문에 일본의 지배정책이 이 시기에 와서 느슨해졌다거나 우호적이 되었다거나 하고 생각하기 쉽다. 그러나 실제는 전혀 그렇지 않았다. 우리나라를 그들의 식민지로 영구지배한다는 원칙에서 달라진 것은 아무것도 없었다.

문화통치라 해서 일본제국주의가 1910년대 이래 조선에서 취해 왔던 민족 말살과 동화주의라는 지배정책의 기본방침을 결코 포기한 것이 아니었다. 다만 독립운동이 크게 앙양되니까 종래에 무력을 써서 노골적으로 탄압하던 데에서 벗어나 '문화의 창달과 민력民力의 충실'이라는 슬로건을 내걸면서 유화적인 제스처를 취했을 뿐이다. 이는 더욱 교활한 분열지배정책에 불과하였다. 상황이 변하니까 그 변화에 맞추어 통치전략을 수정한 데 따른 것이었다. 따라서 또 상황만 바뀌면, 즉 무단적 억압이 그들의 목적 달성에 효과적이라고 판단한다면, 언제든지 바뀔 수 있는 그런 변화에 지나지 않았다.

문치교화, 문명개화, 그리고 문화통치

문화통치를 보다 정확히 이해하기 위해서 먼저 '문화文化'라는 말부터 살펴볼 필요가 있다. '문화'라는 말은 서양어인 컬처Culture를 번역하기 위해 새로 만들어 낸 말은 아니다. 아주 오래 전부터 써 오던 말이다. 그때 문화는 무슨 뜻이었을까? 그때의 문화는 '문치교화文治教化'의 의미를 지녔다. 문치교화를 줄여서 문화라 하였다. 문치교화는 위력威力이나 형벌을 쓰지 않고 백성을 가르쳐 인도한다는 뜻이다. 다시 말하면 무武가 아닌 문덕文德으로 교화한다는 뜻이다. 과거 김영삼 정부가 그 이전 군 출신 대통령과 구별하기 위해 내세웠던 '문민정부'라는 말도 같은 뜻을 지녔다.

1920년대 일제는 그들의 통치를 '문화통치'란 말로 포장하였다. 문화통치의 문화는 다분히 문치교화의 의미를 지닌다. 그 전인 1910년대를 '무단통치'라고 부른다는 사실을 떠올리면 왜 문화통치의 문화가 문치교화의 의미인지 금방 이해가 갈 것이다.

한편 1898년 창간된 《황성신문》을 보면 '문화'라는 말이 몇 군데 눈에 띈다. "개명인·부강국을 만드는 학교를 개진改進 문화의 일대 문로門路로 본다."라든가 "문화를 수용하여 제조공업의 강구講究와 광산·어렵의 학술지도로 생산방법을 개진한다."는 등의 문맥에서 썼다. 그 어감으로 볼 때 여기서의

문화는 문명Civilization과 같다. 그러니까 이때 문화란 '문명개화文明開化'의 의미를 지닌다. '문명개화＝문화'로 받아들이는 이해는 1920년대까지도 이어졌다.

1920년 당시 《동아일보》의 창간 정신 중 하나가 "문화주의를 제창함"이었다. 문화주의가 운위되는가 하면 문화운동이란 것도 일어났다. 문화운동의 가시적인 목표는 조선민중의 실생활조건을 향상시키는 것이었고, 그러기 위해 급한 것은 조선인 자체의 생산력 발전을 기하는 것이었다. 물산장려物産獎勵나 금주단연禁酒斷煙 등은 그런 목적을 갖는 생산력 양성운동이었다. 생산력 양성이란 다름 아닌 실력 양성이었다. 따라서 문화주의가 추동한 문화운동은 당연히 실력 양성으로 이어졌다. 이때의 문화는 그런 점에서 다분히 문명개화의 의미를 지녔다. 이처럼 문화주의와 문화운동, 즉 실력양성운동과 함께 내세웠던 일제의 문화통치에는 문명교화로서의 문화의 의미도 포함하고 있었다.

총독부 관제개혁

일제는 문화통치를 표방하면서 유화적인 제스처를 취하였다. 그 가운데 대표적인 것이 총독에 무관뿐만 아니라 문관도 임명할 수 있다고 표방한 것이었다. 그 이전까지 총독은 육·해군 대장을 임명해 왔었는데 이제 문관 출신도 총독이 될 수 있게 하겠다는 것이었다. 그렇지만 1920년대 이후 1945년까지 문화통치를 제창한 사이토 마코토齋藤實 총독을 비롯하여 6명의 총독이 임명되었지만 문관 출신은 단 한 명도 없었다. 그들이 내세운 명분이 얼마나 허구적인가를 명백히 드러내는 증거다.

또한 총독부 관제개혁에는 헌병경찰제도를 폐지하고 보통경찰제도를 실시하며 교원들이 금테제복을 입고 대검을 착용하던 것을 폐지한다는 내용도 들어 있었다. 그러나 헌병경찰제도가 보통경찰제도로 바뀌었다고 해서 결코 탄압이 완화되었던 것은 아니었다. 즉 헌병은 종래의 경찰업무에서 벗어나서 본연의 군사업무에 전념할 수 있도록 하면서 대신 경찰과 군대는 더욱 증강해서 항일민족운동이 고조되던 사태에 대처하였다.

실제로 군대의 경우 1920·21년에 각각 최소한 2,400명 정도가 증강되었고 경찰관서의 숫자는 1919년 736개에서 1920년 2,746개로 늘어났다. 이것은 당시 1개 면에 1개 주재소를 설치했기 때문이었다. 또 경찰관수는 6,387명에서 20,134명으로 3배 이상 증가하였다. 결국 총독부 관제개혁이란 양두구육羊頭狗肉 식의 기만정책에 지나지 않았다.

치안유지법과 특고경찰제도

문화통치가 기만적이었다는 것은 1925년에 치안유지법이 공포되는 데서도 잘 알 수 있다. 1920년대 중반에 들어서면서 민족주의운동과 사회주의운동이 크게 앙양되었다. 당시 일제의 법에는 이런 민족운동을 탄압할 수 있는 근거가 없었기 때문에 이를 위해 새로 치안유지법을 만들었다. 이 법에서는 일본제국주의를 전복하거나 사유재산제도를 부인할 목적으로 결사를 조직하거나 가입한 자에게는 사형·무기징역 또는 5년 이상의 징역에 처할 수 있도록 하였다.

또한 일제는 특고特高경찰제도와 밀정제도를 만들었다. 3·1 운동이 은밀히 준비되어 전국적으로 크게 일어날 수 있었던 것은 이를 미리 제압할 수 있는 특별한 경찰제도가 없었기 때문이라고 보았다. 그래서 만들어진 특고형사나 밀정들은 그 악랄함으로 악명이 높았다. 어쨌든 경찰간부·특고형사·사복순사·제복순사·밀정 등이 총동원되어 독립운동가와 애국자를 항상 미행·사찰하고 불심검문하고 예비검속하였으며, 조선인의 생활 모든 부분에 파고들어 그들의 행동과 사상을 철저하게 속박하였다.

지방제도의 개정

한편 일제는 민의民意의 창달과 장래 지방자치에 대한 훈련이라는 명분 아래 지방제도를 개정하였다. 이 작업은 1920년대부터 1930년대 전반까지 계속되었다. 1920년대에는 이전에 임명제로 해 왔던 각 지방의 자문기관인 참사參事제도 대신에 새로운 자문기관인 부협의회·면협의회·학교평의회·도평의회를 설치하였다.

이 협의회에는 조선 사람뿐만 아니라 일본 사람들도 같이 참여하였다. 그러나 각 협의회 의원들이 모두 선거로 선출된 것은 아니었다. 부(府, 지금의 市)와 면협의회의 일부에서 선거가 행해졌을 뿐이고 학교평의회나 도평의회는 모두 임명제였다. 또한 의원을 뽑을 수 있는 선거의 자격도 25세 이상의 남자로서 1년 이상 동일 지역에 거주하면서 세금을 5원 이상 납부한 자로 제한하였다. 따라서 각 부와 면에서 선거권을 가질 수 있는 자는 모두 합쳐 봐야 일본인 7,650명, 조선인 6,340명에 불과하였다.

결국 지방자치에 참여할 수 있는 자는 부유한 일본인이나 조선인 지주, 자본가·상인·관리 등 친일적인 조선인 유력자로 한정되었다. 따라서 의회라는 이름은 붙였지만 우리가 보통 이야기하는 민주주의의 바탕, 즉 풀뿌리 민주주의로서의 지방의회와는 전혀 성격이 달랐다. 말하자면 민족의 분열을 유도하는 장치로서 기능했을 뿐이지, 민주주의적인 지방행정과는 전혀 거리가 먼 것이었다.

　또한 일제는 조선인 관리도 많이 임명하겠다고 선전했지만 이것 역시 제대로 이루어지지 않았다. 총독부 관리의 경우 전체 정원을 431명에서 707명으로 증원했지만 그 가운데 조선 사람은 겨우 10명에 불과하였다. 또 각 지방의 도청에 소속된 관리의 경우 471명에서 2,079명으로 정원이 크게 늘었지만 조선인 관리는 약 100명 내외에 지나지 않았다. 부와 군도 정원이 2,298명에서 2,841명으로 늘었지만 조선인은 199명에서 299명으로 늘어났을 뿐이었다. 따라서 조선인의 관리 등용은 그 이전과 크게 다를 바가 없었다.

친일파 육성

지금까지 문화통치의 허상들을 살펴보았다. 일제가 '문화통치'라는 이름으로 지배정책을 바꾼 것은 다음과 같이 비유할 수 있다. 일제의 식민지배를 솥에 비유하고 우리 민족의 민족해방의 열기를 그 안에 갇혀 있는 물이라고 보자. 이때 물이 펄펄 끓는데도 뚜껑을 억지로 닫아 두면 끝내는 폭발해서 솥까지도 망가져 버린다. 그래서 일제가 3·1 운동을 통해서 끓기 시작한 민족의 열기를 적절히 억누르기 위해서 뚜껑을 살짝 열어 김을 빼 주는 정도의 변화를 시도하였다. 바로 김 빼기 작전, 그것이 문화통치였다고 보면 틀림없다.

　이렇게 솥뚜껑을 살짝 열어서 증기가 빠져나가게 함으로써 솥, 즉 식민지배라는 틀을 유지하는 방식이 문화통치의 일면이었다. 거기에서 일제는 한 걸음 더 나아갔다. 즉 끓는 물속에 찬 물이라는 이질적인 것을 집어넣어서 열기를 직접 식히는 그런 방법도 있었다. 그것이 바로 민족분열정책, 곧 친일파의 육성이었다.

　일제는 1910년 조선을 완전히 병합한 뒤에 친일파들에 대해서 특별한 대우를 해 주지 않았다. 무단통치를 했기 때문에 친일파도 그렇게 필요하다고 생각하지 않았다. 그러나 3·1 운동을 겪으면서 조선 내에서 친일분자를 키우는 것이 얼마나 중요한가를 뼈저리게 느끼게 된다. 따라서 3·1 운동 이후에는 이와 같은 친일파를 적극 육성하는 쪽으로 통치방식을 바꾸었다.

일제는 지방자치제도를 통해서 친일분자를 양성했을 뿐만 아니라 귀족·양반·유생·실업가·교육가·종교가들 가운데 지도적인 위치에 있는 사람들을 친일분자로 적극 끌어들였다. 또한 각종 사회단체 안에도 친일분자를 심어서 그 단체를 친일적인 단체로 바꾸게 한다든가 직접 친일단체를 조직하게 한다든가 하는 등의 다양한 방식으로 친일파 및 친일단체를 키워나갔다. 말하자면 중국이 오랑캐를 지배하던 방식인 이이제이以夷制夷 방식과 비슷하다고 할 수 있다.

민족동화교육의 강화

일제는 조선의 교육에도 각별한 관심을 기울였다. 세살 적 버릇이 여든까지 간다고 아이들을 대상으로 내지內地(즉 일본 본토)연장주의에 입각한 민족동화정책을 강력하게 추진하였다. 이는 1922년에 공포된 〈신교육령〉에 잘 나타나 있다. 사이토 총독은 이 〈신교육령〉을 발표하면서 "이번에 새로이 사범교육 및 대학교육을 첨가하고 또 보통교육과 전문교육의 정도를 높여 내지와 조선 공통의 정신에 기초한 동일한 제도 아래에서 시설의 완비를 기하기에 이르렀다."고 선전하였다.

그러나 형식상으로는 그렇게 되었는지 모르지만 실제 내용상으로는 오히려 조선의 민족적인 자각과 독립사상을 없애고 일본인으로 완전히 동화시켜 황국의 신민을 만들기 위한 교육이 이루어졌다. 또한 대학도 당장 설치되지는 않았다. 교과과정에서도 일본어 시간이 늘고 조선어 시간은 줄어들었으며 일본의 역사와 지리 시간은 증가하고 직업교육이 첨가되었다. 교육을 받을 기회가 없던 조선인들이 조금이라도 교육을 받게 되었다고 하면 언뜻 보기에는 매우 좋아진 것 같으나 이런 교육이라면 차라리 배우지 않으니만 못한 것이었다.

당시 교과서로 사용되었던《보통학교 국사》에 한국병합에 관한 서술이 있다. 이것을 보면 그들이 교육을 통해서 노렸던 목적이 무엇인가를 정확하게 이해할 수 있을 것이다.

> 조선인 중에서도 열렬히 병합을 희망하여 양국 정부에 청원하는 자가 점점 많아졌다. 한국 황제 역시 이를 생각하게 되면서 민의를 참작하여 메이지 48년 8월 통치권을 천황에게 이양할 것을 여쭈어 제국의 신정新政에 의해 점차 인민의 행복이 증진하게 되었다. 천황 또한 병합의 필요를 인정하게 되어 한국 황제의 신청을 받아들여 영구히 한국을 병합시켰다. … 실로 메이지천황은 아버지가 자식을 생각하듯이 깊은 애정으로 조선 인민의 행복을 생각하셨다. 이때부터 반도의 인민은 모두 제국의 신민이 되어 황실의 위덕을 추앙하게 되었으며, 동양평화의 기초는 점점 다져졌다.

우리 민족이 진정으로 원해서 일본인이 마지못해 식민지로 해 주었다는 식의 내용이다. 적반하장도 유분수라는 말을 이럴 때 쓴다. 바로 이런 데서도 문화통치의 기만적인 속성이 잘 드러난다고 할 수 있다.

결국 문화통치는 일제가 폭력적인 식민지배를 완화한 것이 아니라 한층 더 교활하고 기만적인 방식으로 식민지 조선을 지배하기 시작했다는 것을 의미할 뿐이다. 문화통치로 인해 식민지 조선 사람들의 처지가 달라진 것은 아무것도 없었다.

5 조선사편수회

조선사편수회는 일제가 우리나라 역사를 왜곡하기 위해 만든 어용기관으로 식민주의 역사학 또는 식민사관을 만들어 낸 온상이었다. 식민사관은 한마디로 일제가 식민지 경영을 합리화하고 나아가 대륙 침략을 도모하기 위해 만든 왜곡된 역사인식이다.

식민사관의 형성

1925년 설립되는 조선사편수회는 일제가 우리나라 역사를 왜곡하기 위해 만든 어용기관으로 식민주의 역사학 또는 식민사관을 만들어 낸 온상이었다. 이 조선사편수회를 살펴보기 전에 먼저 식민사관에 대해 짚고 넘어가자. 식민사관은 한마디로 일제가 식민지 경영을 합리화하고 나아가 대륙 침략을 도모하기 위해 만든 왜곡된 역사인식이다. 식민사관의 내용을 이루는 역사의 왜곡은 그 전통이 오래되어 일본의 고대에도 있었지만 구체화한 것은 17세기에 들어와서였다.

일본은 개항 이전인 에도江戶시대부터 본격적으로 조선에 대한 연구를 진행시켰는데 그때 이미 태고시대부터 일본이 조선을 지배했다는 견해가 제기되고 있었다. 그리고 이런 주장은 메이지 유신 이후 일본이 근대화하기 위해서는 먼저 한국을 정복해야 한다는 정한론征韓論이 대두하는 유력한 사상적 토대가 되었다.

정한론 대두 이후 일본은 1880년대부터 본격적으로 대륙침략을 준비하였다. 그리하여 우리나라의 육군본부에 해당하는 참모본부에서 대륙침략을 위한 현지조사에 착수하면서 젊은 장교들을 동아시아 각지에 파견하였다. 그때 사코우 카게아키酒匂景信라는 중위 계급의 한 장교가 만주에서 광개토대 왕비를 탁본해 오자 참모본부는 한학자들을 동원하여 연구를 시켜 1889년 《고구려비출토기高句麗碑出土記》를 편찬·발표하였다. 그 내용은 물론 고대에 일본이 한반도에 출병해서 남한 지방을 지배했다는 것으로 대륙침략정책과 잘 부합되는 것이었다.

그 이전인 1882년에도 참모본부는 《임나고任那考》라는 책을 편찬해 일본이 4세기 후반부터 한반도 남부 지역에 진출하여 6세기 중반까지 식민지로 지배 하고 특히 가야 지역에는 임나일본부任那日本部라는 통치기관을 두었다는 설, 즉 임나일본부설을 주장하였다.

이처럼 일본에서의 한국사 연구가 대학에서 학자들에 의해 학문적 관점에 서 시작되지 않고 참모본부라는 군대에서 먼저 시작했다는 사실에서 그 역 사 연구의 동기가 어디에 있었는가를 잘 알 수 있다. 결국 일제의 한국사 연 구는 순수한 학문적 관심이나 목적이 아니라 오로지 한국 침략을 위한 정보 의 수집, 분석, 왜곡의 차원에서 이루어졌다.

타율성론과 정체성론

일본에서 한국사를 본격 연구하기 시작한 것은 1887년 동경제국대학에 사 학과가 설치되면서부터였다. 이 대학 한국사 연구의 선구를 이루는 사람은 하야시 다이스케林泰輔였다. 그는 1892년에 《조선사》 5권을 저술하여 침략적 인 식민사관에 의한 역사서술의 선례를 제공하였다. 이 책에서 그는 단군조 선의 실재를 부정하고 특히 삼국 이전에 이미 임나일본부라는 일본의 식민 지가 있었다고 하는 등 조선의 역사가 중국과 일본의 식민지로부터 시작되었 다는 이른바 타율성론을 본격적으로 전개하고 있다.

또한 기업에서도 한국사 연구를 행하였다. 일제가 러일전쟁의 승리로 획득한 만주철도를 관리하기 위하여 설치한 남만주철도주식회사滿鐵 내에 1908년 만선역사지리조사실을 설치함으로써 침략적인 조선사 연구가 더욱 체계적으로 이루어지게 되었다. 이 조사실은 만주 및 조선의 지리와 역사를 조사하는 것이 그 임무였지만, 실제로는 그들의 대륙정책을 합리화하기 위한 학문적 기초를 확보하려는 데 그 목적이 있었다.

이렇게 해서 일제는 병합을 전후하여 식민사관을 체계화시켰다. 그 틀은 크게 타율성론과 정체성론으로 나누어 볼 수 있다. 타율성론은 한국의 역사가 자주적인 역량에 의해 자율적으로 이루어진 것이 아니라, 외세의 간섭과 압력에 의해 타율적으로 이루어졌다고 하는 논리이다. 말하자면 한국의 고대사를 볼 때 북쪽은 기자·위만·한사군 등의 중국 세력이 지배했고, 남쪽은 남선경영설 또는 임나일본부설 등에 의거해 일본 세력이 지배하고 있었다는 주장이다. 일본과 한국의 조상이 같다는 일선동조론日鮮同祖論도 이런 논리의 연장선상에서 나왔다.

정체성론은 한국의 역사에서 왕조의 교체는 되풀이되었지만 사회경제구조는 아무런 발전이 없었고, 따라서 한국사회는 아직 전근대적인 상태에 머물러 있다는 논리이다. 즉 한국사회는 정체되어 왔기 때문에 20세기 초 조선의 사회경제적 발전 단계는 아직 일본의 고대 말기인 10세기 경의 후지와라藤原시대에 머물러 있다는 것이다.

더욱이 근대사회가 성립되기 위해서는 봉건제의 존재가 필수적인데 조선에서는 봉건제가 결여되어 있기 때문에 근대화가 늦어졌고, 따라서 정체된 조선 사회를 근대화시키기 위해서는 먼저 근대화한 일본의 지도적 역할이 중요하다고 주장하였다. 정체성론 역시 일제의 조선 침략을 합리화 내지 정당화하는 또 하나의 논리였다.

이런 주장들은 지금에 와서는 학문적으로 전혀 타당성이나 설득력을 갖고 있지 못하다. 1960년대 이래의 수많은 연구 성과들이 타율성이니 정체성이나 하는 논리들의 허구를 충분히 증명하고 있기 때문이다. 그러나 그런 논리가 만들어지던 일제 강점기에는 그렇지 않았다. 오히려 세례를 받았던 셈이다. 그런 세례 속에 자란 세대가 두 세대에 걸쳐 있어 왔다. 따라서 그 폐해가 오늘날까지도 곳곳에 심심치 않게 장애물로 등장하곤 한다.

조선사편수회의 설치

조선을 병합하고 난 뒤 일제는 한국민의 민족의식을 말살시키기 위해 민족주의적 시각을 담고 있는 한국역사책들을 일절 통제하는 한편, 총독부를 중심으로 식민사학에 입각한 왜곡된 한국사의 전파에 심혈을 기울였다. 그 수단으로 1916년 총독부 내 중추원에 반도사편찬위원회를 설치하고 《조선반도사》를 편찬할 계획까지 세웠다.

이 반도사편찬사업을 세우는 데 직접적인 충격을 주었던 것은 일제의 한국 침략과정을 아주 상세히, 그리고 체계적으로 서술한 박은식의 《한국통사 韓國痛史》였다. 《한국통사》는 본래 1915년 상하이에서 출간되었지만 한국 내에서 필사본으로 비밀리에 읽히면서 한국인의 민족의식을 고취시키는 데 크게 기여하고 있었다. 이런 점이 일제의 눈에 띄었다. 그러나 중추원이 중심이 되어 소규모로 이루어진 이 반도사편찬사업은 제대로 추진되지 못하였다.

그러던 차에 얼마 안 있어 3·1 운동이 일어나고 그 직후인 1920년에 박은식은 다시 《한국독립운동지혈사 韓國獨立運動之血史》라는 책을 저술하였다. 이 책 역시 국내에 비밀리에 들어와 많이 읽혔다. 책 제목에서도 알 수 있듯이 이 책은 일제의 침략에 대해 저항한 한국민의 피의 역사를 3·1 운동 시기까지 서술하고 있다. 특히 3·1 운동에서의 자신감이 책의 서술에 반영됨으로써 이 책을 읽는 한국민에게 독립에 대한 희망과 자신감을 가지게 했다.

그러자 일제는 "이대로 두어서는 안 되겠다. 이제는 물리적인 탄압보다는 한국의 역사 자체를 왜곡시켜서 사상적으로 조선인들의 민족의식을 말살시켜야 하겠다."는 쪽으로 방향을 바꾼다. 그래서 1922년 조선사편찬위원회라는 독립기구를 설치하여 본격적으로 한국사 왜곡 작업을 추진시켜 나갔다.

이 기구를 더욱 확장하고 또 권위를 높여 만든 것이 바로 조선사편수회였다.

따라서 조선사편수회에는 비중 있는 사람들이 많이 참가하였다. 총독 다음 지위에 있는 정무총감이 조선사편수회 회장을 맡고 이완용·박영효 같은 유명한 친일파와 오다 쇼고小田省吾·이마니시 류今西龍·이나바 이와키치稻葉岩吉 같은 일본인 사학자들이 편수회의 고문으로 들어갔으며, 이능화·최남선·이병도·신석호 등 한국인 학자들도 참여해서 활동하였다.

《조선사》의 편찬

이렇게 설립된 조선사편수회의 대표적인 작업이 바로 《조선사》 편찬이다. 35책 2만 4천여 쪽에 이르는 방대한 양의 이 책은 1925년에 시작하여 1938년에 완성되었다. 그러니까 13년 정도가 걸린 것이다. 이 책은 단순한 통사적인 서술이 아니라 조선사에 관한 사료들을 선별해서 조선사 전체의 기본틀을 꾸려 놓은 것으로 사료집과 같은 성격을 띠고 있었다.

《조선사》가 사료 모음으로 꾸며졌다는 것은 일제의 고등 술책이었다. 왜냐하면 일본인들에게 유리한 자료만 취사선택해서 만들어 놓고는 그 저본이 되는 원사료에 대한 접근을 막음으로써 다양한 역사 해석의 여지를 원천 봉쇄해 버렸기 때문이다. 원사료를 볼 수 없는 대부분의 학자들이 이 책을 가지고 역사서술을 하다 보면 아무리 올바른 의식을 갖고 있다 하더라도 결과적으로 잘못된 역사를 쓸 수밖에 없었다.

비유하자면 우리가 생선요리를 할 때 바다에 가서 마음대로 고기를 잡을 수 있으면 그 고기로 여러 가지 다양한 요리를 할 수 있을 텐데, 그 가운데 몇몇 삐딱한 고기만 골라 어항 속에 넣고서 그 고기만 가지고 요리를 하라고 하면 당연히 요리에 왜곡이 생길 수밖에 없다. 따라서 개인이 아무리 창의적인 능력이 있어도 우리 역사의 올바른 모습을 찾기는 어려웠다.

이 책이 지니고 있는 이런 성격은 당시 《조선사》를 편찬하는 과정에서 열렸던 조선사편수회 위원회의 대화 내용들을 보면 더 확연히 드러난다. 《조선사편수회사업개요》에 들어 있는 최남선과 구로이타 가쓰미黑板勝美 고문 사이의 단군에 관한 대화 부분을 보자.

1934년 7월 30일 중추원에서 제8차 위원회를 개최. 이마이다今井田 회장과 구로이타黑板 고문, 기타 위원, 간사 등이 참석하여 다음과 같은 의견개진이 있었다.

최남선 의원 : 단군과 기자 항목은 조선사의 매우 중요한 부분임에도 불구하고 본회 편찬의 《조선사》에는 그것을 수록하게 되어 있는 제1편에 주註로밖에 나타나 있지 않다. 잔무를 정리하는 경우에 정식편正篇이나 보충편補篇으로 단군과 기자에 관한 사항을 편찬했으면 한다.

구로이타 고문 : 단군과 기자는 역사적 실재인물이 아니라 신화 속의 인물인 것으로 사상적·신앙적 측면으로 발전되어 온 것이기 때문에 사상적·신앙적 측면에서 따로 연구해야 할 사항이며 편년사로는 취급하기 어려운 것이다. ······ 이 점에 대해서 최 의원의 양해가 있으시길 바란다.

우리 역사에서 단군을 부정하려는 일본인들의 의도를 생생하게 읽을 수 있지 않은가. 이처럼 《조선사》는 한국인의 의사는 무시된 채 철저하게 일제 식민사관에 입각해서 만들어졌다.

또한 조선사편수회에는 최남선·이병도·신석호 등 해방 후 한국사학계에 많은 영향을 끼친 사람들이 참여함으로써 식민사관의 영향이 한국사학계에도 이어지는 계기가 되었다. 그 결과, 1960년대에 젊은 연구자들이 새로이 연구를 시작할 때 식민사학의 극복이 가장 중요한 과제가 되었다. 말하자면 식민사학의 극복이 해방 이후 한국사학계가 풀어야 할 가장 큰 과제 가운데 하나였다.

지금도 서점에 가면《조선의 풍수》,《조선의 귀신》,《조선의 오락》등 1930년대 총독부 중추원에서 편찬한 책이 번역되어 일반사람들에게 팔리고 있다. 이 책들이 조선사편수회에서 만든《조선사》와 마찬가지로 식민사관의 입장에서 쓰인 것은 말할 것도 없다. 식민사관의 망령들이 여전히 서점가를 맴돌고 있다. 이런 사실들은 무엇을 의미하는 것일까. 결국 우리사회가 아직도 1930년대 식민지시대의 유산을 극복하지 못하고 있다는 사실을 반증하는 것이 아닐까?

6 황국신민화정책과 내선일체

KOREA

일제는 합방 직후부터 한국 민족을 일본의 신민으로 만들겠다는 동화정책을 끊임없이 추구해 왔다.
1930년대의 황국신민화정책은 민족 말살에 그 궁극적 목표를 두었다. 이는 내선일체라는 허울뿐인
명분을 내세우며 신사참배, 창씨개명, 그리고 징병제 등을 통해 강요되었다.

〈황국신민皇國臣民의 서사誓詞〉

1930년대에 이르러 일제는 민족말살정책의 하나인 황국신민화정책을 취하면서 1937년 10월 〈황국신민의 서사〉라는 것을 만들었다. 여기에는 아동용과 중고등학생 이상의 학생·일반용이 있었는데 먼저 아동용을 보자.

1. 나는 대일본제국의 신민臣民이다.
2. 나는 마음을 합해 천황폐하께 충의를 다한다.
3. 나는 인고단련忍苦鍛鍊하여 훌륭하고 강한 국민이 된다.

다음은 학생·일반용이다.

1. 우리는 황국신민이며 충성으로써 군국君國에 보답하자.
2. 우리 황국신민은 서로 신애협력信愛協力하여 단결을 굳게 하자.
3. 우리 황국신민은 인고단련의 힘을 키워서 황도皇道를 선양하자.

이 〈황국신민의 서사〉는 "조선인이 일본인이다."라는 구호를 계속 외치고 서약하게 함으로써 자기도 모르는 사이에 스스로가 일본인이라는 생각을 갖게 하려는 의도로 만들었다고 할 수 있다.

그런데 더욱 문제인 것은 이 〈황국신민의 서사〉를 생각해 낸 사람이 일본인이 아니라 한국인이었다는 사실이다. 이것을 입안한 사람은 김대우라는 친일파 관료였다. 그는 경성공업전문학교 광산학과 출신으로, 3·1 운동에 참여하여 7개월간 옥살이도 하였다. 그러나 그 뒤에 친일관료의 길을 걸어 승진을 거듭하여 1936년 요직이라고 할 수 있는 총독부 학무국 사회교육과장으로 발탁되어 3년간 재임하였다.

당시는 중일전쟁이 일어난 뒤여서 총독부 학무국은 이른바 교학 쇄신과 국민정신 함양을 명목으로 황국신민화 교육을 집행하는 최고 부서로서의 역할을 유감없이 발휘하고 있었다. 바로 그때 김대우가 사회교육과장으로 있으면서 〈황국신민의 서사〉를 제정하는 계획을 입안하였다. 어떻게 보면 부끄럽기도 하고 어이없는 일이라고 할 수 있다. 그가 정말 한국인인지 직접 가서 호적이라도 보고 싶은 심정이다.

황국신민화정책

이는 일선동조론에 입각한 민족동화정책의 결과라고도 할 수 있다. 일제는 병합 직후부터 한국민족을 일본의 신민으로 만들겠다는 동화정책을 끊임없이 추구해 왔다. 이것이 1930년대에 오면 황국신민화정책으로 더욱 노골화되었다. 따라서 1930년대의 황국신민화정책은 민족말살에 그 궁극적 목표를 두었다. 그러면 일제는 왜 황국식민화정책과 같이 다른 어느 나라의 식민지에서도 찾아 볼 수 없는 무지막지한 일을 꾀했을까?

잘 알다시피 1929년에 세계대공황이 일어난다. 대공황은 일본에도 1930년대 초부터 결정적인 영향을 미쳤는데, 일본은 그 난국을 돌파하기 위해 대외 침략으로 나아가 결국 1931년에 만주사변을, 1937년에는 중일전쟁을 일으켰다. 따라서 조선의 인적 자원과 물적 자원을 보다 효과적으로 수탈하기 위해서 전시체제로 전환했으며, 이런 상태에서 조선인들의 전면적인 협력을 강요하였다. 지하자원이나 식량을 대량으로 수탈하고 나아가 국가의 통제를 강화해 조선을 군수공업기지로 재편성하고 완전한 통제경제로 전환하여 대륙 침략을 위한 병참기지화정책을 적극적으로 추진하였다.

그리고 이 병참기지화정책을 더욱 효과적으로 추진하고 부족한 인력을 총동원하기 위해 이 전쟁이 일본만을 위한 것이 아니라 조선을 위한 것이기도 하다는 사실을 집단적으로 세뇌시키고 일본과 조선은 하나라는 논리인 '내선일체內鮮一體'를 더욱 강조하였다. 때문에 조선인을 일본인으로 만들려는 정책, 즉 황국신민화정책을 더욱 강화하지 않을 수 없었다. 이에 따라 일제는 1937년부터 태평양전쟁이 일어나는 1941년까지 집중적으로 황국신민화정책의 기초를 다지고 1941년 이후에는 이를 더욱 철저히 하는 정책을 추진하였다.

그러나 황국신민화정책이 5천 년의 역사를 이어온 우리 민족에게 잘 먹혀들어가지는 않았다. 따라서 일제는 황국신민화정책을 강요하기 위해 파쇼적인 통제체제를 강화해야만 했으며, 이에 따라 경찰력을 증강하여 민족운동에 대한 단속을 더욱 강화하면서 파쇼적인 '국민총동원체제'로 조선을 재편해 나갔다.

그리하여 1938년에는 그 전 해에 일본에 결성되어 있던 국민정신총동원연맹의 조선지부격인 '국민정신총동원 조선연맹'을 결성하였다. 조선연맹의 하부조직으로는 동·리 단위까지에 걸치는 각종 행정 단위의 지방연맹이 결성되었고 각 사회단체에 하부연맹이 결성되었으며, 그 하부에 애국반이 결성되어 전 조선 인민을 그물망처럼 엮어 넣어 통제하였다. 이어 1940년에는 국민정신총동원 조선연맹을 재편해 '국민총력 조선연맹'을 편성하여 이제는 조선총독부와 일체가 되어 국민총력운동을 전개하였다. 조선인 전부가 총력연맹에 완전히 망라되게 되었다.

내선일체

당시 일제가 내세웠던 내선일체가 어떠한 것인가 한번 보자. 다음은 1939년 5월에 국민정신총동원 조선연맹에서 당시 총독인 미나미 지로南次郎가 한 인사말 가운데 있는 내용이다.

> 내선일체는 반도통치의 최고 지도 목표이다. 내가 항상 역설하는 것은 내선일체는 서로 손을 잡는다든가, 형태가 융합한다든가 하는 그러한 미적지근한 것은 아니다. 손을 잡은 것은 떨어지면 또한 별개가 된다. 물과 기름도 무리하게 혼합하면 융합된 형태로 되지만 그것으로도 안 된다. 형태도, 마음도, 피도, 육체도 모두 일체가 되지 않으면 안 된다. 내선일체의 강화 구현이야말로 동아 신건설의 핵심을 이루는 것이고 그것이 아니고서는 만주국을 형제국으로 하고 지나와 제휴하는 어떠한 것도 말할 수 없다. 내선은 융합도 악수도 아니고 마음과 몸이 모두 일체가 되어야 한다. 내선일체의 마지막 단계는 내선 무차별 평등에 도달하는 것이다.

겉으로는 조선인을 일본인과 같이 대우해 주겠다는 그럴듯한 논리로 보인다. 동화정책이라는 것이 표면적으로는 일본인과 조선인이 같다는 것을 내세우지만 본질적으로는 차별적인 생각을 바탕에 깔고 있다. 그러니까 전쟁수행을 위한 수탈을 본격적으로 하기 위해서 그 명분으로 내선일체를 강조하지 않을 수 없었던 것이다. 말하자면 너희들이 아무리 일본인처럼 되려고 해봐도 결국은 이등 일본인밖에는 안 된다는 것이다.

신사참배, 창씨개명, 그리고 징병제

국민총동원 체제 아래 황국신민화정책은 1937년에 본격적으로 시작되었는데, 그 첫 번째가 신사참배의 강요였다. 신사神社란 일본의 개국신인 아마테라스 오미카미天照大神와 메이지明治 천황을 제사지내는 곳으로, 일제는 1면面

에 1신사를 설치하는 정책을 추진하였으며, 매월 1일을 애국일로 정해 애국반 단위로 각종 신사에 참배할 것을 강요하였다.

또한 지금 서울 남산 도서관 자리에 가면 국사당國師堂이라는 우리 고유의 신을 모시는 곳이 있었는데, 그것을 북한산으로 옮겨 버리고 대신 그 자리에다 조선신궁朝鮮神宮을 세웠다. 조선신궁은 조선에 있는 신사의 본부라고 할 수 있다. 일본 귀신이 우리 고유의 귀신을 밀어냈던 것이다.

이와 아울러 〈황국신민의 서사〉를 일상적으로 욀 것을 강요했으며, 일본어의 상용을 강요하였다. 또한 일본 '천황'의 궁성을 향해 절을 하게 하고(궁성요배) 정오에는 묵도하게 했으며, 가미다나神棚라는 것을 각 가정마다 만들어 제사지내게 하였고, 아마테라스 오미카미의 부적까지 강제로 사게 하였다. 아울러 황국신민 체조를 강요했으며, 색복色服 및 국민복의 착용을 강요하기도 했다. 일어나서 잠들 때까지 일거수일투족을 통제하고 사상적으로 동화시키는 정책을 집요하게 추구했던 것이다.

이어 일제는 1939년에 창씨개명創氏改名 제도를 만들어 조선인의 성까지 일본식으로 바꾸게 하였다. 6개월 이내에 성을 고치지 않으면 아이들의 학교 입학을 거부한다거나 행정기관의 사무를 취급해 주지 않는다거나 노무징용의 대상으로 삼는다거나 하는 불리한 조건을 내세워서 위협하며 강제로 성을 고치게 하였다. 성을 고친다고 해서 일본인이 되는 것은 아닌데, 일제는 성이 고쳐져야 같은 국민이 된다고 주장했던 것이다. 결국 조선인의 의식을 완전히 말살하고 더 나아가 민족을 말살하려는 정책에 불과하였다. 소학교의 명칭도 '황국신민의 학교'란 의미를 갖는 '국민학교'로 바꾸었다(1941). 조선인은 황국신민이 되기에 필요한 교육만 받으면 그것으로 끝이었다.

황국신민화정책의 절정은 징병제도라고 할 수 있다. 말하자면 목숨을 내놓아라 하는 것이다. 전선이 확대되고 사상자가 많아졌기 때문에 많은 군인이 필요한 상황이었으나 일제는 아직 조선인에 대하여 징병제를 적용하는 것은 무리라고 판단하였다. 그래서 먼저 1938년에는 지원병제도를 시행하였

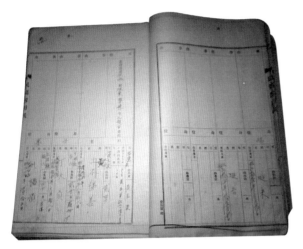

창씨개명 사실을 드러낸 호적부
───────
일제는 창씨개명을 하지 않는 조선인들에게 불리한 조건을 내세우며 강제로 이름을 고치게 하였다.

다. 그러나 제2차 세계대전이 본격화하자 1943년 해군에 대해서도 지원병제도를 실시하고 학도지원병을 강요하다가, 결국 1944년에는 징병제도를 실시하였다.

이 징병제도는 1940년부터 본격화되는 노동력 강제동원정책인 징용령, 조선 여성들을 전선의 노리개로 내몰았던 일본군위안부제도 등과 동전의 양면을 이루는 것이었다. 이렇게 하여 강제 동원된 한국인은 100만 명이 넘었으며, 근로정신대는 수십만 명에 이르렀다. 이는 일제가 1937년 전시체제에 돌입하면서 내선일체를 내세우고 황국신민화정책을 강요하였으나 그것은 어디까지나 한국인을 더욱 효과적으로 동원하고 수탈하려는 방책에 불과했다는 것을 반증하는 증거들이다.

징용과 징병, 그리고 위안부 문제가 지금까지도 우리 민족에게 얼마나 큰 상처를 주고 있는가는 매주 수요일 일본대사관 앞에서 지금까지 1,200회 넘게 시위하는 위안부 할머니들의 경우만 보아도 잘 알 수 있다. 더욱이 내선일체가 기만적인 술책에 불과했다는 것은 오늘도 고통과 차별을 받고 있는 재일동포들을 보면 잘 드러난다. 일본에 의해 강제로 끌려가 귀국하지도 못하고 살고 있는 그들을 일본은 지금 과연 내선일체에 입각해 황국신민으로 잘 대접해 주고 있는가?

아직 끝나지 않은 식민지 상흔傷痕

지난 2015년 12월 28일 한국과 일본 정부는 〈일본군 위안부 피해자 문제에 관한 합의〉를 발표하였다. 합의의 주요 내용은, 일본 정부가 위안부 문제를 군이 관여한 문제로서 책임을 통감하고 아베 일본총리가 사죄와 반성의 마

위에서 내려다본 서울
남산의 옛 조선신궁

일제는 우리 고유의 신을
모시는 국사당을 북한산
으로 옮기고 그 자리에 조
선신궁을 세웠다.

음을 표명하며, 일본 정부의 예산을 투입하여 위안부 피해자들의 치유를 위
한 재단을 한국 정부가 설립하고, 이번 발표를 통해 위안부 문제가 최종적
및 불가역적으로 해결될(일본 발표문에는 '해결된'으로 되어 있음) 것임을 확인하
며, 또한 양국 정부는 향후 국제사회에서 위안부 문제에 대해 상호 비난·비
판하는 것을 자제하고 한국 정부는 주한일본대사관 앞 소녀상에 대해 일본
정부의 우려를 인지하고 관련 단체와의 협의 등을 통해 적절히 해결되도록
노력한다는 것이다. 일본 정부는 재단에 10억 엔 정도의 기금을 제공할 것이
라고 하였다.

　이 합의에 대해, 일본 정부가 공식적으로 군의 관여를 인정하고 책임을 통
감한다고 하고 총리가 사죄와 반성의 마음을 표명하고 피해자의 치유를 위
한 재단에 일본 정부의 예산을 출연하기로 한만큼 과거보다 진일보한 면이
없지 않다는 평가도 있었다. 그러나 당사자들인 위안부 피해 할머니들과 한
국정신대문제대책협의회 등 관련 단체들은 강력히 반발하고 야당과 여론들
도 굴욕적이고 졸속적인 합의라고 규정하여 합의 취소와 재협상을 요구하였
다. 협상 과정에서 위안부 피해자들이 철저하게 배제된 밀실 합의이며 국제

사회가 규정한 과거청산의 원칙에도 어긋날 뿐 아니라 일본의 반인류적 범죄에 대해 면죄부를 주었다는 것이다. 그동안 국제기구, 국제시민사회와 피해자 단체 등이 요구한 것은 범죄 인정, 진상 규명, 공식 사과, 법적 배상, 책임자 처벌, 재발 방지조치, 역사교육 등이었다.

한·일간에 일본군 위안부 문제에 대한 합의가 이렇게 급하게 이루어지게 된 데에는 미국의 입김도 강하게 작용했다고 한다. 아시아에서 중국을 견제하기 위한 국방비용을 자력으로 감당할 수 없게 된 미국으로서는 한·미·일 동맹의 강화를 통해 그 목적을 달성하려다 보니 한·일 간의 관계 회복이 시급했다는 것이다. 영국의 한 신문이 한·일 위안부 문제 합의는 일본과 미국의 승리라고 한 것도 이 때문이다.

위안부 문제에 대한 합의 이후에도 일본 측으로부터 "1965년 체결한 한일 청구권협정에 의해 법적인 문제는 이미 해결되었으며 수상의 직접 사과는 없다. 소녀상을 이전하는 것이 10억 엔 출연의 전제가 되어 있다. 위안부를 강제 연행한 증거가 없다. 군 위안부는 직업적 매춘부였다."는 등 진정한 반성이나 사죄와는 먼 발언들이 계속 흘러나오고 있다.

최근 일본기업 미쓰비시는 중국인 강제노역자 3,765명에게 총 752억 원의 보상금을 지급하였다. 그러나 한국인 강제 징용 피해자들은 1995년 일본 법원에 일본 기업들을 상대로 손해배상 소송을 냈지만 2012년 일본 최고재판소에서 기각되었다. 이후 다시 한국 법원에 소송을 냈지만 일본기업들은 한일청구권협정에 의해 손해배상 청구권이 소멸되었다며 재판에 응하지 않고 있다.

위안부 문제에 대한 합의가 있은 지 2개월 뒤에 일본군 위안부 피해자 할머니의 실화를 바탕으로 만든 《귀향》이라는 영화가 개봉되었다. 그런데 이 영화가 개봉되기까지는 14년의 세월이 걸렸다. 투자자가 없었기 때문이다. 결국 2013년 한 네티즌의 제안으로 국민 모금, 즉 클라우드 펀딩 방식으로 75,270명의 시민들이 후원에 참여하고 배우와 제작진도 재능기부를 해서 겨우 영화가 완성되었다. 그러나 또 배급사를 찾지 못하고 처음에는 상영관도 몇 십 개밖에 되지 않았지만 역시 국민의 성원으로 350만 명이 관람해 크게 흥행하였다.

《귀향》의 감독은 한 인터뷰에서, 어떤 사람은 이 영화에 동의할 수 없기 때문에 차라리 100만 원 술값은 낼 수 있어도 영화 후원에는 단돈 1만 원도 낼 수 없다고 하더라는 말을 전하면서 투자자 구할 때의 어려움을 토로하였다. 《귀향》의 제작과 개봉 과정이 보여 주는 이런 어려움은 식민지 때 고통받았던 사람들의 상흔이 아직도 끝나지 않았음을 상징적으로 보여 준다고 할 수 있다.

7 친일파

해방이 된 지 70년이 지났음에도 친일의 문제는 아직도 청산된 문제가 아니라 매우 현재적인 문제이다. 식민지에서 해방된 나라 가운데 반민족의 범죄와 유산을 제대로 청산하지 못한 나라에 부끄럽게도 우리나라가 끼어 있다.

친일파는 과거의 문제인가

친일파에 관해서는 너무나 많은 이야기들이 있고 그 가운데 아직 해결되지 않은 문제들도 적지 않다. 1990년대 후반 친일파인 이완용의 증손자가 자기 증조할아버지의 땅을 찾겠다는 재판을 해서 승소까지 한 일이 있었는가 하면, 다른 한편에서는 정반대로 독립운동가의 자손이 일제 강점기 때 독립운동을 했다고 해서 빼앗겼던 토지를 다시 찾으려고 재판을 하였다가 패소한 일도 있었다. 이완용의 증손은 되찾은 증조 할아버지의 땅을 30여억 원에 팔고 자신이 이민 갔던 캐나다로 돌아갔다. 그 이후에도 적지 않은 친일파 후손들이 재산 관련 소송을 해서 승소하였다.

당시 재판부의 담당판사는 인터뷰에서 "경위야 어찌 되었든 일제 시대 이완용의 땅이었고 증손자가 적법한 상속권자로 확인되는 한 재판에서 이길 수밖에 없다."고 답하였다. 친일파라 하더라도 재산권 보호는 일반인과 똑같이 평등하게 부여해야 한다는 것이었다. 또한 친일파의 재산을 몰수하도록 한 반민족행위처벌법이 1951년 시행 3년 만에 폐지된 점을 들면서 이후 관련법을 제정하지 않은 입법부의 책임을 지적하였다.

이러한 사건들이 있은 후인 2005년 국회에서 〈친일반민족행위자 재산의 국가귀속에 관한 특별법〉이 제정되었다. 일본 제국주의의 식민통치에 협력하고 우리 민족을 탄압한 반민족행위자가 러일전쟁 이후부터 1945년 광복 이전까지 친일반민족행위로 취득하거나 이를 상속받은 재산 또는 친일재산임을 알면서 유증·증여를 받은 재산을 국가에 귀속시키자는 목적에서였다. 그리하여 친일재산의 조사 및 환수를 위해 대통령 소속하에 친일반민족행위자 재산조사위원회가 설치되었다. 이 위원회는 2010년 7월 4년간의 활동을 종료할 때까지 168명의 소유로 된 2,359필지 1,113만 9,645㎡(공시지가 959억 원, 시가 약 2,106억 원)의 토지를 국가에 귀속조치하였다. 그러나 친일파 후손들은 대부분 재산 환수에 불복하고 행정소송을 냈으며, 특별법 자체가 잘못됐다며 헌법소원까지 제기하였다.

한편, 2009년에는 친일파 4,389명을 수록한 《친일인명사전》이 편찬되었다. 2001년 시작된 이 편찬 사업은 2004년 국회에서 관련 예산이 전액 삭감되어 어려움에 봉착하기도 했지만 국민모금으로 8년 만에 완성하였다. 이 과정에서 수록자 유족과 일부 단체들이 반발하고 후손들의 이의신청 및 발행금지 가처분신청이 이어지기도 하였다. 또한 2015년 서울시교육청이 일선 학교에 이 《친일인명사전》을 교육자료로 도서관에 배치하기로 결정하자 일부 학부모 단체들이 친일인명사전 구입 및 비치 결정 취소 청구소송을 내기도 하였다.

이는 결국 해방이 된 지 70년이 지났음에도 불구하고 친일의 문제가 아직도 청산된 문제가 아니라 매우 현재적인 문제라는 사실을 반증한다고 할 수 있다.

친일파 이완용

친미, 친러를 거쳐 친일파가 된 이완용은 1905년 을사늑약 때 고종을 협박해 조약을 강제로 체결케 하였으며 1910년 총리대신으로 한일합병조약을 체결하는 데 앞장섰던 대표적인 매국노였다.

"독립운동을 하면 3대가 망한다."

"독립운동을 하면 3대가 망하고 친일을 하면 3대가 흥한다."는 말이 있다. 참가슴 아프고 부끄러운 말이 아닐 수 없다. 2015년 한 언론이 광복 70주년을 맞아 독립운동가와 후손들 모임인 광복회 회원 1,115명을 대상으로 생활실태 설문조사를 하였다. 조사 결과 평생을 경제적 어려움에 처해 있는 경우가 대부분이었다.

응답자의 월 개인 소득을 분석한 결과, 100만 원 이상 200만 원 미만이 43%, 50만 원 이상 100만 원 미만이 20.9%, 50만 원 미만이 10.3%로 200만 원 미만 구간에 전체의 74.2%가 몰려 있었다. 그리고 월 개인 소득을 세대별로 보면 200만 원 미만 구간에 독립유공자 본인(38.4%)보다 자녀(72.2%)와 손자녀(79.2%), 증손자녀(62.2%)의 비율이 더 높았다. 본인은 물론 2대, 3대 후손까지 가난이 대물림되고 있는 것이다. 경제적 어려움은 교육 수준으로 이어졌다. 응답자 중 고졸이 25.7%로 가장 많았고 이어 초졸 22.8%, 중졸 12.8%, 무학 4.7%의 순이었다. "독립운동을 하면 3대가 망한다."는 말이 틀린 말이 아니었던 것이다.

계속되고 있는 일본 정치가들의 망언에서도 볼 수 있듯이 일본인들은 지금도 한국인들이 너무 과거사에 집착하고 있다는 이야기를 많이 한다. 한국인들 가운데서도 친일파 문제를 거론하면 지나간 이야기를 할 것이 뭐 있느냐는 소리를 하는 사람들이 있다. 이런 사고방식은 사회가 세계화·개방화되면서 더욱 기승을 부리는 것 같다. 마치 과거를 이야기하면 현실을 모르는 국수주의 쇄국론자 취급을 받기도 한다.

그러나 지나간 과거의 잘못에 대해 덮어놓고 화해를 할 수 있다는 생각은 아주 잘못된 생각이다. 실제로 프랑스의 경우 제2차 세계대전 때 독일의 지배를 4년밖에 받지 않았지만 독일에 협력한 자들에 대한 처리를 아주 가혹하게 하였다. 12만 명 이상이 재판을 받았으며 1,500여 명(재판 이전에 약식 처형된 사람까지 합하면 1만여 명)이 처형되고 38,000여 명이 유죄로 수감되었다. 그러므로 친일 민족반역자들이 실제로 어떻게 일제침략에 동원되고 어떠한 방법으로 같은 민족들을 괴롭힘으로써 일신의 안위와 영달을 꾀했는가에 대해 전혀 알려고 하지 않고 덮어 두려고만 한다면 이는 보통 심각한 문제가 아니다.

어떠한 사람이 친일파인가

친일파들이 민족에 끼친 해독은 이루 말할 수 없다. 그러나 이들의 해악을 정확히 알기 위해서는 친일파를 어떻게 규정해야 할 것인가 하는 점부터 살펴볼 필요가 있다. 친일파의 범주 설정은 사람들마다 차이가 있고 또 매우 미묘하면서도 어려운 문제이다. 경우에 따라서는 일제 지배하에서 세금을 낸 사람까지도 친일파로 규정하려면 할 수가 있기 때문이다.

단재 신채호는 바로 이런 이유 때문에 일제가 지배하고 있는 상태에서는 호적에 이름도 넣지 않겠다고 해서 해외로 나갔다. 그렇다고 신채호와 같은 사람들만이 친일파가 아니라고 한다면 친일파의 범위가 너무 넓어질 수 있다. 국내에 있었던 사람은 거의 다 친일파라는 논리가 되니까. 반면 아량을 베풀어 친일파의 범주를 너무 좁혀 버리면 이 사람, 저 사람 다 빠져나가고 남는 사람이 없을 것이다.

친일파의 범주 규정은 친일파를 어떻게 처리해야겠다는 정치적 입장에 따라 다를 수 있다. 해방 직후 각 정파의 생각도 가지각색이었다. 더욱이 우리는 일제의 강점으로부터 해방된 뒤 친일민족반역자 문제에 대해 올바로 대처한 적이 없었다. 다만 남한 단독 정부 수립 이후에 '반민족행위처벌법'을 제정하여 친일·민족반역자들에 대해 단죄를 시도한 적은 있었다. 결국 실패하고 말았지만 반민법의 제1장을 기준으로 친일·민족반역자의 범주를 설정해 볼 수 있다.

이에 의하면 친일파를 일제의 강제병합에 적극 협력한 자와 주권을 침해하는 조약 또는 문서에 조인한 자, 일본 정부로부터 작위를 받은 자와 일본제국의회의 의원이 되었던 자, 독립운동자나 가족을 살상·박해한 자, 그리고 작위를 계승한 자, 중추원에 참의 이상으로 참여한 자, 칙임관 이상의 관리,

밀정, 군·경찰의 관리, 친일단체에 참여한 자, 군수공업을 경영한 자, 도道나 부府의 의결기관에 참여한 자, 관공리로서 민족에게 해를 가한 자, 사회·문화 부문에서 민족적인 정신과 신념을 배반한 자, 그밖에 악질적인 행위로 일제에 아부한 자 등으로 규정하고 있다.

어떻게 보면 매우 폭이 넓으면서도 상당히 상세하게 분류하고 있다. 당시 추산에 따르면 해방 직후 이런 범주에 드는 사람은 대개 25만 명 정도였다. 엄청나게 많은 숫자라고 할 수 있다.

친일파는 어떻게 형성되었는가

친일파 청산 문제를 말하기 전에 친일파는 어떻게 형성되었는가부터 알아볼 필요가 있다. 일제는 조선을 병합하면서 그 과정에서 공이 많았던 사람에게 작위를 주거나 고위관료로 기용하였다. 이렇게 일제의 식민통치에 참여했던 사람들 가운데에는 한말에 개화활동을 하다 일본에 망명해 있었던 사람들이 상당히 많았다. 박영효라든가 김윤식·윤치호 등이 이런 범주에 들어간다. 여기서 한말 개화사상의 취약성을 엿볼 수 있다. 이런 개화사상의 흐름을 계속 이어온 것이 일제 강점기 실력양성론과 준비론이었는데, 이를 주장한 사람들 가운데 일부가 1920년대부터 분화되어서 일제에 타협적인 자세를 보이기 시작했던 것이다.

1910년대는 전체적으로 볼 때 일부 직업적인 친일파나 관료들을 제외하고는 친일파의 폭이 그렇게 넓지는 않았다. 사실 나라를 잃고 난 직후부터 너도나도 친일파가 되었다고 한다면 정말 우리 민족은 볼 장 다 본 민족이라고 할 수 있을 것이다. 그러나 이런 상황은 1920년대에 들어 일제가 문화정치를 시행하면서 조금씩 변하였다.

3·1 운동 이후 일제는 지주와 부르주아 세력을 자기 진영으로 끌어들이기 위해 민족분열정책을 적극적으로 꾀하였다. 이 과정에서 민족주의 우파 가운데 일본 통치에 대해 타협적인 자세를 보이는 사람들이 나타났다. 민족개

량주의자로도 지칭되는 이들은 조선의 독립 자체를 극히 어렵거나 먼 훗날의 일로 판단하고 그럴 바에야 자치라도 실시를 해야겠다고 생각하고 자치론을 주장하였다. 이들은 아직까지 노골적인 친일의 모습을 보이지는 않았지만 1930년대 친일 진영으로의 귀화를 예비하고 있었다고 할 수 있다.

1930년대 전시체제로 들어가면 일제는 비타협적인 자세를 견지하는 민족운동 세력, 즉 민족주의 좌파에 대해서 가혹한 탄압을 가하면서, 다른 한편으로는 민족 부르주아 세력의 친일화를 부추겼다. 특히 1937년 이후 전시체제로 돌입하면서 1920년대의 자치운동 세력을 중심으로 한 민족부르주아 세력이 대거 일제에 투항하면서 '국민총력체제'에 노골적으로 협조하였다.

이들은 황국신민화정책에 깊이 동화되어 내선일체의 주장을 선도하기도 하고 전시동원정책에 적극 협조하여 같은 민족을 전선으로 내모는 데 앞장섰다. 또한 국민총력 조선연맹에 간부직을 맡거나 조선인만의 전쟁협조단체인 임전보국단을 결성해 적극 참여하였으며, 지원병과 학도병에 나가라고 연설을 하고 다녔다. 심지어는 일본군 위안부로 지원하기를 권유하고 비행기를 헌납하는 등 전쟁비용의 모집에도 앞장서 나섰다.

친일파 문제는 해결되었는가

이런 친일파들이 남긴 글은 지금 대단히 많이 남아 있다. 대표적인 친일여류 시인이었던 모윤숙의 〈동방의 여인들〉(《신세대》, 1942. 1)이라는 시를 보면서 친일파들의 심성이 어떠했는가를 한번 생각해 보라.

비단 치마 모르고
연지분도 다 버린 채
동아의 새 언덕을 쌓으리라
온갖 꾸밈에서 행복을 사려던 지난날에서
풀렸습니다.

벗어났습니다.

들어보세요.
저 날카로운 바람 새에서
미래를 창조하는
우렁찬 고함과
쓰러지면서도 다시 일어나는
산 발자국 소리를

우리는 새날의 딸
동방의 여인입니다.

이 시는 대동아공영권이라는 이념을 여성들에게 교화시키는 내용을 담고
있다. 대동아공영권은 일본이 중심이 되어서 중국·동남아시아까지 포함한
동아시아 사회를 모두 잘 살게 해주겠다는 것으로 바로 태평양전쟁을 일으
켰던 이념이었다. 결국 우리 민족을 전쟁에 몰아넣는 허울 좋은 명분이었다.

해방 후 남한 사회의 각 분야에서 주도적인 역할을 했던 인사들 가운데
상당수가 일제 말기에 전쟁에 협력하는 적극적인 친일활동을 하였다. 그것
은 일일이 다 열거하기가 힘겨울 정도이다. 우리가 훌륭하다, 심지어는 애국
적이라고 알고 있는 인물 중에서도 실제로는 친일활동을 한 사람들이 적지
않았다. 때문에 오늘날까지도 친일파 문제를 정면에 드러낸다는 것은 그만
큼 어렵고, 때로는 살벌한 일이기까지 하다. 그러니까 기회란 여러 번 있는
것이 아니다. 기회가 있을 때 바로 했어야 했다. 그러나 우리는 해방 이후 친
일파의 척결에 실패하였다.

우리나라는 봉건사회의 해체과정에서 주체적으로 근대사회로 가지 못하
고 제국주의의 침입을 받아 식민지로 전락해 버렸다. 식민통치자들은 봉건

지배 세력과 일부의 개화 세력들을 식민통치의 기반으로 활용하고자 했다. 따라서 지주와 부르주아들은 일제의 가장 중요한 통치 기반으로 자리를 잡게 되었고 이에 더하여 교활한 일제의 민족분열정책은 친일 주구배들을 양산했던 것이다. 특히 장기간의 식민통치는 친일·민족반역자들의 사회 경제적인 기반을 공고하게 하였다.

일제의 뒤를 이어 우리 민족의 일부를 통치하게 되는 미군정도 일제의 통치기반을 그대로 유지하고자 했으며 친일·민족반역자의 기반을 존속시켜 주었다. 이런 과정은 민족의 분단으로 이어지고 분단체제의 유지 속에서 친일·민족반역자들은 비자주적인 독재 권력과 결탁하여 비민주적인 사회의 토대를 구조적으로 지속시켰다.

대표적인 친일여류시인이었던 모윤숙

따라서 시민사회의 경험을 공유하지 못했던 우리 사회가 '민주화'를 이루는 데 가장 중요한 문제 중의 하나로 일제하의 친일·민족반역자의 청산 문제를 제기하는 근거가 바로 여기에 있는 것이다.

영화 《암살》은 개봉된 지 25일 만인 2015년 8월 15일 광복절날에 관객 수천만을 돌파하였다. 1930년대 대한민국 임시정부의 명령으로 세 명의 독립군이 경성에서 조선주둔군 사령관과 친일 자본가를 암살하는 작전을 그린 이 영화는 많은 국민의 관심을 불러일으켰다. 이 영화는 독립운동을 하다 변절하여 임시정부 밀정 노릇과 일본 경찰을 하며 암살 작전을 방해하고 해방 이후에도 경찰 간부로 일하다 반민특위에 고발당하지만 결국 풀려나는 친일파 변절자를 여주인공이 죽여 응징하면서 끝이 난다.

많은 관객들은 이 영화의 마지막 장면을 보고 통쾌함과 동시에 씁쓸함을 느꼈을 것이다. 식민지에서 해방된 나라 가운데 반민족의 범죄와 유산을 제대로 청산하지 못한 나라에 부끄럽게도 우리나라가 끼어 있기 때문이다.

8 모던 걸과 모던 보이

1920년대 후반부터 '유행'의 첨단을 쫓던 젊은이들을 당시 사람들은 모던 걸, 모던 보이라고 불렀다. 이들의 패션은 오늘날 우리가 보면 익숙한 장면이었지만 대중들의 눈에는 매우 낯설었다. 대중들은 한편으로는 신기해하고 선망의 눈길을 보냈지만 다른 한편으로는 비판적이고 강한 거부감을 보였다.

일상에 다가온 근대

조선이 근대와 마주친 것은 1870년대 개항 때였지만 사람들의 일상생활에서 근대의 모습과 직접 마주치게 된 것은 1920년대, 30년대였다. 그 이전에는 몇 몇 엘리트들에게만 다가왔던 근대가 이 시기에는 일반 대중들에게까지 다가 온 것이다.

자신에게 다가온 근대를 당시 사람들은 '모던'으로 표현하였다. 모던 걸, 모던 보이, 모던 대신, 모던 왕자, 모던 철학, 모던 과학, 모던 종교, 모던 예술, 모던 자살, 모던 극장, 모던 스타일, 모던 순사, 모던 도적놈, 모던 잡지, 모던 연예, 모던 건축, 모던 상점, 모던 기생 등 "사람의 생활에 관한 말에 모던 자 字가 아니 붙는 말이 없고 사람의 입에서 모던이란 말이 나오지 아니하는 입이 없다."고 할 정도로 근대는 사람들의 일상생활에 스며들었다.

1927년 한 대중잡지에서는 당시 경성 시내를 활보하던 모던 걸과 모던 보이를 다음과 같이 묘사하고 있다.

북한산의 찬바람이 거리를 스치는 때라도 혈색 좋은 설부(雪膚, 흰 피부)가 드러날 만치 반짝거리는 엷은 양말에 금방에 발목이나 삐지 않을까? 보기에도 아심아심한 구두 뒤로 몸을 고이고 스커트 자락이 비칠 듯 말 듯 정강이를 지나는 외투에 단발 혹은 미미가쿠시(당시 유행했던 귀를 가리는 머리 모양)에다가 모자를 푹 눌러쓴 모양은 멀리 보아도 밉지 않고 가까이 보아도 흉치 않다. 어쩌다 길이나 좁은 데서 만나 엇갈리게 되면 나는 본능적으로 분에 짙은 그 뺨(?)과 나불거리는 귀밑을 곁눈질하게 된다. 여기서 연상되는 것은 분길 같은 손에 경복궁 기둥 같은 단장을 휘두르면서 두툼한 각테 안경, 펑퍼짐한 모자, 어떤 시대 화가들이 쓰든 것 같은 코 높은 구두를 신고 장안대로는 온통 제 길이라는 듯이 활개치는 젊은 서방님들이다. 《별건곤》 1927년 12월호)

마치 1990년대 강남 압구정동을 거닐던 오렌지족과 오늘날 홍대 앞으로 모여드는 클럽족의 모습을 보는 것과 같다고나 할까. 모던 걸과 모던 보이는 당시 자본주의 소비문화와 대중문화, 유행을 대표하는 아이콘이었다.

대중문화의 형성

1920~30년대가 되면 서구 근대문명은 빠른 속도로 식민지 조선 사회에 퍼지기 시작하고 이를 바탕으로 대중문화가 형성되었다. 이 시기 학교 교육의 확산과 자본주의 발달에 의한 새로운 직업군의 등장은 대중문화를 생산하고 소비하는 계층이 등장하는 계기가 되었다.

3·1 운동 이후 언론과 출판의 자유가 제한적으로 허용되면서 《동아일보》와 《조선일보》 등의 신문과 《개벽》과 《신여성》 등의 잡지가 대거 창간되었다. 신문과 잡지들은 경쟁적으로 새로운 문물과 패션, 문화행사와 스포츠 등을 소개하였다. 또한 1927년에는 경성방송국이 설립되어 뉴스와 일기예보, 시사와 오락, 음악 프로그램 등을 라디오로 방송하였다. 대중들은 신문과 잡

지를 구독하여 읽고 라디오 수신기를 사서 방송을 들으며 자기 밖의 세상과 소통하였다.

당시 대중문화의 형성에 크게 영향을 미친 것은 유성기와 영화였다. 유성기가 조선에 처음 소개된 것은 1880년대 한 프랑스 신부가 평양감사에게 들려주면서였다고 한다. 음반(레코드)이 최초로 제작된 것은 1907년 콜롬비아 레코드사가 한국 경기민요를 녹음해서 발매한 것이었다. 그러나 유성기가 본격적으로 대중에게 보급된 것은 1926년 윤심덕의 유작 〈사의 찬미〉가 공전의 히트를 하면서였다.

그해 8월 4일 한국 최초의 여성 성악가였던 윤심덕은 일본에서 이 노래의 음반 녹음을 마치고 관부연락선을 타고 돌아오던 중 유부남이자 극작가였던 김우진과 함께 현해탄에 몸을 던져 자살하였다. 이 사건은 세간의 큰 관심거리가 되었고 그녀가 마지막으로 남긴 노래 〈사의 찬미〉 음반은 10만 장이 넘게 팔려나가 바야흐로 대중음악의 시대를 열었다. 최근에는 일본의 한 경매 시장에서 이 〈사의 찬미〉 초반初盤(최초의 음반)이 역대 한국 가수 음반 가운데 최고가인 5,600만 원에 팔려 주목을 받기도 하였다.

당시 '활동사진'으로 불렸던 영화가 조선에서 처음 상영된 것은 1901년 버튼 홈즈Burton Holmes라는 미국인 여행가가 경성의 거리를 필름에 담아 고종에게 보여 준 것이었다. 그러나 근대 대중문화로서 첫발을 내디딘 것은 1903년 미국인 사업가 콜브란Henry Colbran과 보스트윅H. R. Bostwick이 동대문 전차 차고에서 행한 영화 상영회에서였다. 매일 저녁 8시부터 10시까지 진행된 이 상영회는 10전을 내면 누구나 입장할 수 있었다.

이후 1910년 최초의 영화상영관인 경성고등연예관이 문을 열고 이어 1912년 최초의 한국인 극장인 우미관과 일본인 극장 대정관이 개관하였다. 1907년 연극 공연장으로 출발했던 단성사는 1918년 영화 상설관으로 전업하고 1922년에는 엘리베이터 등 최신시설을 갖춘 조선극장이 개관하면서 영화는 명실상부하게 대중문화의 중심으로 등장하였다.

이때 가면 영화 제작도 이루어져 1919년 김도산이 한국 최초로 〈의리적 구투義理的 仇鬪〉를 제작했는데 이 영화는 연극 사이에 활동사진이 삽입되는 연쇄극 형태, 즉 키노드라마kino-drama였다. 이후 1923년에 〈월하의 맹세〉와 〈춘향전〉이 제작되고 1924년에는 모든 제작과정을 한국인이 맡은 〈장화홍련전〉이 만들어졌다. 1926년 나운규가 제작한 〈아리랑〉은 식민지 대중에게 폭발적인 인기를 끌면서 한국 영화의 시대를 열었다.

대중들은 서구의 과학기술이 만들어 낸 활동사진을 보고 그 신기함과 경이로움에 입을 다물지 못하며 감탄하였다. 그리고 움직이는 이미지가 주는 영향력은 다른 어떤 대중매체보다 컸다. 식민지 조선인들에게 영화는 오락뿐만 아니라 서구 문명을 직접 받아들이는 중요한 창구였다. 1940년 조선에서 영화를 관람한 관객의 수는 무려 1,250만 명이었다. 또한 오늘날의 아이돌스타처럼 당시 영화배우나 유행가 가수 중에는 스타로 부상하는 경우도 있었다.

영화 〈아리랑〉을 제작한 나운규

소비와 유행의 시대

식민지 조선 사회에 형성된 대중문화는 자본주의 소비문화를 기반으로 한 것이었다. 일본 자본주의는 1929년 세계대공황의 여파로 잠시 주춤거리는 모습을 보이지만 전반적으로 증가 경향을 띠었으며 조선도 대도시를 중심으로 자본주의화가 진행되었다. 특히 수도 경성은 1920년대 후반 커다란 변화를 겪으면서 본격적인 소비자본주의 도시로서의 모습을 갖추어 나갔다.

조선 시기에 인구 20만 명 내외였던 경성은 1925년에 30만 명에 이르렀고

인접 지역 인구도 급격히 증가하여 10만 명에 달하였다. 1936년에는 면적이 3.5배 늘어나고 인구가 65만이 되면서 도쿄, 오사카, 나고야, 고베, 요코하마, 교토에 이은 '제국 7대 도시'의 반열에 오르기도 하였으며 1940년대 초에는 100만 명에 육박하였다.

또한 조선총독부의 광화문 신청사(1926)와 남산의 조선신궁(1925)을 비롯해서 경성제국대학(1924), 경성역(1925), 경성운동장(1925), 경성부청(1926) 등 식민지 수도를 상징하는 건축물들이 동시에 건축되면서 도시 경관에 커다란 변화를 가져왔다. 그리고 일본인들이 주로 살았던 남촌에는 혼마치本町(충무로)를 중심으로 소비자본주의를 상징하는 백화점들이 속속들이 들어섰는데, 현재 신세계백화점 본점 자리에 세워진 미츠코시三越백화점(1906, 1930년 신축)과 구舊미도파 본점 자리에 세워진 조지야丁字屋백화점(1921, 1939년 증축)을 비롯해 미나카이三中井백화점(1922, 1932년 증축), 히라다平田백화점(1926), 화신백화점(1931, 1937년 신축) 등이 대표적이었다.

5~6층의 거대한 르네상스양식의 건축과 그 속을 오르내리는 엘리베이터,

혼마치를 중심으로 소비자본주의 시장이 형성된 남촌 일대
———
혼마치 일대는 일본인 상인들이 설립한 대형 백화점이 즐비하고 은행 등이 들어서는 등 경성의 상업 중심지 역할을 하는 한편, 경제수탈의 교두보가 된 곳이었다.

쇼윈도 넘어 진열된 온갖 진귀한 상품들, 이국적인 옥상의 노천카페, 엘리베이터걸과 데파트걸, 최고층 식당의 웨이트리스, 그리고 밤이 되면 오색 빛을 발하는 현란한 네온사인과 조명 등, 백화점은 주변의 카페, 극장, 상점들과 함께 끊임없이 소비자들을 유혹하였다.

도쿄의 긴자銀座 거리를 어슬렁어슬렁 거니는ぶらぶら 것을 의미하는 '긴부라銀ぶら'에 빗대어 경성의 번화가인 혼마치 거리를 구경 다니는 것을 지칭하는 혼부라本ぶら 현상이 생긴 것도 이 시기였다. 모던 걸과 모던 보이는 바로 이 혼부라의 주인공들이었다.

백화점이 주로 경성 등 대도시 사람들의 소비를 겨냥한 것이라면 박람회는 소비의 대상을 조선 전체로 확대시킨 것이었다. 박람회는 산업과 자본, 욕망이 결합된 근대 기획(프로젝트)으로, 그 영향력이 오늘날과는 비교가 되지 않을 정도로 컸다.

19세기 "유럽 전체가 상품을 보러 나섰다."는 런던과 파리의 만국박람회는 대영제국과 서유럽의 자본주의를 배경으로 개최된 것이었다. 20세기가 되

1929년 조선박람회를 기념해 제작된 경성 시가 지도

지금의 서울역 일대에서 동대문 부근까지 주요 지점을 표기해 놓았다.

면 박람회의 중심은 대량 소비시대의 선두주자였던 미국으로 옮겨가고 일본에서는 자본주의 소비문화가 대도시를 중심으로 꽃피웠던 다이쇼大正 시대(1912~25)에 박람회 개최 횟수가 급증하였다.

일제 강점기 조선에서는 대규모 박람회가 3차례 열렸다. 경복궁에서 열린 1915년의 조선물산공진회와 1929년의 조선박람회, 청량리역 앞에서 열린 1940년의 시정 30주년 기념 조선대박람회가 그것이다. 이밖에도 크고 작은 박람회가 170여 차례나 열렸다.

1929년 열린 조선박람회는 조선뿐만 아니라 만주와 대만, 홋카이도, 남양군도 등 이른바 '제국의 영토'에 속한 모든 지역의 물산을 한데 모아 전시한 행사로 규모도 가장 크고 제일 많은 관람객이 방문하였다. 주최자인 조선총독부는 3개월 전부터 대대적인 홍보를 하며 '박람회를 보지 못하면 아주 사람값에도 못 가는 것 같은 생각'을 사람들이 갖게 만들었다.

그리하여 박람회가 개최되면 '삼십만 서울은 백만 또는 이백만'이 되고 시골, 서울 할 것 없이 박람회만 열리면 무슨 큰 수가 날 것처럼 야단이었다. 시

조지야백화점 광고

조지야(丁字屋)백화점은 미도파백화점의 전신으로, 지금은 그 자리에 롯데백화점 영플라자가 들어서 있다.

골 사람들은 논 팔고 밭 팔아서 서울로 올라와 근대의 요지경을 구경하고 소비하였다.

영화와 유성기, 백화점과 카페 등을 통해 대중이 접하는 근대는 곧 유행이 되었다. 대중은 유성기로 서양노래와 일본노래를 듣고 극장에 가서 서양영화를 보고 백화점에서 일제상품들을 쇼핑하고 연인·친구들과 진고개를 거닐고 창경원 벚꽃놀이를 가면서 유행을 소비하고 만들어 냈다. 근대 문명의 이기利器 덕분에 뉴욕이나 파리에서 유행한 것은 경성에서도 동시에 유행하였다.

1928년 전 세계적으로 흥행을 불러일으킨 프랑스 영화 〈몽 파리Mon Paris〉가 일본을 거쳐 이듬해 5월 단성사에서 상영되자마자 이 영화 속에 나온 무희들의 속이 비치는 옷, 이른바 시스루see-through 패션이 크게 유행하였다. 《조선일보》는 당시 상황을 "불란서 소위 레뷰revue 영화라는 〈몽 파리〉가 동양에 건너오자 모던 보이, 모던 걸의 신경을 마비시킨 동시에 미처 뛰게 하였으며 소위 대중적이라는 의미에서 그 천박한 영화는 도처에서 갈채를 받았다."고 묘사하였다.

에펠탑

1889년 프랑스혁명 100돌을 기념해 개최된 파리 만국박람회 때 구스타프 에펠의 설계로 박람회장에 세워졌다. 높이 **301m**로 당시 가장 높은 인공건축물이었다.

또한 1931년 뉴욕과 할리우드에서 유행하던 침의寢衣, 즉 파자마패션은 곧바로 서울에서도 유행하였다. 서구에서 시작한 유행이 일본을 거쳐 조선으로 전달되는 속도는 거의 동시적이었다. 물론 오늘날 실시간으로 접하는 인터넷 속도와는 비교할 수 없겠지만….

모던 걸과 모던 보이

1920년대 후반부터 흔히 '시체時體'라는 말로 표현되기도 했던 '유행'의 첨단을 쫓던 젊은이들을 당시 사람들은 모던 걸, 모던 보이라고 불렀다. 이들의 패션은 오늘날 우리가 보면 익숙한 장면이었지만 대중들의 눈에는 매우 낯설었다.

모던 걸들은 단발머리에 화장을 하고 짧은 스커트에 스타킹과 하이힐을 신고 금시계와 보석반지로 치장하고 작은 양산을 들고 날씨가 추우면 여우 목도리를 목에 두르고 다녔다. 단발과 양장을 한 여자들에게는 '단발 미인', '양장 미인'라는 수식어가 따라다니기도 했다. 모던 보이들은 맥고모자에 와이셔츠와 양복을 입고 대모테 안경을 쓰고 넥타이를 매고 백구두를 신었으며, 손에는 단장短杖을 들고 다녔다. 또한 나팔바지를 입고 화장을 하기도 했다. 모던 걸과 모던 보이의 이러한 모습에 대해 대중들은 한편으로는 신기해하고 선망의 눈길을 보냈지만 다른 한편으로는 비판적이고 강한 거부감을 보였다.

그럼 누가 이런 모던 걸과 모던 보이가 되었던 것일까? 당시 조선에서 모던 걸로 불리던 부류는 여학생과 신종 여성 직업군, 카페여급과 기생 등이었다. 이는 일본의 모던 걸이 주로 신종 여성 직업군이었던 것과는 달랐다.

그리고 일본 여성들이 새로 가졌던 직업이 전문직이나 사무직이 많았던 데 비해 조선 여성의 경우는 헬로 걸(전화교환수), 엘리베이트 걸(엘리베이터 안내원), 데파트 걸(백화점 점원), 숍 걸(상점 점원), 버스 걸(버스 차장) 등 서비스직이 많았다. 이는 중등교육을 받은 조선 여성들이 의사, 간호사, 교사 등 전문직이나 사무원, 타이피스트 등 사무직에 취직하는 것이 매우 어려웠기 때문이다. 서비스직 여성들의 평균 임금은 20~50원 정도였다.

따라서 일부 부유층의 딸을 제외하고는 대부분의 여성들에게 모던 걸은 경제적으로 부담이 컸다. 30~40원 하는 치마 한 감과 3~4원 하는 양말, 200~300원 하는 보석반지와 4~5원 하는 화장품, 1~2원 하는 머리 비용을 감당하기가 쉽지 않았기 때문이다. 그러나 소비와 유행의 유혹은 강렬했기에 여학생들은 학비로 금시계와 보석반지를 사고, 학교를 졸업하면 카페여급이나 부잣집 첩이 되기도 하였다.

그러기에 당시 한 신문은 모던 걸을 "길로 지나가는 수레바퀴의 울림에도 쓰러질 듯한 다 허물어진 초가집에서 나오는 양장한 여자! 자기가 살고 있는 집값보다 몇 배나 되는 옷을 입고 굶주린 사람들의 누더기 떼가 모진 바람에 날리어 찢어져 헤 터지는 서울의 거리를 거니는" 여자로 묘사하였다.

이러한 상황은 모던 보이도 마찬가지였다. 모던 보이는 '자본가의 아들과 부르주아의 후예들'이 많았지만 근대 문명의 세례를 받은 가난한 인텔리들도 모던 보이 대열에 합류하기 위해 끊임없이 노력하였다. 그러나 전문학교를 졸업해도 취직이 어려워 택시 운전수를 할 정도로 식민지 조선의 상황은 어려웠다. 따라서 그들이 선택할 수 있는 것은 모던 보이의 흉내, 즉 가난한 모던 보이였다. 가난한 모던 보이들은 고물상 양복점을 찾아 나프탈렌 냄새가 코를 찌르는 양복을 구입해 입고 찻집에서 시간을 보내고 거리를 헤매었다.

1920년대 새로이 등장하는 다방과 카페는 모던 걸과 모던 보이의 아지트였다. 티룸, 찻집, 끽다점으로 불렸던 다방은 커피와 차를 파는 곳으로 오늘날의 카페나 커피숍과 비슷하였다. 물론 지금도 'ㅇㅇ다방'이라는 이름붙인 곳이 있지만 과거와는 달리 주로 노년 남성들이 출입하는 찻집이 되었다. 이에 반해 카페는 여급(웨이트리스)의 시중을 받으면서 술을 마시는 곳으로 오늘날의 룸살롱에 가깝다고 할 수 있다.

본래 유럽에서의 카페는 간단한 식사와 함께 커피나 차를 마시던 곳이었는데 일본에서는 일본식 유흥문화와 결합되어 여급이 손님을 접대하는 곳으로 변형되었고 그것이 그대로 조선에 도입되었다. 따라서 카페는 대표적인 근대 유흥과 환락의 공간이었다. 초기에는 남촌 혼마치를 중심으로 형성되었다가 1930년대에는 조선인이 주로 거주하는 북촌까지 퍼져 나갔다.

당시 일본과 한국에서 유행했던 '에로 그로 넌센스'는 바로 이런 자본주의 소비·유흥문화의 특성을 표현한 말이었다. 에로티시즘eroticism의 약자인 '에로'와 그로테스크grotesque의 약자인 '그로', 그리고 넌센스nonsense를 합한 '에로 그로 넌센스'는 선정적이고 기괴하고 우스꽝스러운 것을 의미했으며, 그 한가운데 모던 걸과 모던 보이가 있었다. 따라서 이들에 대한 대중들의 인식은 긍정적이기보다는 부정적인 측면이 더 많았다. '못된 걸', '못된 보이'라는 표현도 그래서 나왔다.

식민지 근대의 그늘

다시 모던 걸과 모던 보이를 묘사했던 앞의 대중잡지로 돌아가 보자.

> 세상에는 modern boy(보던 보이)라는 이름으로 지칭되는 청년의 일군이 있다. 그들은 가장 근대적 색채가 농후해서 그들의 의복, 언어, 동작은 물론이요 그들의 사고방식까지도 근대화하지 못한 사람들의 그것과는 몹시 거리가 멀다. 그러므로 그들의 생활은 근대화하지 못한 사람들의 그것에 비하여 자연히 별개의 세계에 전개하게 된다. 청신한 감각의 세계, 찰라적이요 기분적인 도취의 세계가 언제든지 그들의 눈앞에 방황한다. 그들은 실로 '아름다운 근대의 무지개'이다.
>
> 그들은 온갖 묵은 것으로부터 해방되고 그리고 새로운 창조의 도정에 있는 것이다. 그들은 남자와 평등의 위치에 서고 성격적 직분으로 부득이한 차이가 있는 외에는 남자와 전혀 같은 조건 위에 생활하고 노동하고 공부하고 향락하기를 구한다. 한걸음 더 나아가서 그들은 자본주의적 경제조직을 타파하려는 싸움에 남자와 같이 참가하려 한다. 결혼, 산아, 이혼에 대하여 가장 이성적 처지를 강구하려 한다. (《별건곤》 1927년 12월호)

그러나 이 글을 쓴 작자들의 긍정적 기대와는 달리 식민지 조선의 열악한 현실은 시간이 지날수록 모던 걸과 모던 보이로 하여금 부정적인 모습을 갖게 하였다. 제국의 소비자본주의는 식민지 근대의 주체라 할 수 있는 모던 걸과 모던 보이를 끊임없이 유혹하고 욕망을 부추겼지만 이들 대부분은 경제적 자립성이 약해 그것을 건강하게 주체적으로 소비할 여력이 없었다. 결국 근대를 향한 욕망과 현실의 불일치는 이들을 허영과 가식에 빠지게 하였다.

1931년 조선 전체의 실업자 수는 100만 명에 달했으며 경성은 5만 명에 이르렀다. 당시 경성 주민의 상당수는 절대 빈곤층이었다. 1928년 현재 하루 한 끼만 먹는 극빈자가 10만 명에 달해 시내 전체 조선인의 40%를 넘었다. 또한 경성 조선인의 60%가 세금을 전혀 납부하지 않는 무소득, 무소유자였다. 집이 없어 토막을 짓고 사는 빈민층도 많았다.

1930년대 경성의 자본주의 소비·유흥문화는 활황이었지만 그 이면에는 실업과 절대적 빈곤의 어두운 그림자가 짙게 드리워져 있었다. 서구 근대와 전통으로 상징되는 도시와 시골의 격차, 식민자와 피식민자의 간극을 드러내는 남촌 진고개와 북촌 종로의 격차, 중산층의 욕망을 대변하는 도시 번화가와 빈민들이 모여 사는 도시 주변부의 격차 등 식민지 근대가 보여 주는 모습은 다면적이고 불균등하였다.

이처럼 식민지 근대는 자본주의를 지탱해 주는 경제적 중간 계층이 취약하고 빈부 양극화가 극심하였다. 때문에 조선의 대다수 대중은 식민지 근대가 만들어 내는 문명과 스펙터클의 구경꾼에 불과하였다.

Korea

HISTORY OF KOREA

제5장 | 민족운동의 발전

1 실력양성론과 문화운동

암울했던 식민지의 굴레에서 벗어나기 위해서는 무기를 들고 일제에 저항하는 무력투쟁과 실력을 키우면서 때를 기다리는 실력양성이 모두 필요하였다. 그러나 국내에서 양자를 모두 병행한다는 것은 어려운 일이었다. 그렇다고 해서 자기 논리에 빠져 일제에 협력하는 것이 합리화될 수는 없다.

개량의 전제, 자기 비하卑下

민족개량주의란 말 들어 보았을 것이다. 우리는 보통 '개량'이라고 하면 선뜻 '품종 개량'이라는 말이 떠오른다. 불량품종을 우량품종으로 만든다는 뜻이다. 그렇다면 민족개량주의란 과연 어떻게 한다는 뜻일까? 말 그대로 푼다면 불량품종의 민족을 우량품종의 민족으로 만든다는 것이다.

이런 해석이라면 우리 민족은 원래 불량품종이어야 할 것이다. 그래야 개량한다는 말이 성립할 테니까 말이다. 따라서 민족개량주의야말로 우리 민족에 대한 전형적인 자기 비하의 산물이다. 전제부터 그릇되어 있는 것이다. 그러니 그 주장이 바른 것일 수가 없다.

그런데 이런 민족개량주의도 이른바 독립운동의 한 수단으로 주장했던 때가 있었다. 지금 생각하면 어처구니없지만 식민지 치하에서는 실력양성론이란 테두리 안에서 묘한 궤변을 폄으로써 적지 않은 사람들을 현혹시켰다. 심지어는 지금도 "개량한다니 좋은 거 아니야?"라고 생각하는 사람들이 있을 정도이다.

따라서 민족개량주의의 실체를 명백히 밝혀 다시는 그런 주장에 현혹되는 일이 없어야 할 것이다. 그럼 먼저 민족개량주의의 모태가 되는 실력양성론부터 살펴보자.

실력양성론

실력양성론은 지금 당장 일본제국주의와 맞서 싸워서는 이길 수 없으니까 상당 기간 동안 실력을 길러서 독립을 할 수 있는 기반을 닦은 다음에 실현 가능한 독립운동을 펼치자는 주장이다.

　　한말부터 일제 강점기에 걸쳐 실력양성론은 크게 4단계로 나누어 볼 수 있다. 1905년부터 1910년까지의 계몽운동 또는 자강운동이라고 불러온 실력양성론이 있었으며, 1910년대는 구舊사상·구舊관습 개혁론 등의 실력양성론이 있었다. 1920년대 초반에 들어와서는 이른바 문화운동이라고 부르는 실력양성운동이 있었고 1920년대 후반에 가면 자치운동이 실력양성론에 해당한다고 할 수 있다.

　　이 실력양성론에 상대되는 것은 무장투쟁론이다. 직접 무기를 들고 싸우자는 주장이다. 실력양성과 무장투쟁, 이는 둘 다 일제로부터 벗어난다, 즉 해방을 얻는다는 점에서 그 궁극적 목표는 같았지만 실현 방법에서는 크게 달랐다.

　　3·1 운동 당시에 주조를 이루었던 운동론은 주로 외교운동을 통해 독립하자고 하는 외교운동론이었다. 그러나 외교운동론은 제국주의 열강의 냉담한 반응으로 인해서 이렇다 할 성과를 거두지 못하고 말았다. 3·1 운동의 실패는 외교운동론의 좌절이었다.

　　이에 실망한 운동가들 사이에서 외교운동론은 일단 단념하고 우선 실력을 키워서 훗날 독립할 수 있는 기반을 닦자고 하는 실력양성론이 대두하였다. 한말부터 이미 유행하였다가 3·1 운동 전후에 일시적으로 민족자결주의라는 물결에 밀려서 뒤로 물러났던 실력양성론이 1920년대 초반에 다시 부활했던 것이다.

　실력양성론이 부활하게 되는 것은 '정의와 인도의 원칙에 입각한 세계개
조론'이 후퇴하고 다시 '사회진화론적인 세계관'이 대두했던 당시의 상황과
밀접한 관련이 있다. 3·1 운동의 독립선언문을 보면 "아! 신천지가 안전眼前
에 전개되도다."라는 표현이 있고 또한 정의와 인도의 원칙에 입각하여 독립
운동을 펼친다는 내용을 볼 수 있을 것이다. 이것은 당시에 세계적으로 크게
유행했던 세계개조론의 영향을 받은 것이라고 할 수 있다. 그런데 3·1 운동
이 실패하면서 이와 같은 세계개조론은 후퇴하고 그 이전에 약육강식을 원
칙으로 하는 세계관, 즉 사회진화론적 세계관이 다시 크게 대두하였다.

민족성 개조와 문화운동

1920년대 초반의 문화운동은 신문화건설론, 실력양성론, 정신개조론, 민족
개조론 등을 이론적인 기초로 삼고 있었다. 당시 전 세계적으로 신문화 건설
에 대한 논의가 상당히 유행하고 있었는데, 조선도 이에 발을 맞추어야 한다
는 논리가 등장하고 나아가 그러한 새로운 사회, 새로운 문화를 건설하기 위
해서는 우리의 정신과 민족성을 개조해야 한다는 주장들이 실력양성론과 함
께 대두하였다.

　말하자면 질이 안 좋은 민족의 품종을 개량해서 좋은 민족성을 가진 민족
으로 바꾸고 실력에서도 경제적 사회적 능력을 쌓아 가면서 그런 바탕 위에
서 민족의 해방을 기다려 보자는 생각들이 문화운동의 바탕이 되었다고 할
수 있다.

　문화운동자들은 아직 우리 조선 민족이 근대적인 사회를 스스로 영유해
나갈 만한 자체적인 역량이 없다고 생각하였다. 때문에 우선 그와 같은 근대
적인 사회를 만들 수 있는 역량을 기르는 것이 중요하다고 보았다.

　1920년대 초반의 문화운동은 크게 청년회운동, 교육진흥운동, 물산장려
운동으로 나누어 볼 수 있다. 1919년에서 1920년 말까지 신문화운동의 중심

은 청년회운동이었다. 당시 청년회운동은 지·덕·체의 함양과 같은 인격수양과 풍속의 개량, 실업의 장려와 공공사업의 지원 등을 목적으로 내세웠다. 구체적인 활동으로는 강연회와 토론회, 야학강습회, 운동회 등을 하였다. 이런 청년회운동은 전국적으로 각 지방마다 수많은 청년회가 조직되고 그것을 연합한 조선청년회연합회가 1920년 말에 결성되면서 절정에 달하였다.

교육진흥운동은 문화적 실력양성운동이라고 할 수 있다. 1919년에 3·1운동이 일어난 뒤에 많은 사람들이 신교육을 받았다. 그렇다고 이들이 몽땅 친일파가 되는 것은 아니었다. 오히려 민족의식을 고취시키는 방향으로 갈 수도 있었다. 당시 사람들도 그렇게 생각하였다. 그래서 그동안 신식학교에 자녀들을 보내지 않았던 학부형들이 자녀들을 모두 학교에 보내려고 함으로써 향학열이 크게 일어났다.

그런데 그런 학생들을 수용할 만한 학교 시설은 절대적으로 부족하였다. 당시 보통학교는 3개 면에 1개교가 있었으며, 또한 고등보통학교도 전국적으로 10개 정도밖에 되지 않았다. 대학은 물론 있지도 않았다. 따라서 학교를 새로 세우자고 하는 학교설립운동이 다양하게 전개되었다. 이 설립운동은 먼저 사립보통학교를 설립하는 운동부터 시작하여 고등보통학교를 설립하는 운동으로 전개되고 1923년부터는 대학을 설립하자고 하는 이른바 민립대학 설립운동으로까지 발전하였다.

지금도 마찬가지지만 대학을 세우려면 상당히 많은 돈이 필요했기 때문에 민립대학 설립운동은 각 지방의 지주와 자본가 등 부자들의 성금을 모으고 한편으로는 민중들의 십시일반으로 기금을 모아서 대학을 세우려고 하였다. 그러나 당시 식민지 조선의 현실 속에서 그와 같은 거금을 모으는 것은 사실상 불가능하였다. 따라서 결국 실패로 끝나고 말았다.

경제적 실력양성운동인 물산장려운동은 1920년에 평양에서 민족주의자인 조만식 등에 의해서 시작하였다. 본격적인 운동이 전개된 것은 1923년경이었다. 물산장려운동이 일어나기 전에 조선의 민족자본가와 부르주아 민족

주의자들은 1921년 위기에 처한 조선의 민족자본을 구하기 위해서 조선인산업대회라는 것을 조직하여 총독부측에 조선인 중심의 산업정책을 취해 줄 것을 건의하였다. 그러나 당시 총독부측은 받아들이지 않았다.

더욱이 1923년 4월은 일본과 한국 사이의 무역에서 면직물과 주류를 제외한 모든 상품의 관세가 면제되기 시작하던 때였다. 따라서 당시 민족자본가들은 이런 상황을 타개하기 위해 결국은 어떤 식으로든 대책을 마련하지 않을 수가 없었는데, 그것이 바로 물산장려운동이었다. 말하자면 식민지판 FTA에 대응해서 우리 것을 쓰자는 운동을 전개한 것이다.

그리하여 물산장려운동은 "내 살림 내 것으로", "조선 사람 조선 것" 등의 구호를 내걸고 1923년 봄에 활발히 전개되었다. 강연회와 전시회도 많이 열렸다. 그 결과 이 운동은 토산품 애용이라는 측면에서는 상당한 효과를 거두었다. 요즘 '신토불이身土不二'라는 말이 유행하듯이 당시 조선 사람들이 애국심을 발휘하여 우리 상품을 많이 샀다.

그러나 문제는 대중들의 생활이 기본적으로 어려웠기 때문에 구매력에 한계가 있었고 또 그나마 늘어나는 수요를 우리 상품들이 뒷받침해 주지 못하였다는 사실이다. 물산장려운동의 궁극적인 목적은 민족자본에 의한 공장을 많이 설립한다는 것이었다. 그러나 당시 조선은 일본의 경제권 안에 들어가 있었고 1920년 이후 일본의 경제는 전체적으로는 불황기에 처해 있었다. 따라서 돈을 가진 사람들은 당시 새로운 공장을 세우거나 회사를 설립하는 것을 망설일 수밖에 없는 상황이었다. 때문에 물산장려운동의 궁극적 목적이었던 민족자본에 의한 회사나 공장의 설립은 제대로 이루어지지 못하였다.

문화운동에서 자치운동으로

총독부 당국은 문화운동이 대두하면서 온건노선을 표방하고 있는 것에 대해 상당히 안도하였다. 따라서 이런 문화운동에 대해 당장 탄압의 메스를 가하지는 않았다. 오히려 이 운동을 더욱더 체제내적인 운동, 더 나아가서는 일본제국주의 지배정책인 동화주의에 찬동하는 친일적인 운동으로 유도하고자 하였다. 일제의 이런 의도는 성과를 거두어 문화운동은 모두 스스로 비정치성을 표방했으며, 1923년에 가서는 마침내 자치운동이 출현하는 데까지 이르렀다. 일제의 의도에 말려들어 간 결과라고 할 수 있다.

자치운동은 조선에 지방자치의회를 만들려는 운동이었다. 즉 식민지 조선에서 아무런 정치적 권리를 갖고 있지 못한 조선 민족이 조선의회라는 지방자치의회를 만들어서 조선의 행정에 어느 정도 참여하자는 것이었다. 일부는 더 나아가 이런 자치단계를 거쳐서 우리가 실력을 쌓아 가지고 그 다음에 조선의 독립을 완전히 쟁취하자고 주장하였다. 말하자면 문화적 실력양성운동으로서의 교육진흥운동과 경제적 실력양성운동으로서의 물산장려운동이 실패하자 마지막으로 정치적 실력양성운동으로서 자치운동이 나타났던 것이다.

또한 자치운동을 주장했던 데에는 대외적인 영향도 없지 않았다. 당시 에이레Eire(아일랜드Ireland에서 부르는 다른 이름)가 영국으로부터 자치권을 획득해서 1922년 에이레자유국으로 새롭게 출발했으며 인도에서도 우리가 잘 아는 간디가 1919년 이후에 자치운동을 본격적으로 전개하고 있었다. 따라서

신채호가 쓴 〈조선혁명선언〉

〈조선혁명선언은〉 1923년 신채호가 의열단 단장 김원봉의 부탁을 받아 쓴, 의열단의 독립운동노선과 투쟁방법을 천명한 선언문이다. 이후 신채호는 무정부주의운동을 통한 독립운동에 헌신하였다.

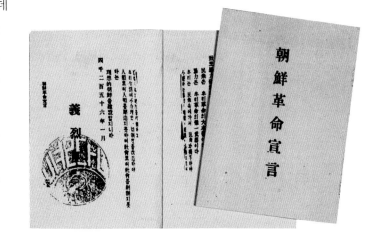

당시 조선의 일부 타협주의적인 사람들은 에이레나 인도와 같이 우리도 먼저 자치권을 획득하는 운동을 전개하자고 주장하였다. 그리하여 1923년부터 1932년까지 3차에 걸쳐 자치운동이 일어났지만 결국 실패하고 말았다.

'현실'적 운동의 한계

우리는 간혹 당시 조선의 실정에서 이와 같은 실력양성론, 민족개량주의는 가장 '현실'적인 운동이 아니었느냐는 주장들을 만난다. '현실'이란 말 속에는 다분히 타협적인 속성을 내포하고 있다. 뭔가 꿀리는 부분을 합리화할 때 "이게 현실인 걸 어떻게 하나?"라는 말로 얼버무리는 경우가 흔히 있지 않은가? '현실'이란 말은 그런 점에서 '타협', '굴종'이란 데까지 나갈 수 있는 말이다. 그러니까 처음부터 단단히 경계해야 할 말이다.

식민지로 전락한 상황에서 그런 현실적 운동들은 명백한 한계를 가질 수밖에 없었다. 따라서 그것이 우리의 주된 민족운동 혹은 독립운동의 노선이 될 수는 없었다. 물론 이상적인 것도 아니었다. 그런 운동들은 어디까지나 다른 운동을 보조하는 운동에 머물렀어야 하는 것이다.

단재 신채호는 〈조선혁명선언〉이라는 유명한 글에서 이런 류의 실력양성론에 대해 민중직접혁명론의 입장에서 논리적이면서도 신랄한 비판을 가하고 있다. 실력양성론의 논리를 대하면서 무엇인가 답답함을 느끼는 사람이 있다면 신채호의 〈조선혁명선언〉을 꼭 찾아서 읽어 보았으면 한다. 뭔가 강렬한 힘을 느낄 수 있을 것이다.

암울했던 식민지의 굴레에서 벗어나기 위해 우리에게는 무기를 들고 당장 일제에 저항하는 무력투쟁과 실력을 키우면서 때를 기다리는 실력양성이 모두 필요하였다. 그러나 국내에서 양자를 모두 병행한다는 것은 어려운 일이었는지 모른다. 그렇다고 해서 자기 논리에 빠져 일제에 협력하는 것이 합리화될 수는 없는 것이다.

2 암태도 소작쟁의

KOREA

소작쟁의는 1920년대부터 시작되어 1920년대 후반에 절정에 이르렀다. 1920년대 전반기의 소작쟁
의는 경제적인 조건을 개선하는 투쟁에 머물러 있었지만 경우에 따라서는 대규모화되고 장기화되고
그 과정에서 경찰과 폭력적으로 투쟁하는 경우도 많았다.

농민운동=소작쟁의

1919년 3·1 운동이라는 거족적인 반일항쟁이 일어난 뒤 1920년대에 들어서
면 각 방면에서 부문운동이 전국적으로 활발하게 일어났다. 청년을 중심으
로 한 청년운동과 노동자들의 파업투쟁, 그리고 농민들의 소작쟁의 등이 중
심이 되어 운동을 이끌었다. 소작쟁의는 농민들 가운데서도 소작인들이 소
작료나 소작조건 등을 가지고 지주와 쟁의를 하는 것을 말한다. 말하자면 소
작인들의 사회적·경제적 지위를 개선하기 위한 투쟁이라고 할 수 있다. 1920
년대 농민운동은 주로 이 소작쟁의가 중심이 되었다.

   소작쟁의가 어떻게 해서 1920년대 농민운동의 중심이 되었을까? 이를 알
기 위해서는 먼저 1920년대 초반의 농촌 사정을 살펴볼 필요가 있다. 일본제
국주의는 조선을 병합한 뒤인 1910년대에 일단 토지조사사업을 완성하여 일
본인 대지주 및 조선인 지주의 토지소유를 법적으로 인정하는 반면 대부분
의 소작농들은 아주 영세한 규모의 토지에 묶어 두는 조치를 완료하였다. 이
는 '식민지 지주제'를 확립함으로써 일본인 대지주 및 조선인 대지주들을 통

치의 기둥으로 이용하고 조선인 영세 소작인들을 착취의 대상으로 확정지은 것을 의미한다고 할 수 있다.

1920년대에 들어서면 토지조사사업을 바탕으로 하여 이른바 산미증식계획을 입안하여 시행하였다. 산미증식계획은 수리조합을 설치해서 농지를 개량한다는 등 농사개선을 표면에 내걸었지만, 실제로는 농민에 대한 착취를 극대화하려는 계획이었다. 말하자면 일본인 대농장을 더욱 확대하고 조선인 소작농을 더욱 효과적으로 착취하는 데 목표가 놓여 있었다.

이런 일제의 농촌재편정책으로 말미암아 조선인 소작농들은 급격하게 증가하여 1920년대에 들어오면 조선인 농민 가운데 소작농의 비율이 80%를 넘었다. 일본인 대지주들은 더 늘어나는 데 비해서 조선인 지주들은 규모를 축소하거나 자작농으로 떨어지게 되고, 조선인 자작농들은 자작 겸 소작, 또는 소작농으로 전락하였다. 따라서 전체적으로 소작농의 비율이 매우 확대되었다.

한정된 토지에 소작농은 차츰 많아졌지만 과잉인구를 밖으로 배출할 장치가 마련되어 있지 않기 때문에 소작인들의 생활은 더욱더 어려워졌다. 1920년대에 들어오면 소작료는 대체로 50%를 넘었으며 80%에서 90%까지 이르는 사례도 많았다. 더욱이 소작인은 순수한 소작료 이외에도 지주가 부담해야 할 조세나 공과금을 대신 낸다거나, 지주가 져야 할 사역을 대신 지거나 먼 거리의 소작료 운반비를 내거나 하여야 했다. 짚 같은 사소한 물건들조차도 사용할 수 없는 처지에 놓여 있었던 것이다.

이런 상황에서 농민들의 생활은 대체로 생존의 수준에도 이르지 못하는 경우가 많았다. 춘궁기에 식량이 떨어지는 농가가 전국적으로 50%를 웃돌았다. 이에 따라 봄에 식량이 떨어지면 나무껍질·풀뿌리로 연명하거나 가을에 추수할 쌀을 담보로 해서 높은 이자를 내고 식량을 꾸어 먹을 수밖에 없었다. 이보다 조금 사정이 나은 사람들은 쌀을 만주의 조로 바꾸어 먹을 수 있을 뿐이었다.

이마저 견디지 못해 농촌에서 더 이상 살 수 없게 된 농민들은 산으로 들어가 화전민이 되거나 정든 농촌을 떠나 만주·일본 등 해외로 이주할 수밖에 없었다. 따라서 화전민과 해외로 이주하는 농민의 수는 해마다 증가하였다.

소작인은 단결하라

이런 농민들의 비참한 생활상이 결국 이들을 소작쟁의로 몰고 가는 중요한 원인이 되었다. 당시 농민들이 자신들의 비참한 처지를 깨달으며 소작쟁의로 나아가는 과정을 나타내 주는 글이 하나 있다. 1922년 11월 충남 대전군 가수원리의 농민들이 임시농부대회에서 선언했던 선언문인데 그 내용을 잠시 살펴보자.

> 우리 농부들도 사람임을 깨달았다. …… 우리에게 먹을 것이 없고 입을 것이 없고 또 있을 곳이 없어서 길가에 방황하지 않는가? 이것은 …… 무리한 지주의 횡포에 기인한다. …… 우리는 우리의 힘으로 정정당당히 무리한 지주의 부당한 요구를 거절하며 우리의 생활안정을 도모하려 한다.

농민들의 사회모순에 대한 자각이 소작쟁의를 불러일으키고 역으로 소작쟁의의 축적이 소작농들의 조직적인 단결력을 강화시켜 주었던 것이 아니었나 생각된다. 이와 동시에 사회단체에서 소작농의 자각과 단결을 호소하는 글들도 보이는데 한번 보자. 1922년 조선노동공제회에서 발표한 '소작인은 단결하라'는 글이다.

> 소작문제는 소작인 자체의 자각이 아니면 안 될 것이오, 소작인의 자각을 현금상태와 같이 산산히 개개의 행동으로 보아 아무 조직적 단체가 없으면 문제의 이해를 연구할 기회는 없을 것이다. 따라서 아무 힘도 생각지 아니할지며, 아무 일도 되지 아니할 것이다. 그러므로 소작문제 해결은

반드시 소작인의 단결이 공고하여야 할 것을 가장 굳세게 신념하고 이를 선언하노니, 조선의 소작인이여 단결하라, 단결하여야 살 것이다.

농민들의 어려움이 소작에 있다는 것을 깨닫고 이 문제를 해결하기 위해서는 조직적인 단결만이 해결책이라는 과정을 잘 보여 주는 글이라고 할 수 있다. 그러면 이렇게 조직화된 소작쟁의의 주된 내용은 무엇이었을까.

소작쟁의는 소작농의 비참한 상태의 개선에 바탕을 두고 진행되었기 때문에 처음에는 주로 고율 소작료의 인하를 조건으로 내걸고 진행되었다. 그러나 고율 소작료 인하를 내건 소작쟁의가 잇따르자 지주들이 이를 기화로 소작권을 자주 이동시켜 버렸다. 그래서 나중에는 소작권 이동을 반대하는 것이 가장 주요한 쟁점이 되었다.

의사 서태석(徐邰晳)선생
추모비(1981년)

서태석(1885~1943)은 항일 농민운동가로 암태도 소작인회를 결성하고 위원장에 선임되어 소작쟁의를 주도하였다. 쟁의를 전후하여 보안법 위반으로 여러 차례 체포되었다. 고문후유증으로 조현병(정신분열증)에 걸려 고향에 돌아왔지만, 일제의 감시와 탄압으로 주민들의 외면 속에 비참한 최후를 맞았다. 늦었지만 2003년 건국훈장 애국장이 추서되었다.

소작쟁의는 1920년대부터 시작되어 1920년대 후반에 가면 절정에 이르렀다. 1920년대 전반기의 소작쟁의는 대체로 경제적인 조건을 개선하는 투쟁에 머물러 있었지만 경우에 따라서는 투쟁이 대규모화되고 장기화되고 그러한 과정에서 경찰과 폭력적으로 투쟁하는 경우도 많았다. 암태도 소작쟁의와 황해도 재령군 북률면 동양척식회사 농장의 소작쟁의가 이 시기의 대표적인 예이다.

암태도嚴泰島 소작쟁의

암태도는 현재 전남 신안군 암태면에 속해 있다. 목포에서 서쪽으로 25㎞ 떨어져 있으며 면적 43.72㎢, 해안선 길이 64.9㎞에 이르는 꽤 큰 섬이다.

암태도 소작쟁의는 1923년 8월부터 이듬해 8월까지 1년에 걸쳐서 전개되었는데 주로 이 지역 출신의 대지주인 문재철文在喆의 소작지를 중심으로 일어났다. 문재철은 이곳에 약 140정보의 거대한 토지를 가지고 있었던 대지주였다. 그런데 1920년대에 들어와 일본의 저미가정책으로 쌀값이 폭락하여 수입이 감소하자 지주들이 소작료를 올려서 손실을 보상하려고 했는데 암태도에서도 마찬가지의 현상이 나타났다.

암태도 소작인들은 1923년 8월 추수기를 앞두고 서태석徐邰晳의 주도로 암태도 소작인회를 조직하여 8할에 가까운 소작료를 4할로 내려달라고 요구하였다. 쟁의가 처음 시작할 때는 이 소작료 인하가 가장 중요한 요구였다. 그러나 농민들의 요구는 받아들여지지 않았다. 이에 소작인들은 추수를 거부하고 소작료 불납동맹을 결성해 본격적인 쟁의에 돌입하였다. 추수해 봤자다 뺏길 것이니까 추수하지 않겠다고 버텼다.

그러자 지주들을 응원하기 위해 목포에 있던 일본 경찰이 동원되어 무력

암태도소작인항쟁기념
탑(1998년)
——————

농민들이 이루어 낸 소중한 승리의 상징인 암태도 소작인 항쟁을 기리는 기념탑. 기념탑에는 소작인 항쟁사와 항쟁에 참여했던 농민 43명의 이름이 새겨져 있고 주변에 기념공원이 조성되어 있다.

시위를 하며 소작농들을 협박해서 소작료를 강제로 징수하려 했다. 그럼에도 불구하고 소작인들은 굴복하지 않고 자체 순찰대를 조직해서 대항하면서 1924년 봄까지 소작료를 내지 않고 대결해 나갔다. 그 와중에서 폭력사태도 여러 번 일어났다.

나아가 소작인들은 면민面民대회를 개최하여 소작쟁의를 단순히 소작인만의 문제가 아닌 암태도 전 주민의 일로 발전시켰다. 그리고 더 나아가 전국적인 문제로까지 확대시켜 나갔다. 당시 소작문제는 암태도만 있었던 일이 아니었고 전국의 농촌이 비슷한 사정에 있었기 때문에 바람만 불면 얼마든지 전국으로 비화할 가능성이 컸다.

이에 중앙에 있는 농민단체들이 지원하고《동아일보》같은 조선인 언론에서도 대대적으로 이 사태를 보도하기 시작했다. 그래도 문제가 해결되지 않자 암태도의 소작인들은 투쟁을 목포와 광주로 확대하기로 하고 목포에서 두 차례에 걸친 대규모 시위투쟁을 전개하였다. 그리고 심지어는 아사동맹餓死同盟이라는 것을 만들어서 단식투쟁까지 하였다.

이처럼 소작인들의 투쟁이 1년여에 걸쳐서 아주 강고하게 진행되면서 전국적으로 커다란 반향을 불러일으켰다. 이렇게 암태도 문제는 전국적으로 여론의 압박을 높혀 갔다. 그러자 일제는 더 이상 쟁의가 확산하는 것을 막기 위해 중재에 나섰다. 그 결과 일본 경찰의 개입 아래 소작료를 4할로 약정한다는 조정책으로 마무리되었다. 마침내 소작인이 승리를 이끌어 냈다. 일제 강점기라는 어려운 조건 속에서 소작인들이 4할의 소작료를 쟁취했다는 것은 유례가 없는 성과였다. 암태도 소작쟁의는 농민들이 이루어 낸 소중한 승리의 기록으로 우리 농민운동사에 굵직한 발자취를 남겼다.

소작쟁의에서 민족운동으로

암태도 소작쟁의는 1920년대 초반 조선인 지주를 상대로 일어난 가장 전형적인 그리고 성공적인 소작쟁의였다. 소작인들 간의 단결력이 두드러졌고 이를 전국 차원에서 조직적으로 지원함으로써 쟁의를 유리하게 끌고 갈 수 있었다는 점에서 그렇게 평가할 수 있는 것이다. 나아가 소작쟁의를 일제경찰과의 직접적인 투쟁의 차원으로까지 끌어올림으로써 소작쟁의를 민족운동의 차원으로 나아갈 수 있게 하는 전형이 되었다.

또한 이 소작쟁의는 1924년 전국적인 노동자·농민운동 조직으로서 조선노농총동맹이 결성되는 데 중요한 교량 역할을 하기도 했다. 결국 암태도 소작쟁의로 인해 소작쟁의를 중심으로 하던 1920년대 농민운동은 항일민족운동으로 한 단계 발전하였다. 그 결과, 이후의 많은 소작쟁의에 영향을 주고 모범이 되었다.

암태도는 잘 알다시피 해방공간에서 또 한 차례의 엎치락뒤치락 하는 모습이 있었고 6·25 전쟁 때에도 공산군의 점령 아래 들어가면서 이념적인 갈등을 많이 보여 주었다. 그래서 암태도는 소설의 대상이 되기도 하였다. 그만큼 우리 민족사의 뼈아픈 기억들을 가장 많이 안고 있는 섬이었던 것이다.

농민들은 흔히 제일 순박한 사람들이라고 한다. 자연과 교감하면서 살아가는 사람치고 순수하고 정직하지 않은 사람이 없기 때문이다. 그러나 이런 사람들도 식민지 현실에서는 집단적으로 들고 일어나 지주와 일본제국주의에 저항하지 않으면 안 되었다. 무엇이 이들을 그렇게 분노케 했을까?

3 원산 총파업

암울했던 식민지 시기에 한 지역의 노동자들에 의해 4달간 지속되었던 원산 총파업은 식민지 조선의
민중들에게 하나의 희망을 던져 주었다. 그들이 사랑하는 아내와 자식들과 함께 제대로 먹지도 못하
며 투쟁하게 했던 힘, 그것은 민족해방에 대한 열망과 사랑이 아니었을까?

노동자의 형성

1920년대까지만 하더라도 조선 사람의 대부분은 농민이었다. 농민의 비율은
80%를 넘었고, 반면에 노동자의 비율은 미미하였다. 그러나 1920년대 들어
와 상황이 변화하면서 노동자의 수도 점차 증가하였다.

　일본 자본주의는 1920년을 전후하여 독점자본주의 단계로 고도화하고 제
1차 세계대전을 통해 자본을 비약적으로 축적함으로써 자본 수출 단계에 들
어서게 되었다. 이에 따라 1910년 조선인 자본의 성장을 억제하기 위해 회사
를 설립할 때 허가를 받게 했던 회사령을 1920년 폐지해서 일본에서 남아도
는 자본을 조선에 도입하는 정책을 적극적으로 취하였다. 그 결과 1920년대
에 들어오면 많은 양의 일본인 자본이 도입되었다. 그 자본은 공업 분야에도
많이 투자되었다. 그 결과 공장노동자들의 수도 크게 증가하였다.

　그러나 아직까지 근대적 의미의 노동자라고 할 수 있는 공장노동자가 전체
임금노동자에서 차지하는 비중은 그리 크지 않았다. 1920년대 말이 되면 임
금노동자의 전체 숫자는 1백만 명을 넘어서는 정도였지만 그 가운데 공장노

동자는 10만여 명에 지나지 않았기 때문이다. 그럼에도 불구하고 공장노동자들은 상대적으로 가장 조직적이고 집단적인 행동을 취할 수 있었으며, 또 가장 앞선 의식을 가지고 있었다. 따라서 노동운동의 중심을 이룰 수 있었다.

이밖에도 광산노동자와 부두노동자, 그리고 운수·토목·건설업에 종사하는 노동자와 자유노동자 집단이 폭넓게 성장하고 있었다. 지금 노동자 수는 1,700만 명이 넘는다. 여기에는 비교가 되지 않지만 당시 상황으로서는 적은 숫자가 아니었다.

노동자의 열악한 상황

당시 일본 자본주의의 수준은 후진적이었기 때문에 세계적으로도 일본인 노동자의 임금 수준은 낮기로 소문 나 있었다. 그런데 조선인 노동자는 그 일본인 노동자 임금의 절반에도 미치지 못하였다. 더욱이 여성노동자나 미성년 노동자들의 임금은 또 그 조선인 성년 노동자 임금의 절반에도 미치지 못하였다. 말하자면 여성노동자들은 일본인 성년노동자에 비해 1/4 이하의 임금을 받았던 것이다.

또한 이렇게 낮은 임금도 실질임금 수준에서는 해마다 하락하고 있었다. 노동조건의 측면에서 볼 때도 대부분의 노동자들이 10시간에서 14시간에 이르는 장시간 노동에 시달리고 있었으며, 아주 심각한 산업재해에 노출되어 있었다. 이런 노동조건은 1970년대의 노동조건에 비할 수 없을 정도로 훨씬 열악한 상황이었다고 할 수 있다. 더욱이 농촌에 과잉노동력이 축적되어 있었기 때문에 이런 노동조건을 개선해 간다는 것은 매우 어려웠다. 당시 노동자들이 얼마나 혹사당하고 있었는지를 잘 보여 주는 글이 《동아일보》 1924년 11월 10일자 '빈민촌탐방기'에 실려 있는데 잠시 보자.

일반 부녀들과 어린 유년들은 목메인 아침밥을 물과 함께 급하게 마신 뒤에는 일각을 머물지 아니하고 한속에 주먹만한 조밥덩이를 싸 가지고는 햇발이 보이지 않는 음침한 공장 안으로 발길을 재촉한다. 종일토록 마음대로 앉고 서지도 못하고 먼지를 마시며 뼈가 빠지도록 기계를 돌리며 손발을 움직인 땀과 고된 노동의 유일한 보수는 단돈 삼십 전을 넘지 못하니 자기 한 사람 한 달 동안의 이것저것 잡비를 제하고 나면 집안 살림에 보탤 것은 찾으려야 어쩔 수가 없게 된다. 그러나 역시 그들은 하루가 열흘 같이 눈바람 치는 겨울 아침이나 비바람 부는 여름 저녁의 분별이 없이 오직 손을 비비고 발을 구르며 검은 연기 나오는 곳으로만 앞뒤를 다투어 발길을 옮겨 놓는다.

마치 1970년에 분신자살한 전태일의 일기에 나오는 평화시장 노동자들의 이야기 같지 않은가. "눈물이 앞을 가린다."라는 구태의연한 표현이 있기는 하지만 노동자들의 비참한 처지가 잘 드러나 있다. 특히 여성노동자나 미성년 노동자들의 사정은 훨씬 참혹하였다.

노동자들의 숫자가 크게 늘어나고 특히 대규모 공장의 노동자가 많이 늘어나는 상황에서 이처럼 지속적으로 노동조건이 악화되고 있다는 사실은 노동쟁의가 격증할 것이라는 점을 암시하는 것이기도 했다. 결국 파업을 통한 저항은 필연적이었다.

따라서 1920년대 초반부터 노동운동은 주로 파업의 형태로 전개되었다. 파업이 활발하게 일어나자 노동자들의 조직도 크게 발전하여 1927년에 조선노농총동맹은 조선농민총동맹과 조선노동총동맹으로 분리되었다. 조선노동총동맹이라는 독자적인 전국적 노동자 조직의 성립은 운동주체들이 농민과 노동자의 차이를 인식하게 되었음을 뜻한다. 이는 노동운동과 농민운동이 그만큼 발전했다는 뜻이기도 하다.

이처럼 조선노동총동맹이라는 전국적인 노동자조직이 성립하자 노동자들도 임금인상이나 임금인하 반대 등의 소극적인 투쟁에서 벗어나 점차 노동조건의 개선을 요구하는 적극적인 투쟁으로 나아갔다. 특히 1920년대 후반에 들어와서는 북부 지방에 공업 중심 도시가 많이 생겨나면서 대규모 파업 투쟁이 증가하였다. 원산 총파업은 바로 이런 투쟁의 정점에 있었다.

원산 총파업

원산 총파업은 물론 그 파업이 일어난 위치가 원산이기 때문에 붙여진 이름이다. 원산은 이북에 있기 때문에 지금은 갈 수 없는 곳이지만 당시에는 상품유통의 중심지였다. 또한 이곳은 조선 후기부터 상업중심지로 서서히 부각되고 있었는데 1880년에 개항이 됨으로써 아주 급속하게 도시화가 진척되었다. 철로가 개설되고 근대적인 항만시설이 설치되면서 북부지방의 유통중심지로 등장하였다. 이때 중심지가 되었다는 것은 거꾸로 말하면 일본의 식민지 수탈 거점이 되었다는 뜻이기도 하다.

어쨌든 이렇게 유통의 중심지로 성장해 가자 원산의 노동자들은 공장노동자뿐만 아니라 운수노동자와 부두노동자, 기타 상품유통 부문에 종사하는 일용노동자들도 많이 늘어났다. 이런 지역적 특성을 반영하여 1925년에 각 부문의 노동운동 조직들을 통합해서 원산노동연합회라는 연합조직을 결성하였다. 이 원산노동연합회는 이미 1928년 이전부터 이 지역의 많은 노동쟁의를 조직적으로 지도하고 있었다. 결국 원산 총파업은 원산노동연합회를 중심으로 행해 오던 노동운동을 바탕으로 일어났다.

원산 총파업은 보통 1929년 1월부터 4월까지 4개월에 걸쳐 원산 지역 전체에서 전개되었던 총파업을 가리킨다. 1928년 9월 영국인이 경영하던 라이징 선Rising Sun 석유회사에서 일본인 현장감독이 조선인을 구타한 사건이 발생하는데, 이 구타사건을 빌미로 해서 노동조합과 회사 간에 대립이 심화되고 결국 파업에 이르게 된다.

여기에 노동자측에서는 원산노동연합회가 개입하고 자본가측에서는 원산상업회의소가 개입하였다. 원산노동연합회는 자본가의 노동자 해고조치에 총파업으로 대항하였다. 이에 원산 지역 전체 회사도 노동자들을 총해고로 대응하였다. 그 결과 도시 전체가 총해고 대 총파업으로 대립하는 유례없는 사태가 일어났다. 자본가들의 연합단체인 원산상업회의소와 일제의 통치 기구 전체가 결합하고 여기에 노동자들의 연합조직인 원산노동연합회가 대항하면서 결전으로 치닫게 되었다.

사태가 이렇게 진전된 것은 그만큼 노동자들의 결의가 만만치 않았기 때문이다. 당시 노동자들의 이런 모습을 엿볼 수 있는 글이 있다. 바로 원산노동연합회의 결의사항이다.

1. 우리는 최후의 일각까지 지구전을 계속한다.
1. 우리는 금주 적금을 계속 실시한다.
1. 우리는 1일 3식을 2식으로 단축한다.
1. 우리는 담배도 끊는다.

하루하루 벌어먹는 사람들이, 더욱이 가족까지 있는 상황에서 먹는 것을 줄이면서도 싸우겠다고 하니 그 투쟁 의지가 얼마나 대단했는가를 읽을 수 있다.

그러나 일제 경찰들은 가혹한 탄압을 가하였다. 노동연합회 간부들을 구속하고 테러단체를 조직하여 폭력을 행사하였다. 또한 함남노동회라는 어용 단체를 만들어 파업노동자들을 분열시키려고 하였으며, 원산시민협회라는 조직을 만들어 일반 시민들을 노동자로부터 분리시키려고 획책하였다. 이에 대해 노동자들은 규찰대를 조직하여 노동자들의 이탈과 변절자들의 잠입을 막고 전국적으로 여론을 일으키는 작업을 활발히 수행하였다.

그 결과 운동의 영향이 크게 확산되어 전국적인 반향을 불러일으켰다. 또한 일본 지역 노동단체로부터 격려문이나 전보가 쇄도하고 고베에서는 부두 노동자들이 동정파업까지 단행하여 후원하였다. 또한 중국과 프랑스·소련 등지에서도 노동자들이 격려 전문을 보내왔다.

그러나 4개월을 해고된 상태에서 버틴다는 것은 쉬운 일이 아니었다. 파업 기금이 고갈되어가고 노동자들이 1일 2식도 지탱할 수 없는 상황에서 노동 연합회의 지도부가 버티지를 못하고 변절하는 사태가 일어났다. 그러자 더 이상 견디기 힘들어진 노동자들은 4월에 가서 폭력투쟁으로 나아가고 결국 투쟁의 대미는 참담한 실패로 끝나고 말았다.

　이렇듯 원산 총파업은 표면적으로는 완전한 실패로 끝나고 말았다. 하지만 4개월간 한 도시 전체를 아우르는 규모의 크기와 조직의 완강성, 4개월간 전혀 흩어지지 않은 노동자들의 단결성, 그리고 반제운동 세력들과의 폭넓은 연대성 등으로 1920년대 후반 노동운동의 대미를 화려하게 장식하였다. 말하자면 1920년대 노동운동의 결산인 동시에 1930년대 새로운 노동운동을 위한 토대가 되었다. 또한 원산이란 지역적 한계에서 비롯한 파업 실패를 교훈 삼아 이후 노동운동이 전국적 산별노조를 조직하는 데로 나아간 것은 그 구체적 성과였다.

　암울했던 식민지 시기에 한 지역의 노동자들에 의해 4달 동안 지속되었던 이 사건은 당시 식민지 조선의 민중들에게 하나의 희망을 던져 주었다. 그들이 사랑하는 아내와 자식들과 함께 제대로 먹지도 못하며 투쟁하게 했던 힘, 그것은 민족해방에 대한 열망과 사랑이 아니었을까?

4 광주학생독립운동

KOREA

해방 이후 한국 현대사에서 민주주의를 위해 가장 열심히 싸워 온 세력이 학생들인 것처럼 일제강점기에도 학생들은 그 순수함과 열정으로 그 누구보다도 민족의 독립을 위해 일본제국주의에 대해 저항하였다. 광주학생독립운동은 이런 학생운동의 상징으로 오늘날까지 기념할 만한 가치를 지니고 있다.

11월 3일, 학생독립운동기념일

우리가 매년 맞는 '학생독립운동기념일'은 11월 3일이다. 이날은 잘 알다시피 광주학생독립운동이 일어난 날이다. 해방 이후 한국 현대사에서 민주주의를 위해 제일 열심히 싸워온 세력이 학생들인 것처럼 일제 강점기에도 학생들은 그 순수함과 열정으로 인해서 그 누구보다도 민족의 독립을 위해 일본제국주의에 저항하였다. 광주학생독립운동은 이런 학생운동의 상징으로 오늘날까지 기념할 만한 가치를 지니고 있다.

우리나라에서 뿐 아니라 일반적으로 후진국에서는 흔히 학생운동이 반제 민족운동을 이끄는 중심 역할을 맡게 된다. 즉 후발 자본주의 국가나 식민지 사회에서는 자본주의의 발전이 느리고 노동자계급의 형성이 늦기 때문에 상대적으로 진보적인 이념에 민감하게 반응하는 지식인이나 학생들이 반제 민족운동의 중요한 동력이 되기가 쉬웠다.

이는 우리의 경우 일제 강점기 3대 민족운동이었던 3·1 운동과 6·10 만세 운동, 광주학생독립운동이 모두 청년 학생들에 의해 주도되었다는 사실에

284

서도 잘 드러난다. 뿐만 아니라 1930년대 후반 이후 모든 사회운동이 완전한 잠복기에 들어가는 시기에도 학생들은 동맹휴학이나 비밀결사운동 등을 끈질기게 전개하였다. 따라서 일제 강점기 학생운동은 더욱 비중이 커지고 빛을 발했던 것이다.

학생운동의 성장

학생운동은 1920년대에 들어와 본격화하였다. 일제는 3·1 운동을 겪고 난 이후 고도의 통치정책인 '문화통치'를 구사한다. 이는 1910년대에 행하던 직접적이고 폭압적인 통치가 더 이상 유효한 통치수단이 될 수 없다는 것을 3·1 운동으로 깨달았기 때문이다. 따라서 일제는 민족운동의 일부 세력을 포섭하고, 이를 바탕으로 민족운동 내부의 분열을 야기시키는 이른바 분할통치 정책으로 식민지배의 방향을 돌렸다.

이에 맞추어 일제는 식민지 교육정책도 수정하였다. 1910년대의 일제 교육정책은 식민지통치에 순응하는 실용주의적인 인간을 양성하는 데 일차적인 목표를 두었다. 그러나 1920년대 들어가면 교육제도를 변경해 사립학교에 대한 통제를 완화하고, 보통학교의 수학기간을 늘리며, 학과목에 조선어를 첨가하고, 조선인이 일본고등교육기관에 입학할 수 있도록 하는 등의 조치를 취하여 민심을 무마하려 했다. 한편 조선인 사이에서도 민족교육 설립을 위한 전국적인 운동이 활발하게 일어나 사립학교가 많이 설립되었으며 조선인들만의 힘으로 민립대학을 설립하자고 하는 민립대학설립운동도 일어났다.

그러나 일제의 교육정책은 다른 정책과 마찬가지로 위선적이고 기만적이었다. 조선 역사나 지리는 가르치지 않았고, 조선어를 상급학교 진학시험에서 누락시켜 실제로는 무시하는 정책으로 일관하였으며, 전문학교를 설치해 식민지 대리통치를 위한 기능인 양성에 주력하였다. 또한 일본정신의 침투를 일차적인 목표로 하는 경성제국대학을 설치해 비판적인 지식인의 양성을 극도로 억제하였다. 말하자면 교육기회라는 것을 일종의 판으로 볼 때 그 판에 들어가는 것이 차라리 안 들어가는 것만 못하게 했던 것이다.

결국 이런 기만적인 교육정책에 따른 식민지 차별교육은 학생들로 하여금 현실에 불만을 가지게 하였다. 여기에 식민지하의 피폐된 사회경제 상태를 직접 경험하면서 일본제국주의에 대한 저항의지가 더욱 커졌다. 그 가운데서도 관리나 기술자로서 출세를 꿈꾸는 전문학교나 관립학교 학생보다는 인문주의 교육의 영향을 비교적 많이 받은 중등학교에 재학하는 학생들이 훨씬 많이 학생운동에 참여하였다. 특히 일제의 통제가 약한 조선인 사립학교는 학생운동의 온상이었다.

1920년대의 학생운동은 1924년을 분기점으로 하여 크게 성격이 달라진다. 1924년 이전을 대체로 배일排日 정서에 입각해 맹휴를 하던 시기라고 한다면 1924년 이후는 이른바 '주의적 맹휴시기'로 규정할 수 있다. 다시 말하면 1923년까지는 대체로 단순한 민족주의적 정서에 입각하여 학생운동을 전개한 반면 1924년 이후에는 학생운동의 조직과 실천에서 사회주의 이념의 영향력이 커졌다. 그리하여 일제도 1926년 6·10 만세운동으로부터 학생운동의 절정에 이르는 광주학생독립운동까지의 시기를 민족주의와 사회주의의 합류시기로 규정하였다. 광주학생독립운동은 바로 이런 1920년대 학생운동의 성장을 바탕으로 일어났다.

광주학생독립운동의 발발

광주학생독립운동이 일어나게 된 직접적인 도화선은 광주와 나주 간을 통학하던 일본인 남학생들이 조선인 여학생들을 기차간에서 희롱한 사건이었다. 1929년 10월 30일 통학기차 안에서 광주중학교의 일본인 학생인 후쿠다 슈조福田修三 등이 광주여자고등보통학교 학생인 박기옥·이광춘 등의 댕기머리를 잡아당기며 희롱하였다. 이들은 기차에서 내려서도 계속 여학생들을 못살게 굴었다. 이런 일본 학생들의 희롱에 분격한 박준채 등 조선인 학생들이 나주역 광장에서 일본인 학생들과 집단 패싸움을 벌이게 된다. 여기서 조선

학생들은 숫적 열세에도 불구하고 싸움을 승리로 이끌었다.

이튿날 오후에도 광주를 떠나 송정리로 가던 통학열차 안에서 광주고등
보통학교 학생과 광주중학교 학생 사이에 패싸움이 벌어졌다. 이때 일본인
차장과 일본인 승객들은 "센징인 주제에 건방지다." 등의 폭언을 퍼부으며 일
방적으로 일본인 학생들을 두둔해 조선인 학생들의 반일 감정을 더욱 부채
질하였다.

다음날인 11월 1일 오후에도 통학열차가 광주역을 출발하려고 할 때 광주
중학교 학생들이 야구방망이와 죽창, 죽검 등을 들고 몰려와 조선인 학생들
과 충돌 직전까지 갔으나 두 학교 교사와 경찰들의 제지로 가까스로 수습되
기도 하였다.

이런 첨예한 대립을 거치면서 조선인 학생들의 항일민족의식은 마침내 11
월 3일에 대규모 시위운동으로 폭발하였다. 바로 이날이 지금 기념하는 '학
생독립운동기념일'이다.

이어 11월 12일 광주고보·광주농업학교·광주사범학교·광주여고보 학생
들의 대규모 2차 가두시위가 벌어졌다. 이 두 차례에 걸친 시위로 250여 명의
학생과 사회·청년단체 간부 160여 명이 검거되었고 그 가운데 260여 명이 구
속되었다. 2차 시위 때 뿌려진 격문의 내용은 당시 학생운동의 성격을 잘 드
러내 주고 있다.

용감하게 싸워라 학생대중이여!!!

우리의 슬로건 아래 궐기하라!

우리의 승리는 오직 우리들의 단결과 희생적 투쟁에 있다.

1. 투쟁의 희생자를 우리의 힘으로 탈환하자!

1. 검거자를 즉시 석방하라!

1. 교내 경찰권 침입을 절대 방지하라!

1. 수업료와 교우회비를 철폐하라!

1. 교우회 자치권을 획득하자!

1. 언론·집회·결사·출판의 자유를 획득하라!

1. 직원회의에 학생대표를 참석시키자!

1. 조선인 본위의 교육제도를 확립하라!

1. 식민지 노예교육제도를 철폐하라!

1. 사회과학연구의 자유를 획득하라!

1. 전국학생대표자회의를 개최하라!

이를 보면 단순히 교내 문제의 해결뿐만 아니라 일제의 식민지 교육 자체
를 거부하고 나아가 운동을 광주에 국한시키지 않고 전국적으로 확산시키려
고 했던 점을 알 수 있다.

광주에서의 시위운동을 주도하고 조직적으로 확산시키는 데 크게 기여한
것은 광주 지역 학생비밀결사였던 성진회와 독서회 중앙부였다. 1926년 11월
광주고보와 광주농교 학생들로 결성된 성진회는 사회과학을 연구하며 1928

광주학생독립운동여학
도기념비
─────────
광주학생독립운동에 참여
한 여학생들을 기념하기 위
해 1959년 전남여자고등학
교(광주여자고등보통학교)에
세웠다.

년 광주 지역 학교들의 동맹휴학을 주도하기도 했다. 1929년 6월에는 이를
계승한 독서회 중앙부가 결성되어 각 학교에 독서회를 조직하고 지도하였다.
광주학생독립운동을 주도하는 학생투쟁지도본부는 이를 바탕으로 만들어
졌다. 학생들의 투쟁은 또한 신간회 광주지회 및 전남청년연맹·광주청년연
맹 등 광주 사회·청년단체와도 밀접한 연관 속에 전개되었다.

광주에서 전국으로

광주에서 타오른 불길은 먼저 인근 전남 지역으로 퍼져 나갔으며, 이어 전국
적으로 파급되었다. 학생 시위의 전국적 확대에 결정적 계기가 된 것은 12월
초순과 이듬해 1월 중순, 두 차례에 걸쳐 일어난 서울에서의 대규모 학생 시
위였다.

　서울에서의 1차 시위는 조선청년총동맹과 중앙청년동맹으로 이어지는 청
년단체, 조선학생전위동맹과 조선학생과학연구회로 이어지는 학생단체의 역
할이 컸다. 또한 신간회에서 기도한 민중대회도 비록 일제의 탄압으로 실패

하고 말았지만 학생들의 시위가 전국으로 확산하는 데 적지 않은 영향을 미쳤다.

일제의 철통같은 경계와 탄압에도 불구하고 일어난 2차 시위는 1차 시위에서 비교적 타격을 덜 받았던 여학생과 여성단체인 근우회의 주도로 이루어졌다. 1차 시위 때와 마찬가지로 연합투쟁의 형태로 조직적으로 전개된 측면이 강하였다.

학생 시위는 12월 초부터 본격적으로 퍼져 나가 주요 지방도시뿐만 아니라 읍·면단위 지역 학교까지 확산되고 중등학교뿐만 아니라 보통학교 학생까지 참여하였다. 투쟁의 형태도 시험거부·백지동맹·동맹휴학·격문살포·교내시위·가두시위 등 다양하게 전개되었다.

이념적인 측면에서도 초기에 사회과학연구의 자유, 학생의 자치권 획득 등 학내 문제 해결과 조선인 본위의 교육제도 확립, 식민지 노예교육과 민족동화교육의 철폐를 주장하던 데에서 총독부 폭압정치 반대, 일본제국주의 타도 등 일본 식민지 지배권력과의 전면 충돌을 통한 민족의 독립 획득을 주장하는 데까지 나아갔다. 그리고 독립 방안으로는 협동전선을 통한 민족해방과 계급해방의 유기적 연결을 도모하고 국제정세까지 포함하여 보다 폭넓은 시야에서 민족해방운동을 추진할 것을 강조하였다.

또한 적지 않은 지역이 지방 청년동맹과 신간회·근우회 지회 등 그 지역 청년사회단체와의 연계 속에서 이루어졌으며, 투쟁 지역이 국내에 그치지 않고 해외로까지 파급되어 만주·일본을 비롯하여 연해주·미주 지역까지 호응하였다.

광주학생독립운동은 국내만 보더라도 전국적으로 194개교(전문학교 4개교, 중등학교 136개교, 보통학교 54개교)가 참가했으며, 참가 학생 수는 5만 4천여 명에 달하였다. 명실공히 3·1운동 이후 최대의 항일민족운동이었다. 더욱이 이 운동은 세계대공황기와 맞물리면서 이후 학생운동뿐만 아니라 전체 항일민족운동의 전개에도 큰 영향을 미쳤다.

1929년 당시의 상황이 그러하듯이 광주학생독립운동은 학생뿐만 아니라 다양한 정치운동 세력이 관련되어 있었다. 또한 이념적으로도 일제의 억압에 대한 저항과 식민지 교육에 대한 불만을 바탕으로 하여 민족주의, 사회주의 등 다양한 사상들이 중첩되어 전개되었으며, 이후의 민족해방운동에 커다란 영향을 미쳤다. 따라서 우리는 이 운동을 좀 더 넓은 시야에서 조망해 볼 필요가 있다.

 광주학생독립운동의 정신은 그 뒤에도 면면히 이어져 정부는 1953년 광주학생독립운동이 일어난 11월 3일을 '학생의 날'이라 해서 국가기념일로 제정하여 기념하였다. 그러나 1973년 유신시대에 학생들의 반독재 민주화 운동이 계속되자 기념일이 폐지되었다가 1984년 다시 '학생의 날'로 부활하였다. 그리고 2006년 '학생독립운동기념일'로 명칭이 바뀌어 오늘에 이르고 있다.

HISTORY OF KOREA

제6장 | 민족운동의
새로운 모습

1 김산과 아리랑

《아리랑》을 읽은 사람은 수많은 좌절과 절망에도 굽히지 않는 주인공 김산의 불굴의 의지에 감탄하게 된다. 이 책에는 한 식민지 지식 청년이 어떻게 불굴의 혁명가로 성장해 가는가 하는 과정이 구체적으로 기록되어 있다.

《Song of Arirang》

《중국의 붉은 별》이란 책을 써서 세계적으로 유명한 미국인 에드거 스노 Edgar Snow(1905~1972)는 중국혁명의 아버지 마오쩌둥毛澤東의 절친한 친구로, 중국혁명 시기뿐만 아니라 동서냉전으로 인해 '죽竹의 장막'이 쳐 있던 때에도 중국을 마음대로 드나들 수 있었던 매우 드문 인물 가운데 한 사람이었다.

그런데 이 에드거 스노의 부인이었던 님 웨일즈Nym Wales(1907~1997)가 《아리랑》이라는 소설을 썼다. 그리고 이 소설을 통해서 그 이전까지는 거의 알려지지 않았던 김산金山(1905~ 1938)이라는 한 조선인 혁명가의 생애가 비로소 세상에 널리 알려지게 되었다.

원제목이 《Song of Arirang −The Life Story of Korean Rebel》(1941)인 《아리랑》은 우리나라에서는 1984년에 한 출판사에서 번역·출간하여 대학생들 간에 커다란 관심을 불러일으켰고 30년이 지난 지금도 많이 읽히는 스테디셀러가 되었다. 또한 최근 한 TV의 〈차이나는 도올〉이라는 프로그램에서 김용옥에 의해 감동적으로 소개되면서 다시 한 번 사람들의 주목을 받고 있다.

우리는 이 책을 통해서 중국에서 공산주의 활동을 한 젊은 조선인 혁명가들의 삶의 역정, 그들의 고뇌와 꿈을 생생하게 엿볼 수 있다. 바로 이런 점 때문에 《아리랑》은 국내에 소개되었다는 그 자체만으로도 대단한 뉴스거리가 되었고 한때는 금서 목록에 오르기도 하였다. 또한 지금 여기서 이런 주제에 대해 이야기하고 있다는 사실도 격세지감을 느끼게 한다고 할 수 있다. 민주화시대 이전에는 꿈도 꿀 수 없었던 일이니까.

중국에서의 조선인 공산주의자들

김산은 민족주의자가 아니라 공산주의자, 즉 사회주의자였다. 그리고 당시 사회주의자들은 대부분 국제주의자였다. 때문에 김산을 이해하기 위해서는 먼저 국제주의가 무엇인가, 그리고 중국 내의 조선인 공산주의자들이 어떤 생각을 가지고 운동을 했는가를 아는 것이 필요하다.

또한 국제주의를 알기 위해서는 코민테른Comintern에 대해서 알아야 한다. 코민테른은 1919년 레닌이 러시아 혁명에 성공한 후 만든 국제공산당이다. 공산주의 인터내셔널 또는 제 3인터내셔널이라고도 부르는데, 조선공산당을 비롯하여 일본공산당·중국공산당 등 세계 각국에 있는 공산당들이 다 지부조직으로 여기에 참여하였다. 말하자면 세계혁명을 하기 위한 총본부라고 할 수 있는 것이다.

김산은 1925년부터 중국공산당 당원으로 활동했는데, 그는 조선의 해방은 세계혁명과 동시에 진행되어야 하며 조선이 해방되기 위해서는 중국이 먼저 해방되는 것이 필요하다고 생각하였다. 이런 김산의 생각은 코민테른의 노선과 같았다.

종전까지 운동의 주요 노선은 민족주의였는데, 이는 여기서 말하는 코민테른식의 국제주의와는 달랐다. 물론 민족주의는 그때까지 민족운동의 지도이념으로서 매우 중요한 역할을 해 왔고 또 그 이후로도 그런 역할을 해 나갔다. 그러나 1930년대의 사정 속에서는 국제주의가 상대적으로 비중 있는 역할을 맡아야 한다고 생각할 만했다.

　1930년대에 일본제국주의는 조선·중국·만주, 나아가 일본에 살고 있는 민중들을 분리시켜 서로 싸우게 하는 방법으로 이들 나라들을 각각 분할 지배하였다. 따라서 이런 일본제국주의를 이기기 위해서는 조선이나 중국의 민중과, 일본의 독점자본이나 파쇼적인 권력에 반대하는 민중들이 민족이란 간격을 넘어 서로 단결해서 싸우는 것이 필요하였다. 국제주의의 필요성이 증대했던 것이다. 이런 생각을 갖고 본다면 민족주의는 조선·중국·일본 민중들의 국제적 연대에 바탕 한 반일투쟁을 지도하는 이념으로서는 당연히 한계가 있다고 느낄 수밖에 없었다. 이제 김산이 같은 민족해방운동을 목표로 하면서도 민족주의보다는 국제주의적인 생각에 기울었던 까닭을 이해할 수 있을 것이다.

김산의 생애

김산의 생애는 《아리랑》에 나와 있지만 최근에 중국에 살고 있는 김산의 아들, 그리고 고영광을 비롯한 여러 사람들의 인터뷰자료를 통해서 나머지 삶의 공백들을 많이 메울 수 있다. 김산의 본명은 장지락^{張志樂}으로 1905년 평양 근교 차산리라는 마을에서 빈농 집안의 3남으로 출생하였다. 시골에서 보통학교를 다니다가 열한 살에 집을 떠나 서울·일본·만주·중국 등지에서 공부를 하였다. 서울에서는 기독교계 중학교를 다녔으며, 일본에 가서는 고학을 하며 대학입시 준비를 하였고 만주로 건너가서는 신흥학교에서 수학하였으며 중국에서는 북경의과대학을 다녔다.

　당시는 봉오동·청산리 전투가 있었고 또한 이에 대한 보복으로 일본군이 조선인을 무차별 학살하는 경신참변이 발생했던 때였다. 김산은 이런 것들을 목격하고 일본에 대한 적개심을 더욱 키우게 되었다. 김산은 1920년 상하이에서 임시정부의 기관지라고 할 수 있는 《독립신문》의 교정 겸 식자공으로 일을 하였다. 또한 의열단의 김원봉·오성륜 등과 친해지기도 하였으나 정식 단원은 아니었다. 1921년경부터 1925년까지는 북경의과대학을 다녔다. 여기서 김산은 공산주의 입문서적을 탐독하고 열렬한 공산주의자가 되었다.

1920년대 중반이 되면 중국국민당과 공산당이 일제에 투쟁하기 위해 손을 잡는 이른바 국공합작으로 광둥廣東 정부가 만들어지고 이 광둥 정부가 중국 군벌을 토벌하기 위한 북벌전쟁을 본격으로 벌여 나갔다. 이렇게 되자 김산은 조국 해방의 첫걸음을 내딛게 되었다는 기쁨에 가슴 설레면서 북벌전쟁에 참여하기 위해 광둥으로 갔다. 1925년, 그는 광둥에서 중국공산당원이 되었으며 중국혁명의 산실이라고 하는 황포黃埔군관학교에서 강의를 하기도 했다.

이후 김산은 1928년까지 중국관내와 만주·노령·조선 등지에서 모여든 800명의 조선인과 함께 광둥꼬문에 참여했으며, 해륙풍소비에트에서도 조선인 동지들과 함께 투쟁하기도 했다. 문헌에는 1927년 11월 김산이 재중국본부 한인청년동맹에 광둥대표로 참석하였다는 기록이 보인다. 또한 1929년에서 1930년에는 화북과 만주에서 절친한 동지였던 오성륜과 함께 민족유일당 건설운동에 참여하였다.

그러다가 다시 베이징北京으로 왔다가 불행히도 1930년 11월에 처음으로 체포되었다. 그러나 얼마 지나지 않은 1931년 6월에 출옥하자 당시 동지들로부터 전향을 의심받기도 하였다. 그럼에도 불구하고 그는 공산당원으로 복권되어 화북 지역에서 대중조직활동을 전개하였다. 1933년 4월 북경에서 두 번째 검거되어 투옥되었지만 두 달 만인 6월에 다시 풀려났다. 이어 1934년 1월까지 국내에서 다섯 달가량 체류하다가 1935년 상하이로 가서 조선민족해방동맹을 조직했으며 1936년 8월에는 조선민족해방동맹의 대표로 옌안延安에서 활동하였다.

님 웨일즈와의 만남과 《아리랑》의 탄생

그가 옌안에서 활동하고 있을 바로 그때 신문기자로 중국에 와 있던 님 웨일즈를 만났다. 1937년 초여름 옌안의 루쉰魯迅도서관에서 님 웨일즈는 영문책

자를 빌려간 사람들의 명단을 훑어 보고 있었는데, 여름 내내 모든 종류의 책과 잡지를 수십 권씩 빌려간 한 사람이 눈에 띄어 호기심을 갖게 되었다. 이 사람이 바로 김산이었다. 이를 계기로 님 웨일즈는 김산과 만나게 되고 그 과정에서 김산에 대해 매력을 느끼게 되어 인터뷰를 하고 그 내용을 책으로 출판할 결심을 하게 된다.

1937년 9월 님 웨일즈가 옌안을 떠나게 되자 두 사람은 헤어졌다. 그 뒤 님 웨일즈는 베이징으로 돌아와 협동조합운동을 하다가 1939년에는 필리핀으로 간다. 여기서 그녀는 《아리랑》의 초고를 집필하였으며, 1941년 미국에서 출판하였다. 반면 김산은 1938년 트로츠키주의자, 일본 스파이라는 누명을 쓰고 옌안에서 중국공산당에 의해 처형되었다. 그러나 그와 중국인 아내 사이에서 태어난 아들과 여러 사람의 노력으로 1983년에 중국공산당원으로 다시 복권되었다.

《아리랑》을 읽은 사람은 수많은 좌절과 절망에도 굽히지 않는 주인공 김산의 불굴의 의지에 감탄하게 된다. 이 책에는 한 식민지 지식 청년이 어떻게 불굴의 혁명가로 성장해 가는가 하는 과정이 구체적으로 기록되어 있다.

톨스토이의 인도주의에 심취되어 있던 청년이 어떻게 마르크스주의자로 변화해 가는가 하는 혁명의식의 형성과정을 살펴볼 수 있으며, 오성륜·김충창과의 관계를 통해 도대체 동지애란 무엇인가 하는 문제도 생각하게 해 준다. 또한 김산은 중국공산당에서 활동하였는데 당시 조직활동가는 어떠한 생활을 했을까 하는 궁금증도 많이 해소시켜 주고 있으며, 혁명가들이 연애는 어떻게 했으며, 친구들과의 우정은 어떻게 유지했을까 하는 문제 등 일반 사료에서는 볼 수 없는 내밀한 이야기를 많이 담고 있다. 님 웨일즈는 이런 이야기들을 대단히 탁월하게 묘사하고 있다.

《아리랑》은 소설적인 재미뿐만 아니라 사료적인 가치도 상당히 있다. 1920년대 중반 중국에서 조선인 공산주의자들이 어떠한 활동을 했는가는 별로 밝혀져 있지 않았다. 그런데 이 《아리랑》을 통해서 국공합작 이후 북벌전쟁

과정에서 일어났던 광둥꼬뮨이나 해륙풍소비에트에 관한 새로운 사실들이 많이 밝혀졌으며 만주에서의 민족유일당운동에 관한 내용들도 주목받게 되었다.

불꽃같은 삶을 살다간……

'패배하더라도 좌절하지 않는 자만이……'라는 제목의 《아리랑》 마지막 장에는 다음과 같은 김산의 독백이 있다.

> 내 전 생애는 실패의 연속이었다. 또한 우리나라의 역사도 실패의 역사였다. 나는 단 하나에 대해서만 −나 자신에 대하여− 승리했을 뿐이다. 그렇지만 계속 전진할 수 있다는 자신을 얻는 데는 이 하나의 작은 승리만으로도 충분하다. 다행스럽게도 내가 경험했던 비극과 실패는 나를 파멸시킨 것이 아니라 강하게 만들어 주었다. 나에게는 환상이라는 것이 거의 남아 있지 않다. 그렇지만 나는 사람에 대한 신뢰와 역사를 창조하는 인간의 능력에 대한 신뢰를 잃지 않고 있다.

이처럼 불꽃같은 삶을 살다간 김산에 대해 우리는 어떤 평가를 내려야 할까? 우리가 알고 있는 독립운동가·우국지사는 사실 소수에 불과하다. 특히 좌익계열의 활동가에 대한 우리의 지식은 너무나 엉성하다. 이데올로기라는 체로 걸러지다 보니 그렇게 되었다. 어찌 보면 이데올로기가 덫이 되어 민족해방운동의 실체를 축소해 버리고 우리 역사를 스스로 위축시켜 버리는 그런 우를 범하지 않나 생각된다.

과거 선별적으로 좌익 활동가에게도 독립유공자 표창을 하였으나 우리 현실상 한계가 있을 수밖에 없다. 그런 한계의 불가피성을 인정한다 하다라도 그 엉성한 지식에 면책이 되는 것은 아닐 것이다.

일제 강점기 조국의 해방을 위해 젊음을 불살랐던 혁명가 김산의 삶은 우리에게 깊은 감동을 준다. 그런데 그 김산은 수많은 독립투사들 중 한 사람이었지, 유일한 사람은 아니었다. 그리고 불꽃같은 삶을 살다간 김산의 삶이 곧 조국의 해방을 위해 살다간 수많은 독립투사들의 삶의 모습 그 자체였다고 생각해 보면 우리는 더욱 큰 감동을 받게 된다. 옷깃을 여미는 삶의 모습이 새삼스럽게 느껴질 것이다.

2 사회주의운동

우리나라 사람들에게 처음 사회주의가 받아들여진 것은 3·1 운동 직전 러시아의 연해주 지역을 통해서였다. 기존의 전통사상과는 전혀 이질적인 사회주의사상이 우리나라에 수용된 것은 단순히 사회주의혁명이 일어난 나라의 이웃에 있어서이기 때문만은 아니었다. 나름대로 수용에 대한 욕구와 필요성이 있었다.

연구의 제약

민주화가 되기 전까지만 해도 사회주의운동은 학문의 연구 주제가 되는 것 자체가 대단히 어려운 일이었다. 잘 알다시피 반공이데올로기의 굴레 속에서 오랫동안 많은 오해와 연구상의 제약을 받아왔기 때문이다.

특히 사회주의운동에 대한 연구는 색안경을 끼고 보는 외부의 눈초리도 문제였지만 자료의 제약도 큰 문제였다. 1980년대 초까지도 자료가 공개되지 않았기 때문에 이 분야를 공부하는 사람들은 일본 쪽에서 나온 자료들을 어렵사리 모아 공부를 해야 할 정도였다. 그러다가 1980년대 말에 가서야 여러 자료들이 공개가 되고 판금서적이 해제되면서 이에 대한 연구가 활발해졌다.

그럼에도 불구하고 아직도 남과 북이 대치하고 있는 상황 속에서 일제하 사회주의운동을 제대로 평가하거나 이해하는 데에는 어려운 점이 적지 않게 남아 있다. 물론 그런 대치상태가 끝난다고 사회주의운동의 주가가 갑자기 오른다거나 하는 그런 이야기는 아니다. 다만 사회주의운동에 대한 객관적인 평가야말로 앞으로 통일시대를 대비하고 앞당긴다는 의미에서 시급히 이루어져야 하리라고 생각한다.

과거 정부에서 다는 아니지만 일제하 사회주의자들을 독립유공자로 표창하는 등 새로운 변화를 보였던 것도 의미 있는 일이라고 할 수 있다. 비록 지금 북한=적敵으로 규정되어 있고, 핵문제로 인하여 관계가 경색되어 있지만 이는 언제든지 변할 수 있다. 따라서 지피지기知彼知己하면 백번 싸워 위태롭지 않다는 말처럼 '지피'의 차원에서도 사회주의 연구는 당연히 필요하다.

사회주의의 수용 배경

우리나라 사람들에게 처음 사회주의가 받아들여진 것은 3·1 운동 직전 러시아의 연해주 지역을 통해서였다. 그러나 국내에 사회주의사상이 보급되고 실천되기 시작한 것은 대략 3·1 운동 이후부터였다.

기존의 전통사상과는 전혀 이질적인 사회주의사상이 우리나라에 수용된 것은 단순히 사회주의혁명이 일어난 나라의 이웃에 있어서이기 때문만은 아니었다. 나름대로 수용에 대한 욕구와 필요성이 있었다.

이런 수용의 배경으로는 우선 일본 독점자본의 유입 과정에서 식민지자본주의가 발전하면서 노동자와 농민의 양적 확대가 이루어졌으며 동시에 이들의 계급의식·민족의식이 점차 고양되는 양상을 보인 점을 들 수 있다. 따라서 이들을 중심으로 민족해방운동이 전개되어야 한다는 의식이 지도자들 사이에 형성되면서 사회주의사상이 수용될 수 있었다. 말하자면 사회주의사상을 기초로 해서 노동자·농민들을 운동의 대열 속으로 끌어들이는 작업이 시작되었다.

다음으로는 3·1 운동이 실패한 이후 민족해방운동을 하던 주체들, 특히 열혈청년들은 민족대표 33인이 가지고 있던 부르주아 민족주의 사상으로는 앞으로 거족적인 독립운동을 하는 것이 불가능하리라는 인식이 싹텄다는 점을 들 수 있다. 민족해방운동의 새로운 지도사상을 갈구하기 시작했던 것이다.

셋째로는 차르 치하의 제정러시아가 붕괴되고 소비에트혁명이 성공함으로써 노동자와 농민이 주인이 되는 사회가 만들어졌다는 사실이 당시 청년들에게 상당한 충격과 영향을 주었던 점이다. 더욱이 국제공산당조직인 코민테른은 임시정부에 자금을 지원하는 등 조선 문제에 대해 대단히 우호적인 태도를 보이기도 하였다. 마지막으로는 일본에서 다이쇼^{大正}데모크라시의 퇴조와 더불어 사회주의사상이 널리 유행하고 이것이 조선인 유학생들을 통해 널리 보급되기 시작했다는 사실을 들 수 있다.

한인 공산주의운동 단체가 처음 만들어지는 것은 러시아 혁명 이후 연해주 지역에서였는데, 대표적인 단체로는 이르쿠츠크파 고려공산당과 상하이파 고려공산당이 있었다. 볼셰비키당 한인 지부에서 출발한 이르쿠츠크파 고려공산당은 1921년 5월 결성되는데, 중심인물은 김철훈·오하묵 등 대체로 러시아에 귀화한 한인 2세들로 이루어져 있었다. 또한 한인사회당에서 출발한 상하이파 고려공산당도 같은 달인 1921년 5월에 결성되는데, 중심인물은 이동휘·김철수·최팔용·장덕수 등 러시아에 망명한 조선인들이었다.

조선공산당의 성립

이처럼 연해주의 공산주의운동 단체에서 활동하던 운동가들과 일본에서 사회주의사상을 접한 청년들이 국내에서 초기 사회주의운동을 주도해 나갔다. 이들은 서울과 지방에 사상서클을 만들고 이 사상서클을 통해서 공부도 하고 강연회도 열었으며 지방에서 농민조합이나 노동조합과 같은 대중조직을 결성하기도 했다.

당시 대표적인 중앙 단위의 사상단체로는 1921년 4월에 이영·정백·김사국·최창익 등이 결성하는 서울청년회, 1924년 11월에 김약수·송봉우·정운해 등이 결성하는 북풍회, 그리고 같은 달 김찬·박헌영·김단야·임원근·조동우 등이 결성한 화요회 등이 있었다. 이들 단체들은 중요한 활동을 많이 하였지만 운동 과정에서 분파적 경향을 보이기도 했다. 이밖에도 많은 사상

단체들이 생겨나 어느 조사를 보면 1926년 말 당시 전국 각 지방에 338개의 사상단체가 존재하여 '서클의 난립시대'라고 부르기도 하였다.

이런 국내 사회주의운동에서 가장 상징적인 사건이 바로 조선공산당의 결성이었다. 조선공산당은 연해주에서 활동하던 공산주의자들이 국내에서 사상단체운동을 하고 있던 공산주의자들과 결합하면서 1925년 4월에 성립하였다. 1928년 중엽 일제의 탄압으로 해체될 때까지 네 차례에 걸쳐 해체와 결성을 반복했던 조선공산당은 여러 가지 활동을 하였다. 그리고 동시에 그런 활동을 통해 당 하부조직을 확대해 나갔다. 일본 및 만주에도 총국이 있었고 도에는 도당조직, 군에는 군당조직이 있었는데, 특히 함경도·경상도·전라도 지역에 하부조직이 많이 건설되었다.

또한 1927년 조선노농총동맹을 조선노동총동맹과 조선농민총동맹으로 분리하는 작업을 주도하고 이 두 단체에 기반하여 노동운동이나 농민운동 등 대중운동에 대한 지도력을 강화해 나갔다. 1927년 2월에는 민족협동전선체인 신간회 조직에 참여하고 이후 운동을 주도해 나갔다. 이밖에도 합법 대중기관지인《조선지광朝鮮之光》을 발행해 사상 전파에 힘썼으며, 모스크바 동방노력자대학에 유학생을 파견해 공산주의 지도자를 키우는 일도 하였다. 이들 유학생들은 1930년대에 대거 귀국하여 소기의 역할을 하였다.

공산당 재건운동

1928년 조선공산당이 해체 상태에 이르자 코민테른은 다시 조선공산당의 재건을 지시하고 이에 따라 조선의 공산주의자들은 당을 재건하는 운동을 전개하였다.

그러나 이때의 당 재건운동은 그 이전과는 달랐다. 코민테른은 지식인을 중심으로 해서 당을 만들지 말고 농촌이나 공장에 직접 공산주의자들이 들어가서 그곳에서 농민이나 노동자들을 규합하고 그 규합된 노동자·농민들을 바탕으로 해서 새로운 당을 만들 것을 지시하였다. 이에 따라 1930년대 많은 활동가들이 노동자·농민 중심의 공산당을 재건하기 위해 노력하였다.

1930년대 들어와 대중과의 관계나 대중의 지지가 바탕이 되지 않고서는 독립운동에서의 주도권을 잡기도 힘들 뿐만 아니라 실제로 해방을 이루기도 어렵다는 인식이 이념을 초월해 널리 퍼졌다. 조선공산당이 노동자·농민 중심의 공산당 재건운동을 폈다는 점을 보면, 사회주의 쪽에도 이런 변화가 반영되었다고 할 수 있다. 이는 다른 한편으로는 대중들의 정치적인 위상, 사회적인 역할이 그만큼 커졌다는 사실을 반증하는 것이기도 하다.

당시 조선의 공산주의자들은 이른바 지역전위 정치조직을 통해서 혁명적인 노동자와 농민들을 조직하고 이를 바탕으로 해서 당을 개건하고자 하였다. 그 결과 전국에는 많은 지역전위 정치조직이 만들어졌다. 예를 들면 안동콩그룹이나 경성콩그룹 등이 여기에 해당된다고 할 수 있다. 1930년대 조선에는 대략 70~80개에 달하는 지역전위 정치조직이 활동하고 있었던 것으로 보이는데, 이들은 그 지역에서 혁명적 농민·노동운동을 1930년대 내내 이끌어 갔다.

조선공산당이 해체된 이후에도 이런 혁명적 농민·노동운동과 지역전위 정치조직의 소그룹운동을 바탕으로 해서 사회주의운동은 지속되었고 이를 토대로 해방 직후 박헌영이 조선공산당을 다시 만들 수 있었다.

지역전위 정치조직이니 콩그룹이니 하는 용어들은 상당히 낯설 것이다. 이런 용어 자체가 낯설다는 것은 결국 사실 자체가 그만큼 알려져 있지 않다는 반증이겠다. 따라서 사회주의운동을 살펴보는 까닭도 이런 사실에 대한 확인이 먼저 필요하다는 생각 때문이다. 우선은 알아야 비판을 하든 받아들이든 하지 않겠는가.

식민지 상태였던 조선 민중에게 제일의 목표는 조국의 독립이었다. 거기에는 민족주의자도 사회주의자도 다르지 않았을 것이다. 그들이 흘린 피와 목숨의 가치가 단지 무슨 '주의자'라고 해서 배척받거나 일방적으로 무시되는 경향은 통일을 내다보는 지금에 와서는 지양되어야 하지 않을까 생각한다.

3 신간회

신간회운동이 우리 민족해방운동사에서 가지는 의미는 결코 적지 않다. 우리나라 역사상 최초로 민족주의자들과 사회주의자들이 함께 조국의 해방을 위해서 노력하였다는 사실, 서로 반목하고 싸움만 했던 것이 아니라 단결하고 그 힘을 바탕으로 일제에 대항했다는 민족통일전선운동으로서 큰 의미가 있는 것이다.

하나 더하기 하나

"백짓장도 맞들면 낫다."라는 속담이 있다. 우리 조상들의 지혜를 빌리지 않더라도 "손을 잡는다.", '함께', '더불어'라는 말들은 모두 좋은 가치를 가지고 있다. 그건 뒤집어 생각하면 그만큼 그 일이 어렵다는 뜻이기도 하다. 쉬운 일이라면 그렇게 애써 가르치려 하지 않을 것이기 때문이다.

이런 어려운 일 중에서 생각이 다른 사람들을 하나로 묶는 건 더욱 어렵다. 특히나 20세기를 겪은 우리에게 다른 생각 중에서도 동·서 이데올로기만큼 다른 생각도 없을 것이고 또 그만큼 치열하게 대립했던 생각도 없을 것이다. 우리는 지금도 그 대립의 틀을 벗어나지 못하고 있지 않은가? 그런데 벌써 90년 전에 이렇게 서로 다른 생각들이 하나로 뭉쳤던, 손을 잡았던 일이 있었다. 그것이 바로 신간회이다.

신간회는 1927년 우리 역사상 최초로 민족주의자들과 사회주의자들이 손을 잡고 만든 민족협동전선, 다른 말로 표현하면 민족유일당 건설운동의 산물이었다. 90년이 지난 지금도 그 문제로 골치 썩고 있는데 어떻게 그때는 이렇게 이념과 노선이 다른 민족주의자들과 사회주의자들이 하나로 합칠 수 있었을까? 이런 유일당 건설은 단순히 하나 더하기 하나는 아니었다. 하나 더하기 하나로 온 것을 만들 수 있는 그런 더하기였다. 그런 점에서 더욱 뜻 깊은 일이었다.

민족유일당 건설운동

신간회의 성립 배경을 이해하려면 국외에서 1926년부터 1929년까지 전개된 민족유일당 건설운동에 대해 알아야 할 것이다. 임시정부가 1919년에 만들어지면서 처음 한두 해 동안은 활발히 활동하면서 특히 외교독립운동에 많은 노력을 기울였다. 그러나 외교독립운동이 별다른 성과가 없이 끝나게 되자 임시정부 내에는 각 정치 세력 사이에 이념·노선의 차이로 인해 파벌적인 대립이 점차 드세게 나타났다.

그러자 민족해방운동 세력의 통일과 단결을 위해서는 임시정부라는 느슨한 조직보다는 하나의 구체적인 강령과 규약을 가진 당 조직을 만들고 당 조직을 매개로 민족운동을 지도해가는 것이 필요하다는 인식이 나타났다. 이는 임시정부의 주체들뿐만 아니라 임시정부에 가담하지 않았던 민족운동가들 사이에도 널리 퍼지면서 공감대를 이루기 시작하였다. 이때부터 국내외에서는 각 정치 세력들의 통일과 단결을 매개로 민족유일당을 만들려는 노력이 이루어졌다.

창과 방패처럼 성격이 다른 이들이 이념을 초월해서 합쳐야겠다고 생각하기까지에는 여러 가지 과정과 이유가 있었다. 먼저 들 수 있는 것이 1924년에 이루어진 중국 국민당과 공산당의 국공합작인데 이것은 나름대로 대단히 성공적인 것이어서 북벌전쟁을 수행하는 데 커다란 효과를 거두었다. 그러자 국내외의 민족주의자이건 사회주의자이건 모두 중국의 국공합작과 같은 민족유일당을 만들자는 욕구를 절실히 가지게 되었다.

다음으로는 타협적 분위기에 대한 경계의 뜻이 있었다. 1920년대 전반 민족주의자들 가운데 일제와 일정 부분 타협하면서 운동을 전개하는 것이 필요하지 않겠느냐는 인식을 가지고 자치운동을 주장하는 세력이 많이 나타났다. 이에 대해 일제에 비타협적 입장을 가지고 있었던 민족주의자들은 상당한 위기감을 느끼게 되었으며 이런 위기감들이 사회주의자와의 제휴를 가능케 하였다.

또 하나는 국제공산주의운동의 본부인 코민테른이 1920년 제2차 대회에서 제국주의에 반대하기 위해서는 민족주의자와 사회주의자들이 단결해야 한다는 노선을 표방한 점이었다. 이런 민족통일전선전략이 당시 조선의 사회주의자들에게도 영향을 미쳐 이들을 신간회에 참여하게 했다.

이에 따라 비타협적 민족주의자들과 사회주의자 모두 서로의 필요에 의해 제휴하자는 주장이 계속 나왔다. 이미 주종건은 1923년 4월 《동아일보》에서 "유산·무산을 불문하고 정치적 억압에 당면해서는 이해관계가 공통이다."라는 주장을 했으며 나아가 1926년 《조선일보》 사설에서는 "비타협의 기치 아래 일제 권력에 대항하기 위해서는 사회주의자들과 제휴해야 한다."고 주장하였다. 이런 비타협적 민족주의자들의 주장에 대해 1926년 제2차 조선공산당에서도 비타협적 민족주의자들과의 제휴를 주장하는 당선언서를 다음과 같이 발표하였다.

조선 공산주의자들은 일본제국주의의 압박하에서 조선을 절대적으로 해방시킬 것을 당면의 근본과업으로 하고 이 과업을 실행하기 위하여 일본제국주의에 대한 조선의 총역량을 집합하여 민족혁명유일전선을 만들어 적의 심장을 향하여 정확한 공격을 준비·개시해야 할 것이다.

민족혁명유일전선을 만들려는 사회주의자들의 노력은 계속 이어져 1926년 11월 화요회·북풍회·무산자동지회·조선노동당 등 공산주의 4단체가 합쳐진 정우회가 신간회 결성의 결정적인 계기가 되는 '정우회 선언'을 하였다.

이 정우회 선언에서 공산주의자들은 단일정치전선 결성의 필요성을 주장하고 타락하지 않은 민족주의 세력과 적극적으로 제휴할 것을 인정하고 강조하였다.

이렇게 국내 조선공산당 세력과 비타협적 민족주의 세력들의 민족유일당 건설운동이 국내에서 전개된 결과 1927년 2월 신간회가 결성될 수 있었다. 말하자면 신간회는 민족협동전선당의 매개조직으로 간주되었던 것이다.

신간회의 결성

신간회는 1927년 2월 15일 경성 YMCA회관에서 창립대회를 하면서 선언서와 강령을 발표하였다. 선언서는 일본 경찰에 압수되어 지금 남아 있지 않고 강령만 남아 있다. 한번 보자.

1. 우리는 우리 민족의 정치적·경제적 각성을 촉진함.
1. 우리는 민족적 단결을 공고히 함.
1. 우리는 기회주의를 일체 배격함.

여기서 제일 중요한 것은 두 번째 조항인 민족적 단결을 공고히 해야 한다는 내용이다. 그리고 이런 단결을 공고히 하기 위해서 단결에 방해가 되는 세력을 배격하자는 내용이 세 번째 조항이다. 이들은 방해가 되는 세력을 기회주의자로 지칭하였는데, 이들이 바로 자치운동을 추진하고 있었던 민족개량주의자들이었다.

신간회의 결성에는 조선일보계가 중요한 역할을 하는데 주요 인물로는 신석우·안재홍 등을 들 수 있다. 따라서 당시에는 《조선일보》가 신간회의 기관지라는 이야기가 나돌 정도였다. 다음은 천도교계를 들 수 있는데 그 가운데서도 권동진을 중심으로 한 구파가 많은 활동을 하였다. 최린을 중심으로 한 신파는 민족개량주의로 갔다.

이밖에 한용운 등 종교계 인사와 조선민흥회 계열의 인사들이 주요 세력으로 참여하였다. 말하자면 당시 민족주의와 사회주의를 대표하는 인물들이 대부분 망라되어 있었다고 할 수 있다. 신간회의 초대회장은 이상재였으며 부회장은 권동진이었다.

신간회는 총독부와 자치운동자들의 예상과는 달리 크게 확대되었다. 신간회는 단체 가입이 아닌 개별가입제를 채택하였다.《신간회연구》(1993, 역사비평사)라는 한 연구서를 보면 당시 우리나라 전체 군의 수가 220개 정도였는데, 그 가운데 143개 군에 신간회 지회가 만들어지고 회원 수는 4만여 명에 달했다고 한다. 이와 더불어 1927년 5월에는 자매단체로서 여성운동의 통일전선체인 근우회가 발족하였다. 이런 지회조직과 자매조직을 바탕 삼아 신간회는 민족운동을 주도해 나갈 수 있었다.

신간회는 중앙의 경우 민족주의자들의 활동이 활발한 반면, 신간회 지회의 경우 사회주의자들의 활동이 활발하였다. 명망가 중심의 민족주의계열과 활동가 중심의 사회주의계열의 결합으로 이루어진 신간회는 그런 구성의 차이가 중앙과 지회의 차이를 가져오기도 하였다.

해소의 의미

민족개량주의자들은 초기에는 신간회에 별로 관심을 보이지 않았다. 참여도하지 않았다. 그러나 신간회가 크게 성장해 가자 1929년 말부터 민족개량주의자들이 적극적으로 참여하기 시작하였다. 그렇게 되자 총독부에서도 탄압을 본격화하여 1928년과 1929년 정기대회를 금지시켰다.

특히 1929년 12월 광주학생독립운동 진상보고대회인 민중대회사건으로인해 허헌 등 사회주의적 경향을 가지고 있었던 지도부들이 대량 검거되자김병로가 대신 신간회 중앙의 지도자로 등장했는데, 이때부터 신간회 중앙은 우경화 경향을 보이기 시작하였다. 즉 김병로가 최린·송진우 등 자치론자들과 함께 신간회를 자치운동의 매개조직으로 활용하려고 시도했던 것이다. 말하자면 굴러들어온 돌이 박힌 돌을 빼내는 꼴이 되어 버린 것이다.

이렇게 되자 중앙의 본부와 지방의 지회, 특히 사회주의자들이 많은 활동을 하고 있었던 지회와 대립하게 되었다. 이로 인해 신간회는 활동력이 떨어지게 된다. 그리고 결국에는 사회주의자들에 의해 신간회의 해소 논의가 제기되기에 이른다.

해소는 해체와는 다른 말이다. 해소는 신간회 결성의 바탕이 되었던 통일전선의 사상이나 조직의 필요성을 모두 부정하는 것이 아니라 통일전선의 추구라는 기본 목표는 그대로 두되 기존의 신간회 조직과는 다른 좀 더 효율적인 형

신간회 해소를 주장했던 출간물 '조선전위당 볼셰비키화를 위하여'

신간회는 창립 4년여 만인 1931년 5월 사실상 해체의 길을 걷게 된다.

태로 목표를 이루어가자는 의미에서 나온 말이라고 할 수 있다. 굳이 이야기하자면 발전적인 해체라고 할 수 있겠다. 이렇게 해소라는 이름에 미련을 두었지만 그렇게 되지는 못하였다. 결국 이런 해소 논의를 거치다가 1931년 5월 신간회는 끝내 해체되고 말았다.

그러나 짧은 활동기간에도 불구하고 신간회운동이 우리 민족해방운동사에서 가지는 의미는 결코 적지 않다. 비록 경험이 일천했기 때문에 실패할 수밖에 없었지만 우리나라 역사상 최초로 민족주의자들과 사회주의자들이 함께 조국의 해방을 위해서 노력하였다는 사실, 서로 반목하고 싸움만 했던 것이 아니라 단결하고 그 힘을 바탕으로 일제에 대항했다는 민족통일전선운동으로서 큰 의미가 있는 것이다.

또한 통일전선이 이루어져 두 세력이 단결하니까 운동이 정말 빠른 속도

로 전국적으로 확산되어 가는 것을 확인할 수 있었다는 점도 앞의 이유 못지않게 중요하다고 할 수 있다. 결합과 단결의 중요성이라고 할까.

남과 북이 지금도 대치하고 있는 상황에서 이념이 다른 사람들이 민족의 독립을 위해 하나로 뭉쳐 일제와 싸웠다는 사실은 통일을 전망하고 있는 오늘의 우리들에게 또 다른 시사점을 줄 것이다.

4 세계대공황과 노동·농민운동

KOREA

대공황은 조선의 노동자·농민들의 생활기반까지 파괴하는 데 이르렀지만 이를 조선의 노동자·농민들이 그냥 감내만 한 것은 아니었다. 이들은 다양한 형태로 열악한 환경을 개선하려는 투쟁을 전개하였다. 이는 생존권을 지키기 위한 투쟁이었으며 더 나아가서는 민족운동의 한 방편이기도 하였다.

찰리 채플린의 〈모던 타임즈〉

여러분은 찰리 채플린이 주연을 한 〈모던 타임즈Modern Times〉라는 영화를 기억할 것이다. 1929년 미국 뉴욕 월가Wall Street에 있는 증권시장의 주식 대폭락으로 야기된 세계대공황이 일어난 직후 미국의 사회상과 노동자들의 비참한 생활상을 희극적으로 묘사한 영화이다.

그 때문인지는 몰라도 우리는 세계대공황이 외국 영화에서나 나오는 것으로 이해하는 경우가 많다. 조금 관심 있는 사람은 이 공황을 극복하기 위해 미국에서 행한 뉴딜New Deal 정책과 이 정책의 이론적 바탕이 되었던 케인즈의 수정주의 경제학 정도가 머리에 떠오를 것이다.

그러나 그러면서도 대공황이 당시 식민지 조선에 어떤 영향을 미쳤으며 우리의 민족해방운동과 어떤 관련을 가지고 있는가까지는 생각이 잘 미치지 못한다. 사실 이 공황은 1930년대 초반 식민지 조선의 정치·경제와 노동자·농민운동 등 여러 방면에 걸쳐 실제로 엄청난 영향을 미쳤다.

세계대공황으로 인해 선진 각국은 많은 피해를 입었다. 미국의 경우 1932

영화 〈모던 타임즈〉의 한
장면을 보여 주는 그림

1936년 제작한 이 영화에
서 찰리 채플린은 공장에
서 나사 조이는 일을 반복
하는 노동자로 등장해 산
업화·기계화시대 인간 소
외를 코믹하게 그렸다.

년 공업생산액은 1929년에 비해 53.8%가 하락
했으며 영국은 83.8%, 독일은 59.8%, 프랑스는
69.1%가 하락하였다. 일본도 여기에서 예외가
아니었다. 당시 일본 공업의 중추를 이루고 있
던 방직공업은 생산액이 40%가 줄어들어 파산
상태에 빠졌으며, 전체 공장생산액은 33%가 감
소하였다. 특히 농업은 괴멸적 타격을 입었다.

일본의 공황은 식민지 조선에도 곧바로 파
급되었다. 일본은 공황의 부담을 식민지 조선
에 전가시켰기 때문에 조선에서 공황의 영향
은 더한층 심각하였다. 산미증식계획으로 인
해 미곡단작형의 상업적 농업체계로 재편된 조
선 농촌은 농업공황의 도래로 파국적인 타격
을 받았다. 그 결과 1930년 가을에 가면 쌀을
비롯한 농산물 가격은 전년도에 비해 절반으로
폭락하였고 그나마 팔리지도 않았다. 반면 농민이 부담하는 소작료와 조세
공과금은 별 변동이 없었기 때문에 농가 부채와 춘궁농가가 급증하였다. 결
국 농촌은 재생산기반이 완전히 파괴되어 파탄지경에 이르렀다.

또한 농업공황뿐만 아니라 공업공황도 같이 동반해서 일어났기 때문에 조
선노동자들이 받은 타격도 농민 못지않게 컸다. 일본 사람들이 만든 통계라
가감을 해서 볼 필요가 있지만 당시 통계에 의하면 공장노동자의 57.4%가 실
업 상태였으며, 임금도 20% 가량이 떨어진 상태였다. 자본가들은 이런 공황
의 피해를 노동자들에게 전가하려 했고 이에 대항하는 노동자들을 잔악하
게 탄압하는 등 노예적인 노무관리를 행하였다. 여기에 더하여 살인적인 산
업재해와 장시간 노동은 조선노동자들의 고통을 더욱 심화시켰다.

노동자·농민의 생존권투쟁

이처럼 대공황은 조선의 노동자·농민들의 생활기반까지도 파괴하는 데까지 이르렀지만 이를 조선의 노동자·농민들이 그냥 감내만 하고 있었던 것은 아니었다. 따라서 이들은 다양한 형태로 열악한 환경을 개선하려는 투쟁을 전개하였다. 이는 기본적으로는 생존권을 지키기 위한 투쟁이었으며, 더 나아가서는 민족운동의 한 방편이기도 하였다.

실제로 1930년에서 1932년 사이가 노동자·농민들의 대중투쟁이 제일 고양되었던 시기였다. 당시 통계에 의하면 1931년 한 해 동안에 약 4만여 명의 농민들이 소작쟁의를 하거나 일제의 농업정책에 반대하는 투쟁에 참여했으며 서울이나 평양·원산·목포 등 주요 도시에서는 노동자들의 파업투쟁이 대단히 격렬하게 일어나 2만여 명에 가까운 노동자들이 참여하였다.

이 시기에 일어난 대표적인 노동자투쟁으로는 1929년 1월에 일어난 원산총파업을 들 수 있으며, 대표적인 농민투쟁으로는 1930년 7월에 일어난 단천농민동맹의 산림조합 반대투쟁을 들 수 있다.

뉴욕 증권거래소

1929년 10월 24일 뉴욕 월가에 있는 주식시장의 주가가 대폭락하면서 세계대공황의 서막이 올랐다.

당시 운동이 고조되고 있었다는 것을 단적으로 보여 주는 것은, 이때부터 투쟁을 할 때 대중들이 노래를 부르면서 스스로 사기를 높이고 단결심을 고취하는 현상이 나타났다는 점이다. 이는 사회운동이 상당히 대중화되었다는 사실을 보여 주는 예라고 할 수 있다. 저항가요라고 불리는 이런 노래가 대중들의 정서와 공감할 때 그 효과는 대단히 컸다. 저항가요의 하나인 전남 지역 농민가를 잠시 살펴보자.

밤나 땅 파면 금이 나오냐
밤나 땅 파면 옥이 나오냐
밤나 땅 파고 밤나 땅파네
밤나 땅 파도 나올것 없네
앵앵 에헤야 앵앵 에헤야 앵앵 에헤야 앵앵 에헤야

십리의 큰 밭은 누가 갈았나
갈은 주인만 굶고 있구나
밤나 땅 파고 밤나 땅 파네
밤나 땅 파도 나올 것 없네
앵앵 에헤야 앵앵 에헤야 앵앵 에헤야 앵앵 에헤야

밤낮 땅 파고 열심히 농사지어도 아무것도 남은 것이 없다는 농민의 고통을 반복법을 사용하여 잘 표현하고 있다. 이 노래를 300~400여 명의 농민들이 지주집 앞에서 부르면 매우 위협적이었는데, 특히 아동들과 부녀자들이 훨씬 힘차게 잘 불렀다고 한다.

혁명적 노조·농조운동
이처럼 1930년대 초반에 민중들이 많은 투쟁을 했지만 조직적으로 행하지는 못하였다. 사실 노동운동과 농민운동이 잘 되려면 운동이 조직적이어야 하며 운동의 방법도 정확해야 하고 방향도 새롭게 조정되어야 할 필요성이 있었다. 그런데 이런 것들이 기존의 운동조직을 통해서는 이루어지기가 어려웠다.

따라서 당시 운동가들 사이에 일제의 탄압에도 조직을 보존할 수 있고 농민 문제나 노동자 문제를 궁극적으로 해결할 수 있는 운동이 필요하지 않느냐 하는 의식들이 싹트게 되면서 비로소 혁명적 노동조합과 혁명적 농민조합을 세우려는 운동이 등장하였다. 이 혁명적 노동조합운동과 혁명적 농민조합운동을 줄여서 혁명적 노조운동 또는 농조운동이라고도 부른다.

이전의 노동운동이나 농민운동은 노동자나 농민들의 일상적인 경제투쟁, 예를 들면 임금을 올려 달라든지 아니면 소작료를 내려 달라든지 하는 소극적인 형태의 운동이 주였다고 할 수 있다. 그러나 1930년대 들어와서 노동자와 농민들이 이런 것만 가지고는 자신들의 문제가 전부 해결되는 것이 아니라는 것을 의식하게 되었다. 그래서 노동자들이 직접 공장을 소유하고 관리하는 사회, 농사짓는 농민들이 직접 토지를 갖는 사회를 만들어 보자는 요구들이 나타났다. 이 요구들은 1920년대보다는 매우 급진적인 내용이라고 할 수 있다. 그래서 이런 운동에 혁명적 또는 적색이라는 말을 붙여 주었다.

민족주의계열의 운동은 1920년대를 거치면서 타협적 민족주의운동과 비타협적 민족주의운동으로 분화되는 양상이 나타나는데, 이 비타협적 민족주의운동마저도 신간회가 해소되면서 1930년대 초반에 이르면 개량화한 모습마저 보인다. 이에 대해 사회주의자들은 극단적으로 배척했고 따라서 민족주의자들과의 제휴에 거부감을 나타냈다. 이런 과정 속에서 등장했던 것이 바로 혁명적 노조·농조운동이었다.

특히 민족주의계열의 지도자들이 연배가 높은 쪽에 속한 반면 혁명적 노조·농조운동을 주도했던 층은 젊은층들이었다. 이런 젊은 청년, 지식인들이 가질 수 있는 혈기와 기성세대에 대한 반감 같은 것들이 당시 급진적인 운동에 많이 반영되었다고 할 수 있다.

사회주의 운동에 대한 이해

1931년부터 1935년 사이에 혁명적 농조나 노조운동으로 인해 검거되었던 활동가들의 숫자는 거의 6,000명 가까이 되고 관련 사건의 숫자도 170여 건에 달하였다. 우리나라 전체 220개 군 가운데 58개의 군에서 혁명적 농조운동이 전개되었으며 22개 군에서 활동 상황이나 조직 규모가 불확실하지만 그와 유사한 운동이 있었던 것으로 보인다.

전체적으로 약 2만 5천 명의 활동가들이 1930년대에 혁명적 농조나 노조운동을 하다가 검찰에 검거되었던 것으로 추산하고 있다. 이 운동이 결코 일시적이거나 국지적인 운동이 아니라 대규모의 전국적인 운동이었음을 입증한다고 할 수 있다.

당시 대표적인 혁명적 농조로는 함경남도 정평과 함경북도 명천 지역의 농조를 들 수 있다. 명천농민조합의 경우 운동이 1934년부터 37년까지 지속되었는데, 검거된 숫자가 약 5천 명에 달하였으며, 검사국에 송치된 사람이 1,500명이었고 그 가운데 실형을 받은 사람이 400명 정도에 이르렀다. 그러나 이처럼 엄청난 규모의 운동들이 1930년대에 전개되었다는 사실들이 아직까지 잘 알려져 있지 않다.

1930년대의 혁명적 노조·농조운동은 노동자와 농민이 민족해방운동의 주력군임을 여실히 보여 주는 사례였다. 일제하에서 민족해방운동이 가장 활발했던 시기는 1930년대였는데, 그 가운데서 가장 돋보이는 운동이 바로 이 혁명적 대중운동이었다.

지금까지 사회주의자들에 의한 노동·농민운동은 우리의 독립운동사에서 거의 주목을 받지 못하였다. 그것은 바로 분단이라는 역사적 상황 때문이었다. 그 운동의 목표가 민족의 독립에 있었다는 점을 무시하거나 단지 '사회주의'라는 말 때문에 민족운동에서 배제시킴으로써 민족운동사 전체를 축소시키는 우를 반복해서는 안 될 것이다.

　여전히 어려운 여건이 남아 있긴 하지만 북한을 포용하여 평화적인 통일을 이루기 위해서는 비록 사회주의적 성격을 가지고 있는 운동이라고 하더라도 그것에 대한 올바른 이해가 전제되어야 할 것이다.

5 농촌계몽운동

KOREA

농촌계몽운동이란 문자 그대로 농촌을 계몽하기 위한 운동이다. 구체적으로 농민의 의식과 지식·기술 등을 계몽하거나 개발하기 위해서 학생이나 학식 있는 지도층 사람들이 자발적으로 농촌으로 내려가서 여러 가지 사회·교육적인 봉사활동을 펴는 것이다. 문자보급운동이나 브나로드운동 같은 농촌계몽운동은 민족운동이라기보다는 순수한 계몽운동의 성격을 지니고 있었다.

심훈의《상록수》와 이광수의《흙》

식민지시기 농촌계몽운동 하면 심훈의《상록수》나 이광수의《흙》같은 소설이 먼저 떠오른다. 이 두 소설은 너무 유명하기 때문에 많은 사람들이 읽어 보았을 것이다.

먼저 심훈의《상록수》를 보면, 당시 고등농업학교 학생이었던 박동혁과 여자신학교 학생이었던 채영신이 학생 농촌계몽운동에 함께 참여한 것을 계기로 서로 알게 된다. 이들은 학업을 중단하고 고향을 지키러 내려가기로 약속한다. 그리고 박동혁은 자기 고향인 충청남도 한곡리로, 채영신은 경기도 청석골로 내려가 각각 계몽운동을 하면서 서로 사랑하게 된다.

그러다가 채영신은 과로와 영양실조로 몸이 쇠약해지고 박동혁은 악덕지주 강기철의 농간에 휘말려서 투옥된다. 이후 채영신은 기독교청년회 주선으로 몸도 정양할 겸, 일본 요코하마로 유학을 떠났다. 그러나 곧 돌아와서 다시 계몽운동에 전념하다가 결국 병으로 죽게 된다. 출감한 박동혁은 영신의 죽음을 알고 비탄에 잠기나 곧 두 사람의 몫을 해내기로 굳게 맹세한다는 내용이다.

《상록수》는 당시 있었던 일을 소재로 해서 쓴 소설이다. 1931년부터 수원 샘골이라는 마을에 여자신학생인 최용신이 내려가서 농촌계몽운동을 펼치다가 1934년에 26살의 나이에 과로로 숨진 사건이 있었다. 《상록수》는 이 실화를 바탕으로 해서 쓰여졌던 것으로, 1935년 동아일보사 창간 15주년 기념 장편소설 특별공모에도 당선되어 그해 9월부터 이듬해 2월까지 연재되었다. 따라서 《상록수》를 읽어 보면 당시 농촌계몽운동의 실정을 잘 알 수가 있다.

이광수의 《흙》은 허숭이라는 농촌 출신의 변호사와 서울 굴지의 부호인 윤참판의 딸 정선이 혼인하는 것으로 시작되는데, 《상록수》와 마찬가지로 허숭이 자기 가정과 재산, 사회적인 지위를 다 버리고 고향인 살여울이라는 곳으로 들어가서 이상촌을 건설하기 위한 농촌계몽운동을 한다는 내용으로 되어 있다.

이 《흙》도 역시 동아일보에 1932년 4월부터 이듬해 7월까지 연재되었던 소설로 이광수가 동아일보사 편집국장을 지내면서 농촌계몽운동을 장려하기 위해 썼다고 한다. 당시 동아일보사는 1931년부터 브나로드 Vnarod 운동이라고 하는 농촌계몽운동을 전개하고 있었기 때문에 농촌계몽운동의 경험에서 우러나온 이런 소설들을 게재하여 브나로드운동을 장려하였다.

농촌계몽운동

우리들은 《상록수》나 《흙》을 그냥 재미로만 읽을 뿐, 이야기의 배경이 되었던 농촌계몽운동에 대해서는 그다지 잘 알고 있지도 않고 또 알려고도 하지 않는다. 물론 모든 것을 다 잘 알아야하거나 또는 알려고 해야 한다는 뜻은 아니다. 다만 농촌계몽운동에 대해 보다 상세하고 바른 정보를 알고 있다면 소설의 내용을 더 잘 이해할 수 있을 것이다.

농촌계몽운동이란 문자 그대로 농촌을 계몽하기 위한 운동이다. 구체적으로 농민의 의식과 지식·기술 등을 계몽하거나 개발하기 위해 학생이나 학식 있는 지도층 사람들이 자발적으로 농촌으로 내려가서 여러 가지 사회·교육적인 봉사활동을 펴는 것이다.

농촌과 관련해서는 농민운동이라는 것도 있는데, 농민운동은 농민이 주체가 되는 반면 농촌계몽운동은 지식인과 학생이 주체가 된다는 점에서 차이가 있다. 같은 '농'자로 시작하지만 주체와 대상이 전혀 다른 것이다.

농촌계몽운동의 원류는 한말의 애국계몽운동에서 찾을 수 있다. 즉 한말의 사립학교와 노동야학 등을 중심으로 한 교육운동을 농촌계몽운동의 선구라고 할 수 있다. 이런 노력은 1910년대에는 농촌운동으로, 1920년대에는 청년회운동으로 이어졌고 1930년대 들어와서는 농민야학운동, 문자보급운동 그리고 브나로드운동 등으로 전개되었다.

1920년대 이후에 본격화되는 농민야학은 처음에는 노동야학이라는 이름으로 불렀다. 이는 농민운동을 노동운동으로 불렀던 것과 마찬가지이다. 지금 생각하면 이상하지만 당시에는 아직 농민과 노동자를 구분할 만큼 노동자층이 뚜렷하지 않았고, 농민들도 스스로를 노동자라고 생각했기 때문이다. 그래서 농민을 대상으로 하는 야학도 노동야학이라고 불렀다. 따라서 노동야학이라고 불렸던 것들도 실제로는 농민야학이었던 경우가 대부분이라고 할 수 있다.

농민야학은 1925년부터 수적으로 크게 증가하였다. 이는 당시 각 지방 소작쟁의의 확대와 조선노농총동맹 등 농민단체의 활약을 통해서 농민들의 의식이 크게 성장한 데 기인하는 것이었다.

당시에는 각 지방의 학교 숫자가 절대적으로 부족했기 때문에 야학은 학교에 가지 못하는 어린 학생들과 성인들을 대상으로 이루어졌다. 그러므로 당시 야학의 학생들에는 어린 학생들뿐만 아니라 성인층도 많았다. 밤에 가르치는 학습의 경우는 오히려 성인이 주였다고도 할 수 있다.

교사들은 대체로 보통학교를 나온, 어떻게 보면 아직은 지식인이라고 부르기는 어렵지만 약간의 학식이 있는 사람들이었다. 연령층으로 보면 20대가 대부분을 차지하였다. 물론 이들 야학의 교사들은 무보수로 봉사했으며, 야학의 운영경비는 학생들이 난방용 장작과 등유 등을 부담하고 기타 음악회라든가 연극 등을 열어 찬조금을 거두어서 충당했다고 한다.

야학에서는 주로 문맹층을 대상으로 해서 새로운 글자를 가르치는 것뿐만 아니라 여러 가지 실용교과를 가르치는 데 힘을 쏟았다. 또한 당시의 지식청년들은 야학운동을 통해서 농민들에게 민족의식과 사회의식을 불어넣어 주려고 노력하였다. 1930년대 초반에는 사회주의적인 경향을 가진 청년들이 농민야학운동을 통해서 여러 가지 사회의식을 불어넣는 운동을 전개하다가 구속되는 사례까지 있었다. 우리도 1980~90년대만 하더라도 학생들이 농활을 가서 이념교육을 시킨다고 해서 문제되었던 적이 많지 않은가? 그런 경우와 비슷하다고 할 수 있다.

문자보급운동

1930년대에 농민야학운동과 함께 벌어졌던 것이 조선일보사의 문자보급운동이었다. 1928년 조선일보 사장인 안재홍은 생활개선운동을 전개하였다. 그리하여 "흰 옷을 입지 말자."든가, "여러 가지 폐습을 일소하자."든가, "문맹을 퇴치하자."든가 하는 운동을 전개했는데, 그 가운데에서 문맹을 퇴치하자는 문자보급운동이 가장 활발하게 이루어졌다.

문자보급운동은 1929년에 조선일보사가 귀향 학생의 계몽강습을 적극적으로 주선함으로써 시작되어 1934년까지 실시되었다. 조선일보사는 "아는 것이 힘이다. 배워야 산다."라는 구호를 내걸고 《한글원본》이란 교재를 배포하고 문자보급가文字普及歌라는 노래까지 공모를 해서 신문에 발표하는 등 다양한 방법으로 문맹퇴치 캠페인을 전개하였다. 그리하여 1934년 실시된 4회 대회 때는 125개 학교 5천여 명이 참가하여 농촌으로 내려가는 등 많은 학생들이 참여하였다.

지금은 글자 모르는 사람을 찾기가 어려울 정도이지만 1920년대 당시 우리나라 문맹률은 거의 80%에 달했다고 한다. 엄청난 문맹률이라고 할 수 있다. 이런 문자보급운동과 관련해 주목해야 할 것 가운데 하나가 조선어학회이다. 조선어학회는 문자보급운동의 교재를 만드는 방법 등을 통해서 문맹퇴치운동을 적극적으로 지원하였고, 한편으로는 1931년 7월 25일부터 8월 29일까지 약 한 달 동안 전국을 돌면서 강습회를 열기도 하였다. 이 강습회에는 우리들에게도 잘 알려진 최현배, 이병기, 이희승, 이만규 등이 강사로 참여하였다.

브나로드운동

브나로드Vnarod는 본래 제정러시아 말기에 러시아 지식인들이 농촌으로 들어가서 민중을 깨우쳐야 한다는 취지로 만든 '민중 속으로'라는 뜻의 러시아 말이다. 말하자면 러시아판 농촌계몽운동이었다. 그런데 당시 동아일보사의 편집국장이었던 이광수가 조선에서도 이런 운동을 전개하자고 하면서 브나로드라는 용어를 따왔다.

동아일보사에서 전개한 브나로드운동은 1931년에 시작되었는데, 1933년 브나로드라는 말이 어렵고 농민들에게 생소한 개념이라고 해서 계몽운동이라는 용어로 바꾸었다. 그리고 1935년에 5회 운동을 계획하였지만 총독부가 이것을 중지시킴으로써 더 이상 계속되지는 못하였다. 이광수가 이 운동을 장려하기 위해 쓴 《흙》에도 브나로드운동과 관련된 구절이 있다.

농민 속으로 가자. 돈이 없으면 없는 대로 몸만 가지고 가자. 가서 가장 가난한 농민이 먹는 것을 먹고, 가장 가난한 농민이 입는 것을 입고, 그리고 가장 가난한 농민이 사는 집에서 살면서 가장 가난한 농민의 심부름을 하여 주자. 편지도 대신 써 주고 주재소·면소에도 대신 다녀 주고, 그러면서 글도 가르치고 소비조합도 만들어 주고 뒷간과 부엌 소제도 하여 주고 이렇게 내 일생을 바치자.

이를 읽어 보면 당시 지식인들이 가지고 있었던 소박한 농촌관을 엿볼 수 있다. 이 운동의 성격은 당시 브나로드운동의 선발대가 출발할 때 이광수가 연설하는 대목에서도 잘 나타난다. 당시 이광수는 농촌계몽운동 대원들을 앞에 놓고 이 운동은 어디까지나 순전히 글 모르고 숫자 모르는 농민들을 깨우쳐 주는 운동이지, 정치적인 운동이 아니라는 점을 특히 강조하였다. 이는 브나로드운동이 아직까지 민족운동이라기보다는 순수한 계몽운동의 성격을 지니고 있었다는 것을 나타내 주고 있다.

농촌계몽운동의 의의

조선일보사의 문자보급운동이나 동아일보사의 브나로드운동은 농민들의 문맹을 상당히 깨우쳤다는 점에서 성과를 거두었다. 그러나 그것은 어디까지나 비정치적인 운동이었고 따라서 민족운동이나 독립운동의 주류를 차지할수는 없었다. 다만 일부 농민야학운동을 통해서 당시 지식층들이 민족의식과 사회의식을 농민들에게 불어넣어 주려고 했었는데 이는 나름대로 중요한 의의를 가진다고 할 수 있다.

지금 우리는 농축산물 개방으로 인해 농촌이 대단히 어려운 처지에 놓여 있다. 이런 농촌을 살리기 위해 우리는 무엇을 해야 할까. 1930년대 농촌계몽운동은 오늘날 우리들에게 하나의 전범으로 이해될 수 있지 않을까 하는 생각이 든다. 물론 그 내용은 달라지겠지만.

6 윤봉길 의사

윤봉길 의사 하면 상하이 훙커우공원에서 폭탄을 투척하여 일본군 총사령관 등을 죽인 의열투쟁이 떠오른다. 그런 역사적 의미를 담는 투쟁이 어느 날 갑자기 맨 땅에서 불쑥 솟아나는 것은 아니다. 어떤 사람들은 폭탄 하나 던지는 게 뭐 대수냐고 할지 모른다. 그러나 그렇게 하기 위해서는 많은 생각, 굳은 결심, 강한 용기가 있어야 한다.

공든 탑

지금 우리나라에서 존경받는 독립운동가로 첫손에 꼽히는 분은 백범 김구 선생이다. 이 김구 선생과 함께 거사를 성공시켜 그 이름을 크게 떨친 또 한 분의 존경받는 인물이 바로 윤봉길 의사이다.

윤봉길 의사는 우리 독립운동사에서 빼놓을 수 없는 인물이다. 어떤 개인을 기념하기 위한 별도의 기념관이 그리 많지 않은 현실에서 윤 의사의 경우 양재동 시민의 숲 안에 '매헌기념관'이라는 이름의 기념관도 있고 기념강좌를 비롯해 다양한 행사가 열리고 있다. 또 고향인 예산에 가도 큰 사당과 기념관이 있고 생가도 잘 보존되어 있다. 그만큼 독립운동의 사표로 기념하고 있다는 뜻이다.

윤봉길 의사 하면 물론 상하이 훙커우공원虹口公園에서 폭탄을 투척하여 일본군 총사령관 등을 죽인 의열투쟁이 먼저 떠오른다. 윤 의사를 기념하고 기리는 그 상징이 이 의열투쟁임은 너무 당연하다. 그러나 그런 역사적 의미를 담는 투쟁이 어느 날 갑자기 맨 땅에서 불쑥 솟아나는 것은 아니다. 어떤

사람들은 폭탄 하나 던지는 게 뭐 대수냐고 할지 모른다. 그러나 그렇게 하기
위해서는 많은 생각, 굳은 결심, 강한 용기가 있어야 한다.

　이토 히로부미를 총으로 쐈던 안중근 의사도 마찬가지이다. 따라서 그런 윤
의사의 행위는 단지 폭탄 하나 던지는 그런 하찮은 일은 결코 아니었다. 그건
공든 탑이었다. 공든 탑은 하루에 세워지는 것이 아니다. 윤봉길 의사의 진면
목도 어쩌면 폭탄 투척 전까지의 모습에 있을지도 모른다. 여기서는 윤 의사의
일대기를 추적하면서 어떻게 공든 탑이 쌓여 갔는가를 살피도록 하자.

농촌계몽운동에의 참여

윤봉길은 1908년 충남 예산군 덕산면 시량리에서 중농 집안의 장남으로 태
어났다. 그는 덕산공립보통학교를 1년간 다녔으나 3·1 만세 시위운동이 일어
나자 학교를 자진 중퇴하였다. 기록에 의하면 3·1 운동 때 학교를 자진 중퇴
한 것은 왜놈이 경영하는 학교를 다니면서 노예교육을 받는 것은 수치라는
생각 때문이었다고 한다.

　이후 그는 스물이 다 될 때까지 인근의 서당과 서숙書塾을 출입하면서 한

학을 배웠던 것같다. 하지만 그의 사상은 보통학교나 서당교육을 통해서 형성된 것은 아니었다. 그는 학교나 서당이 아니라《동아일보》나《조선일보》와 같은 신문,《개벽》이나《조선 농민》과 같은 잡지를 통해서 더 많은 것을 배웠던 것으로 보인다. 말하자면 독학을 통해서 스스로 깨우쳤다. 당시 제도 교육 자체가 식민지 노예교육의 성격이 강했기 때문에 학교에서 배우는 것보다는 혼자 스스로 터득하는 것이 훨씬 바르고 옳았는지 모른다.

결국 그는 이런 지식과 깨달음을 기반으로 하여 1920년대 전국적으로 전개되었던 실력양성운동의 영향을 받아 농촌계몽운동에 뛰어들었다. 3·1 운동 직후부터 천도교 교단이나 동아일보사는 여러 논설을 통해서 신문화건설이나 민족개조의 필요성을 강조하였다. 당시 천도교계의 이론가인 이돈화, 동아일보계의 이론가인 이광수는 여러 글들을 통해서 신문화건설론 등을 이야기했는데, 그 내용은 정치·산업·교육·도덕 등 사회 각 방면의 근대화, 특히 조선 사람 대부분이 살고 있었던 농촌의 근대화가 시급하다는 것이었다. 그도 이런 사조에 영향을 받아 농촌계몽운동에 직접 참여하였다.

《농민독본》

윤 의사는 19세인 1926년경부터 동네의 아동들을 상대로 농민야학을 하였다. 그러면서 교재로《농민독본》이라는 책을 1927년에 썼는데, 이 책은 당시 《조선 농민》을 비롯한 여러 잡지에 실린 글들에다가 그의 나라사랑 정신, 농민사랑 정신을 가미해서 만든 것이었다.

따라서 그가 어떤 정신과 생각을 가지고 농촌계몽운동에 임했는가를 이해하려면 이《농민독본》에 나오는 글을 보면 도움이 될 것이다. 그러면《농민독본》 제2권 제6과에 실려 있는 백두산에 관한 글을 먼저 보자.

삼천리 반도 안에 생존하여 있는 이천만 동포의 한숨과 눈물과 번민과 고통, 그 모든 잔인한 상태를 세세히 살피어 동정하는 듯이 북쪽에 우뚝 솟아 설한풍을 막아 주는 줄기줄기 활기 있게 뻗친 건장하고 장엄한 백두산. 아! 너의 원한은 무엇이기에 끊임없이 눈물은 흘러서 흘러서 이백여 리 압록강으로 흐르느냐. 백두산아, 너무 낙루치 마라. 그다지 약소한 조선이 아니다.

백두산은 우리 민족의 영산인데 이 글은 이 백두산에 대한 자신의 심정을 읊은 것으로 결국 민족에 대한 진한 사랑을 이렇게 표현했다고 할 수 있다. 다음은 제3권 제3과에 실려 있는 자유에 관한 글을 보자.

인생은 자유의 세상을 찾는다. 사람에게는 천부의 자유가 있다. 머리에 돌이 눌리우고 목에 쇠사슬이 걸린 사람은 자유를 잃은 사람이다. 자유의 세상은 우리가 찾는다. 자유의 생각은 귀하다. 나에 대한 생각, 민중에 대한 생각, 개인의 자유는 민중의 자유에서 나아진다.

여기서 말하는 자유는 단순히 자유롭다거나 마음대로 한다는 뜻이라기보다는 식민지라는 억압과 굴레로부터 벗어나는 민족의 해방을 뜻하는 자유라고 할 수 있다. 이런 내용들을 그는 야학에서 가르쳤다.

일제 강점기 전체를 통괄해 보면 당시 약 300만 명의 아동들이 야학에서 글을 배웠다고 한다. 그런데 이 야학에서는 글만 가르쳐 준 것이 아니라 민족의식과 근대의식을 가르치는 데 많은 노력을 하였다. 이런 사실은 그의 저술인 《농민독본》을 통해서도 확인이 된다.

그는 《농민독본》에다가 백두산과 조선지도, 20세기의 현대문명 등을 두루 소개함으로써 농민들에게 민족주의와 근대주의 사상을 심어 주고자 애썼다. 전하는 이야기에 의하면 윤봉길 의사는 야학활동은 물론이고 독서회·친목회활동도 하였다고 한다.

농촌계몽운동에서 의열투쟁으로

그러나 윤봉길 의사의 지역사회운동은 예산군 내의 청년회 조직 등 여타 사회운동단체, 더 나아가서는 전국 단위의 지역사회운동단체와는 별로 교류를 갖지 않은 채 시량리라고 하는 조그마한 동네에서 고립적으로 이루어진 감이 없지 않다.

당시 경상도나 전라도·함경도 지방의 경우는 이 같은 동네 단위의 야학운동이나 청년운동이 상호 연대 발전하여 1920년대 후반 군이나 도 단위, 나아가 전국 단위의 농민조합운동이나 청년동맹운동으로 질적인 발전을 거듭하였다. 그에 비해 충남지방은 전근대 시대부터 보수성이 강하여 지역사회운동이 대단히 부진하였다. 예산 지역 역시 신간회운동은 있었으나 그것을 제외하고는 농민·노동조합운동이나 청년운동이 부진하였다. 따라서 윤 의사의 의식이나 활동도 한계가 있을 수밖에 없었다.

이런 상황에서 윤 의사가 농촌계몽운동에서 의열투쟁으로 전환하는 데 어떤 계기가 있었을까. 실력양성운동인 농촌계몽운동에서 무장투쟁인 의열투쟁으로 바꾸는 것은 운동의 속성상 쉬운 일이 아니었을 텐데 말이다.

전해 내려오는 이야기에 의하면 광주학생독립운동의 충격이 적지 않은 영향을 미쳤다고 한다. 이 운동에 참여한 어린 학생들을 일제가 가혹하게 탄압한 데 상당한 충격을 받았다는 것이다.

하지만 이런 이유 외에 우리가 좀 더 주목해야 할 점은 1930년대에 접어들면서 일제의 탄압에 의해서 운동이 급속하게 침체되었다는 점이다. 이런 상황에서 지역사회 운동가들은 이른바 비합법적인 혁명적 농민조합운동을 전개함으로써 달라진 조건과 정세에 능동적으로 대처하고자 했다.

그런데 그는 이런 운동가들과 연관을 가지고 활동한 것이 아니라 고립적으로 운동을 전개했기 때문에 농촌계몽운동이 일제의 탄압으로 어렵게 되자 의열투쟁으로 새로운 출구를 찾았다. 어떻게 보면 그의 선택은 불가피한, 따라서 필연적인 선택이라고 할 수 있다.

홍커우공원 폭탄투척사건

1930년 3월 "장부가 한번 집을 나가면 살아서는 돌아오지 않는다丈夫出家不生還."라는 비장한 각오를 하고 고향을 떠나 만주를 거쳐 이듬해 5월 상하이에 도착한 그는 1932년 4월 백범 김구 선생을 만나 임시정부의 비밀 외곽조직인 한인애국단의 정식 단원이 되었다. 이 해 1월 일본 천황을 죽이려고 했다가 실패했지만 적지 않은 반향을 불러일으켰던 이봉창 열사도 같은 한인애국단 단원이었다. 이후 일본 천황의 생일인 천장절 겸 상하이전투의 승리 자축일이었던 4월 29일, 윤봉길 의사는 다 알듯이 홍커우공원에서 폭탄을 투척하여 상하이 파견 일본군 총사령관 시라카와 요시노리白川義則 대장, 상하이 거류 일본인 민단장 가와바타 사다쓰구河端貞次를 죽이고, 주중 일본공사를 비롯해 많은 장성급 일본군을 다치게 하는 큰 성과를 거두었다.

윤봉길 의사의 홍커우공원 폭탄투척사건은 다른 사건과는 달리 엄청난 국내외적인 파문을 불러일으켰다. 당시는 1931년 9월에 있었던 만주사변과 1932년 1월에 있었던 상하이사변 등 일본의 중국 침략으로 인해 일본에 대한 국제적인 비난의 여론이 고조되어 있었고 또한 중국인의 반일감정도 어느 때보다 높았다. 이때 윤 의사가 폭탄을 투척하여 많은 성과를 거둠으로써 중국 내뿐만 아니라 국제적으로도 커다란 충격을 주었다. 아주 시기적절한 거사였다.

아울러 이 거사로 인하여 상하이 임시정부와 김구 선생의 정치적 위상이 국내외적으로 대단히 높아졌다. 1920년대 중반 이후 상하이 임시정부는 집세도 치루지 못할 만큼 취약한 상태였지만 이 사건 이후 임시정부는 국제적인 주목을 받을 수 있었을 뿐만 아니라 중국 장제스 정부로부터는 상당한 자금 지원까지 받을 수 있었다. 특히 중국 관내 지역의 정당운동이나 군관학교 운동 등 독립운동은 이 사건을 계기로 활기를 띄게 되었다. 오늘날 우리가 상하이 임시정부를 기억하고 기리는 것에도 윤 의사의 역할이 컸던 것이다.

통제구역
DO NOT ENTER
禁止進入

제7장 | 해방과 분단

1 8·15 해방과 38선

벅찬 감격도 잠시뿐 해방을 맞은 우리 민족을 기다리고 있었던 것은 남북을 갈라놓은 38선이었다. 힘이 없으면 식민지도 되고 분단도 된다. 그렇다면 주변 강대국들의 압력을 물리치면서, 민족의 자존을 지키고 통일을 이루어 낼 수 있는 힘, 그 힘을 어디서 구할 수 있을까?

역사학에서 '현재'의 의미

'역사란 현재와 과거의 끊임없는 대화'라는 E. H. 카아의 고전적 정의에서 보듯이 역사는 과거를 대상으로 하지만 현재의 관점에서 역사를 연구하고 재구성한다. '과거 따로, 현재 따로'가 아니다. 과거를 연구하는 역사이지만, '현재'는 그 출발점이 된다.

그런데 여기서 한 걸음 더 나아가 "'현재' 그 자체가 역사 연구의 대상이 되는가?"가 문제이다. 한 시각은 이렇다. 시대적 당위성의 실천을 위해 역사가가 현실 문제에 적극 개입하여 현실 극복의 역사 연구를 해야 한다는 입장이다. 지난 모든 시대의 역사 해석에 현재의 요구가 반드시 반영되어야 하고, 그렇기 때문에 현재도 역사학의 가치평가의 대상, 즉 연구 대상이 되어야 한다고 말한다.

다른 시각은 또 이렇다. 역사학은 시대적 변화에 대한 고찰을 임무로 하는 학문이기 때문에 현재가 직접 대상은 아니라고 한다. 다만 한국사 전체의 체계적 이해를 위해 현재에 가까운 시대에 대한 연구의 공백을 메워야 하고 그런 의미에서 현재에 가까운 현대사 연구는 필요하다고 말한다.

이런 시각의 차이는 역사를 당위로 보느냐 아니면 해석의 대상으로 보느냐의 차이에서 온다. 역사는 물론 현실의 세계이지, 당위의 세계가 아니다. 당연히 되어야 할 일이라고 해서 당연히 이루어지지는 않는다. 당위가 무엇인가를 판단하는 것도 중요하겠지만, 나타난 결과에 대한 인과론적 설명이 더 중요하다. 이런 차이가 있음에도 불구하고 현재 또는 현재에 가까운 시기에 대한 연구의 필요성에 대해서는 공감하고 있다. 여기서 현대사 연구는 출발한다.

현대사 연구는 아직 미진한 점이 많다. 관련 당사자들이 지금도 생존해 있는 사람이 많고 남북분단에서 비롯된 이데올로기적인 제약도 커 기피해 왔다. 그러다가 1990년을 전후해 주변 여건이 좋아지고 또 연구의 필요성도 높아져서 연구가 많이 늘어났다. 현재 역사학자들에 의한 현대사 연구가 빠른 속도로 공백을 메워 가고 있다.

〈귀국선〉과 〈그날이 오면〉

여기서 다룰 주제는 우리 현대사의 시작이라고 할 수 있는 8·15 해방과 38선에 관한 것이다. 당시 상황을 상징적으로 보여 주는 〈귀국선〉이라는 우리 가요가 있다. 그 가사는 다음과 같다.

돌아오네 돌아오네 고국산천 찾아서
얼마나 그렸던가 무궁화꽃을
얼마나 외쳤던가 태극깃발을
갈매기야 울어라 파도야 춤춰라
귀국선 뱃머리에 희망도 크다

돌아오네 돌아오네 부모형제 찾아서

몇 번을 울었던가 타국살이에
몇 번을 불렀던가 고향노래를
칠성별아 빛나라 달빛도 흘러라
귀국선 고동소리 건설은 크다

돌아오네 돌아오네 백의동포 찾아서
꿈마다 찾았던가 삼천리강산
꿈마다 빌었던가 우리 독립을
비바람아 그쳐라 구름아 날아라
귀국선 파도 위에 새날은 크다

일제 35년 동안 살길을 찾아 또는 민족의 해방을 위해 조국을 떠나 머나먼 이국땅에서 고생했던 부모형제들이 그리운 고국 땅으로 돌아올 때의 상황, 해방에 대한 기대와 희망을 그린 노래였다. 언제 들어봐도 감격스러운 곡이다.

'귀국선'이 해외에 나가 있던 동포들의 심정을 그린 노래라면 국내에 있었던 사람들의 심정을 잘 나타낸 것은 《상록수》의 저자 심훈이 1930년에 쓴 〈그날이 오면〉이라는 시이다.

그날이 오면, 그날이 오면은
삼각산이 일어나 더덩실 춤이라도 추고
한강물이 뒤집혀 용솟음칠 그날이
이 목숨이 끊기기 전에 와주기만 할 양이면,
나는 밤하늘에 날으는 까마귀와 같이
종로의 인경人聲을 머리로 들이받아 울리오리다,
두개골은 깨어져 산산조각이 나도
기뻐서 죽사오매 오히려 무슨 한이 남으오리까.

그날이 와서, 오오 그날이 와서

육조六曹앞 넓은 길을 울며 뛰며 딩굴어도

그래도 넘치는 기쁨에 가슴이 미어질 듯하거든

드는 칼로 이몸의 가죽이라도 벗겨서

커다란 북을 만들어 들쳐메고는

여러분의 행렬에 앞장을 서오리다.

우렁찬 그 소리를 한 번이라도 듣기만 하면

그 자리에 꺼꾸러져도 눈을 감겠소이다.

해방을 볼 수만 있다면 자신의 몸이라도 바치겠다는 내용으로 해방에 대한 열망이 잘 드러난 비장감 넘치는 시라고 할 수 있다.

해방에서 분단으로

8·15 해방이 당시 사람들에게 벅찬 감격이었다는 사실은 두말할 나위도 없다. 이때의 해방은 억압과 구속으로부터 벗어난다는 것, 일제 식민지로부터 벗어난다는 것을 의미하였다.

이처럼 8·15는 해방의 의미를 가지고 있었지만, 해방과 동시에 다가온 38선은 민족의 분단, 외세의 재개입과 구속, 비극의 단서 등 해방과 반대되는 의미를 지니고 있었다. 따라서 '8·15 해방'과 '38선'은 1945년 8월에 같이 등장하지만 서로 상반되는 의미를 지녔다. 8·15는 기쁨과 슬픔의 양면을 함께 가지고 있었다. 마치 야누스의 머리처럼 …. 그만큼 이 시기가 격동의 시기였고 우리 현대사의 파란만장함이 그 안에 들어 있다는 것을 말해 주고 있다. 결국 1945년에서 1948년까지의 해방공간은 '해방'에서 '분단'으로 귀결되는 과정이었다.

먼저 해방에 대해서 살펴보면서 왜 민족통일 정부를 수립하지 못하고 분단으로 귀착되었는가를 알아보기로 하자. 지금까지 우리들은 8·15 해방은 미소연합군이 일본을 물리치고 '선사'한 것으로 이해해온 측면이 많았다. '주어진 해방'이라는 것이다. 그러나 그렇게 보는 데는 몇 가지 문제가 있다. 우선 제2차 세계대전은 미국·영국·소련 등 연합국과 독일·이탈리아·일본 등 추축국樞軸國 사이의 전쟁만이 아니라 식민지·반식민지 여러 나라의 공동투쟁이기도 하였다. 그런데 이런 점을 흔히 무시하고 있다. 실제 우리나라도 다른 어느 나라 못지않게 반일항쟁을 계속해 왔으며, 특히 1930년대 이후에는 더욱 강한 투쟁을 전개하였다. '암흑기'라고 불리는 1940년 전반에도 투쟁은 멈추지 않았다.

1940년대 전반기는 전장戰場이 세계로 확대되어 갔다. 그와 더불어 일제의 수탈이 강화되고 식민지 조선에 대한 인적·물적 총동원이 행해졌다. 지금도 계속 문제가 되고 있는 위안부는 그런 수탈의 대표적인 한 예이다. 위안부란 일본 군인을 위해 강제로 성노예 생활을 해야만 했던 여성들을 말한다.

이 시기에 일본이 우리나라에 행한 수탈은 과연 암흑기라 부를 만하였다. 그러나 그것이 민족운동까지 암흑이었음을 뜻하지는 않는다. 일제의 수탈이 강화되는 한편에서는 그에 대한 항쟁도 고양되어 갔다. 특히 1943년 이탈리아가 패망한 뒤 전쟁의 승산이 연합국으로 기울자 이런 경향은 더욱 뚜렷해졌다. 우리는 결코 해방이란 선물을 생일 기다리듯이 그저 기다리고만 있던 것은 아니었다.

한편 미국과 소련이 '해방'을 선사해 준 것은 아니었다. 대가 없는 선물로 주었던 것은 결코 아니었다. 이들 두 나라는 어디까지나 자국의 이익에 입각하여 한반도에 대해 치열하게 경쟁적인 정책을 폈을 뿐이다. 따라서 '해방'은 연합국 강대국들과 우리의 항일항쟁이 이루어 낸 공동 전취물이었다. 그러나 힘이 센 연합국 강대국들은 해방 이후 자신들의 이익에 맞게 한반도에 영향력을 행사하려고 했기 때문에 해방 3년의 정국은 매우 불안하고 결국은 불행한 결말을 내고 말았다.

38선의 기원

해방은 3년 만에 분단으로 귀착되었다. 따라서 우리는 해방보다 분단에 대해 더 주목해 볼 필요가 있다. 이 분단의 상징인 38선에 대해 먼저 이야기할 것이 있다면 그것은 기원에 관한 문제일 것이다. 이 문제는 당시 역사 상황만큼이나 대단히 복잡하다.

어떤 학자는 38선과 남북분단의 연원을 삼국을 통일한 신라와 발해의 대립까지 올려 잡기도 하고 러일전쟁 시기 한반도 분할 논의에서 기원을 찾기도 한다. 이처럼 역사적 연원을 해방정국 이전으로 끌어 올리려는 발상은 38선과 남북분단의 요인을 해방정국에서의 미소의 대립보다는 민족내부에서 역사적으로 유래한 것을 강조함으로써 해방 전후를 살았던 자신들의 책임을 회피해 보려는 의도에서 나온 것이라고 할 수 있다. 그러나 이런 주장들은 아무래도 무리가 있다.

그러면 38선은 실제로 누가 언제 그었을까? 38선을 언제 그었는가에 대해서는 제2차 세계대전의 전후처리를 위한 회담에서 미국과 소련이 밀약했다는 설이 있다. 얄타회담에서 그랬다는 얄타밀약설과 포츠담회담에서 그랬다는 포츠담밀약설 등이 그것이다.

자료로 확인되는 바에 의하면 현재의 38선이 그어진 것은 미국의 두 대령에 의해서였다. 1945년 8월 8일 소련이 대일전對日戰 참전을 선포하고 급속히 남하하기 시작하자 미국은 1945년 8월 10일 대통령 직속 최고안보기구였던 SWNCC(국무부·육군부·해군부 3부조정위원회)를 열어 그 대처방안을 실무자였던 딘 러스크Dean Rusk 대령과 찰스 본스틸Charles Bonesteel 대령에게 마련하도록 하였다. 러스크는 뒤에 국무장관에까지 올라갔고 본스틸은 주한미사령관을 지내기도 하는 인물로 두 사람 다 한반도와 밀접한 관계를 맺게 되는 사람들이다.

지시를 받은 이 두 대령은 작전실에서 30분간 소련의 남하를 저지할 수 있는 적절한 선이 어디인가를 찾던 중에 38선으로 정하여 이를 SWNCC에 보

본스틸 대령이 내셔널 지
오그래픽의 벽걸이 지도
위에 **38**도선을 그은 모습

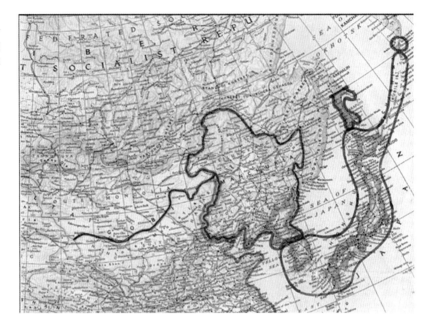

고하고 SWNCC는 다시 이것을 소련에 제안했으며 소련은 이를 별다른 이의
없이 수락해 한반도에 38선이 그어졌다. 결국 우리에게는 비극적인 38선이
30분 만에 결정되었던 것이다.

　당시 소련이 극동전선에 참전해 한반도에 진입한 상태에서 미국은 한반도
를 현실적으로 단독 점령할 수 없었다. 따라서 38선을 그어 반만이라도 점령
하겠다는 생각에서 소련에 제안했던 것이다. 또 미국이 일본을 단독 점령하
기 위해 그 대가로 한반도의 절반을 소련 측에 넘겨주었을 것으로 추론하기
도 한다. 제2차 세계대전의 추축국들인 독일, 오스트리아 등이 분할점령되었
듯이 일본의 분할도 예상되었었는데, 이를 막기 위한 미국의 전략적 판단이
38선이었다고 보는 것이다.

　반면 소련이 미국의 제안을 수락한 이유는 불분명하지만, 몇 가지 추측을
할 수 있다. 소련이 만주와 한반도에 진공한 이유는 소련에 우호적인 국가들
로 방어망을 구축하기 위해서였다. 군사적으로만 보면 당시 소련은 한반도

를 충분히 단독 점령할 수 있었다. 그럼에도 불구하고 38선이라는 미국의 제안을 수용한 이유는 38선 정도면 자신들의 우선 목표인 방어망 구축을 이룰 수 있고, 일본이나 만주 등 한국보다 더 큰 이권을 위한 협상에서 유리한 고지를 차지하려면 미군과의 충돌을 피해야 한다고 판단했기 때문이라 생각된다. 특히 전후 대일발언권 확보 목적이 컸다.

여기에 덧붙인다면 미국이 비록 한반도에서 멀리 떨어져 있지만 세계 제1의 강국이고 더욱이 원자폭탄을 가지고 있었기 때문에 미국의 제의를 신중하게 검토할 수밖에 없지 않았나 여겨진다. 결국 38선은 우리 민족의 뜻과는 관계없이 미국과 소련이라는 강대국의 세계경영과 한반도 전략의 산물이었다.

민족 자존을 지켜내는 길

지금 북한의 핵 문제를 해결하고, 한반도의 비핵화를 실현하기 위해 6개국이 참가하는 다자회담, 즉 6자회담이 간헐적으로 열리고 있다. 통일과도 직결되는 이런 논의가 남북당사자만이 아니라 미국·중국·러시아·일본 등과 함께 논의해야 한다는 게 우리의 현실이다. 서로 이해관계가 다른 주변 강대국들과 협의해야 하니 우리에게 이익이 되는 결론을 얻기란 '하늘의 별 따기' 만큼 어렵다. 해방 이후 지금까지 계속되는 이런 외압이 현대사의 굴레가 되고 있다.

귀국선 속에서의 벅찬 감격도 잠시뿐 해방을 맞은 우리 민족을 기다리고 있었던 것은 남북을 갈라놓은 38선이었다. 예나 지금이나 우리의 입장에서 우리의 문제를 생각해 주는 강대국은 없다. 결국 힘이 없으면 식민지도 되고 분단도 된다. 그렇다면 주변 강대국들의 압력을 물리치면서, 민족의 자존을 지키고 통일을 이루어 낼 수 있는 힘, 그 힘을 어디서 구할 수 있을까? 현대사의 흐름 속에서 그 답을 찾아가 보자.

2 건국준비위원회

> "미국은 아무 준비가 없이 조선에 상륙하였다. 그러나 조선에는 건국준비위원회가 있었다. 곧 정치적 준비가 있었다. 미국인이 만일 건국준비위원회를 살렸더라면 조선의 건설은 더 신속하고 유리하였을 것이다."
> — 에드거 스노

몽양 여운형

중국 춘추전국시대에 백가쟁명百家爭鳴이 나타났던 것처럼 혼돈기에는 자신들의 주장을 펴는 사람들이 많이 나온다. 해방 직후의 시기도 하나의 혼돈기라고 할 수 있는데, 이때에도 예외 없이 많은 정치단체들이 생겨났다. 이들 단체가 모두 의미 있는 것은 아니었지만 그 가운데 해방을 예상하고 준비를 해오다가 해방과 동시에 제일 먼저 결성되는 단체가 건국준비위원회였다.

건국준비위원회의 정식 명칭은 조선건국준비위원회이다. 보통 '건준'이라고 부른다. 이 '건준' 하면 생각나는 인물이 바로 몽양夢陽 여운형呂運亨 (1886~1947)이다. 건국준비위원회는 여운형이 주동이 되어 1944년에 만든 조선건국동맹을 중심으로 결성되었다. 어떤 한 인물이 한 단체의 성격을 전적으로 규정하는 것은 아니지만 건준을 이해하기 위해서는 여운형을 아는 것이 필수적이다.

여운형의 호는 몽양夢陽이다. 태양을 꿈꾼다는 뜻이다. 여운형의 어머니가 잉태를 하고난 뒤 태양이 치마폭에 들어온 꿈을 꾸었다고 해서 몽양이라 붙였다고 한다. 그는 한 시대를 누빈 정치적 풍운아였다. 그는 일제 강점기에는 상하이에서 대한민국 임시정부의 요인으로 활동하는 한편, 공산주의자 그룹에도 참가하여 민족해방을 위한 다각적인 길을 모색한 민족운동가였다. 1923년에는 모스크바에서 열린 피압박민족 대표자 대회에 참석하여 베트남의 호치민 胡志明(1890~1969) 등과 함께 대표연설을 할 정도로 민족운동가로 널리 알려져 있었다. 또한 해방 이후에는 건준을 바탕으로 좌우합작을 위해 노력하였다. 해방 공간에서 가장 인기가 높았던 지도자였는데, 불행하게도 1947년 7월 19일 암살되었다.

몽양 여운형

조선건국동맹을 중심으로 하여 민족주의 계열과 사회주의 세력을 규합. 조선 건국준비위원회를 결성하였다.

담판의 일인자

여운형은 당시 정치인들 가운데 가장 미남이었으며 연설도 제일 잘해서 특히 청년이나 학생들에게 인기가 높았다. 또 운동도 잘해서 아령이라는 운동기구의 모델로 나간 적도 있었다. 그러나 그의 제일 큰 특기는 비밀스러운 조직 활동보다는 굵직굵직한 인물과의 대담한 담판이라고 할 수 있다.

여운형이 행한 담판 중 유명한 것으로는 먼저 3·1 운동이 일어났던 그해 12월 일본행을 수락한 것을 들 수 있다. 총독부에서는 독립운동 진영을 분열시키고자 핵심인물인 그를 일본으로 초청하고자 하였다. 당시 독립운동가들은 다 말렸지만 여운형은 도쿄에서 언론활동의 자유를 조건으로 해서 수락하였다. 그리고 동경에 가서는 반일연설로 초청한 사람들을 당혹하게 하고 이로 인해 천황과의 면담이 취소되기도 하였다. 여운형의 담판에서의 특징은 조건부 수락이 많다는 점이었다. 말하자면 총독부에서 제안할 때 자신의 조건을 내세우며 수락하였다.

해방 직후 총독부와의 정권 인수 문제에 관한 담판도 또 하나의 중요한 담판이었다. 남북의 분열이 심해지자 북한에 가서 김일성 등 정치적 실권자들과 남북통일에 대해서 여러 가지 협상과 회담을 하기도 했다. 건국준비위원회는 바로 두 번째 담판, 정권인수 문제와 밀접하게 결합되어 있었다.

건국동맹

건국준비위원회의 바탕이 되었던 것은 조선건국동맹, 우리가 보통 건국동맹이라고 부르는 단체였다. 1940년대 전반기가 되면 독립운동이 대체로 고양되거나 해방을 준비하기 시작했는데, 이런 흐름의 선상에서 국내에서 조직되는 대표적인 단체가 조선건국동맹이었다.

건국동맹은 1944년 8월 10일 여운형과 조동호·현우현·이석구·김진우 등이 중심이 되어 제2차 세계대전의 종전을 예견하고 일본의 패망에 따른 조국해방에 대비해 조직한 단체였다. 이들은 불문不文·불언不言·불명不名의 3대 철칙에 따라 활동은 비밀리에 하고 공장·학교·회사 등에 세포조직을 만들 것을 결정하였다. 조직은 내무부·외무부·재무부로 이루어져 있었으며 3대 강령도 채택하였다. 3대 강령의 내용은 다음과 같다.

1. 각인 각파를 대동단결하여 거국 일치로 일본제국주의 제 세력을 구축驅逐하고 조선 민족의 자유와 독립을 회복할 것.
2. 반추축국反樞軸國들과 협력하여 대일 연합전선을 형성하고 조선의 완전한 독립을 저해하는 일제의 반동 세력을 박멸할 것.
3. 건설 부면에 있어서 일체의 시정을 민주주의 원칙에 의거하고 특히 노농대중의 해방에 치중할 것.

이런 건국동맹이 1944년에 결성되어 활동했다는 사실은 1940년대 전반기가 민족운동의 '암흑기'가 아니라는 것을 반증하는 확실한 근거이다.

건국준비위원회는 여운형이 조선총독부와 정권인수 교섭을 하면서 벌인 담판과 관련이 있다. 어떤 관련이 있는지 살펴보자. 일본의 패망이 가까이 다가오면서 총독부가 당면한 문제는 일본인들의 생명과 재산 등에 대한 위협이었다. 이를 피하기 위해서는 우선 치안이 유지되고 일본인에 대한 테러를 제어할 수 있는 적절한 조치가 필요하였다. 따라서 한국의 유력한 지도자들과 교섭을 시작하였는데, 이 과정에서 송진우·여운형 등과 접촉하게 되었다. 담판의 일인자 여운형은 이를 조선인의 자주적 건국의 계기로 활용할 수 있다고 믿어 수락하였다. 반면 송진우는 해외에 임시정부가 있으니 경거망동할 수 없다며 거절하였다.

총독부와의 정권인수 교섭

실제로 총독부가 여운형과 접촉하기 시작한 것은 1945년 6월경이었으나 구체적으로 치안문제에 관한 본격적인 접촉을 한 것은 해방 직전인 8월 14·15일이었다. 최종 회담은 8월 15일 오전 7시 50분경 필동에 있는 엔도 류사쿠遠藤柳作 정무총감 관저에서 열렸다. 이 엔도 정무총감과의 담판에서 여운형은 조건부로 총독부 쪽의 요구를 수락하였다.

처음 총독부의 요구는 치안을 유지하고 일본인과 총독부의 재산 등을 보호해 달라는 것이었다. 정권을 넘겨주겠다는 뜻은 없었다. 그런데 여운형은 여기에 다시 조건을 붙여서 총독부와의 교섭을 단순한 치안유지차원이 아니라 정권인수의 수준까지 끌어올렸다. 그 담판에서 여운형이 내세운 다섯 가지 조건은 다음과 같다.

1. 전국을 통하여 정치범, 경제범을 즉시 석방할 것.
2. 8·9·10월 3개월간의 식량을 보장할 것.
3. 치안유지와 건국을 위한 정치활동에 절대로 간섭하지 말 것.
4. 청년과 학생을 조직 훈련하는 데 대하여 절대로 간섭하지 말 것.
5. 근로자와 농민을 건국사업에 조직 동원하는 데 대하여 절대로 간섭하

지 말 것.

이 내용을 보면 사실상의 건국 작업이라고 할 수 있다. 치안유지 차원의 교섭을 이렇게 정권인수의 수준으로 격상시킨 것은 여운형의 담판의 결과, 공적이었다.

건국준비위원회의 결성

이런 총독부와의 교섭이 있었기 때문에 여운형은 정권인수를 준비하는 기구를 자신 있게 결성할 수 있었다. 총독부와 회견을 마치고 온 여운형이 8월 15일 저녁 건국동맹위원들을 중심으로 건국준비위원회를 구성하였는데, 이것이 바로 그 정권인수기구였다. 건준에는 안재홍 등 건국동맹원이 아닌 인사들도 많이 참가하였다.

8월 16일 오후 3시 건준 부위원장이었던 안재홍은 경성방송국에서 '해내해외의 3천만 동포에게 고함'이라고 하는 연설을 발표하였다. 그 내용은 건국작업에 대한 전반적인 조치에 관한 것으로, 경위대와 정규병의 편성, 식량의 확보, 통화·물가의 안정, 정치범의 석방, 친일파 문제 등을 언급하고 대신 치안의 유지를 부탁한 것이었다. 말하자면 일제의 조건을 적절히 수락하면서 자신들의 정권인수의 의지를 확실하게 밝히는 내용이었다.

설립 목적은 민족의 총역량을 일원화하여 자주적으로 과도기의 국내질서를 유지하는 데 있었다. 8월 18일 제1차 위원회를 개최하여 건국공작 5개 항을 제시하였고 9월 2일 강령을 발표하였다. 그 내용은 '① 우리는 완전한 독립국가의 건설을 기함 ② 기본요구를 실현할 수 있는 민주주의적 정권의 수립을 기함 ③ 우리는 일시적 과도기에 국내질서를 자주적으로 유지하며 대중생활의 확보를 기함'이라는 3개 항이었다. 건준은 일본 경찰조직을 밀어내고 각 지방의 조직으로 확대되었다. 이는 건준이라는 중앙에서의 조직과 1940년대 이후 민족운동의 발전이 결합이 되어 각 지역마다 자치적인 조직이 생기기 시작했음을 의미하였다.

한반도 남부에서는 여운형과 안재홍 등을 주축으로, 한반도 북부에서는 조만식 등을 주축으로 결성되었다. 조만식은 평양 출신으로 일제 강점기에도 '비폭력적이면서도 비타협적인 노선을 견지한' 민족주의 운동의 대표적인 지도자 중 한 사람이었다. 민중들의 지지와 호응에 부응하여 출범한 지 반달만인 8월 말까지 전국에 145개의 지부가 조직되었다.

건준은 공산주의자를 중심으로 한 극좌파와 중도 좌파인 건국동맹, 그리고 안재홍 등의 중도우파 등 정치적인 입장을 달리하는 사람들이 모인 일종의 연합전선으로 구성되어 있었던 상태였다. 어떻게 보면 해방 직후 이런 연합전선으로서의 건준이 만들어졌다는 것은 대단히 이상적이라고 볼 수도 있다.

그러나 건준은 박헌영의 공산당계열이 주도권을 잡아 주도해 나가자 우파 민족주의자들이 탈퇴하면서 건준의 본질적인 중도적 정치노선 성향은 변질되어갔다.

9월 6일 밤에 경기여고 강당에서 약 1천여 명이 참석한 가운데 '조선인민공화국임시조직법'을 통과시킨 다음 조선인민공화국(약칭 인공)을 급조하여 정부 수립을 선포하였다. 인공 형태로 바뀌면서 9월 7일 건준은 각 지역 지부도 인민위원회로 개편되었다. 이후 '인공'은 박헌영이 주축이 되어 조선공산당이 실권을 장악하였다.

9월 8일 미군이 한반도에 들어오면서 미군정의 직접 통치를 발표하는 '맥아더 포고령 1호'에 따라 국내에서 치안, 행정 업무를 담당했던 '건준'과 '인공'은 물론, 심지어 '충칭 대한민국 임시정부'까지 불인정되었다. 그 이후 38선 이남에서는 미군정이 시작되었다.

이에 따라 안재홍 등 민족주의자들이 탈퇴하고 우익은 임시정부를 받든다는 명분으로 건준을 비판하는 등 건준은 시간이 지날수록 어려운 입장에 처하게 되었고 인민공화국 수립과 함께 건준 조직은 급기야 발족한 지 2개월이 채 못 된 10월 7일 해산하고 말았다.

미소공동위원회 대표들
과 여운형(1946년)

미국은 미소공동위원회에
서 중간파의 입지를 강화
시키고자 여운형과 김규
식을 중심으로 좌우합작
운동을 지원하였다.

조선에는 준비가 있었다.

건준이 출범한 시기는 우리 현대사에서 매우 중요한 시기였다. 비록 건준은 실패하고 말았지만, 우리나라의 건국사업이 외세의 개입과 같은 다른 변수가 없었다면 평화적으로 자치적인 정부 수립을 이루어 낼 수 있었다는 가능성을 구체적으로 확인시켜 주었다. 그런 점에서 건준의 역사적 의의는 무엇보다 크다.

《중국의 붉은 별》의 저자로 유명한 에드거 스노Edgar Snow(1905~1972)는 자서전에서 해방 후 조선에 대하여 "미국은 아무 준비가 없이 조선에 상륙하였다. 그러나 조선에는 건국준비위원회가 있었다. 곧 정치적 준비가 있었다. 미국인이 만일 건국준비위원회를 살렸더라면 조선의 건설은 더 신속하고 유리하였을 것이다."라고 회고하였다.

해방 이전의 민족운동을 계승하면서 우리 스스로의 힘으로 정권을 인수해서 새로운 국가를 건설할 수 있었다는 것을 증명하는 데 건준의 존재보다 더 확실한 증거는 없을 것이다. 자주적인 정권인수기구의 가능성을 지녔던 건준이 보다 성공적인 활동을 보였다면 현대사의 전개는 사뭇 달라지지 않았을까 하는 아쉬움이 남는다.

쓰러진 통일의 깃발

정병준 교수의 《몽양 여운형 평전》에서는 여운형을 다음과 같이 평하고 있다.

> 여운형은 언제나 풀 수 없는 암호투성이였다. 때로는 원칙주의적이며, 때로는 기회주의적으로 보이기도 했고, 어떤 때는 좌익의 혀와 우익의 위장을 가진 인물인 것 같기도 했지만, 어떤 때는 혁명가로 나타나기도 하였다고 한다. … 여운형의 삶을 온전히 관통하는 일관된 신념은 바로 조국의 통일·독립이었다.

모든 갈래의 이념들이 나타나 온통 갈피를 잡을 수 없이 혼돈스런 시대였기에 통일·독립이란 궁극적인 목표를 이루기 위해 오히려 암호투성이의 행동이 필요했을지도 모른다. 그러나 그는 끝내 그 꿈을 이루지 못하고 스러졌다.

여운형은 가장 많은 테러를 당한 희생자였다. 무려 12번씩이나 당했고 마지막은 암살이었다. 1947년 7월 19일 낮 1시 15분, 세 발의 총성과 함께 마지막 테러의 고비를 넘지 못하였다. 직접 총을 쏜 암살범은 한지근(본명 이필형)이었고 4명의 공범과 함께 신동운이 지휘하였다.

암살범들은 한현우韓賢宇(1919~2004) 그룹에 속했던 사람들이었다. 여운형은 남북통일을 이루기 위해서는 당시 진행되고 있었던 미소공위를 통해서 좌우가 서로 협력하여 통일 정부를 수립할 수밖에 없다는 입장이었는데 이를 방해하기 위해서 암살했던 것이다. 한현우는 이보다 앞서 송진우를 암살하였다. 송진우와 여운형은 정치적인 행보는 달랐지만 같이 총독부로부터 정권인수 작업을 제의받았고, 또 같은 계열 사람들에 의해 암살당하였고, 암살 이유도 둘 다 모스크바 3상회의 결의안을 지지했다는 데 있었다. 이 또한 해방 정국에나 볼 수 있는 묘한 인연이었다.

암살의 배후에 대해서 단정적으로 말하기는 어렵다. 최다 테러의 희생자였던 여운형의 경우는 특히 수많은 개인과 단체가 암살에 관련되어 있는데, 그중에서도 악질적인 친일파들, 군국주의적 사고와 극우파시즘적 행동으로 무장한 세력들이 일을 저질렀음은 틀림없다. 그리고 감춰진 암살배후 세력으로는 단정 세력을 꼽고 있다. 이들은 조직적으로 범행을 계획했고, 실행했으며 은폐하였다. 송진우, 여운형, 그리고 마지막으로 김구도 이런 조직적 범죄의 희생자들이었다.

3 해방공간의 정치단체·대중단체

KOREA

해방 직후 각종 이념을 가진 수많은 정치·대중단체가 있었다는 것은 언뜻 겉으로 보면 혼란을 나타내는 현상으로 볼 수도 있지만 다른 측면에서 보면 통일민족국가를 이루기 위한 우리 민족의 노력이 그만큼 강렬했다는 것을 뜻하기도 한다.

3인 1당三人一黨

해방과 동시에 민족운동 세력들에게는 새로운 국가 건설이라는 지상의 과제가 주어졌다. 국가 건설이란 과제를 수행한다는 것은 정치행위를 한다는 것이고 정치행위를 하려면 조직이 있어야 했다. 조직이란 곧 정치단체나 대중단체를 말한다.

민족운동 세력들은 국가 건설이란 과제 수행에 지나치다고 할 만큼 적극적이어서 저마다 단체들을 만들었다. 정신이 혼란스러울 정도로 많은 단체들이 생겨났다. 그래서 당시 사람들 사이에는 '3인 1당'이란 말까지 나돌았다고 한다. 세 사람만 모여도 하나의 정당이 만들어진다는 뜻이다. 오죽 했으면 맥아더 장군조차 "나는 지금까지 한국인들처럼 정치지향적인 민족은 보지 못하였다."라고 했을까? 가히 해방공간 속에 정치단체·대중단체가 얼마나 많이 세워졌는지 짐작할 만하다.

그러나 이처럼 많은 단체들도 적절한 기준으로 분류하면 대체로 정리가된다. 주로 단체들의 정치적 성향과 계급적 기준에 따라 보면 우익단체, 좌익

단체, 그리고 중간단체 등으로 나누어진다. 또 조직의 기능에 따라 보면 정부기관이냐, 정당 등의 정치단체냐, 아니면 농민조합·노동조합과 같은 대중단체냐 하는 식으로 나누어진다.

정치단체·대중단체

당시의 대표적인 정치단체들을 살펴보면, 우익의 경우 이승만이 중심이 된 독립촉성중앙협의회와 그것을 확대한 대한독립촉성국민회, 그리고 송진우·김성수·장덕수 등 동아일보계열이 중심이 된 한국민주당(한민당), 김구와 임시정부 요인들이 중심이 된 한국독립당(한독당) 등이 있었다. 신민주주의·신민족주의를 표방한 안재홍의 국민당은 중도우파에 해당하며 좌우연합 등 민족대단결을 중시하였다. 중도좌파에는 여운형이 중심이 된 조선인민당이 있었고, 백남운을 위원장으로 하여 연합성 신민주주의를 제창했던 조선신민당도 거기에 해당한다. 좌익단체로는 박헌영 등이 중심이 되어 재건한 조선공산당, 그리고 조선공산당이 남조선신민당·조선인민당과 합쳐져서 만들어진 남조선노동당(남로당)을 들 수 있다.

대중단체로는 노동자·농민들의 조직이 컸다. 노동자들의 경우는 약칭 '전평全評'이라고 불리는 '전국노동조합평의회'(1945년 11월 5일 결성)가 있었으며, 농민들의 경우도 역시 '전농全農'이라고 불리는 '전국농민조합총동맹'(1945년 12월 8일 결성)이 있었다. 이 두 단체는 해방 직후의 상황 때문에 그렇겠지만 '단순한' 대중단체라기보다는 '대단히 정치적인' 대중단체였다.

또한 당시 대중들의 성향이 다분히 좌익적인 성향을 띠고 있는 경우가 많았기 때문에 노동자·농민들의 대중단체들도 좌익적 성향을 가진 경우가 많았다. 반면 좌익에 상응할 만한 우익적인 대중단체는 해방 직후에는 거의 없었다. 다만 그 뒤에 좌익적인 대중단체들이 미군정과 대립하게 되자 우익 세력들이 1946년 3월 10일 대한독립촉성노동총연맹을 결성해 전평 와해에 주력하는 한편, 반탁·반공운동을 전개하였고, 그 산하의 농민총국이 확대·발

전하여 우익농민운동조직인 대한독립촉성농민총연맹을 결성해 좌익 농민조
직과 대립하였다.

임시국회의 역할을 자임한 좌우익간의 대립도 있었다. 먼저 대한민국대표
민주의원이 있었다. 이는 임시정부 측에서 과도정부 수립을 목적으로 소집한
비상국민회의를 미군정이 자문기관화하여 1946년 2월 14일 설치한 우익진영
의 통합기구였다. 민족진영 3영수인 이승만·김구·김규식을 비롯하여 남한
각 정당지도자 중 28명으로 구성되었다. 이는 1946년 12월 남조선 과도입법
의원이 발족하면서 사실상 그 기능을 상실했지만, 제헌국회 성립 후인 1948
년 5월 29일에 정식으로 해산하였다.

이런 우익의 통합기구에 대항하기 위해 민주주의민족전선이 1946년 1월
19일 발기하여 2월 19일 결성되었다. 여기에는 남한의 좌익계 정당 및 사회
단체, 임정 내의 좌파와 중간파 등이 참여하여 폭넓은 통일전선을 표방하였
다. 그러나 실제로는 공산당이 주도한 좌익 세력의 통일전선조직으로 한정
되었다.

3개의 정부

해방 직후의 단체 가운데 가장 중요한 정치단체는 정부를 칭하는 단체였다.
본래 정부라고 하는 것은 하나밖에 없는 국민의 정권이므로 '유일 대표성'이
전제가 되어야 하고 따라서 평상시에는 함부로 있을 수가 없는데, 해방 정국
에는 여러 개가 있었다. 만약 유일 합법적인 정부가 있는데 이와는 다른 정부
의 이름을 내건다면 그야말로 반란죄에 해당하는 것이다. 따라서 정부라는
이름을 건 단체가 여럿 있었다는 현상은 해방 정국의 특수상황에서나 있을
수 있는 일이었다. 그러나 이때 '정부'라는 이름을 가졌다고는 하지만, 실체적
정부라기보다는 당 수준의 정치조직 정도라고 할 수 있을 것이다.

이런 의미에서 '정부'를 칭하는 단체로는 중국에서 들어온 우익 중심의 대
한민국 임시정부, 좌익에서 급속하게 조직한 조선인민공화국, 그리고 우리

것은 아니지만 '현실' 정부라고 할 수 있는 조선총독부와 그것을 대체한 미군정 등을 들 수 있다. 말하자면 당시 남한에는 미군정이란 '현실' 정부 외에 정부를 칭하는 또 다른 정치조직들이 있었던 셈이다.

대한민국 임시정부

이런 여러 정부들이 숱한 우여곡절을 겪다가 결국은 제1공화국이라는 유일합법적인 정부가 세워진다. 그 과정은 정말 처절하기까지 하다. 이제 한치 앞을 내다보기 어려웠던 정치단체들이 겪었던 피할 수 없는 운명의 궤적을 좇아가 보기로 하자.

먼저 대한민국 임시정부부터 살펴보자. 3·1 운동 직후에 중국 상하이에서 결성되었던 대한민국 임시정부는 제2차 세계대전 시기에 미국 등 강대국들로부터 공식적인 정부로 승인을 받으려고 백방으로 애썼지만 실패하였다. 그리하여 김구를 비롯한 임시정부 요인들은 해방이 된 뒤 미군정에 의해 정부의 자격이 아닌 개인 자격으로의 입국만이 허용되었다. 그래서 개별 입국할 수밖에는 없었다. 말하자면 연합군 쪽과 미군정은 대한민국 임시정부를 정부로서는 승인하지 않고 임정에서 활동한 개인들을 하나의 지도적 인물로만 대우하면서 귀국을 주선했던 것이다.

해방 직후에 임시정부는 국민들에게 상당히 유력한 차기 정부의 주체로 비춰졌다. 남한에 진주한 미군이 조선인민공화국보다는 임시정부에 호의적일 것이라고 기대하였고, 우익들도 강력한 조선인민공화국에 맞설 수 있는 명망 있는 정부가 없었기 때문에 임시정부를 받들어 모시겠다는 이른바 '임정봉대론臨政奉戴論'을 발표하였다. 따라서 실질적인 권한이 있느냐 없느냐 하는 문제는 따로 하더라도 임시정부가 정권을 접수하지 않을까 하는 기대를 할 만큼 임시정부의 위상은 높았다.

임정법통론

나아가 임시정부는 이런 기대를 업고 자신의 정권 구상을 뚜렷하게 발표하기까지 했다. 이를 '임정법통론臨政法統論'이라고 이야기들 하는데, 임정이 법적으로 대한민국의 정통을 잇는다는 뜻이다. 임정법통론의 내용을 알 수 있는 것이 1945년 9월 3일 귀국에 앞서 주석 김구 명의로 제시한 〈중경 임시정부의 당면정책〉이다. 관련 부분을 잠시 보자.

> 6항: 국외 임무의 결속과 국내 임무의 전개가 서로 접속됨에 필수한 과도
>   조치를 집행하되, 전국적 보통선거에 의한 정식 정부가 수립되기까지
>   의 국내 과도 정권을 수립하기 위하여 각 계층, 각 혁명 당파, 각 종교
>   집단, 각 지방 대표의 저명한 각 민족영수회의를 소집하도록 적극 노
>   력할 것
> 7항: 국내 과도 정권이 수립된 즉시 본 정부의 임무는 완료된 것으로 인
>   정하고, 본 정부의 일체 직능 및 소유 물건은 과도정부에게 교환할
>   것
> 9항: 국내의 과도 정권이 성립되기 전에는 국내 일체 질서와 대외 일체 관
>   계를 본 정부가 책임지고 유지할 것

임정법통론의 요체는 첫째 임시정부의 정권 접수, 둘째 임시정부 주도 아래 각계각층의 민족영수회의를 통한 과도정부 수립, 셋째 과도정부가 주도하는 전국적 보통선거에 의한 정식 정부의 수립 등 세 단계로 구성되어 있었다고 할 수 있다.

그러나 임정법통론은 미군정의 '개인 자격' 입국 조치로 인해 논의로만 그쳤을 뿐 좌절되고 말았다. 아이러니컬하면서도 어이없는 사실은 이런 좌절이 좌익의 조선인민공화국에 의해서가 아니라 미군정과 임시정부의 초대 대통령이었던 이승만, 그리고 임정봉대론을 내걸었던 한국민주당 등에 의해서

였다는 것이다. 어르고 뺨 때리는 격이랄까?

해방 직후에는 좌익이 강력했기 때문에 강력한 좌익에 맞서기 위해서 우익의 입장에서는 우익의 대표적 단체인 대한민국 임시정부를 받들어서 간판으로 내세우는 것이 필요하였다. 그러나 좌익이 퇴조하고 난 뒤 우익들 사이에서 헤게모니 다툼이 본격화하였는데, 그 와중에서 임시정부는 미군정과 이승만·한민당 등에 의해서 해체되었다. 또 하나의 '토사구팽兎死狗烹'이었던 셈이다.

이런 우익 정치 세력들간의 대립·갈등은 좌우의 이념적인 문제와는 다른 이유 때문이었다. 그 이유는 크게 두 가지로 볼 수 있다. 하나는 한반도에 진주한 미국과 소련에 대한 입장이 어떠한가였다. 소련에 대해서는 대체적으로 비판적이었기 때문에 문제가 되지 않았는데 미국에 대해서는 누가 더 미국의 입장에 충실할 것이냐에 따라 갈라졌다.

다른 하나는 식민잔재의 청산에 대한 입장이었다. 구체적으로 친일파를 어떻게 처리할 것이냐 하는 등의 문제들을 둘러싸고 임시정부와 이승만·한민당의 입장이 달랐다. 이런 입장의 차이 속에서 '현실' 정부였던 미군정이 비호하는 세력이 결국 토끼의 주인이 되었다.

이처럼 임시정부 법통론은 현실적으로 좌절되었다. 그럼에도 불구하고 제헌헌법에는 "유구한 역사와 전통에 빛나는 우리들 대한국민은 기미 3·1 운동으로 대한민국을 건립하여 세계에 선포한 위대한 독립정신을 계승하여 이제 민주독립국가를 재건함에 있어서"라 하여 임시정부의 계승을 표방하였으며, 1987년 10월 29일 전부 개정된 현 대한민국 헌법 전문에는 "… 우리 대한국민은 3·1 운동으로 건립된 대한민국 임시정부의 법통과 불의에 항거한 4·19민주이념을 계승하고"라 하여 대한민국 임시정부의 법통을 보다 분명히 내세우고 있다. 1948년 대한민국 정부 수립에서 배제되었던 법통이 헌법 전문에는 버젓이 살아 있다. 왜 그렇게 되었을까? 역사의 아이러니는 계속된다.

조선인민공화국

 정부를 칭했던 좌익의 대표적인 단체는 9월 6일 결성했던 조선인민공화국이었다. 줄여서 '인민공화국' 또는 '인공'이라고 부른다. 인민공화국은 급조된 정부 조직이었다. 박헌영을 중심으로 한 좌익 쪽이 대한민국 임시정부에 맞서기 위해 먼저 활동하고 있던 여운형의 건국준비위원회를 활용하면서 보다 좌익적인 성향을 더하여 급속하게 정부 형태의 단체를 만들었다. 그래서 이를 비난하는 사람들은 인민공화국을 '하룻밤의 정부'라고 말하기도 한다. 임시정부도 아니고 정식 정부가 거의 하룻밤 사이에 결성되었다는 것은 출발부터 적지 않은 문제점을 안고 있었다고 볼 수 있다. 어떤 문제점들이었을까?

 우선 국민적 대의성의 결여를 들 수 있다. 아무리 당시에 좌익적인 분위기가 강했다 하더라도 한 국가의 정부를 만드는 데는 절차와 순서가 있는 것인데 그것을 무시했다는 것이다. 9월 14일 발표된 중앙인민위원회 부서 책임자들의 명단을 보면 주석에 이승만, 부주석에 여운형, 국무총리에 허헌이 추대되고, 내무부장에 김구, 외무부장에 김규식, 군사부장에 김원봉 등이 임명되었으며 부장의 경우 각각 2명의 대리인들이 선정되었다. 그러나 이는 좌익 쪽이 당사자의 동의도 없이 일방적으로 발표한 것이었다.

 둘째는 당연히 미군정과 우익이 부정할 텐데 그럴 경우 어떻게 할 것이냐에 대해서 거의 준비하지 않았다는 점이다. 셋째는 해외에 아직 남아 있는 좌익 세력들이 많았기 때문에 좌익들마저도 인공의 대표성을 인정하려 하지 않았다는 사실이다.

 인공은 이런 점들을 충분히 예상하지 않고 급조했기 때문에 여러 활동에서 자가당착에 빠지는 경우가 많았다. 대표적으로 신탁통치정국에서 인민공화국의 문제를 들 수 있다. 신탁통치 문제가 닥쳤을 때 좌익들은 미소공위를 통해서 임시정부를 만든다는 모스크바 3상회의의 결정을 지지했는데, 이는 결국 자신들이 만든 인민공화국을 스스로 부정하는 결정이었던 것이다.

미군정

우익의 대한민국 임시정부나 좌익의 조선인민공화국이 표면상으로는 정부나 국가의 형태를 가지고 있었음에도 불구하고 전혀 이름에 걸맞은 활동을 하지 못한 데 비하여 해방 직후 실질적인 정부기능을 행사했던 것은 조선총독부와 그것을 대체한 재조선미육군사령부군정청United States Army Military Government in Korea, USAMGIK이었다. 줄여서 미군정이라 부른다.

미군정은 미군이 9월 8일 인천에 상륙, 서울에 들어와 다음 날인 9일에 38선 이남 지역에 군정을 선포함으로써 시작하였다. 미국의 입장에서는 한반도에 정부를 만드는 데 미·소가 협의해서 만들되, 그것이 여의치 않을 경우 남한에서는 임시정부도 인민공화국도 아닌 새로운 바탕에서 미군 주도의 정부 수립을 추진한다는 것이었다.

결국 미국은 미군정의 원활한 운영을 위해 임시정부와 인민공화국, 우익과 좌익의 충돌을 활용하면서 자신들의 입지를 넓혀갔고 자신들의 의도를 관철해 나갔다. 미군이 행정권을 행사하는 미군정 자체가 미국의 세계전략에서 나온 것이었다. 우리 민족을 주체로 한 것이 아니었기 때문에 임시정부

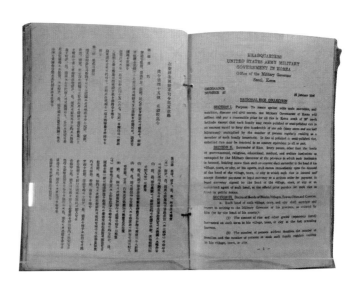

미군정 법령집

1945년 광복 이후 미국이 군정을 실시하면서 한국 통치에 필요한 미군정 법령을 모은 책이다.

건 인민공화국이건 그것이 아무리 우리 민족사적 맥락에서 나왔다 하더라도 미국의 이익에 맞지 않는다면 배제하였다.

1948년 8월 15일 남한단독 정부가 수립되기까지 3년간 이어진 군사통치는 결국 미국의 입장에 따라 한민당을 비롯한 우익진영의 손을 들어주었고, 좌익은 물론 그 밖의 정치 세력은 배제하는 수순을 밟았다.

혼란이냐? 열망이냐?

지금까지 해방 정국의 정치·대중단체들을 주로 임시정부, 인민공화국, 미군정 등 세 기구를 통하여 알아보았다. 해방 직후 각종 이념을 가진 수많은 정치·대중단체가 있었다는 것은 언뜻 겉으로 보면 혼란을 나타내는 현상으로 볼 수도 있지만 다른 측면에서 보면 통일민족국가를 이루기 위한 우리 민족의 노력이 그만큼 강렬했다는 것을 뜻하기도 한다. 그러나 그런 노력에도 불구하고 우리는 결국 분단으로 가고 말았다. 그렇게 된 까닭을 이제 새삼스럽게 곱씹어 볼 필요가 있지 않을까?

4 신탁통치

태평양의 조그만 섬나라에나 적용되는 것으로 알았던 신탁통치를 해방 직후 바로 우리나라에 적용시키려 했다는 사실에서 우리는 약소국의 서러움을 느낄 수도 있을 것이다. 그러나 우리에게 던져진 과제를 제대로 현명하게 처리하지 못한 데에는 우리 스스로의 책임도 없지 않다.

신탁통치에 대한 잘못된 인식

우리 현대사의 많은 내용들이 지금까지도 잘못 알려진 경우가 적지 않은데 해방 직후 역사의 흐름에서 커다란 전환점이 되었던 신탁통치 문제도 그 가운데 하나이다. 지금도 많은 사람들은 신탁통치를 누가 제기했는가 하는 문제에 대해 소련이 먼저 제기한 것으로 알고 있다. 따라서 소련은 찬탁을 주장하였고 미국은 반탁을 주장하였으며, 그렇기 때문에 소련은 나쁜 나라, 미국은 좋은 나라라는 것이다.

그러나 이는 역사적인 사실과 맞지 않다. 오히려 그 반대였다. 신탁통치 문제는 명확히 미국이 먼저 제기했으며 그것도 갑작스럽게 제기한 것이 아니라 오랜 검토 끝에 제기한 것이었다.

물론 신탁통치를 어디서 먼저 제기했느냐 하는 그 자체가 그렇게 꼭 중요한 것은 아니다. 말하자면 미국이 신탁통치를 제기했으니까 현대사의 왜곡된 모든 문제의 책임이 미국에 있다는 것은 아니다. 그러나 사실에 대한 오해는 바로잡을 필요가 있다.

미국의 신탁통치 구상과 카이로 회담

제2차 세계대전이 한창이던 1942년경부터 미국은 동북아시아에 대한 여러 정책을 검토하였는데, 그 속에 한반도에 대한 신탁통치 구상이 있었다. 1943년 11월 27일에 결정해서 12월 1일에 발표한 카이로 선언의 내용을 보면, "미·영·중 3국은 한국 인민의 노예상태에 유의하여 '적당한 시기(혹은 적당한 절차in due course)'에 한국을 자주·독립케 할 것을 결의한다."라고 되어 있다. 한국민의 노예적 상태를 인정하면서도 즉각 독립이 아니라 조건부 독립을 제시하고 있는데 이 '적당한 시기'가 바로 신탁통치를 염두에 둔 것이었다. 신탁통치의 본질은 '세계를 하나의 시장으로 관리하고 미국이 대주주가 되는 팍스 아메리카나Pax-Americana' 정책에 기반한 루즈벨트의 새로운 세계전략의 하나였다고 할 수 있다.

카이로 회담은 제2차 세계대전이 끝날 무렵, 전후 한국문제를 어떻게 처리할 것인가를 결정한 최초의 연합국 정상회담이었다. 그런데 카이로 회담에서 논의할 때 처음에는 '적당한 시기'가 '가능한 가장 빠른 시기at the earliest possible date'로 되어 있었다고 한다. 그것이 마지막에 가서 '적당한 시기' 혹은 '적당한 절차'로 번역되는 'in due course'라는 모호한 말로 바뀌었던 것이다.

이렇게 된 데에는 두 가지 정도의 요인을 들고 있다. 하나는 외교문서 자체가 원래 관념적이고 모호한 표현을 많이 쓴다는 점이다. 또 다른 하나는 미국 영어가 다소 실용적이라면 영국 영어는 좀더 귀족적인데 '가능한 빠른 시기'라는 미국의 원안에 대해 처칠이 '적당한 시기'가 외교문서에 더 어울린다고 해서 바꿨다고 한다. 미국도 '가능한 가장 빠른 시기'라고 하면 부담이 되기 때문에 '적당한 시기' 혹은 '적당한 절차'로 번역될 수 있는 표현에 동의한 것으로 알려지고 있다.

카이로 선언은 비록 모호한 표현은 있었지만, 한국의 자주·독립을 결의했다는 점에서 의미가 있다. 그리고 여기서 선언한 한국의 독립은 1945년 7월 26일 포츠담 선언에서 재확인되었다.

1943년 11월, 미국의 루스
벨트, 영국의 처칠, 중국의
장제스가 이집트 카이로
에 모여 한국의 독립 문제
를 논의했다. "적당한 시기
에 한국을 독립시킨다."고
하였으나 '적당한 시기'라
는 모호한 표현이 문제가
되었다.

모스크바 3국 외상회의 협정안

한반도에 대한 신탁통치는 1945년 12월에 열렸던 모스크바 3국 외상회의(이
하 3상회의)에서 결정되었다. 이 회의에서 미국은 미·소·영·중 4대국이 한국
을 5년간 신탁통치trusteeship하고 필요하면 5년을 연장할 수 있게 하는 안을
제시하였다. 미국 영향하에 '선 탁치 후 정부 수립'을 하려는 의도였다. 이에
대하여 소련은 '신탁통치'라는 용어를 러시아어 Опёк а(영어의 tutelage, 즉 후
견 또는 원조협력에 해당)로 번역하여 빠른 시일 내에 한국민에 의한 임시정부
를 수립하고 그 임시정부와 협의하여 4대국이 후견한다는 수정안을 제시하
였다. 이는 '선 임시정부 수립, 후 후견'을 뜻하였다. 미국과 소련은 신탁통치
를 다르게 규정하고 있었다. 신탁통치를 미국은 불평등한 '지배'의 의미가 부
각된 '정치훈련'의 의미로 받아들인 반면 소련은 평등한 '도와줌'의 의미가 부
각된 '협력·원조'의 의미로 받아들였다. 3상회의에서 채택된 안은 소련의 안
을 중심으로 미·소가 합의한 것이었다. 말하자면 한국민의 주권을 부분적으
로 인정한 것이라고 볼 수 있다. 합의된 결정서는 약간의 문구 수정만 빼고는

소련안과 거의 같았다.

　그러나 이런 모스크바 3상회의의 협정사항은 한국민들에게 제대로 전해지지 못했고 또 그래서 받아들여지지 못하였다. 일제에 의해 35년 동안 치욕의 식민통치를 받았던 한국민에게는 신탁이건 후견이건 아무리 부드러운 유형의 대리통치라 하더라도 결코 원하는 것이 아니었다. 한국민들은 즉각적이고 완전한 독립을 원하였으며 물론 그럴 능력도 가지고 있었다. 해방 직후 전국의 질서를 유지하며 정부 역할을 대행한 건국준비위원회의 활동은 우리 민족에게 그런 능력이 있었음을 보여 준 실례였다.

　이런 한국민이었기에 신탁이건 후견이건 어떤 형태의 '간섭'이라도 받아들일 수 없었다. 이런 한국민의 거부감에 불을 붙인 것은《동아일보》의 모스크바 3상회의에 대한 보도였다. 한국 현대사에서 가장 큰 왜곡보도 가운데 하나인 이 보도는 워싱턴발로 1945년 12월 27일자 정치면에 실렸는데, 거기에는 머리기사로 "소련은 신탁통치 주장, 소련의 구실은 38선 분할점령, 미국은 즉시 독립 주장"이라고 씌어 있었다. 한국민에 의한 임시정부 수립에 관한 내용은 모두 빠지고 신탁통치 내용만 실렸는데 그것도 소련이 주장한 것으로 보도하였다.

　사실 3상회의의 공식적인 결과는 모스크바 시간으로 1945년 12월 28일 오전 6시에 발표되었다. 우리 시간으로는 29일 오후 11시에 해당한다. 그러니까《동아일보》의 보도는 3상회의 협정이 나오기도 전에 왜곡된 보도를 하였고, 미군정은 이러한 오보를 정치적으로 이용했던 셈이다. 어쨌거나 이 기사를 본 우리 국민들은 당연히 신탁통치는 소련이 먼저 제기하였으며 따라서 소련은 나쁜 나라로 인식하게 되었다. 반대로 미국에 대한 인식은 상대적으로 좋아졌다.

　《동아일보》의 보도가 고의적인 왜곡이냐 아니면 사실을 모르고 쓴 오보냐 하는 것은 지금도 학계의 논쟁거리이다.《동아일보》의 기사는 UP통신의 보도를 그대로 옮긴 것이었다. 당시에 같은 기사를 게재한 신문들이《동아일보》외에도 여럿 있었다. 그러니까 허위·왜곡보도의 출처는 UP통신의 기사였다. 《동아일보》는 확인 없이 이 기사를 1면 톱으로 편집해 적극 보도하였다. 동아일보가 이 기사의 최초 생산자는 아니었지만 그렇다고 왜곡 또는 오보의 책임으로부터 결코 자유롭지는 않을 것이다.

당시에는 미군정이 신문을 검열하였는데 미군정이 모스크바 3상회의의 협정사항을 모를 리가 없었다. 미군정 장관 하지는 이미 1945년 10월 중순에 도쿄에서 맥아더·이승만 등과 회동해서 내부적으로 모스크바 3상회의 협정에 반대하기로 합의했었다. 이는 3상회의 협정이 거의 구속력이 없었다는 뜻이기도 하다. 미국과 소련이 합의한 모스크바 3상회의의 협정에 대해 미군정은 내부적으로 반대를 했기 때문에 《동아일보》의 보도를 묵인했다고 볼 수 있다. 당시 한국민들은 역사적 사실과는 전혀 반대되는 내용을 진실로 잘못 알았던 것이다.

신탁통치 논의 결과를 잘못 보도한 《동아일보》

소련은 신탁통치 주장, 미국은 즉시 독립 주장이라 하여 사실과 다른 기사를 보도함으로써 해방 정국의 흐름을 크게 바꿔 버렸다.

좌익의 모스크바 3상회의 협정 지지

어쨌든 신탁통치 소식이 전해지자 한국민은 좌우익 할 것 없이 처음에는 모두 반대하였다. 심지어 하지 미군정 장관의 파출부까지도 반대를 해 하지의 밥을 해 주지 않아서 하지가 대단히 화를 냈다는 이야기가 있을 정도였다.

그러나 박헌영이 북한에 다녀온 뒤인 1월 2일부터 좌익은 모스크바 3상회의 협정안을 지지하는 쪽으로 급선회하였다. 급선회의 이유는 3상회담의 소식을 들어보니까 알려진 것과는 사뭇 다르기 때문이라는 것이었다. 그 결과, '모스크바 3상회의 협정 지지'와 '신탁통치 반대'로 나뉘어 좌우익의 치열한 대립이 전개되었다.

먼저 좌익의 주장을 한번 들어보자. 1946년 1월 2일 조선공산당 중앙위원회에서 발표한 성명서이다.

이번 모스크바 결정은 카이로 결정을 더 발전·구체화시킨 것이다. 이런 국제적 결정은 금일 조선을 위하여는 가장 정당한 것이라고 우리는 인정한다. 3국의 우의적 원조와 협력(신탁)을 흡사 제국주의적 위임통치제라고 왜곡하는 소위 반신탁통치운동은 조선을 위하여 극히 위험천만한 결과를 나타낼 것은 필연이다. 하루 속히 민주주의 원칙을 내세우고 이것을 중심으로 하여 조선 민족통일전선(친일파, 민족반역자, 국수주의자를 제외함)을 완성함에 전력을 집중하여야 한다.

보다시피 모스크바 3상회의의 협정을 지지하며 반탁운동에 대해서 거부의 입장을 명백히 표명하였다. 좌익이 모스크바 3상회의의 협정에 찬성한 이유는 미·소·영·중의 신탁통치보다는 한국민에 의한 임시정부의 수립이란 점에 더 주목했기 때문이다. 즉 한국민에 의한 임시정부 수립이 당시 정치적인 정세로 볼 때 자기들에게 유리하여 정치적 헤게모니도 잡을 수 있다고 판단하였다.

그러나 이렇게 입장을 바꾸는 과정이 너무 명령식으로 되었고, 3상회의 지지가 '찬탁'으로 인식되면서 주장 자체가 당시의 대중적인 정서와는 너무 어긋났기 때문에 결과적으로는 대중의 지지를 잃게 되었다. 어떻게 보면 정치적인 노련미가 부족했다고 할 수 있다.

우익의 신탁통치 반대

우익은 처음부터 끝까지 격렬하게 반대하였다. 반대 이유는 좌익과 더불어 임시정부를 수립할 수 없다는 입장에서 출발하는 것이 많았다. 처음에는 송진우·장덕수의 암살 등으로 약간의 혼란이 있었지만 김구의 임시정부·한독당 세력을 중심으로 아주 강력한 반탁운동을 전개하였다.

김구는 반탁운동을 계기로 미군정에 대해 정권 접수까지 선언하였다. 이를 흔히 반탁 쿠데타라고 하기도 한다. 이로 인해 김구는 미군정 장관 하지에게 불려가서 곤욕을 치르고 결국은 입장을 굽혀서 미국에 대한 반대는 하지 않고 반소반탁운동 쪽으로 방향을 조정하였다. 이는 반탁운동에서 우익의 입지를 넓히는 계기가 되기도 하였다.

임시정부를 중심으로 조직된 탁치반대 국민총동원위원회에서 1945년 12월 31일 주최한 '서울시민 반탁시위대회'의 선언문을 통해 당시 반탁의 열기가 어떠했는가 한번 보자.

카이로·포츠담 선언과 국제헌장으로 세계에 공약한 한국의 독립부여는 금번 모스크바에서 개최한 3상회의의 신탁관리 결의로써 수포로 돌아갔으니 다시 우리 3천만은 영예로운 피로써 자주독립을 획득치 아니하면 아니 될 단계에 들어섰다. 동포여. 8·15 이전과 이후 피차의 과오와 마찰을 청산하고 우리 정부 밑에 뭉치자. 그리하여 그 지도하에 3천만의 총역량을 발휘하여서 신탁관리제를 배격하는 국민운동을 전개하여 자주독립을 완전히 획득하기까지 3천만 전민족의 최후의 피 한 방울까지라도 흘려서 싸우는 투쟁 개시를 선언한다.

마치 일본제국주의에 대항하는 민족해방의 선언문에 못지않은 강렬한 톤을 보이고 있다. 이처럼 신탁 문제를 둘러싸고 좌익은 모스크바 3상회의 지지를, 우익은 반탁을 주장하면서 서로 격렬하게 대립하였다.

결국 신탁통치 문제로 인하여 해방 이후 전개되어 오던 좌우연합의 자주정부 수립과 남북통일이라는 민족문제가 사람들의 관심에서 멀어져 갔으며 친일파 문제도 물 건너가고 대신 좌우익간의 극단적인 대립만 깊어졌다. 민족상잔의 아픔을 겪게 되는 우리 현대사의 비극은 이렇게 시작하였다.

태평양의 조그만 섬나라에나 적용되는 것으로 알았던 신탁통치를 해방 직후 바로 우리나라에 적용시키려 했다는 사실에서 우리는 약소국의 서러움을 느낄 수도 있을 것이다. 그러나 우리에게 던져진 과제를 제대로 현명하게 처리하지 못한 데에는 우리 스스로의 책임도 없지 않다. 과거의 아픔을 거울삼아 장밋빛 미래를 세워 나가는 것이 곧 현재를 사는 우리의 의무인 것이다.

5 반민특위

해방 이후 친일파를 제대로 청산하지 못한 과오는 우리 현대사를 옥죄는 굴레가 되었다. 과거를 제대로 청산하지 못했다는 것은 잘못된 역사가 언제든 반복될 수 있는 여지를 남겼다는 점 때문에 심히 우려되는 부분이다. 반복될 수 있다는 점, 그리고 실제로 반복되고 있다는 점, 이 점이 가장 두렵다.

기억되지 않는 역사는 반복된다

"기억되지 않는 역사는 반복된다."는 말처럼 광복 70년이 지난 지금에도 친일파의 척결과 친일 문제의 청산을 새삼스럽게 이야기하는 것은 바로 반복에 대한 우려 때문이다. 친일파 청산의 실패로 인한 자괴감과 친일파의 존속으로 인해 반복되는 명분적 혼효가 지금도 여전히 트라우마로 남아 있기 때문이다.

최근에 《친일인명사전》을 둘러싸고 때 아닌 친일 청산 논쟁이 벌어졌다. '친일 청산 없는 해방'이 아직까지도 철 지난 논쟁을 반복하게 하고 있다. 민족문제연구소에서 시민모금을 거쳐 1994년부터 2009년에 걸쳐 완간한 3권짜리 《친일인명사전》은 일제 강점기 빈민족 친일행위자 목록을 정리한 사전이다. 해방 후 친일 청산 좌절의 역사를 극복하자는 취지로 제작한 것이다. 여기에는 4,389명의 친일행적을 기록하고 있다.

논란의 시작은 2015년 말 서울시의회 의결에 따라 서울시교육청에서 서울 소재 중·고교 도서관에 《친일인명사전》을 비치하도록 한 데서 비롯되었다.

광복 70주년을 맞아 광복의 의미를 되살리고 다시는 이 땅에서 친일파와 같은 존재들이 나타나지 않도록 경계해야 한다는 의미에서 《친일인명사전》 배포를 추진했었다. 이에 반대하는 측에서는 《친일인명사전》이 좌편향되었고, 국론을 분열시킬 수 있다면서 배포 중단을 요구하였다.

사전을 발간한 민족문제연구소는 법원과 검찰 등 국가기관이 친일행적조회를 의뢰하는 기관으로 공신력을 인정받고 있다. 《친일인명사전》 역시 사법부에서 "특정 개인을 비난하기 위해서가 아니라 역사를 공정하게 기록하고 평가하기 위한 것", "표현 내용이 진실하고 목적이 공공의 이익에 부합한다."고 판결하여 이미 객관성과 공익성을 인정받은 책이다. 사실에 기반해 만든 사전에 다만 보수인사들이 상대적으로 많이 포함되었다고 좌편향을 주장하는 어이없는 일이 "교육은 정치가 아니다."라는 말로 포장하여 반복되고 있다. 친일 청산에 여전히 좌편향이니 국론분열이니 하며 딴지를 거는 현실, 이것이 친일 청산의 현주소이다. 이제 그 연원이 되었던 반민특위 문제로 돌아가 보자.

친일파의 변신

우리가 보통 친일파라고 할 때는 단순히 일본과 친하다거나 일본의 문화·언어에 정통한 사람을 지칭하는 것이 아니라 제국주의와 식민지라고 하는 지배−피지배관계에서 혈연적으로는 같은 민족이면서 일본 제국주의의 이해를 대변하는 식민주의자를 지칭한다. 일본문화와 언어에 정통한 사람이 민족의식이 제대로 박혀 있으면 지금과 같은 국제화시대에 오히려 아주 필요한 인물이 된다.

친일파는 친일의 정도에 따라 적극적 친일파, 소극적 친일파, 강요에 의한 불가피한 친일행위자 등으로 나눌 수 있는데, 문제는 우리가 민족주의자로 알고 있는 사람들 가운데 역설적으로 친일파인 경우가 많다는 사실이다. 이는 한국에 민족주의가 제대로 정리되어 있지 않기 때문이다.

친일파이면서 스스로를 민족주의자로 내세웠던 대표적인 인물로는 춘원 이광수와 육당 최남선 등이 있다. 이광수는 "조선인은 쉽게 말하면 제가 조선인인 것을 잊어야 한다. 기억할 필요가 없는 것이다. … 아주 피와 살과 뼈가 일본인이 되어버려야 한다고, 이것에 진정으로 조선인의 영생의 유일로가 있다고."라는 상상조차 하기 어려운 말을 서슴없이 내뱉고 있었다. 또한 가야마 미쓰로香山光郎라고 창씨개명을 하는데 가야마香山은 일본 제1대 천황인 진무神武 천황이 즉위한 장소이다. 이광수는 "내가 가야마라고 창씨개명한 이유는 천황과 운명을 같이 하기 위해서다."라는 거창한 이유를 들면서 당당하게 이름을 고쳤다.

그럼에도 불구하고 사람들은 대체로 이광수를 민족주의자로 알고 있다. 물론 초기의 활동에 민족주의적인 요소가 있고 우리 근대문학사에 끼친 영향이 크기 때문에 그렇게 보게 되는 측면도 있지만 그의 친일행각은 그 이전에 아무리 의미 있는 민족주의적 행위를 했다 할지라도 결코 보상할 수 없을 만큼 우리 민족에게 커다란 해악을 끼쳤다.

최남선도 1920년대 초반까지는 근대문학의 성립에 상당한 기여를 하고 '불함문화론不咸文化論' 등을 발표하여 일제 식민사학의 '단군말살론'을 학문적으로 반박하는 등 민족주의적인 활동을 보인다. 그러나 1928년 식민사학의 본산인 조선사편수회에 들어가면서부터 친일의 길을 걷게 된다. 이처럼 명망 있는 사람들이 친일파로 거론된다는 것 자체가 비극이다.

해방 이후 친일파의 청산은 민족의 염원이었을 뿐만 아니라 반드시 거치고 넘어가야 할 통과의례였다. 그러나 한민당과 이승만 주위에는 친일 세력들이 많이 존재하고 있었으며 미군정의 입장에서도 친일파 문제를 별로 심각하게 생각하지 않았다. 오히려 어떻게 하면 미군정을 원만하게 유지할 수 있을 것인가에만 관심이 있었다.

미군이 한반도에 진주하면서 맥아더사령관이 포고령을 발표하는데, 거기에도 이미 조선총독부나 친일파 유지를 언명하고 있다. 재미있는 사실은 친일파들은 제2차 세계대전 당시에는 아주 극렬한 반미주의자들이었다는 점이다. 왜냐하면 미국은 일본의 적국이었으니까 당연하였다.

그러나 해방 이후에는 미국도 친일파를 선호했고 친일파도 당연히 미국을 선호했으며, 그 결과 미군정 안에는 친일 세력이 광범하게 포진하였다. 1945년 한해를 놓고 보면 친일파들은 아주 숨 가쁜 해바라기였다. 경찰 간부 가운데 82%가 전직 일본 경찰 출신이었으며 군대의 경우도 광복군 출

반민특위에서 반민피의자 박중양 소환 내용을 다룬 신문기사

신은 극소수이고 일본육사나 만주군관학교 출신들이 대부분이었다. 정일권이나 박정희 등이 그 대표적인 예이다.

박중양은 1935년 《조선공로자명감(朝鮮功勞者銘鑑)》에서 일제의 조선식민통치 25년간 최고의 공로자 가운데 한 사람으로 평가받은 대표적인 친일반민족행위자였다.

말하자면 친일파들은 바로 전까지 적이었던 미군정 치하에 들어가서도 오히려 친미 세력으로 전환하면서 계속 권력을 유지하였다. 어떻게 그럴 수 있을까 이해할 수 없지만 엄연한 역사적 사실이었다. 이처럼 사회 곳곳에 친일파가 온존했기 때문에 해방 직후 여러 번 제기되었던 친일파 청산의 문제가 결국은 좌절할 수밖에 없었다.

반민특위의 결성

친일파의 청산은 민족의 숙원이었다. 그리하여 해방 직후 건국운동과 이를 위한 정치적 합작의 전제로 친일파는 제외되어야 한다는 주장이 제기되었다. 그러나 이승만과 한민당에 의해서 거부되었다.

1946년 5월 6일 제1차 미소공동위원회가 무기 휴회되자 미군정 당국은 김규식金奎植 · 여운형呂運亨 등 온건한 좌우파의 지도자들에게 좌우합작운동을

적극 알선하는 한편, 이들을 중심으로 남조선과도입법의원을 구성하였다. 정상적인 국회는 아니었지만, 우리 역사상 최초의 대의정치기관이었던 셈이다. 여기서 이른바 〈민족반역자·부일협력자·간상배에 대한 특별법〉을 제정하여 친일파 척결의 의지를 보였다. 그러나 과도입법의원에서 제정한 법령은 미군정 장관의 동의를 얻어야 그 효력이 발생할 수 있었는데, 거부권 행사로 무산되었다.

따라서 본격적인 조치는 정부 수립 이후로 미루어질 수밖에 없었다. 정부 수립 직후인 1948년 9월 7일 전문 32조의 '반민족행위처벌법'이 가결되고 10월 23일 이른바 반민특위라고 하는 '반민족행위 특별조사위원회'가 구성되어서 1949년 1월 1일부터 본격적으로 활동하였다.

그렇지만 그 경과는 순탄치 않았다. 이승만도 당시 전반적인 민족감정이 친일파 처벌을 원하였기에 대놓고 반대하기는 어려운 입장이었다. 그러나 처벌법이 가결되고 넉 달이 지난 뒤에야 비로소 본격적인 활동을 시작했다는 데서도 엿볼 수 있듯이 방해공작이 만만치 않았다.

반민특위가 결성되기 전에도 국회 내에서 그리고 국회와 행정부 사이에서 갈등이 심했었다. 그런데 반민특위가 결성되고 본격적인 활동을 시작하자 거기에 대한 반대는 더욱 심해졌다. 특히 일제 강점기 독립투사를 고문한 것으로 유명한 악독한 친일경찰 노덕술 같은 이들이 적극적으로 방해하였다.

심지어 11월에는 반민법 제정에 적극적이었던 국회의원들에 대한 암살미수사건이 일어나기도 하였다. 이 사건은 노덕술이 백민태라는 자를 고용해서 일으키려고 했던 것인데, 반민법 제정에 적극적이었던 국회의원들을 납치해 38선까지 끌고 가면 경찰이 이들을 암살한 뒤 이 사람들이 월북하려고 했기 때문에 처형했다고 발표하려고 했다. 비록 백민태의 자수로 무산되긴 했지만 끔찍한 계획이 아닐 수 없다.

이 사건은 우리가 친일파를 볼 때 무엇을 생각해야 할 것인가를 가르쳐 주고 있다. 즉 친일파가 온존하게 된 큰 명분이 반공이었듯이 친일파 척결이라는

민족적 요구도 자칫하면 좌익 내지 월북이라는 구
실로 무산될 수 있다는 사실이다. 이는 결국 친일파
에 대한 완벽한 청산은 남북통일, 분단극복과 밀접
한 관계가 있다는 점을 말하고 있다.

사실 반공이라는 것은 6·25 전쟁 이후에 하나의
지배이데올로기로 자리 잡게 되는데, 그 이전에도
역시 반공을 구실로 해서 조직적인 범죄나 올바르
지 못한 행위들이 은폐되고 오히려 정당화되는 상
황들이 있었다. 반민특위를 방해했던 경우가 바로
그 전형적인 예라고 할 수 있다.

반민특위의 좌절

이런 방해공작에도 불구하고 드디어 반민특위가
결성되었다. 반민특위의 위원장에는 김상덕, 부위
원장에는 김상돈이 선임되었으며, 친일파 검거와

재판을 위한 특별기구로서 특별재판부·특별검찰부·중앙사무국 등이 설치
되고 친일파 검거를 위하여 40여 명의 특경대도 조직하였다. 그리하여 1949
년 1월 8일 화신백화점의 설립자 박흥식朴興植(1903~1994)을 '비행기·병기·탄
약 등 군수공장을 경영한' 죄로 최초 검거·구속하였다. 이를 시작으로 해산
될 때까지 305명을 체포하였다. 주요 인물은 박중양·이지용·김연수·최린·
이광수·최남선·노덕술 등이었다.

박중양은 이토 히로부미의 수양아들로 중추원 부의장을 지냈으며 이지용
은 자작으로 대원군의 손자이자 고종의 5촌 조카였고, 김연수는 김성수의
동생으로 경성방직 사장과 만주국 경성주재 명예 총영사를 지냈으며, 최린
은 3·1 운동 때 33인의 한 사람으로 자치운동을 주도하고 친일단체인 시중회
時中會를 이끌었고, 노덕술은 앞에서 보았듯이 악덕 친일경찰 출신이었다.

이처럼 아주 열악한 환경 속에서도 반민특위가 대단한 활약을 벌이자 그 인기가 치솟았다. 당시 신문을 보면 반민특위의 사무실 앞에 그야말로 수많은 사람들이 운집해서 자신들의 원수를 갚아 달라고 호소하는 모습들을 비감한 감정으로 표현하는 기사들이 많이 나온다.

한편 반민특위의 활동이 활발해지자 권력의 주변에 포진하고 있던 친일파들이 점차 위협을 느끼게 되면서 반민특위에 대한 와해공작도 본격화한다. 먼저 대통령 이승만은 반민특위에 대해 "지금은 공산주의와 싸워야 할 때이며 과거의 잘못으로 유능한 인물을 처벌할 수 없다. 친일파라도 과거를 회개하고 건국에 매진하면 애국자이다."라는 적대적인 성명서를 발표하며 노덕술의 석방을 요구하였다. 그러나 반민특위가 이를 거부하자 1949년 2월 22일 반민특위의 활동을 제한하는 개정안을 국회에 제출하였는데, 이것 역시 폐기되었다.

이런 상황에서 1949년 5월 국회프락치사건이라는 의혹사건이 터져 반민특위를 주도하던 소장파 국회의원들이 대거 좌익에 연루되어 잡혀 들어가고, 6월 6일 드디어 경찰이 반민특위를 습격하여 특경대를 해산시키고 반민특위를 와해시켜 버렸다. 이어 이승만은 원래 2년 한시법으로 제정된 반민법을 개정하여 공소 시효기간을 1949년 8월 31일로 단축함으로써 1년도 안 되어 사실상 친일파 청산작업은 정지되고 말았다.

반민족행위처벌법에 의해 실제로 처리한 친일파는 극소수였다. 예비조사자 7,000여 명 중 총취급건수는 682건에 지나지 않았고 그중 검찰부의 기소가 221건, 재판부의 판결이 40건(체형 14건, 공민권 정지 18건, 형면제 2건, 무죄 6건)이었으며 한 사람도 사형대에 올려놓지 못하였다. 그나마도 6·25 전쟁이 일어나자 흐지부지 되고 말았다. 단 한명의 친일파도 제대로 처벌하지 못한 채 이승만 정권에 의해 면죄되고 말았다.

북한의 경우, 친일반민족행위자를 철저하게 숙청한 것으로 알려져 있지만, 별도의 법률을 제정한 적이 없고 어떻게 처벌이 진행되었는지 아직 구체적으로 밝혀지지 않고 있다.

친일파 미청산이 남긴 것

불과 4년 정도 나치 독일에게 점령당했던 프랑스와 유럽의 몇몇 나라들에서 나치에 협력했던 자들에게 내렸던 가혹한 처벌을 살펴보자. 프랑스의 경우, 사형 선고된 자가 6,700여 명인데, 그중 1,500여 명에 대해 사형이 집행되었고, 2,700여 명이 종신 강제노동형에, 10,600여명이 유기 강제노동형에, 2천여 명이 금고형에, 2만 2천여 명이 유기징역에 각각 처해졌고, 3,500여명이 공민권을 박탈당하였다. 벨기에에서는 5만 5천 건, 네덜란드에서는 5만 건 이상의 징역형이 주어졌다.

이와 비교하자니 답답함이 앞서지만, 해방된 조국에서 우리 손으로 친일파를 척결한 것은 사실상 없었다고 해도 과언이 아니다. 더욱 문제가 심각한 것은 이런 친일파가 친미파로 변신하면서 지배 세력으로 계속 재생산되었다는 사실이다.

해방 이후 친일파를 제대로 청산하지 못한 과오는 우리 현대사를 옥죄는 굴레가 되었다. 과거를 제대로 청산하지 못했다는 것은 잘못된 역사가 언제든 반복될 수 있는 여지를 남겼다는 점 때문에 심히 우려되는 부분이다. 반복될 수 있다는 점, 그리고 실제로 반복되고 있다는 점, 이 점이 가장 두렵다. 그런 점에서 비록 늦었지만, 역사적 청산이나마 제대로 해내야 할 것이다.

하지만 이제 청산 대상 친일파의 범위를 어느 정도는 현실화할 필요가 있다. 망라하는 식의 청산 주장은 오히려 청산의 본뜻을 왜곡시킬 수도 있다. 진정 청산해야 할 것이 무엇인지 이 시점에서 좀 더 심도 있는 논의를 시작할 때이다.

6 대구 10월 항쟁

대구 10월 항쟁은 해방 이후 미군정이 실시되면서 독립국가 건설을 비롯한 사회적 변혁에 대한 민중의 기대가 크게 좌절되고. 또한 혹심한 식량난과 생활난에 의한 불만이 미군정과 지방의 관리를 공격 대상으로 해서 폭발한 항쟁이었다고 할 수 있다.

TK의 본산 대구

TK는 대구·경북을 가리키는 영어 이니셜이다. 지금 TK는 여전히 권력의 정상에 서 있다. 한때는 차석의 아쉬움을 겪어보기도 했지만, 박정희 정권 이래 권력의 핵심에서 벗어나지 않은 그런 지역이다. 그래서 대구·경북 사람들 스스로 "대구·경북 지역은 정치적으로 보수적 정치성향 일색을 보이고 있는 곳이다. 다양성이 부족하고, 폐쇄적이고 가부장적인 문화 속에 안주하고 있는 곳으로 평가받고 있다."고 하면서 "과도하게 정치화하고, 과도하게 편향적으로 인식되고 있는 대구·경북 지역에 대한 편견과 선입관, 타생적이며 동시에 자생적인 허위의식을 벗겨 내고 그 안에 들어 있는 '원형'의 모습을 발굴, 복원, 재생해야 한다."고 말한다. 역설적이지만 바로 그만큼 TK는 대표적인 보수정당의 텃밭이 되고 있다.

그런 대구에서 지금부터 70년 전에 좌익과 연관된 대규모 사건이 있었다고 한다면 잘 믿겨지지 않을 것이다. 그러나 실로 대구는 해방 공간 속에서 좌익들의 활동이 두드러졌던 지역의 하나였다. TK라는 말이 나오기 전까지만 해도 대구는 대표적인 야도野都로서 보수와는 거리가 있었다. 따라서 지금의 정서가 생겨나는 시점은 50년을 넘지는 못할 것이다. 이제 70년 전으로 올라가 우리 현대사가 대구에 남긴 치열함의 흔적을 엿보기로 하자.

항쟁이냐, 폭동이냐

2010년 3월 대한민국 진실화해위원회는 〈대구10월사건관련진실규명결정서〉에서 이 사건은 "식량난이 심각한 상태에서 미군정이 친일관리를 고용하고 토지개혁을 지연하며 식량공출 정책을 강압적으로 시행하자 불만을 가진 민간인과 일부 좌익 세력이 경찰과 행정 당국에 맞서 발생한 사건"이라고 규정하였다. 대구 10월 사건은 1946년 10월 1일 대구에서 발생해 경북 전역으로 확산되었고 12월 중순까지 전국 73개 시군으로 파급되었다. 해방 정국하에서 최초로 일어난 대규모의 대중운동이자 정치투쟁이었다.

이 사건을 지금은 '대구 10월 항쟁'이라 부른다. 한편에서는 여전히 '대구폭동'이라 부르고 있다. 중립적으로는 '대구십일사건'이라 부르기도 한다. 항쟁이냐 폭동이냐 하는 명칭을 둘러싼 논쟁은 1980년 5월에 일어난 광주항쟁에 대해서도 있었다. 물론 지금 광주는 폭동이란 말은 사라졌고 항쟁 또는 운동이란 표현으로 자리 잡고 있다. 제주의 4·3 사건도 비슷한 사례이다. 제주는 〈제주4·3사건진상규명및희생자명예회복에관한특별법〉이 2000년 1월 여야의원 공동 발의로 국회를 통과하면서 항쟁도 폭동도 아닌 '4·3 사건'이라 불리고 있다.

이와는 다른 차원에서 '대구 10월 항쟁'에서 대구라는 말을 빼고 그냥 '10월 항쟁'이라 부르기도 한다. 그것은 이 항쟁이 대구에서 시작했지만 남한 전역으로 확산되었기 때문에 대구라는 지역성을 띠는 개념을 붙이는 것은 적절치 못하다는 생각에서이다. 또 어떤 사람들은 농촌에서 농민이 많이 참여하였다고 해서 '추수폭동'이라 부르기도 한다. 그러나 이 항쟁은 도시에서도 일어났고 농민뿐만 아니라 학생과 노동자들도 대거 참여했기 때문에 이를 '추수폭동'이라 부르는 것은 부적절하다. 이렇게 여러 호칭들이 거론되는 것은 용어의 선택이 곧 그 사건의 역사적 성격 및 평가와 직결되기 때문이다. 대구의 이 사건에 여러 용어가 붙는 것도 따지고 보면 그만큼 이 사건이 복잡하다는 뜻이기도 하다.

쪼들리는 생활

해방된 지 얼마 되지 않은 바로 다음해에 이런 전국적인 항쟁이 어떻게 일어날 수 있었을까. 항쟁의 배경을 살펴보려면 먼저 해방 1년 동안 당시 민중들의 생활상태가 어떠했는가를 아는 것이 중요하다. 1946년 8월 한국여론협회라는 곳에서 해방 1년간의 상황에 대해서 여론조사를 한 적이 있었다. 그 조사 결과를 보면 미군정이 잘한 것은 위생시설 뿐이었으며 다른 것들은 대부분 잘못되었다는 의견이 무려 98%에 달하였다.

실제로 인플레가 계속되고 특히 식량이 부족하여 일제 강점기 때 악명 높았던 강제공출을 다시 시행하였다. 그래서 항간에는 "그때보다 나아진 것은 DDT 뿌리는 것밖에 없다. 먹고 살기는 그때보다 못하다."는 소리가 많이 나돌았다. 일제 강점기에는 억압적이기는 하지만 생활고 자체는 심하지 않았다는 것이다. 이처럼 해방 후 1년간은 통치 자체가 대단히 혼란스러웠으며 따라서 사람들의 삶도 혼란스럽고 어려웠다. 엎친 데 덮친 격으로 1946년에는 전국적으로 콜레라가 번져서 교통이 차단되고 식량공급이 중단되어 상황을 더욱 악화시켰다.

해방으로 인해 생활이 예전보다는 나아질 것이라는 벅찬 기대에 차 있었는데 1년이 지나고 보니 생활이 오히려 쪼들리니까 당연히 불만이 생길 수밖에 없었다. 결국 기대의 좌절, 보다 편안하고 질 높은 삶에 대한 좌절 등이 항쟁을 일으킨 중요한 원인이 되었다.

남로당의 신전술

제1차 미소공동위원회가 결렬되고, 조선정판사 위조지폐사건과 조선공산당 기관지인《해방일보》의 정간 등 미군정의 좌익에 대한 탄압이 본격화하면서 남로당의 노선이 바뀌었던 것도 항쟁이 일어난 요인이었다. 말하자면 통일된 자주 정부 수립의 좌절이 또 다른 중요한 원인이 되었다.

제1차 미소공위가 결렬되면서 곧 수립될 것 같았던 정부가 언제 수립될지 모르는 불투명한 상황으로 바뀌었고 이어 미군정의 탄압이 본격화되자 1946년 7월 남로당은 '정당방위를 위한 역공세'라는 신전술로 노선을 전환하였다. 신전술의 내용은 이전까지 진보적인 민주주의 국가로 보아 왔던 미국에 대한 우호적인 태도를 버리고 반미운동을 적극화하고, 무저항적 태세를 청산하고 폭력투쟁을 포함한 적극적인 공세를 전개한다는 것이었다. 물론 신전술이 미군정과 정면충돌을 의미하는 것은 아니었으나 결국은 10월 항쟁 같은 전면적인 대립을 초래하게 했다.

9월 총파업에서 10월 항쟁으로

대구 10월 항쟁이 본격적으로 일어나기 직전인 9월 24일 부산 철도노동자 7,000여 명의 파업을 시작으로 남한 전국의 철도노동자 4만여 명이 일제히 총파업에 들어갔는데 이를 '9월 총파업'이라고 부른다.

이 9월 총파업의 영향은 대구에도 미쳐 9월 25일부터 조선노동조합전국평의회(전평) 산하 경북평의회 주최로 40여 개 공장에서 총파업을 벌였다. 당시 파업의 요구 조건은, 노동자에게 쌀을 4홉씩, 가족에게는 3홉씩 보급해줄 것, 일급제 반대 월급제 주장, 임금 인상, 해고와 감원 절대 반대, 점심 급식을 계속할 것, 정당한 노동법령을 실시할 것 등이었다. 결국 주로 생활고를 해결해 달라는 것이었다.

9월 30일 대구에서는 식량 배급을 외치며 총파업 집회를 가졌는데, 해산하는 과정에서 경찰의 발포로 노동자 1명이 죽었다. 그러자 시민들은 다음날인 10월 1일 대구역전에서 다시 대규모 집회를 갖고 경찰의 탄압에 항의하는 동시에 식량 배급 등 생활상의 요구를 계속 주장하였다. 그러나 또다시 경찰의 발포로 이번에는 6명이나 죽었다.

경찰의 발포와 이로 인한 사망자의 발생은 시민들의 분노를 자아냈다. 그래서 다음날인 10월 2일부터 수만 명의 군중이 시위에 가담했고 경찰서를 공격해 구속자를 석방시키고 경찰관을 죽이는 사태까지 이르렀다. 마치 1980년대 민주화운동이 박종철, 이한열 같은 학생들의 죽음을 계기로 일반 시민들에게까지 확산되면서 대규모 시위로 폭발한 것과 비슷하다고 할 수 있다. 특히 당시에는 경찰에 대한 민중들의 불만이 대단히 컸다. 이는 나중에 10월 항쟁에 대한 정리 과정에서도 문제가 될 정도였다. 더욱이 경찰에는 친일파들이 많이 숨어들었다고 알려졌기 때문에 불만은 더욱 높았다고 할 수 있다.

그리하여 항쟁은 10월 초 경북 일원으로 확대되었으며, 이어 경남 일원으로 파급되었고 중·하순경에는 경기·강원·전라·충청도 등 남한 전역으로 확대되었다. 남한의 주요 도시나 농촌 등 거의 대부분의 지역에서 일어났기 때문에 노동자·농민·시민·학생 등 약 200~300만 명이 참여한 것으로 추산되고 있다.

이처럼 전국적으로 시위가 확장되자 경찰력만으로는 진압할 수 없었다. 이때문에 미군과 남조선국방경비대를 비롯하여 한민당 세력, 민족청년단, 서북청년회, 백의사 등 각종 반공주의 우파단체 관련자들이 시위에 가담한 좌파를 체포한다는 명분으로 개입하면서 피해가 더욱 커졌다. 그 결과 15,000여 명이 체포되고 300여 명이 죽었으며 6,000여 명이 부상당한 것으로 알려져 있다.

민중들의 요구사항

항쟁에서 민중들은 민생고의 해결을 위해 쌀을 요구했고, 정치적으로는 테러분자의 제거, 사회경제적으로는 민주개혁의 실시, 그리고 최후로 미군정

타도 등을 주장하였다. 당시 이들이 외쳤던 구호를 보면 이들이 무엇을 요구했는가를 생생하게 느낄 수 있다.

배고파 못 살겠다, 쌀을 내 놓아라!
테러분자를 박멸하라!
감금된 애국자를 석방하라!
강제 공출을 반대한다!
토지는 밭갈이하는 농민에게로!
남한에서도 민주개혁을 실시하라!
미국의 식민지 정책을 반대한다!
정권을 인민위원회로!
미군정을 타도하자!

생활고의 해결부터 정권타도까지 요구의 내용이 광범위했던 것을 알 수 있다.

한편 대구에서 일어난 항쟁은 앞서 말한 대로 시간이 지나면서 전국으로 확산되어 갔다. 좌익 측의 투쟁 조직화가 사건 발발의 계기는 되었지만, 확산 국면에서 보면, 전국적인 지도부의 존재나 그 역할이 있었다고 보기 어렵다.

10월 항쟁의 확산과정을 살펴보면, 한 지역에서 다른 지역으로 넘어가는 데 시간적인 단절이 있었다. 다시 말하면 전국적으로 동시에 봉기하거나 합류한 것이 아니라 한 지역에서의 항쟁과 희생소식이 인근 지역으로 알려지면 약간의 시간이 지난 후 그 인근 지역에서 항쟁이 일어나는 식으로 퍼져 나갔다. 조직적인 지도는 없었던 것으로 밝혀지고 있다. 당시 좌익의 상황을 보면 서울에서 3당 합당 문제로 심각하게 분열하고 있었기 때문에 항쟁을 구체적으로 지도할 수 있는 역량도 여유도 없었다. 그러므로 이 사건을 좌익의 지도를 받은 조직적인 항쟁이었다고 말할 수는 없다. 오히려 생활고와 정부수립에 대한 좌절감에서 비롯한 다분히 자연발생적인 성격이 강하다고 할 수 있다.

항쟁의 의의

대구 10월 항쟁은 미군이 한반도에 진출하고 난 뒤에 처음으로 맞은 대규모 소요사태였다. 따라서 미군정은 시위를 진압하기 위해 10월 2일 대구 지역에 계엄령을 선포하고 경비사령부를 설치하였다.

그러나 한편으로는 당시 민중들의 요구가 워낙 강렬하고 이유가 있었기 때문에 미군정은 할 수 없이 정치적으로 중간파였던 여운형·김규식 등을 포함한 '조·미공동소요대책위원회'를 10월 23일 설치하여 10월 항쟁이 왜 일어났으며 어떻게 대처할 것인가에 대해서 광범위하게 토론하였다. 이 회의에서 집중적으로 거론된 문제는 역시 식량문제와 특히 경찰의 개혁문제였다. 토론은 상당히 오래 계속되었고 군정 내부의 친일파 처단 등을 미군정에 권고하였지만 결국 흐지부지 끝나 구체적으로 실행된 것은 하나도 없었다. 김빼기 작전이라고나 할까.

대구 10월 항쟁은 해방 이후 미군정이 실시되면서 독립국가 건설을 비롯한 사회적 변혁에 대한 민중의 기대가 크게 좌절되고, 또한 혹심한 식량난과 생활난에 의한 불만이 미군정과 지방의 관리를 공격 대상으로 해서 폭발한 항쟁이었다고 할 수 있다. 따라서 어떤 학자는 이 10월 항쟁을 동학농민혁명, 3·1 운동과 함께 한국 근·현대를 대표하는 대중들의 항쟁으로 보기도 한다.

10월 항쟁은 한편으로는 해방공간에서 대중들의 진출을 도운 면도 상당히 있었다. 그러나 다른 한편으로는 10월 항쟁으로 인해서 각 지역의 농민조합과 인민위원회를 비롯한 대중운동단체의 지도자들이 체포되거나 피신하면서 그 이후 민족운동의 발전에 손실을 가지고 온 측면도 없지 않았다. 특히 좌파 세력의 역량은 크게 약화되었고, 반면에 우파 세력은 이를 계기로 조직을 결성하여 역량을 강화시켜 나갔다.

해방이 되고 난 뒤 당시 일반 민중들이 무엇을 원했는가를 우리는 이 사건을 통해서도 잘 알 수 있다. 10월 항쟁에서 그들이 원했던 것은 먹고사는 문제와 통일된 정부의 수립이었다. 이것은 바로 오늘날의 요구와도 크게 다르지 않다. 민중들이 진정 원하는 것을 해결하는 것이야말로 지도자들이 해야 할 일이 아닐까.

여전히 남은 문제

〈5·18민주화운동등에관한특별법〉은 1995년 12월 21일에 제정되었고, 제주 4·3 사건 관련 특별법도 2000년 1월 국회를 통과하였다. 그리고 〈동학농민혁명참여자등의명예회복에관한특별법〉까지도 2004년 3월 5일 공포되었다.

지금 대구에서는 늦었지만 2009년 12월, 10월 항쟁유족회가 결성되어 법적 진실규명과 명예회복을 위한 운동을 벌이고 있다. 그러나 좌익폭동으로 왜곡된 원죄로부터 벗어나고 있지 못하기 때문에 현재도 진행중이다. 특히 대구라는 보수적인 분위기가 유족회 활동을 더욱 힘겹게 하고 있다. 유족회는 대내외적 어려움 속에서도 10월 항쟁과 관련하여 〈6·25 전쟁 전후 민간인 희생자 등의 명예회복에 관한 특별법〉 제정을 위한 서명운동을 지속하고 있다.

7 통일이냐 분단이냐

비록 38선을 가운데 두고 미군과 소련군이 각각 진주하였으나 이 38선이 남북분단의 경계선이 되리라고는 꿈에도 생각지 못하였다. 38선은 휴전선으로 바뀌어 지금까지도 우리 민족의 허리를 가르고 있는 굴레로 남아 있다.

꿈에도 생각지 못한 분단

일제 35년간의 지배를 받고 나서 8·15 해방을 맞았을 때 우리 국민들은 누구나 새로운 세계가 열린다는 벅찬 희망에 부풀어 있었다. 비록 38선을 가운데 두고 미군과 소련군이 각각 진주하였으나 이 38선이 남북분단의 경계선이 되리라고는 꿈에도 생각지 못하였다. 38선은 휴전선으로 바뀌어 지금까지도 우리 민족의 허리를 가르고 있는 굴레로 남아 있다. 도대체 어떻게 해방의 희망이 분단의 절망으로 되어 버렸을까?

단정수립의 제기

1946년 3월 29일 덕수궁 석조전에서 제1차 미소공동위원회가 열렸다. 여기에서는 모스크바 3상회의의 결정사항을 실현하기 위한 제반 문제들을 논의하였는데 임시정부 수립을 위한 한국측의 정당·사회단체를 선정하는 문제를 둘러싸고 양자가 팽팽히 맞섬으로써 결국 제1차 미소공동위원회는 5월 6일에 결렬되고 말았다.

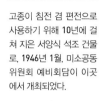

　남쪽에는 미군이, 북쪽에는 소련군이 각각 분할 점령하고 있는 당시의 상황에서 미국과 소련의 협조 없이 통일을 이룬다는 것은 객관적으로 불가능하였다. 따라서 미소공동위원회가 어떤 식으로든 성과를 내야 했다. 그런데 이런 식으로 결렬되자 국민들의 실망은 매우 컸다.

　더욱이 미소공위가 결렬되자 분단을 꾀하는 세력들의 움직임이 구체화하기 시작하였다. 1946월 6월 3일 이승만은 이른바 '정읍 발언'이라는 것을 통해 남한만의 단독 정부 수립을 주장하였다. 사실 단독 정부 수립설은 그 이전에도 나돌았다. 이승만은 이미 내부적으로 1946년 1월초에 단독 정부 수립 방침을 확정하였다. 제1차 미소공동위원회가 열리고 있던 1946년 4월에는, 미국무부의 공식적인 부인에도 불구하고, 외신을 통해서 이른바 '단정수립설'과 '이승만 정권설'이 국내에 보도된 바가 있었다. 실제로 이승만의 전국적 정치 기반을 강화하는 데 톡톡히 기여했던 '남선순행南鮮巡行' 중 미소공위가 결렬된 5월 6일, 목포 강연에서 단정수립 의사와 북진무력통일론을 공개적으로 밝혔다. 그리고 이어지는 정읍 발언을 통해서 단독 정부의 필요성을 강조했던 것이다. 그 유명한 정읍 발언의 내용을 보자.

이제 우리는 무기 휴회된 공위가 재개될 기색도 보이지 않으며 통일 정부를 고대하나 여의케 되지 않으니 우리는 남방南方만이라도 임시정부 혹은 위원회 같은 것을 조직하여 38이북에서 소련이 철퇴하도록 세계 공론에 호소하여야 될 것이니 여러분도 결심하여야 될 것이다.

해방된 지 채 1년도 안 된 상태에서 나온 이 단정수립론에 대해 한민당을 제외한 모든 정치 세력은 반대하였다. 당시 민족구성원 대다수는 여전히 통일 정부 수립에 대한 열망과 기대를 가지고 있었다.

좌우합작운동의 추진

단정수립론이 제기된 이후 이른바 중간파 정치 세력에 의해서 좌우합작운동이 추진되었다. 이 운동을 추진한 배경은 단정수립설이 제기됨으로써 좌우합작의 필요성이 한층 커진 데다가 중간파와 좌익 세력이 연합할 가능성까지 내다본 미국이 미소공위에서 중간파의 입지를 강화시키고 한반도의 공산화를 방지하기 위한 전략적인 차원에서 중간파 정치 세력을 지원하는 새로운 정책을 구상했기 때문이었다.

좌우합작의 추진 경위에 대해서는 여러 견해가 있다. 하나는 여운형이 구상하고 김규식과 협의한 뒤에 추진했다고 하는 이른바 '여운형 추진설'이며 다른 하나는 미군정 당국이 구상하고 추진했다고 하는 이른바 '미국 추진설'이 있다. 어쨌든 미군정이 좌우합작운동에 적극 나섰던 데에 정책적인 의도가 밑바탕에 깔려있었음은 분명한 사실이고, 또한 좌우합작운동을 추진한 두 주역이 김규식과 여운형이었다는 것도 분명한 사실이다.

이렇게 하여 1946년 7월 김규식과 여운형을 중심으로 좌우익의 주요 인사들을 고루 갖춘 좌우합작위원회가 발족하였다. 그러나 모스크바 3상회의에 대한 입장이 서로 달랐기 때문에 처음부터 활동이 순탄치 않았다. 좌우합작위원회의 첫 모임에서 좌익 쪽은 7월 27일, 합작 5원칙을 제시하였다. 그 내용은 조선의 민주독립을 보장하는 3상회의 결정을 전면적으로 지지할 것, 무상몰수·무상분배에 의한 토지개혁과 중요산업의 국유화, 친일파·민족반역자의 제거 등이었다. 이어 우익 쪽도 7월 29일, 미소공위의 재개를 요청하는 공동성명을 발표할 것, 신탁통치 문제는 임시정부 수립 후로 미룰 것, 친일파·민족반역자를 징치懲治하되 임시정부 수립 후에 처리할 것 등을 골자로 하는 합작 8원칙을 내놓았다.

여기서 보다시피 양쪽이 제시한 원칙들에는 상당한 차이가 있었다. 이처럼 좌우합작 원칙을 두고 좌우익이 팽팽하게 대립하는 가운데 중간파 중심의 합작위원회에서는 10월 7일, 좌우합작 7원칙을 내놓았다. 7원칙의 첫 번째는 '조선의 민주 독립을 보장한 3상 결정에 의하여 남북을 통한 좌우합작으로 민주주의 임시정부를 수립할 것'이었으며, 토지문제에 대해서는 유상몰수·무상분배안을 채택해서 양쪽이 주장한 안을 절충했으며, 친일파·민족반역자 문제에 대해서는 장차 구성될 입법기구에서 처리케 한다고 하였다. 신탁통치 문제에 대해서는 언급하지 않았다.

말하자면 7원칙은 합작을 위한 분명하고 현실적인 원칙과 대안을 제시하기보다는 좌우 양쪽이 제시한 합작 원칙을 절충한 성격을 강하게 띠었다. 따라서 대부분의 좌·우익 정치 세력들은 이를 받아들이지 않았다. 한독당 등 일부만이 지지하였다.

한국문제의 UN 이관

이런 상황에서 제2차 미소공위가 1947년 5월 21일 열렸지만 제1차 미소공위와 마찬가지로 협의대상의 선정문제로 공방전만 펴다가 교착상태에 빠졌다. 더욱이 합작운동의 주역 가운데 한 사람이었던 여운형이 1947년 7월 19일 암살을 당함으로써 합작운동은 더 이상 진척되지 못하였다. 그리고 10월 21일 소련 대표단이 서울에서 철수함으로써 5개월의 우여곡절 끝에 끝내 무산되고 말았다. 미소공동위원회가 결렬됨에 따라서 좌우합작위원회가 기대했던 미소공위를 통한 좌우합작은 사실상 불가능해졌다.

이런 상황에서 중도 세력들은 행동을 통일하고 조직을 강화할 필요성을 절실하게 느꼈다. 이에 1947년 12월 20일 김규식을 위원장으로 민족자주연맹을 결성하여 민주주의 민족통일을 위하여 끝까지 노력하였다. 그러나 이런 노력은 모두 수포로 돌아갔다.

이제 미국은 3상회의 협정에 따른 한반도 문제 해결을 포기하고, 한반도 문제를 미국의 절대적 영향 아래 있던 UN으로 가져갔다. 한반도 문제가 UN으로 넘어갔다는 사실은 통일 정부 수립의 가능성이 그만큼 희박해졌다는 것을 의미한다. 결국 미국은 'UN 감시하의 남북총선안'을 UN에 제출하였고, 이에 맞서 소련은 미·소 양군 동시철군과 한국인 스스로의 힘에 따른 해결을 제안하였다.

흔히 우익의 3영수라고 일컬어지는 이승만·김구·김규식 등은 모두 한반도 문제의 UN 이관 자체에 대해서 반대하지 않았으며 특히 미국 쪽이 제출한 UN 감시하의 남북총선안을 지지하였다. 그러나 그들이 갖고 있던 현실인식은 서로 상당히 달랐다. 이승만과 한민당 등은 미국안이 UN에서 채택되더라도 소련의 반대로 그 실현이 어려울 것이라는 점, 다시 말해 단정수립까지 내다보면서 미국안을 지지한 반면, 김구와 김규식 등은 UN 감시 아래 남북총선을 통해서 통일 정부의 수립이 실현가능한 것으로 판단하였다.

어떻게 보면 미국과 소련의 입장에 관계없이 통일을 이끌어 내는 주체적 능력은 우리 민족 스스로에게서 나와야 하는 것이 당연했지만, 당시 강대국의 현실적인 지배를 무시할 수 없는 상황에서 한국문제가 UN에 이관되자 이렇게 다른 반응들이 나왔던 것이다.

결국 UN총회에서는 미국이 제안한 UN한국임시위원단UN Temporary Commission on Korea의 설치안은 가결된 반면, 소련이 제안한 미·소 양군 조기철수안은 부결되었다. 그리하여 UN 감시하의 총선을 위한 한국임시위원단이 1948년 1월 8일 서울에 도착하였다. 하지만 소련 측은 위원단의 입북을 거부하였다.

그리하여 UN 감시하의 남북총선안의 실현이 사실상 어렵게 되자 미국은 '가능한 지역만의 총선거' 곧 '남한만의 선거실시안'을 UN에 제출하였으며, 2월 26일 UN 소총회에서 이 안이 통과되었다. 이처럼 남한만의 단독 정부 수립이 구체화하자 외세에 편승한 단정수립 세력들도 자신들의 의도를 드러내기 시작하였다. 따라서 당시의 정국은 이승만과 한민당 등의 단정수립 세력과 단정반대 세력으로 확연히 갈라졌다.

단정반대운동의 전개

이처럼 남한만의 단독 정부 수립으로 상황이 기울어지자 남한만의 총선거 실시에 대한 반대운동도 격렬하게 일어났다. 그 운동을 주도한 대표적인 인물이 김구였다. 김구는 단정반대 즉 통일 정부 수립운동의 차원에서 남북협상운동을 추진하였다.

남북요인회담은 일찍이 건민회·사회민주당 등에 의해서 제기된 적이 있었으나 본격적으로 거론된 것은 한반도문제가 UN으로 이관된 이후부터였다. 단정수립이 현실로 다가오면서 한국독립당 위원장인 김구와 민족자주연맹 위원장 김규식 등은 남북 협상운동을 추진하였다.

그리하여 2월 16일 김일성과 김두봉에게 남북정치협상을 제의하였다. 북측은 3월 25일 평양방송을 통해 단독 선거를 반대하는 남한의 정당, 사회단체를 4월 14일부터 열리는 전조선정당사회단체대표자연석회의에 초청한다는 보도를 했고, 이틀 뒤 김일성·김두봉의 연서로 된 서신을 김구와 김규식 앞으로 보냈다. 결국 두 사람은 미군정당국은 물론 청년단체·학생단체·기독교단체 그리고 월남한 단체 등의 반대를 무릅쓰고 김구는 4월 19일에, 김규식은 4월 21일에 평양으로 출발하였다.

전조선정당사회단체대표자연석회의에 이어 4월 27일부터 남북요인회담이

김일성(왼쪽)과 김구

김구와 김규식은 미군정 당국 등 여러 단체들의 반대를 무릅쓰고 평양에 가 남북요인회담을 가졌으나 아무런 정치적 타결을 보지 못한 채 돌아왔다. 평양 방문 당시 북한은 김일성의 뒤를 따르는 김구의 사진을 찍어 김일성의 선전에 활용하였다.

개최되었고 이 기간에 김구·김규식·김일성·김두봉은 '4김회담'을 가졌다. 이 회담에서 김구·김규식은 남한에 대한 송전 계속, 연백 수리조합 개방, 조만식의 월남 허용 등을 북측에 요청하였다. 이 가운데 앞의 두 가지는 동의를 받았다. 그러나 이런 남북협상의 시도가 이미 분단의 지형이 짜진 상황에서 이루어졌기 때문에 아무런 정치적 타결을 보지 못한 채 양 김씨는 5월 5일 서울로 돌아왔다.

결국 남북협상은 실패하였고, 5월 10일 남한만의 단독 선거가 실시되었다. 이 5·10 선거에 대해 김구는 '반대 불참가' 입장을, 김규식은 '불반대 불참가' 입장을 취하였다. 6월 초순 양김은 북측으로부터 제2차 남북협상을 제의받았으나 달라진 정세를 이유로 평양에 체류 중인 홍명희가 서울로 와서 미리 협의할 것을 요망하는 회신을 보냈다. 그러나 홍명희의 남하는 실현되지 않았다.

5·10 선거로 구성된 제헌국회에서는 대한민국 헌법을 제정하고 이승만을 대통령에 선출하였다. 이로써 1948년 8월 15일 남한에서는 대한민국 정부가 수립되었다. 한편 북한 측은 남한의 국회를 불법적 조직체로 규탄하면서 북한만의 선거에 의한 조선최고인민회의를 구성하였고, 9월 9일 조선민주주의인민공화국을 출범시켰다. 이로써 해방된 조국, 한반도에는 남과 북에 각각 유일 합법 정부를 주장하는 두 개의 정부가 수립되었다. 해방의 첫 기착지는 아쉽게도 남북분단이었다.

김구·김규식 등에 의한 통일국가 수립을 위한 시도들이 비록 당시에는 실패로 끝났지만, 김구 암살사건이 증언하듯이 이들의 희생은 통일의 불씨로 살아남아 여전히 기억되고 있다. 기억 속에 계승되고 있다는 것만으로도 그것이 의미 있는 역사였음을 말해 준다.

중립화 통일을 이룬 오스트리아

이렇듯 남북협상마저 실패함으로써 남북한은 모두 단정수립의 길로 나아갔다. 그러면 과연 통일된 정부 수립은 불가능했을까? 만일 가능했다면 어떤 길이 있었을까? 역사에서 가능성을 점친다는 것이 속절없는 일이기는 하지만, 어쨌든 통일 정부 수립을 위해서는 정치이념을 달리 하는 여러 세력들이 민족통일전선을 형성해서 외세 규정력을 최소화했어야 하였다. 그래도 워낙 미·소라는 절대적 외세의 존재 때문에 현실적으로 통일 정부 수립은 결코 용이하지 않았겠지만….

사실 제2차 세계대전의 결과로 분단된 나라는 독일, 오스트리아, 그리고 한국이었다. 다른 두 나라는 제3제국의 일원으로 전쟁 당사자였으니 그런 시련을 겪을 이유가 되지만, 한국은 그야말로 일본 대신 분할된 셈이었다. 더구나 오스트리아는 분할 점령된 지 10년만인 1955년 통일되었다.

여러 가지 사정이 우리와는 다르지만, 오스트리아 지도자들은 좌우로 이념이 갈렸어도 나라의 장래를 위해 자신들의 이념적 경계를 넘어서 손을 맞잡았다. 당시의 집권 세력이었던 국민당과 사회당의 대연정은 주권회복을 최우선의 공동목표로 설정하고, 최대한 협력하였다. 당시는 미·소간 냉전체제가 격화되고 있던 때였는데도 '중립화'라는 절묘한 방식을 통해 미국, 영국, 프랑스, 그리고 소련과 국가조약을 체결하여 통일국가로서 주권을 회복하였다. 이 과정에서 연정 파트너였던 국민당과 사회당의 빈틈없는 결속과 협력은 가히 전설적이었다고 한다. 그리하여 정치적 합의와 권력공유를 전제로 한 합의민주주의가 불가역적 정치 원칙으로 자리 잡았다. 그 주역은 '건국의 아버지'라 불리는 레너Karl Renner(1870~1950)였다.

이런 예를 보면서 우리도 4분5열된 민족 세력들을 하나로 엮을 수 있는 구심체가 있었더라면 어땠을까 하는 미련을 버리지 못한다.

8 이승만과 김구

이승만과 김구의 차이는 현실적인 정치가와 혁명적인 정치가의 차이라고 할 수 있다. 노련과 순진의 차이이기도 하다. 이 두 사람의 일생과 활동을 보면서 과연 역사의 진정한 승자는 누구인가를 생각해 보게 된다.

대통령과 주석

상하이 임시정부 대통령(1919~1925)과 대한민국의 대통령(1948~1960)을 역임하는 등 한국 역사상 첫 공화정을 대표했던 이승만李承晩과 대한민국 임시정부의 주석이었던 김구金九, 이 두 사람은 따로 설명이 필요 없을 정도로 널리 알려진 인물이다. 우리 현대사에서 빼놓을 수 없는 중요한 주역인 동시에 라이벌이었다. 두 사람을 제외하면 한국 현대사, 특히 해방정국은 한 자도 설명할 수 없을 정도이다. 그리고 두 사람은 너무나 대조적이고 개성적인 삶을 살았기 때문에 더욱 우리의 주목을 끈다.

그러나 이들이 실제로 어떤 삶을 살았는지, 왜 그런 행동들을 했는지, 그리고 그것이 어떤 의미를 가지는지까지를 제대로 알기는 쉽지 않다. 그런 만큼 잘못 알려진 부분도 없지 않다. 역사에서 개인은, 다루기에 따라, 영웅이 되기도 하고 또 그 반대가 되기도 한다. 따라서 어떻게 다루는가가 사뭇 어려운 일이다. 특히 현대의 인물은 더욱 그렇다.

이승만과 김구는 유명인처럼 그 이름이 잘 알려져 있기는 하지만 그 유명세만큼 학술적인 연구 대상으로 깊이 있게 연구되지는 못하였다. 역시 그 평가의 어려움 때문이다. 이런 점들을 고려하면서 여기서는 주로 이 두 사람의 인생역정을 라이벌이란 관점에서 엮어 보도록 하자.

두 사람에 대한 피상적인 인식을 넘어서 이들이 과연 어떻게 성장하고 어떤 생각을 가지고 어떻게 활동했는가에 대해 서로 대비하면서 들여다본다면 훨씬 잘 이해할 수 있을 것이다. 두 사람의 성장 과정부터 살펴보도록 하자.

1931년 무렵의 이승만

1929년 이후 이승만은 임시정부와 별개로 임정구미위원부를 만들어 주로 미국에서 외교 중심의 독립운동을 전개하였다.

왕족의 후손, 상민의 후손

이승만은 1875년 3월 26일 황해도 평산군 능안골에서 이경선의 6대 독자로 태어났다. 태종의 장남 양녕대군의 17대손이었다. 왕족임에도 불구하고 그의 집안은 가세가 기울어 빈촌인 능안골로 낙향했다고 한다. 그러나 이승만은 왕족의식이 대단히 강해서 대통령 재위 시에 "과인이 덕이 없어."라는 말을 사용할 정도였다. '과인'이라는 말은 옛날 왕들이 자기를 부를 때 쓰는 말이었다.

반면에 김구는 이승만보다 1년 늦은 1876년 7월 11일 황해도 해주 텃골에서 역시 독자로 태어났다. 천연두를 앓아 얼굴에 벼슬자국이 생겼다. 반항적인 기질이 아버지를 닮아 동네 양반들의 괄시 속에서 '상놈'의 한을 뼈저리게 느끼며 자랐다. 한 사람은 가세가 기운 왕족의 후손으로, 다른 한 사람은 괄시받는 상민의 후손으로 출생부터 크게 달랐다. 다만 두 사람 다 어렸을 때 집안이 어려웠던 점은 같았다.

이승만은 5살부터 이건하에게 한학을 공부하였으며 1885년 서울 도동으

이승만

상하이 임시정부 대통령과
대한민국의 대통령을 역임
하는 등 한국 역사상 첫 공
화정을 대표하였다. 그러
나 한 번은 탄핵으로, 다른
한 번은 하야로 각각 물러
나는 진기록도 남겼다.

로 이사한 뒤에는 친척 이근수 대감이 운영하는 서
당에서 한학을 수학하였다. 1887년 과거에 응시했으
나 떨어지고 이후에도 여러 차례 응시했으나 번번이
낙방했다고 한다. 김구도 역시 어릴 때에 양반이 되
기로 결심하고 과거를 위한 서당 공부를 시작하였다.
그러나 그 역시 과거에 응시하여 낙방하였다.

서양으로 동양으로

두 사람 다 20세가 될 때까지는 한학을 공부하면서
과거시험을 목표로 살았다. 그리고 똑같이 과거에 낙
방하였다. 그러나 낙방한 다음부터 두 사람의 인생
항로는 달라지기 시작한다.

과거에 낙방한 뒤 이승만은 1895년 미국 선교사가 세운 배재학당에 입학
해서 서재필·아펜젤러·헐버트 등을 만나 영어와 근대교육을 배웠으며 6개
월 만에 배재학당의 영어교사가 되었다. 한편, 김구는 과거에 떨어진 뒤 관상
공부를 하다가 자기 얼굴을 거울에 비춰 보니 귀한 구석이 한 군데도 없음을
알고 크게 낙담하였다. 그러던 차에 《마의상서麻衣相書》라는 관상책에 "얼굴
좋음이 몸 좋음만 못하고 몸 좋음이 마음 좋음만 못하다."는 구절을 발견하
고 마음 좋은 사람이 되기를 결심했다고 한다.

20세를 전후해 이승만은 서양적인 것을 지향하고 김구는 여전히 동양적인
것을 지향했다고 할 수 있다. 결국 이런 차이점이 이승만으로 하여금 개화운
동에, 김구로 하여금 동학농민혁명에 각각 참여케 하는 싹이 되었다. 두 사람
이 똑같이 한말의 민족운동에 참여하였으나 참여방식은 달랐던 것이다.

이승만은 영문서적과 잡지를 탐독하면서 미국의 민주주의와 생활철학을
익혔다. 서재필·윤치호의 영향하에 1898년부터 독립협회운동에 참여하는
등 개화운동에 뛰어들었다. 그러다가 박영효의 쿠데타음모에 가담하여 사형

선고를 받기도 했다. 다행히 사형은 면하고 6년간 옥고를 치렀다.

반면 김구는 1893년에 동학에 입문하였고, 아명兒名인 창암昌巖에서 창수昌洙로 개명하였다. 이듬해 동학농민혁명이 일어나자 농민군 팔봉도소八峰都所의 접주로 해주성을 공략하였으나 실패하고 안중근의 아버지인 안태훈의 집에 머물면서 유학자 고능선으로부터 많은 가르침을 받았다. 이어 1896년에 치하포에서 일본인 스치다 죠스케土田讓亮를 살해하여 사형이 확정되었지만 고종의 최종 판결 보류로 사형은 모면하고 투옥된다. 김구는《백범일지》에서 스치다를 일본 육군중위라고 하였지만, 사실 여부는 불분명하다.

김구

대한민국 임시정부의 주석이었던 김구는 처음부터 끝까지 임시정부와 함께 운명을 같이 하였다. 끝내 진정으로 원했던 세상을 보지 못한 채 단정수립 세력에 의해 암살당하였다.

1898년 3월에 탈옥해서 공주 마곡사로 가 거기서 출가하여 스님이 되었다. 이듬해 환속해 해주 고향으로 돌아오고, 1900년 25세 때 구龜로 이름을 다시 고쳤다.

한쪽은 서양으로 다른 한쪽은 동양으로 향해 있으면서도 1898년, 1896년에 각각 사형선고를 받은 것도 같고, 사형되지 않고 옥살이를 한 것도 같다는 점들이 매우 흥미롭지 않은가? 이게 라이벌의 요건인가 보다. 그러면 그 이후는 어떠하였을까?

임시정부에서의 첫 만남

우선 3·1 운동 이전까지 활동을 보면, 이승만은 러일전쟁의 와중에서 일본의 도움으로 석방된 뒤, 1904년 말 민영환·한규설의 개인 밀사 자격으로 미국에 갔다. 이때 헤이 국무장관과 루스벨트 대통령을 직접 만난 경험이 이후 그가 외교독립노선을 추구하는 바탕을 만들었다. 그후 조지 워싱턴대학·하버드대학을 거쳐 프린스턴대학에서 철학박사 학위를 받았으며 그 뒤 미국에서 외교활동 등을 벌였다. 그는 근대화는 곧 서구화라 생각했고 그 핵심은 기독교화·미국화였다.

이에 비해 김구는 학교 설립 등 신교육활동에 힘썼고 신민회 활동에도 참가하였다. 안중근 의사의 이토 히로부미 저격 사살 사건에 연루되어 체포되었으나 불기소 처분되었다. 그러다가 1911년 군자금을 모금하다가 잡힌 안명근安明根 사건을 확대·날조한 이른바 안악사건 관련자로 체포되어 징역 15년을 선고 받아 옥고를 치르다 1915년에 가석방되었다. 직전에 이름을 구九로 호를 백범白凡으로 고쳤다.

이렇게 국외와 국내에서 활동을 벌이던 두 사람은 3·1 운동 뒤에 설립되는 대한민국 임시정부에서 비로소 처음 만나게 된다. 이승만은 임시정부 대통령에 선임된다. 원래는 대통령이 아니라 집정관총재라는 명칭이었지만 이승만이 대통령이라는 직함을 사용했기 때문에 나중에 바꾼다. 한편 김구는 임시정부 경무국장을 맡았다. 스스로를 임시정부의 문지기로 생각하며 일하였다.

이런 상황은 뒤에 가면 역전이 된다. 외교제일주의 노선을 견지한 이승만은 임시정부 대통령에 선임된 뒤에도 주로 미국에서 외교활동을 벌였다. 그래서 결국 1925년 오늘날의 국회라고 할 수 있는 임시의정원에서 대통령 면직안이 통과되어 대통령직을 상실하였다. 이후 이승만은 하와이 한인기독학원 활동과 동지식산회사 경영이라는 실력양성론으로 선회하였다. 1925년에는 동지식산회사의 국내 자매단체로 흥업구락부가 조직되었는데 이를 통해 이승만은 국내 인맥과 지지 기반을 만들었다.

태평양전쟁이 발발한 1941년에 와서 그는 임시정부와의 관계를 회복해 임정 산하 주미외교위원부 위원장이 되었다. 이승만은 전시 외교를 통해 미 군부 내에 유력한 조력자들을 얻었고, 이들의 도움으로 1942년 샌프란시스코에서 미국의 소리VOA 단파방송을 할 수 있었다. "나는 이승만이오. 대한임시정부 대표원으로 미국 경성 워싱턴에서 말합니다."로 시작하는 이 방송을 통해 임시정부 대표 자격으로 여러 차례에 걸쳐 대일 투쟁을 선동하는 연설을 하였다. 이로 인해 국내에서 단파방송 청취사건이 발생하였고 이는 이승만이 우익은 물론 좌익의 지지를 받는 전국적 지도자로 부상하는 데 결정적인 역할을 하였다.

반면 김구는 1920년대 후반에 오늘날 내각책임제의 수상이라고 할 수 있는 임시정부 국무령과 국무위원 등을 맡았으며 1930년에는 한국독립당 창당에 참여하였다. 이어 이듬해에는 일제 요인 암살을 목적으로 한인애국단을 창단, 이봉창·윤봉길 의사의 의거를 이끄는 등 의열 투쟁을 벌였다. 1933년에는 한인군관학교를 설립, 운영하였으며 1935년에는 임시정부 국무위원으로 보선되어 김구 시대를 열었다. 이를 뒷받침할 조직으로 한국국민당을 결성, 이사장에 선임되었다. 1940년에는 이른바 통합 한국독립당의 중앙집행위원장으로 선출되었으며 임시정부의 주석직도 맡았다. 1941년 '대한민국 건

이승만과 김구

노련한 현실주의적 정치가 이승만과 순진한 낙관주의적 정치가 김구. UN 감시하의 남북총선이 불가능해지자 양자의 입장은 확연히 달라졌다.

국 강령'을 발표하였고, 12월에는 일본에 선전포고를 하였다.

해방정국에서의 대립

해방 이후 두 사람은 모두 열렬한 애국운동가로서 국내에 들어온다. 하지만 역시 상당히 대조적인 모습으로 나타난다.

이승만은 1945년 10월 13~15일에 있었던 도쿄회합에서 미국 측과 반탁에 기초한 임시 한국 행정부 수립 구상에 합의하였다. 이를 배경으로 1945년 10월 16일 한국인 가운데 가장 먼저 귀국할 수 있었다. 그는 미군정·좌익·우익 모두의 지지를 받으며 최고 지도자로 추대되었다.

김구는 이승만보다 한 달 여 늦은 11월 23일 귀국하였다. 미군정에서는 이승만과 김구의 임시정부 세력을 활용하여 이들의 연대와 연합을 통해 과도정부를 수립할 구상을 가지고 있었다. 하지만 한 달 여 앞서 귀국한 이승만은 독립촉성중앙협의회를 통해 이미 주도권을 잡았고, 김구의 임시정부는 정부 자격이 아니라 개인 자격으로 귀국함으로써 경쟁에서 한 발 늦었다. 어찌 보면 이때 이미 라이벌 간의 승부는 결정된 것이나 마찬가지였다.

한편 모스크바 3상회의 협정안이 발표된 뒤, 신탁통치 문제가 처음 제기됐을 때 이승만과 김구는 모두 반탁 입장에 서 있었다. 그렇지만 반탁의 배경과 논리는 서로 달랐다. 이승만의 반탁노선이 처음부터 반탁활동이 가져올 결과를 계산하고 단독 정부 수립을 염두에 둔 정략적인 반탁노선이었다고 한다면, 김구의 반탁노선은 국제정세를 객관적으로 인식하지 못한 한계는 지니고 있지만 반탁활동을 제2의 독립운동으로, 신탁통치를 제2의 식민지배로 인식한 바탕 위에서 전개한 명분적인 반탁노선이었다고 할 수 있다.

또한 한반도문제의 UN 이관에 대해서도 차이가 있었다. 두 사람 모두 미국이 제기한 UN 감시하의 남북한 총선안을 지지하였다. 그러나 이승만이, 미국안이 UN에서 채택되더라도 소련의 반대로 그 실현이 어려울 것이고 결국 단정수립으로 나아갈 것이라는 점을 전망하고 지지했던 반면, 김구는

UN 감시하의 남북 총선을 통해서 통일 정부의 수립이 실현가능한 것으로 판단하고 지지하였다. 현실 인식에서 두 사람 사이에 커다란 차이가 있었다.

노련과 순진의 차이

이승만이 노련한 현실주의적 정치가였다면 김구는 순진한 낙관주의적 정치 가였다고 할 수 있다. 두 사람 사이는 때때로 냉담한 관계도 있었지만 1947 년 말까지는 전체적으로 협력관계였다고 볼 수 있다. 그런데 그 뒤 UN 감시 하의 남북총선이 불가능해지자 양자의 입장은 확연하게 달라졌다.

이승만은 제1차 미소공동위원회가 결렬된 직후에 이미 단정수립론을 제 기한 적이 있지만 UN 감시하의 남북 총선이 현실적으로 어려워지자 가능 한 지역만의 선거, 즉 남한만의 단독 선거를 주장하였다. 반면 김구는 어떤 형태의 단독 정부도 반대하면서 끝까지 통일 정부 수립을 주장하였다. 그는 단정수립 세력을 우익을 더럽히는 '박테리아'로 규정하고 남북협상을 추진 하였다.

김구는 처음에는 이승만 개인에 대한 일말의 기대가 있었던 것으로 보인 다. 하지만 이승만 세력과 한민당이 단정수립을 현실화·구체화시켜 나가면 서 단정수립 세력과 단정반대 세력으로 확연히 나누어지자 이승만과 결별하 였다. 또 다른 라이벌 관계에 들어선 셈이었다.

이후 '현실적' 정치가인 이승만은 남한 단독 정부의 대통령이 되었고 '이상 적', '혁명적' 정치가인 김구는 단정수립 이후에도 계속적으로 통일운동을 펼 치다가 1949년 6월 26일 단정수립 세력에 의해서 암살을 당하였다. 이승만 은 김구보다 오래 살기는 했지만 4·19 혁명으로 권좌에서 쫓겨난 뒤 1965년 7월 19일 하와이에서 세상을 떠났다. 이승만은 상하이 임시정부에서도 초대 대통령에 선임되었다가 탄핵되었다. 처음과 끝이 많이 달랐다. 김구는 이승 만과 같은 화려함을 누리지는 못했지만, 여전히 존경받는 인물로 기억되고 있다.

결국 이승만과 김구의 차이는 현실적인 정치가와 혁명적인 정치가의 차이
라고 할 수 있다. 노련과 순진의 차이이기도 하다. 이 두 사람의 일생과 활동
을 보면서 과연 역사의 진정한 승자는 누구인가를 생각해 보게 된다. 그리
고 지도자에게 진정으로 필요한 덕목이 무엇인가도 다시 한 번 생각해 보게
된다.

《백범일지白凡逸志》

김구의 자서전인 《백범일지》는 2002년 MBC의 전통문화 재발견 프로그램인
〈느낌표!〉 '책을 읽읍시다'에 선정되어 높은 인기를 누리기도 했다. 일지逸志
란 뜻은 그날그날의 일을 적은 기록이란 일지日誌가 아니고 알려지지 않은 이
야기를 기록했다는 뜻이다. 그 책에서 김구는 '나의 소원'으로 마무리를 하고
있는데 그중 '내가 원하는 나라'에서 "오직 한없이 가지고 싶은 것은 높은 문
화의 힘이다. … 그래서 진정한 세계의 평화가 우리나라에서, 우리나라로 말
미암아 세계에 실현되기를 원한다."고 소원을 말하였고, "특히 교육의 힘으

로 반드시 이 일이 이루어질 것이라고 믿는다."고 하였다. 이는 평생을 민족 해방을 위한 투쟁 속에서 살았던 김구 선생이 스스로 유서라고 하여 남긴 글이다. 진정으로 그가 원했던 세상은 평생을 살아온 현실과는 전혀 다른 모습이었다.

제8장 | 격동의 현대사

1 제1공화국

첫 단추가 잘못 끼워졌는데 옷이 제대로 입혀지지 않는 것은 당연할지도 모른다. 그러나 이승만을 대통령으로, 그의 추종자들을 국회의원으로 뽑아 준 책임은 바로 우리들에게 있다. 올바른 나라를 만든다는 것은 결코 정치가들만의 일은 아니다.

공화국 숫자

전두환은 제4공화국의 유신헌법에 따라 통일주체국민회의에서 선출되어 제11대 대통령에 취임하였다. 이후 제8차 헌법 개정을 통해 제5공화국이 출범하였다. 그리고 다시 1987년의 6월 항쟁의 결과로 1987년 10월 29일 5년 단임의 대통령 직선제를 핵심으로 한 제9차 헌법개정안이 확정됨에 따라 제6공화국이 되었다. 그렇다면 제18대 박근혜 대통령 기간인 지금은 몇 공화국일까?

7공화국 같기도 하고 6.5공화국 같기도 하고. 정권이 바뀔 때마다 거의 매번 공화국이 바뀌니 잘 모르는 것이 당연할지도 모른다. 정확히 말하자면, 지금은 제6공화국의 여섯 번째 정부이다. 다행이도 1987년 아홉 번째로 개정된 제10호 헌법이 현재까지 지속되고 있다. 제6공화국 헌법은 헌정 사상 최초로 여야 합의에 의해 개정된 '민주적'인 헌법이었다. 그래서 1987년 이후를 1987년 체제라고 부르기도 한다.

공화국 숫자가 자꾸 늘어나는 것이 그렇게 바람직한 것은 아니다. 그건 그만큼 역사적으로 격동기였다는 뜻이기도 하지만, 민주화가 이루어지지 않았던 데 가장 큰 원인이 있었다.

왜 공화국의 숫자들이 그렇게 자주 바뀌었을까? 그 의문을 풀기 위해 첫걸음을 내디던 제1공화국의 사정을 살펴보자.

5·10 총선거

제1공화국은 1948년 8월 15일 단독 정부가 수립되었을 때부터 4·19 혁명에 의해 이승만 정권이 물러날 때까지를 지칭한다. 제1공화국은 우리나라 최초의 정부였기 때문에 그만큼 우리 현대사에 미친 영향이 컸다.

제1공화국의 성립 바탕이 되었던 것은 5·10 총선거였다. 우리나라 최초의 선거라고도 할 수 있는 5·10 선거는 김구·김규식 등 납북협상파와 남로당을 중심으로 한 좌익정치 세력들이 선거를 거부하였고, 제주에서는 4·3 항쟁이 일어나는 등 매우 어수선한 상황에서 치러졌다. 사실 우리 민족 대부분이 원하지 않았던 선거인 셈이었다.

이 선거에는 48개 정당과 사회단체의 인물들이 입후보하고 등록유권자의 95.5%가 투표한 것으로 나타났지만, 미등록 유권자를 포함하면 실제투표율은 75% 정도였다. 그러나 대부분의 등록 유권자들도 강요에 의해 등록한 것으로 밝혀졌다. 선진국의 경우 근대적이고 민주적인 선거를 하기까지 100년, 심지어는 200년이 걸렸는데 우리의 경우는 첫 번째 선거부터 보통선거를 했기 때문에 여러 가지 시행착오도 많았다.

선거의 결과, 대한민국 최초의 국회의원은 200석 중 198석의 의원이 당선되었다. 4·3 사건으로 인하여 제주도 2석의 선거는 연기되었다. 당선된 국회의원의 주요 정당별 숫자를 보면 아직 정당정치가 자리 잡지 못해서 그런 점도 있겠지만 무소속이 84명으로 압도적으로 많았다. 그 다음으로 대한독립촉성국민회가 54명이었고, 한민당 29명, 그리고 광복군 총사령관을 역임한 지청천(池青天, 1888~1957, 일명 李青天)이 조직한 우익청년단체인 대동청년단이 12명, 기타 군소정당이 19명 등이었다.

5·10 선거는 전체적으로 보면 이승만과 한민당 계열의 승리라고 할 수 있다. 그러나 유엔임시위원단이 지적했듯이 투표자 등록 부정행위, 경찰의 감시 등 자유롭지 못한 분위기에서 투표가 이루어졌기 때문에 민의를 제대로 반영했다고 볼 수 없다. 그럼에도 무소속이 제일 많이 당선되었던 것은 단정 수립에 반대하는 정서가 그만큼 컸음을 뜻한다. 실제로 무소속 인사들은 국회 내에서 소장파를 형성하며 친일 청산, 남북통일, 미군철수 등을 주장하며 반이승만의 입장을 취하였다.

1948년 5월 31일 제헌국회가 열려 국회의장에 이승만, 부의장에 신익희·김동원이 선출되었다. 이어 7월 1일 국회 본회의에서 국호를 '대한민국'으로 결정하였으며 정부조직법이 국회에서 통과된 뒤 대통령에 이승만, 부통령에는 중국에서 김구와 함께 활동했던 이시영이 선출되었다.

이승만은 국무총리에 조선민족청년단장(약칭 족청) 이범석을 임명하고, 일제 강점기 사회주의운동을 한 바 있는 조봉암을 농림장관에, 지청천을 무임소장관에 임명하였다. 공석이 된 국회의장에는 신익희가 선출되었다. 대한민국 정부가 수립됨과 동시에 미군정 장관 하지는 2년 11개월에 걸친 미군정 폐지를 발표하였다.

최초의 어설픈 선거에다가 남한만의 단독 정부 수립으로 탄생한 이승만 정권, 즉 제1공화국은 처음부터 정권의 정당성을 확보하기가 어려웠고 그 권력기반도 협소할 수밖에 없었다. 실제로 이승만 정권은 윤치영·임영신·이기붕 등의 직계 세력 외에는 뚜렷한 세력기반이 없었다. 그럼에도 불구하고 예상과는 달리 각료 가운데 한민당 출신을 거의 임명하지 않았다. 이때부터 이미 이승만은 한민당 세력을 거세해 나갔다. 따라서 이승만의 철저한 지지 세력이었던 한민당은 제1공화국의 출범과 동시에 이승만으로부터 버림받고 야당의 위치로 바뀌었다. 시쳇말로 '팽'당한거나 마찬가지였다. 이후 한민당은 한국 보수야당의 뿌리가 되었다.

제헌헌법과 제2차 개헌

5월 31일 개원한 초대 국회의 최우선 과제는
헌법의 제정이었다. 그래서 그 국회를 제헌국
회라고 부른다. 헌법은 국가의 근본법이며 최
고법이다. 이런 최초의 헌법안은 6월 23일 본
회에 상정, 통과되어 7월 17일 공포함으로써
대한민국 최초의 헌법, 즉 제헌헌법이 발효되
었다.

제헌헌법의 전문에서는 "기미 삼일운동으로
대한민국을 건립하여 세계에 선포한 위대한 독

립정신을 계승"한다고 하여 임시정부의 계승이란 점을 규정하고 있다. 그래
서 그런지 임시정부가 1941년 공포한 '대한민국 건국강령'에서 "보통선거제도
를 실시하여 정권을 균均하고 국유제도를 채용하여 이권을 균하고 공비共費
교육으로써 학권學權을 균하며"라고 한 삼균주의의 연장선에서 역시 "국민생
활의 균등한 향상을 기"한다는 표현이 나타나 있다. 임시정부 및 독립운동
세력들이 갖고 있었던 '공공성'의 정신이 시대적 요구로 반영되었다고 볼 수
있다. 이는 "영리를 목적으로 하는 사기업에 있어서는 근로자는 법률의 정하
는 바에 의하여 이익의 분배에 균점할 권리가 있다."(18조)는 특징적인 내용에
도 반영되어 있다.

제헌헌법에서는 경제조항을 별도로 규정하고 있는데, "광물 기타 중요한
지하자원, 수산자원, 수력과 경제상 이용할 수 있는 자연력은 국유로 한다."
(85조), "중요한 운수, 통신, 금융, 보험, 전기, 수리, 수도, 가스 및 공공성을
가진 기업은 국영 또는 공영으로 한다."(87조) 등 국유 또는 국영·공영 등의
규정을 발견할 수 있다.

적산敵産의 처리나 농지개혁 등 여러 가지 당면 문제들을 처리하기 위해 국
가 주도의 계획 내지 통제경제는 어느 정도 필요한 것이 현실이었고 이 점에

대해서는 대체로 공감하는 시대적 분위기였다. '공공성'의 강조는 그런 사정들을 헌법에 반영한 것으로 볼 수 있다. 이런 점들에 주목하면 사회주의적 국가주도의 계획경제를 담았다고 해석할 수도 있다. 하지만 제헌헌법은 사적 소유권에 입각한 자본주의 시장경제체제를 원칙으로 전제하고 있기 때문에 사회주의 계획경제적 요소들의 반영은 당시의 시대상황과 국면여론을 반영한 타협의 산물로서 일종의 예외규정이라고 보아야 할 것이다. 그렇지만 자본주의 체제와 경제적 균등 간의 유기적 조화를 이루었다는 점에서 경제민주화의 선구적 모습을 엿볼 수 있다.

이런 점들이 1954년 2차 개헌에서는 경제적 '평등'보다 경제적 '자유'를 중시하는 시장경제체제가 확실한 우위를 점하는 모습으로 달라졌다. 국유 조항은 '이용을 특허할 수 있다.'로 바뀌었고, 중요기업 및 공공성을 가진 기업의 국·공유 규정은 삭제되었다. 사영기업의 국·공유 이전도 법률로 특별히 정하는 경우에 한정함으로써 사영기업의 활동을 중시하였다.

여기에는 원조를 대가로 시장경제체제로의 변화를 요구하는 미국의 압력이 크게 작용하였다. 미국은 제헌헌법의 국유화 등의 조항이 외국인 투자유치에 장애가 된다고 보고 자유주의 경제체제로의 전환을 요청하였다. 국내적으로는 6·25 전쟁 후 극심한 경제난을 맞아 경제적 복구와 활성화의 필요성 또한 제기되고 있었다. 따라서 자유시장경제체제에 방점을 둠으로써 경제재건에 대한 기대를 담아 변화를 수용했다고 볼 수 있다. 그리하여 제헌헌법은 제정 6년 만에 자유경제 질서의 도입을 선언하는 쪽으로 방향을 선회하였다. 이후 1962년 제5차 개헌 헌법에서는 84조에 "대한민국의 경제질서는 개인의 경제상의 자유와 창의를 존중함을 기본으로 한다."(111조)를 추가하여 자본주의 시장경제원리를 더욱 강화, 강조하였다.

1987년 개정된 현행 헌법 제119조 ②항에는 "국가는 균형 있는 국민경제의 성장 및 안정과 적정한 소득의 분배를 유지하고, 시장의 지배와 경제력의 남용을 방지하며, 경제주체간의 조화를 통한 경제의 민주화를 위하여 경제에 관한 규제와 조정을 할 수 있다."라고 하여 이른바 '경제민주화' 조항이 추가되었다. 이는 제헌헌법에서 추구했던 사회정의, 균형발전 등에서 그 역사적 연원을 찾을 수 있으며 그런 점에서 새삼 균형을 이루는 변화로 볼 수 있다.

지금까지 제헌헌법 제정 이후 아홉 차례의 헌법 개정이 있었다. 이중 제헌헌법과 마지막으로 개정한 제10호 헌법만이 제대로 된 여야 합의를 거쳤다. 특이하게도 이 두 헌법에서만 '공공성'과 '경제민주화'를 강조함으로써 경제적 균형을 이루고 있다. 이를 어떻게 해석할 수 있을까? 합의의 중요성이 이런 데 있는 것 아닐까? 다만 '경제민주화'는 지금까지도 여전히 구호만 요란한 채 구호로 머물고 있다는 점이 아쉽다.

이승만 정권의 이데올로기

제1공화국에서 이승만 정권이 내세웠던 이데올로기는 반공주의와 반일주의였다. 반공주의를 상징하는 법이 국가보안법이다. 이는 1948년 10월 발생한 여수·순천사건을 계기로 만들어 지금까지도 유지되고 있다. 여수·순천사건은 제주 4·3 사건과 함께 해방정국의 소용돌이 속에서 좌익과 우익의 대립으로 빚어진 비극적 사건이었다. 이승만 정부는 이 사건을 계기로 국가보안법을 제정(1948. 12. 1)하고 각급학교에 학도호국단을 창설하는 등 강력한 반공국가를 구축하였다. 이 사건 직후 반공주의는 남한 국민의 정체성을 대표한다고 할 정도로 강요되었다.

한편 이승만이 내세웠던 반일은 '양두구육羊頭狗肉'에 가까운 구호에 불과하였다. 제1공화국 성립과 함께 반민족행위특별조사위원회, 즉 반민특위가 구성되지만 이승만의 정략적인 견제와 친일 세력들의 끈질긴 방해로 말미암아 불법적으로 강제 해산 당하였다. 그 결과 새로운 민족국가의 터전을 잡기 위한 친일파 척결은 무산되어 버리고 말았다. 그러므로 이승만 정권이 내건 반일주의는 정권유지를 위해 정략적으로 내세웠다고 밖에는 볼 수 없다.

이 와중에서 친일파는 자신들이 갖고 있는 친일성을 반공이라는 새로운 이데올로기로 포장해서 독재 권력 유지에 이바지하였다. 이 반공과 관련해서는 특히 청년단체들이 열렬하게 활동하였다. 예를 들면 미군정기에 난립했던 우익단체들이 하나로 통합하여 조직한 대한청년단은 1951년 자유당 출범시에 핵심적인 기간단체로 활약하면서 이승만 정권의 중요한 인적 기반이 되었다.

이렇듯 이승만 정권은 반공과 반일을 이데올로기로 삼았으며, 그것을 뒷받침한 세력은 경찰과 군부, 그리고 청년단체였다. 그러나 친일파에 속했던 사람들이 경찰과 군부의 핵심을 차지한 채 반일을 내세우거나, 우익청년단체들이 정권 유지의 측면에서 반공을 내세웠기 때문에 왜곡된 측면이 많았다.

더욱이 이승만은 정당을 필요에 따라서 조종할 수 있는 하나의 동원기관 정도로밖에 인식하지 않았다. 따라서 이승만의 요청에 의해 설립된 자유당도 제도화된 정당이 아니라 이승만을 중심으로 한 인물정당·개인정당의 성격이 강하였다. 자유당은 2대 대통령 선거를 앞두고 국회 간선으로는 이승만의 대통령 당선이 어렵게 되자 1952년 6·25 전쟁 중임에도 불구하고 대통령 직선제안을 불법 통과시키는 데 앞장섰으며(이른바 부산정치파동) 또한 1954년에는 3선금지조항 폐지를 위한 사사오입 개헌을 추진하기도 했다.

민주당의 출현

이런 어이없는 상황들이 계속되는 가운데, 자유당에 맞설 수 있는 강력한 야당의 출현은 시대적 요청이었다. 이승만과 결별한 한민당은 1949년 2월 신익희의 대한국민회와 지청천의 대동청년단 세력을 합쳐서 민주국민당으로 개편하였다. 이어 사사오입개헌 파동이 일어나자 범야당연합전선은 효율적인 대여투쟁을 벌이기 위해 호헌동지회를 결성했으며 이 호헌동지회가 모태가 되어서 1955년 9월에 민주당이 결성되었다. 민주당의 대표 최고위원에는 신익희가, 최고위원에는 조병옥과 장면 등이 선출되었다. 결국 제1공화국의 기본적 정치구도는 자유당과 민주당의 양당체제로 자리 잡았다.

이런 양당구도 속에서 1956년 5월 15일 제3대 정·부통령 선거를 맞이하였다. 이 선거에서 자유당의 정·부통령 후보로는 이승만과 이기붕이 나섰고, 민주당에서는 신익희와 장면이 나왔으며, 조봉암은 혁신정당인 진보당 창당준비위원회의 후보로 출마하였다.

독재 정권의 행태에 대한 반발로 국민들 사이에서는 야당 지지 분위

제2대 후반기 국회의장단

1952년 7월 10일 새로 선출된 국회의장단. 왼쪽부터 윤치영 부의장, 신익희 의장, 조봉암 부의장이다.

기가 확산되었다. 한강 백사장에서 열린 민주당 후보들의 정견발표회에는 우리가 익히 알고 있듯이 수십만 명의 시민들이 모여들었다. 그러나 5월 5일 민주당 후보들이 지방유세를 하러 이리裡里로 가던 중에 대통령 후보인 신익희가 열차 안에서 심장마비로 급사하고 말았다. 신익희 후보의 갑작스런 죽음으로 인하여 기대했던 정권교체는 일어나지 못하였다. 선거결과를 보면 이승만이 5백여만 표를 얻어 당선되기는 하였다. 하지만 신익희 대신 야권의 대안이 되었던 조봉암 후보가 2백만 표 이상을 얻었고 신익희에게 던진 무효표도 180여만 표가 나왔다. 뿐만 아니라 부통령 선거에서는 민주당의 장면이 자유당의 이기붕을 누르고 당선되었다. 이미 여론이 이승만과 자유당에서 떠나 있음을 여실히 보여 준 선거였다.

진보당사건

이승만은 신익희의 죽음으로 자신의 정치적인 라이벌이 없어졌다고 생각했다가 혁신계였던 조봉암이 의외의 복병으로 나타나자 당황했던 것으로 보인다. 평소에도 자신의 정치적 라이벌을 가만히 두고 보지 못했던 그에게 조봉암도 예외가 아니었다. 어떤 상대도 인정하려 하지 않았던 독재자 이승만은

조봉암

제헌의원, 초대 농림부장관, 2대 국회 부의장에 선출되었다. 진보당을 창당하여 활동하다가 국가보안법 위반으로 사형되었으나 2011년 대법원의 무죄판결로 복권되었다.

결국 조봉암을 제거한다. 그것은 바로 1958년에 일어난 '진보당사건'으로 현실화하였다.

진보당사건은 진보당이 주장했던 평화통일안이 북한의 것과 같다는 억지를 내세워 진보당을 붕괴시켜버리고 조봉암을 북한 간첩으로 몰아 사형시킨 사건이었다. 잠시 진보당 강령의 관련 부분을 보자.

2. 우리는 공산독재는 물론 자본가와 부패분자의 독재도 이를 배격하고 진정한 민주주의 체제를 확립하여 책임 있는 혁신정치의 실현을 기한다.

3. 우리는 생산분배의 합리적 계획으로 민족자본의 육성과 농민·노동자·모든 문화인 및 봉급생활자의 생활권을 확보하여 조국의 부흥번영을 기한다.

4. 우리는 안으로 민족 세력의 대동단결을 추진하고 밖으로 민주우방과 긴밀히 제휴하여 민주 세력이 결정적 승리를 얻을 수 있는 평화적 방식에 의한 조국통일의 실현을 기한다.

이 강령은 전체적으로 사회민주주의적인 성격을 지니고 있었는데, 그중에서 '평화적 방식에 의한 조국통일'을 주장한 네 번째 강령을 문제 삼았다. 당시 이승만 정권의 통일정책은 한마디로 북진통일론이었다. 따라서 진보당이 내세웠던 평화통일론은 당시의 극우반공체제 하에서는 용납되지 못했던 것이다. 지금도 일부에서는 흡수통일을 주장하지만, 원칙적으로는 평화통일을 말하고 있다. 더구나 평화통일을 말한다고 해서 처벌을 받는 일은 물론 없다.

농지개혁

일제 식민지반봉건 지배의 수단이며 농민생활을 고달프게 했던 지주-소작

412

제의 해체, 즉 토지개혁은 국가 건설과 함께 이루어야 할 필수 과제였다. 당시 소작지는 전체 농지의 63.4%를 점하고 있었다. 따라서 토지개혁 자체에 대해서는 누구나 공감하였지만, 그 구체적 방법을 둘러싸고 좌·우익 간에 견해차가 있었다. 좌익 진영은 무상몰수·무상분배 토지개혁안을, 우익 진영은 유상매수·유상분배 농지개혁안을 주장하여 서로 달랐다. 좌우합작위원회에서는 합작 7원칙(1946. 10. 7)에서 유상매수·무상분배 토지개혁안을 내놓기도 했다. 개혁의 대상이나 내용의 차이 때문에 남한에서는 농지개혁으로 북한은 토지개혁으로 부른다.

미군정은 1945년 10월 5일 법령 제9호 〈최고소작료 결정의 건〉을 공포하여 지주제를 인정, 소작료는 1/3 이하로 할 것을 결정하였다. 한편 1946년 봄에 북한에서는 전면적인 토지개혁을 실시하였다. 북한은 이를 공산주의의 우월성을 선전하는 수단으로 활용하였다. 이에 영향을 받아 미군정도 토지분배에 대한 농민들의 요구를 수용하지 않을 수 없었다. 그리하여 우선 1948년 3월 20일 법령 제173호를 발표하여 귀속농지의 분배에 착수하였다. 이는 5·10 총선거를 고려한 조치로 좌파 세력의 대중적 기반을 몰락시킬 계산이었다. 귀속농지는 생산물의 3배로 쳐서 매년 20%씩 15년간 분할 상환하는 조건으로 농민에게 매각하였다.

농지개혁은 법률에 의한 사전준비단계를 거친 후 분배-상환-보상-등기의 4단계를 거쳐 완료된다. 한국인 지주의 토지를 대상으로 한 본격적인 농지개혁법은 1949년 6월 21일 제정, 공포되었다. 하지만 예산 미확보 등으로 인하여 1년간 연장되었고, 그 사이에 지가 보상과 상환액 등에 대한 조정이 있었다. 보상액과 상환액을 1.5배로 하는 유상매수·유상분배 방식으로 정하였고, 지주에게는 지가증권地價證券을 발급하여 이를 기업에 투자하도록 유도함으로써 농공병진農工竝進을 이루고자 하였다. 그런 내용을 담은 개정 농지개혁법이 1950년 3월 10일에 공포되었고, 농지개혁은 실행 단계에 접어들었다. 그러나 6·25 전쟁의 발발로 중단되었다.

북한이 전쟁 초기 남한을 점령했을 때, 1950년 7월 4일을 기점으로 남한 토지개혁에 착수하였다. 서울부터 개시하여 점령하고 있던 1개 시, 9개 도를 대상으로 실시하였다. 전시 상황이라 준비도 부족했고 따라서 졸속으로 진행했지만, 미군정 3년, 한국 정부 2년 동안 지지부진하던 토지개혁이 2개월 이내의 짧은 기간에 신속하게 완료되었다. 이때문에 남한 농민들로부터 상당한 호응을 받았다.

그런데 1950년 10월 서울 수복 이후 이승만은 지주 계급의 반발을 의식하여 농지개혁을 1년 연기하기로 결정하였다. 연기라고 하지만, 실은 농지개혁 중단을 의미하였다. 그러나 미국의 입장에서 볼 때, 농지개혁을 실제로 중단한다면, 북한 점령기 토지개혁이 농민에게 미친 영향을 고려할 때, 자칫 농민들의 동요를 불러일으켜 전쟁 수행에 악영향을 줄 것으로 판단하였다. 이에 미국의 강력한 요청으로 1950년 10월말 이승만은 다시 농지개혁의 즉각 재개를 선언하였다.

1953년 8월 11일, 미국무부 정보조사국은 〈대한민국의 토지개혁〉이라는 정보보고를 제출하였다.

오랜 논의 끝에 농지개혁법령 제31호가 1949년 봄에 공식 승인되어 1949년 6월에 공포되었다. 농지개혁법령 시행은 1950년 4월에 시작되었으나 전쟁 개시로 연기되었다. 농지개혁은 1951년에 재개되었고, 1952년 중반에 이르러 농지개혁 계획은 실질적으로 종결되었다.

남한의 농지개혁의 대개는 이 보고서의 흐름대로 진행되었다고 볼 수 있다. 지주 계급의 반발로 지지부진하던 농지개혁은 6·25 전쟁이란 특수사정으로 인해 지주들의 저항을 무력화시키며 추진할 수 있었다. 농지개혁 자체는 지주 소유농지의 54% 정도만이 분배됨으로써 당초 목적한 성과를 올리지는 못하였다. 그렇지만 농지개혁에서 벗어난 소작농지도 농지개혁 절차에 따르지는 않았지만, 결국은 자작지화自作地化되었다. 그런 점에서 농지개혁은, 비록 전쟁이란 특수한 상황에 의존하였지만, 지주적 토지소유를 해체하고, 농민들을 농지로부터 분리시킴으로써 산업화를 위한 노동력 확보의 계기가 되었다.

남한에서의 농지개혁은 일제 강점기 이후 계속된 지주–소작제의 문제를 '자본주의적' 방식을 통해 해결함으로써 한국을 자본주의 경제체제로 재편하려는 것이었다. 그런 점에서 볼 때 농지개혁은, 한국 정부의 주체적 의지의 결과라기보다는 6·25 전쟁이 가져다 준 부산물에 지나지 않는 측면이 있지만, 농촌 근대화의 계기가 되었고, 자본주의 경제발전의 토대가 되었던 점은 분명하다. 그러나 이후 자작농육성책이나 농지 사후 관리의 미비, 도시화, 상업화 등으로 인해 전체 농지의 절반이 다시 소작지가 됨으로써 최종적인 성공여부를 말하기 어렵게 되었다.

이승만국부론(?)

지금까지 살펴본 바와 같이 이승만 정권에 대한 평가는 별로 긍정적인 면이 없어 보인다. 그럼에도 이른바 뉴 라이트 계열에서 끊임없이 '이승만국부론'을 제기하고 있다. 이런 주장은 38선을 경계로 남북이 분단된 상황에서는 단독 정부 수립에 의한 대한민국 건국만이 유일한 해결책이었다며 단정노선의 합리화를 추구하는 입장에서 나오고 있다.

즉 좌·우의 이념을 넘어 통일국가를 건설하는 것이 '이상적'으로는 맞겠지만, '현실적'으로는 분단의 현실을 인정해 우선 남한만이라도 정부를 수립하는 것이 옳았다고 본다. 그렇지 않았다면 공산화되었을 것으로 보기 때문이다. 따라서 반공국가를 세워 나라를 지킨 공이 크며 그 결과 오늘날 발전한 대한민국이 있게 되었다는 주장이다.

그러나 사실은 '현실적' 가능성보다는 단정 세력들은 분단을 활용해 자신들의 안위를 지키려했던 측면이 더 컸던 것은 아닐까? 그들이 친일로부터도

자유롭고 국내적 기반도 튼튼했다면 과연 그런 입장을 취했을까? 당초부터 반공국가 건설이 목표가 아니라 그들의 생존을 위해 반공국가가 필요했던 것은 아니었을까?

제1공화국 붕괴의 책임

경제적으로 보면 제1공화국 기간에는 계속 부재지주가 온존했으며 농지소유도 영세화를 면치 못하였다. 그 결과 농민부채가 증가하고 이농현상이 나타났다. 농촌을 떠난 이들은 도시 빈민층을 형성하였다. 미국의 원조도 대부분 소비재 중심이었고 PL480(미 공법 480호) 즉 잉여농산물 공급협정의 체결은 곡가의 하락을 가져와 오히려 농민생활을 악화시켰다. 실업자의 수는 해마다 늘어났고 국제수지도 엄청난 적자를 냈다.

이승만 정권의 경제는 한마디로 관권경제, 대외의존경제였기 때문에 민족경제, 자립경제로 발전하지 못하였다. 정치에서의 독재, 경제에서의 대외의존 등이 결국 제1공화국이 4·19 혁명에 의해서 붕괴되는 구조적인 원인이었다.

첫 단추가 잘못 끼워졌는데 옷이 제대로 입혀지지 않는 것은 당연할지도 모른다. 그러나 이승만을 대통령으로, 그의 추종자들을 국회의원으로 뽑아준 책임은 바로 우리들에게 있다. 올바른 나라를 만든다는 것은 결코 정치가들만의 일은 아니다.

2 6·25 전쟁

전쟁이 일어난 지 70년에 가까운 세월이 흘렀고 세상도 많이 변하였다. 전쟁의 책임이 없고 감정의 앙금도 없는 젊은 세대가 6·25 전쟁이 남겨준 아픈 유산들을 현명하게 해결할 수 있는 새로운 길을 모색해야 할 때인지도 모른다. 그건 곧 통일논의이기도 하다.

비극의 상처

동족상잔의 비극이었던 6·25, 즉 '한국전쟁'이 발발한 지도 반세기가 훨씬 지났다. 그러나 남북분단과 이산가족, 실향민 문제 등 아직도 전쟁의 상처는 아물지 않고 있다. 아마도 통일이 이루어지기까지 이 상처는 계속 남아 있을 것이다.

대부분의 외국인들은 6·25 전쟁이 일어나기 전까지는 한국이 어디에 있는 나라인지도 거의 몰랐다. 미국 사람들도 6·25 전쟁이 일어나고서야 비로소 한국이란 나라를 알았을 정도였다고 한다. 6·25 전쟁은 제1·2차 세계대전 못지않은 대규모의 국제적 전쟁이었기 때문에 이 전쟁을 통해서 한국은 세계에 널리 알려졌다. 다만 그때 한국의 모습은 지나치게 후진적으로 심하게 왜곡되었었다.

지금 한국 특히 남한의 이미지나 위상은 몰라보게 달라졌다. 그러나 연평해전, 천안함침몰사건 등 끊임없이 반복되는 군사적 충돌 등으로 인해 6·25 전쟁은 여전히 정전停戰 즉 잠시 중단되었을 뿐임을 상기시킨다. 특히 북한의 핵개발은 세계의 이목을 집중시키면서 분단국 한국의 유명세를 툭톡히 키우고 있다. 그래서 역사 속에나 남아 있어야 할 6·25 전쟁은 지금도 여전히 살아 우리의 현대사를 옥죄고 있다.

6·25 전쟁에 대한 연구는 1990년대 초반 선별 공개된 미국립문서기록관리청NARA의 북한노획문서, 1994년 공개된 구소련문서, 그리고 중국의 자료들이 활용되면서 크게 달라지고 있다. 앞으로도 어떤 문서가 어떻게 발굴·공개될지 예측할 수 없을 정도로 많으리라 예상된다. 이에 따라 사료에 기초한 실증적 연구, 비교연구 등이 시도되고 있다. 앞으로는 더욱 그럴 것이다. 구술사 방법을 통해 전쟁의 경험과 기억을 되살림으로써 아래로부터 새롭게 접근하려는 시도들도 나온다. 한마디로 말하자면 6·25 전쟁 연구는 이제 '정치'에서 '학술'로 바뀌고 있다.

전쟁의 원인

먼저 6·25 전쟁이 일어나게 된 원인에 대해 알아보자. 전쟁의 원인으로 어느 하나만을 지적할 수는 없다. 여러 요인들이 복합적으로 작용하여 일어났다.

먼저 내전론의 관점이 있다. 이런 관점에서 보면, 6·25 전쟁은 그 이전 국내외적 갈등의 최종적 귀결인 동시에 이후 남북한 분단사회의 출발이라고 평가한다.

우리에게 분단은 전혀 예상치 못한 일이었다. 남한이나 북한 모두 분단이 대단히 비정상적이라고 생각했고 따라서 하루 빨리 통일을 이룩하겠다는 것을 각자 자기 국민들에게 공언하기도 했다. 남한에서는 이승만이 1949년경부터 북진통일을 주장하였다. 북한에서도 통일을 이루겠다는 이야기를 많이 하였다.

미국은 1947년 여름, 미소공위가 난관에 봉착하자 한국문제의 UN이관을 추진하면서 남한 단정수립에 따른 대응책을 준비하였다. 이때 이미 미국은 한반도에서 좌우대립이 정치적 대립을 넘어 군사적 대결로 격화하리라 예상하였다. 즉 남한 안의 소요와 전복활동, 이북으로부터의 대량침투, 그것에 이은 내전으로 전개되리라는 것이었다. 이런 관점은 곧 내전론을 뒷받침하는데, 실제로 1945년 38선 분단 이후 3년간 좌우·남북의 갈등을 겪었고, 1948년 정부 수립 이후 반란·폭동·38선 충돌 등이 이어지면서 마침내 1950년 6·25 전쟁이 일어났다. 이렇게 보면, 전쟁은 한국 내부의 대립과 갈등의 연장선에서 일어난 것이 된다.

한편, 국제전론의 관점도 있다. 외형적으로는 남북 간의 대립으로 나타났지만, 전쟁의 주요 동력은 미·소의 국가주의적 정책과 개입의 결과였다는 것이다. 내부갈등보다는 미·소의 분단정책이 더 직접적으로 남북갈등을 유발했고 결국 전쟁으로 이어지는 외적 규정력이 되었다는 점을 강조한다.

국제전에는 중국도 주요 변수가 되었다. 무엇보다도 중국공산당이 중국 전역을 제패하고 1949년 10월에 중화인민공화국을 선포한 것을 들 수 있다. 이에 대해 서방세계, 특히 미국은 큰 충격을 받았다. 미국은 중국의 공산화에 개입하지 않았는데, 한반도마저 잃는다면 미국의 국제적 영향력이 약화됨은 물론 동아시아 전략에 막대한 차질을 빚을 수밖에 없었다. 이미 2차 세계대전을 겪으면서 소련과 냉전이 본격화하였는데, 그 냉전에서의 우위를 지키기 위해서라도 한반도에서의 열전은 피할 수 없었다.

또 중국공산당의 중국 통일은 북한 측에 무력에 의한 통일을 자극하는 계기가 되었을 것으로 본다. 이와 동시에 중국에서 중국공산당 군대와 함께 싸웠던 조선의용군이 1950년 봄까지 계속해서 북한으로 들어오게 되는데, 이들은 전투 경험이 풍부한 역전의 용사들이었다. 따라서 전쟁 문제에 대해 적극성을 보일 수 있었다.

6·25 전쟁은 진행 과정에서 보면, 남북 간의 전쟁이라기보다는 국제적 대리전에 더 가까웠다. 한국군의 지휘권은 대전에서 작성한 이승만의 서한에 따라 유엔군사령관에게 이관(1950. 7)되었고, 이후 사실상 미국이 한국군을 지휘하였다. 북한군 또한 연합사령관 펑더화이彭德懷가 지휘하는 조중연합사

령부의 지휘 아래(1950. 12) 놓였다. 병력·무기·작전이라는 전쟁의 세 가지 구성요소 가운데 남북한은 공히 병력만을 가지고 있었을 뿐이었다. 그런 점에서 안타까운 인명의 희생만을 대신할 수 있었던 국제적 대리전이라고 해도 지나치지 않을 것이다.

잘못된 판단들

6·25 전쟁은 왜 하필이면 1950년 6월에 일어났을까? 미국과 소련, 그리고 북한 모두의 오판에 그 원인이 있었다고 할 수 있다.

미국은 북한의 남침에 대한 여러 징후를 포착하고 있었다. 그러나 북한은 소련의 괴뢰라는 전제 위에서 소련이 북한의 무력 남침을 허용하지 않을 것이라고 믿고 있었다. 따라서 북한의 침공은 발생 가능성possibility은 있지만 실현 가능성probability은 없다고 보았다. 또 한편 한국은 군사적 관점에서 전략적 이해관계가 매우 낮다는 인식을 갖고 있었다. 1949년 4월부터 시작된 주한미군의 철수나, 미 국무장관 에치슨Dean Acheson(1893~1971)이 1950년 1월에 내셔널 프레스클럽에서 한국은 미국이 반드시 방어해야 할 방어선의 외곽에 위치하고 있다고 한 발표나 모두 이런 판단 때문이었다. 이는 또한 한국군의 군사능력으로는 감당할 수 없는 일이었음에도 불구하고 무력통일도 불사하겠다는 이승만의 호전성과 1949년 이래 보여 왔던 한국군의 공세적 태도에 대한 미국의 견제이기도 했다.

그리고 거꾸로 북한은 공격 능력과 의사를 가지고 있었지만, 자신을 방어자이자 평화통일의 주창자인 것처럼 위장해 정보 판단의 오류를 유도하였다. 어쨌든 이런 사정 때문에 '불의의 기습남침'을 당하게 되었다. 결국 미국의 한반도 정세 인식과 정책들은 오판이었음이 드러났다.

미국이 이런 오판을 하고 있던 상황은 북한에게도 남침의 성공이 가능하다는 또 다른 오판을 할 수 있게 하는 상황이 되었다. 나중에 김일성이 연설한 몇 대목을 보면 남한의 상황에 대해 북한은 말 그대로 중대한 오판을 하고 있었다. 남로당측은 남한에서 혁명적인 상황이 조성되어 있다고 주장했지만 실제로 1950년 봄이 되면 빨치산은 거의 전멸되다시피 하였고 서울시당도 크게 파괴된 상태였다. 그러나 북한 정권은 그렇게 판단하지 않았다. 이런 점들이 종합적으로 작용해서 1950년 6월이란 시점에서 전쟁을 일으켰던 것으로 생각한다.

그러나 전쟁 개시 즉시 미국이 신속하게 개입하면서 항공지원과 지상군을 보냈고 유엔에도 호소하는 등 북한의 예상을 깨는 대역습이 있었다. 이에 따라 북한 또한 오판의 대가를 엄중하게 치러야 했다.

누가 일으켰나

6·25 전쟁을 누가 일으켰는가에 대해서는 남침설, 북침설, 남침유도설 등 논란이 있었다. 전쟁의 상처를 생각한다면 지금 와서 그걸 따져 뭐 하겠냐 하겠지만, 책임과 관련되어 있기 때문에 중요한 사실이니 짚고 넘어가야 할 것 같다.

전쟁 다음날인 6월 26일 북한방송 내용을 보고 이야기해 보자.

친애하는 동포들. 사랑하는 형제자매들. 우리 인민군 군관, 하사관, 병사들. 공화국 남반부에서 활동하는 빨치산들. 매국역적 리승만괴뢰 정부의 군대는 6월 25일 38선 전역에 걸쳐 공화국 북반부 지역에 대한 전면적 진공을 개시하였습니다. 용감한 공화국경비대는 적들의 침공에 항거하여 가열찬 전투를 전개하면서 리승만군대의 진공을 좌절시켰습니다. … 리승만도당은 자기들의 내란음모를 가리기 위하여 끊임없이 38선 충돌사건을 일으켜 우리 인민을 항상 불안하게 하였으며 이 도발적 충돌사건에 대한 책임을 조선민주주의인민공화국에 넘겨씌우려고 시도하였습니다. 리승만 도당은 소위 '북벌'을 준비하는 과정에서 미제국주의자들의 지시에 따라 조선 인민의 철천의 원쑤인 일본군국주의자들과 결탁하는 길에 들

인천에 상륙하는 유엔군

낙동강을 경계로 밀려 교착상태에 빠졌을 때, 1950년 9월 15일 맥아더의 지휘 아래 인천상륙작전을 감행하였다. 이 작전이 성공함으로써 6·25 전쟁의 전세를 크게 뒤집었다.

어서는 것도 서슴지 않았습니다.

이 방송에서도 그랬지만 북한은 지금까지도 이승만 정권이 미국의 사주를 받아 북침한 것으로 발표하고 있다. 그러나 6·25 전쟁은 누가 보더라도 남침, 즉 북한이 남쪽으로 침략해온 남침이었다. 러시아가 1994년 6월, 6·25 전쟁 관련 구소련비밀외교문서 일부를 우리 측에 전달하였다. 이 문서들이 공개되면서 6·25 전쟁이 소련의 지원과 중국의 동의를 얻은 북한의 철저한 기획에 의한 전쟁이었음이 명백히 드러났다.

1949년 3월과 1950년 4월 김일성과 박헌영이 모스크바를 방문하여 전쟁의 최종 결정권자인 스탈린으로부터 전쟁 개시의 승인을 얻었다. 이때 전제조건은 미국의 전쟁 불개입에 대한 보증, 북한군의 병력·화력 우위 보증, 마오쩌둥의 원조 보증 등이었다. 이처럼 소련은 개전 초기 북한군의 편제·무장·훈련은 물론 작전계획 수립에 이르기까지 적극 지원하였다. 중국도 유엔군이 인천상륙작전 성공 이후, 1950년 10월에 북진을 결정하고, 압록강 부근까지 밀고 올라가자, 체제위기에 직면했다고 판단하여 전격적으로 전쟁에 개입하였다. 중국이 곤경에 처한 북한을 돕는다는 원칙은 이미 1950년 4·5월 스탈린·마오쩌둥·김일성 사이에 합의한 사안이었다.

이처럼 6·25 전쟁은 북한에 의한 준비된 남침이었음이 확실해지면서 누가 일으켰는가에 대한 오랜 논란은 종지부를 찍었다.

2년간의 휴전회담

전쟁이 소강상태에 들어가게 되는 것은 1951년 여름경인데 이로부터 575차례의 공식회담을 거쳐 2년 뒤인 1953년 7월 27일에야 휴전협정이 체결되었다. 왜 이렇게 휴전협정을 2년이라는 긴 기간 동안 끌게 되었는가 하는 점도 궁금하다.

6·25 전쟁의 피해가 엄청나게 컸던 요인 가운데 하나가 처음에 북한군이 내려왔을 때 남한군이 너무 쉽게 패배하고, 또 북한군이 미군의 공세에 너무 빨리 패배해 남북한 지역 전체가 전쟁터가 되었다는 점이다. 그리고 또 하나의 중요한 요인은 휴전회담을 2년이나 끌어서 그 기간 동안 엄청난 살상이 계속되었다는 점이다. 실제로 1951년 5월에서 7월 사이에 형성된 남북한의 대치선은 그 뒤 2년 동안 거의 변하지 않았다. 이것을 보면 왜 2년 동안 그렇게 긴 전쟁을 했는지 의문이 들지 않을 수 없다. 1951년 여름에 끝냈으면 우리 민족의 피해가 훨씬 적었을 것임은 물론이다.

미국과 소련·중국 양측은 유리한 조건에서 협정에 임하고자 전쟁과 회담을 병행하였다. 따라서 휴전회담은 체제우위와 승리선언을 위한 선전장이 되었다. 또 실제로 휴전회담에서 몇 가지 사안에 대해 합의를 보지 못하였다. 초기에 시간을 끌었던 것은 휴전선을 어디에 설정할 것이냐 하는 문제였으며 다음에 더 오랜 시간을 끌었던 것은 포로송환 문제였다. 잡았던 포로를 전부 송환하느냐 아니면 원하는 자만 송환하느냐 하는 것이었다.

3년간 지속된 6·25 전쟁은 우리 민족에게 지울 수 없는 상처를 남겼다. 전선의 군인들뿐만 아니라 국민보도연맹사건을 위시하여 남한·북한에서 자행

서울 용산에 위치한 전쟁기념관 조형물

6·25 전쟁 당시 국군장교였던 형과 북한군 병사였던 아우가 전쟁터에서 극적으로 만난 실화를 소재로 만든 기념물이다.

된 예방·보복학살로 수많은 민간인들이 희생되었다. 130만 명의 사망자를 포함해 남북한 전체 인구대비 10%에 이르는 약 280~369만명의 사상자를 냈다. 중국군과 UN군 등 외국인까지 합치면 사망자 150만 명을 포함해서 사상자 수가 약 5백만에 이른다. 그밖에 건물·도로·교량 등 산업시설의 파괴는 말할 필요도 없다.

6·25 전쟁 이후

이렇게 엄청난 피해를 가져왔던 6·25 전쟁은 국내뿐만 아니라 주변 나라에도 적지 않은 영향을 미쳤다. 이 전쟁이 우리 현대사에 미친 영향은 무엇일까?

전쟁이 끝난 뒤 남한에는 국가의 주민에 대한 통제력이 현저히 강화되는 가운데, 극우반공체제가 확고하게 자리를 잡았다. 이는 반공주의에 입각한 국가 이데올로기를 내면화하는 계기가 되었다. 이렇게 자리 잡은 반공주의는 독재 정권의 방패막이로 너무 흔히 이용되었다. 전쟁은 또한 전통적 관계들을 크게 해체시켰다. 그 결과 대한민국 '국민'을 형성하는 계기가 되었다고도 해석한다. 북한에서도 전쟁의 영향으로 김일성을 중심으로 하는 단일지도체제, 나아가 유일체제가 성립되고 이데올로기적으로는 주체사상이 형성되었다.

전쟁은 남과 북이 서로를 극도로 증오하고 대립하게 하는 근본 요인이 되었다. 말하자면 분단을 고착화시키고 민족을 분열시키는 등 아주 좋지 않은 영향을 미쳤다. 동시에 6·25 전쟁은 미·소 중심의 세계냉전체제가 더욱 심화되는 계기가 되었다. 그런 가운데 일본이나 대만은 전쟁 특수로 인하여 경제가 부흥하는 등 우리로서는 달갑지 않은 결과를 낳기도 하였다.

　지금도 6·25 전쟁을 경험한 사람들은 전쟁 이후 세대들의 안보의식이 너무 약하다고 걱정한다. 그러나 전쟁이 일어난 지 70년에 가까운 세월이 흘렀고 세상도 많이 변하였다. 언제까지나 '원수', '원쑤' 하면서 살 수는 없을 것이다. 전쟁의 책임이 없고 감정의 앙금도 없는 젊은 세대가 6·25 전쟁이 남겨준 아픈 유산들을 현명하게 해결할 수 있는 새로운 길을 모색해야 할 때인지도 모른다. 그건 곧 통일논의이기도 하다. 어쨌든 분명히 해 두어야 할 것은 이 땅에 전쟁이란 다시는 있어서는 안 된다는 점이다.

3·15 부정선거와 4·19 혁명

KOREA

4·19 혁명이야말로 역사를 민중 스스로가 만들어간 대표적인 예로 우리 현대사의 가장 중요한 경험이라고 할 수 있다. 그런 점에서 우리 역사의 장쾌한 한 페이지, 대서사시로까지 이야기하곤 한다.

4·19 세대

우리 사회에서는 '4·19 세대' 또는 '6·3 세대' 등 현대사의 중요 사건과 세대를 관련시킨 용어를 사용하는 경향이 있다. 이는 그만큼 4·19 혁명이나 한일회담 반대시위로 인한 6·3사태가 현대사의 중요한 기점이 되었다는 것을 의미한다.

4·19 세대라면 바로 4·19에 참여했던 사람들을 지칭하는 말이다. 그렇지만 4·19 세대라고 해서 다 같은 것은 아니다. 지금까지도 1960년 당시 제기되었던 정신에 따라 행동하고 생활하는 사람이 있는 반면, 오히려 그 반대되는 행동을 하는 사람들도 적지 않다. 4·19가 일어난 지 벌써 60년이 지났으니 강산도 변하는데 사람이 변하는 것은 오히려 당연할지 모른다. 그러나 4·19가 제시했던 정신은 수백 년이 지나도 변해서는 안 될 것이다.

3·15 부정선거

4·19의 원인으로 제일 먼저 떠오르는 것은 3·15 부정선거이다. 그러나 3·15 부정선거만이 4·19의 원인이었다고 보는 것은 지나치게 단선적이고 단편적

인 이해라고 할 수 있다. 그 배경을 좀 더 폭넓게 살펴볼 필요가 있다.

또한 4·19의 배경과 4월 26일 이승만 하야의 배경도 구분해서 이해할 필요가 있다. 4·19는 3·15 부정선거와 직접 연결되는 측면이 크기 때문에 연관 지어 설명해야 하지만 4·26 이승만 하야는 오히려 4·19 발발 이후의 상황과 연관 지어야 제대로 설명할 수 있다. 4월 19일 혁명 발발 이후 4월 26일 이승만 하야 때까지 1주일이 경과하는데 그 사이에 구호의 변화나 상황의 변동 등을 고려하면서 배경도 살펴봐야 한다는 뜻이다.

이승만 정권이 터무니없는 3·15 부정선거를 저지르게 되는 원인은 그 당시 한국정치의 특징과 관련시켜 살펴보아야 한다. 1954년 이승만은 장기집권을 위해 그 유명한 '사사오입개헌'을 했는데, 그것이 국민들을 설득하는 데실패하였다. 그때부터 이승만 정권이 무엇을 한다고 하면 국민들이 믿지를 않았다.

이런 경향이 1956년의 제3대 정·부통령선거에서도 두드러지게 나타나 서울에서는 이승만이 선거 직전에 급사한 신익희보다도 표가 적게 나오고 경상도에서는 조봉암과 비슷하게 나오는 상황에 직면하였다. 더욱이 1958년의 총선에서 자유당은 서울에서 딱 한 명의 국회의원밖에는 당선시키지 못하는 어려운 상황에 몰렸다.

이승만은 1960년이면 만 85세가 되는 고령이었다. 그래서 그야말로 언제 죽을지 몰랐다. 2인자 이기붕도 항상 병약해서 어떻게 될지 모르는 상황이었다. 그럼에도 불구하고 자유당은 계속 정권을 잡아야겠다는 욕심에서 어떤 부정선거를 치르더라도 이승만과 이기붕을 당선시키려고 했다. 이런 탐욕이 결국 3·15 부정선거라는, 아무리 생각해 봐도 도저히 납득할 수 없는 엉터리 부정선거를 저지르게 했던 것이다.

이 3·15 부정선거와 그 이전 이승만 정권의 행태와 억압에 대해 쌓이고 쌓였던 분노가 폭발한 것이 바로 4·19라고 할 수 있다. 물론 여기에는 미국의 원조 감소와 경제 성장률의 급감이라고 하는 경제적인 요인, 그리고 경제공황으로 인한 미국의 정책 변화 등 국제정치적인 요인들도 작용하였다.

1960년 3월 15일 제4대 정·부통령선거는 민주당 대통령 후보 조병옥이 미국에서 병사함으로써 경쟁자 없이 치러졌다. 그렇다고 당시 분위기가 이승만 정권에 결코 호의적으로 바뀌는 않았었다. 그러나 노골적인 부정선거의 결과 당시의 분위기와는 전혀 달리 이승만은 총투표의 97%를 득표해서 대통령에 당선되었으며, 이기붕은 822만여 표를 얻어 184만여 표를 얻은 장면을 누르고 부통령에 당선되었다.

이때의 선거는 투표 참관인들을 전부 내쫓고 3인조·5인조·9인조 등의 반공개투표를 하는 등 무지막지하게 부정을 저질렀다. 따라서 투표결과는 당시 국민들의 실제 의사와는 거리가 먼 것이었다. 하도 득표수가 많이 나오고 어떤 지역에서는 유권자수보다도 더 많은 표가 나오기도 하니까 자유당에서는 허겁지겁 놀라서 득표율을 대통령의 경우는 80~90%로 낮추고 부통령은 70~80%로 낮추라는 해괴망측한 지시까지 내리기도 했다. 결국 이런 것들이 국민을 분노시켰다.

4·19 혁명의 전개과정

1960년 3·4월 항쟁에서 학생들, 특히 고등학교 학생들이 주역이 되었다는 사실은 우리 역사에서 찾아보기 힘든 경우이다. 시민들은 워낙 이승만 정권 하에서 혹독하게 탄압을 받아서 그런지는 몰라도 3·15 부정선거에 공분을 느꼈음에도 불구하고 마산시민을 제외하고는 거의 항쟁이나 투쟁을 하지 않았다.

제일 먼저 이승만 정권에 대해 항쟁의 불길을 당긴 곳은 대구였다. 2월 28일 학원의 정치도구화에 반대한 고교생들의 시위가 일어났다. 이날은 마침 일요일이었는데 민주당의 부통령 후보인 장면이 대구에 유세하러 왔다. 그런데 당국에서 학생들이 유세에 참여할까봐 전부 등교하라는 지시를 내리고 일부 학교에서는 중간고사를 본다고까지 공고를 하였다. 여기에 반발하여 경

남원이 고향인 김주열은
마산상업학교에 합격한
뒤 3·15 부정선거에 반대
하는 시위에 참가했다가
실종, 27일 만인 4월 11일
최루탄이 눈에 박혀 죽은
채 마산 앞바다에서 발견
되었다. 그의 죽음은 4·19
혁명의 기폭제가 되었다.
국립4·19민주묘지(서울)
와 국립3·15민주묘지(마
산)에도 그의 무덤이 있는
데 가묘이다.

북고, 대구고 등 대구의 주요 고등학교 학생들이 조직적으로 시위를 벌였다.

　이후 각지에서 학생들을 중심으로 한 시위가 계속 되었으며 선거가 있던 3
월 15일에는 마산에서 시민과 학생들의 대규모 항쟁이 일어났다. 그 뒤에도
각지에서 산발적인 시위가 일어났다. 그러다가 마산 1차 시위에서 눈에 최루
탄을 맞은 뒤 바다에 버려졌던 고등학생 김주열의 처참한 시체가 4월 11일에
발견되는 것을 계기로 마산에서 2차 시위가 13일까지 격렬하게 일어났다. 이
마산에서의 2차 항쟁은 4·19로 이어지는 결정적인 계기가 되었다.

　4월부터 각 대학이 개학을 하였다. 4월 10일을 전후해 대학생들도, 지금까
지 고등학생들이 시위를 했는데 우리도 가만있을 수는 없지 않느냐 하면서
시위를 계획하였다. 그리하여 4월 18일 고려대학교에서 제일 먼저 4,000여 명
의 학생이 시위를 일으켰다. 고려대 시위는 규모가 상당히 커 사람들에게 미
친 영향이 적지 않았다. 더욱이 그날 저녁 정치깡패들이 시위대를 습격한 것
이 다음 날 아침 신문마다 대문짝만하게 나 국민들과 학생들의 분노를 크게
불러일으켰다. 그렇지 않아도 시위를 준비하고 있던 서울 시내 학생들에게 4
월 19일 아침에 고려대 학생들이 깡패들에게 구타를 당해서 중상이라는 소
식은 그야말로 불에 기름을 붓는 격이었다.

피의 화요일에서 승리의 화요일로

드디어 4월 19일 화요일, 서울 시내의 모든 학교가 대규모 시위를 일으켰고 학생뿐만 아니라 시민 등 수십만 명이 시위에 참여하였다. 이날 학생들이 어떤 각오와 목표를 가지고 시위에 참여하게 됐는가를 당시 서울대학교 학생회가 발표한 4월 혁명 제1선언문의 내용을 통해서 살펴보도록 하자.

> 상아의 진리탑을 박차고 거리에 나선 우리는 질풍과 같은 역사의 조류에 자신을 참여시킴으로써, 지성과 진리 그리고 자유의 대학정신을 현실의 참담한 박토에 뿌리려 하는 바이다. … 민주주의와 민중의 공복이며 중립적 권력체인 관료와 경찰은 민주를 위장한 가부장적 전제권력의 하수인으로 발벗었다. 민주주의 이념의 최저의 공리인 선거권마저 권력의 마수 앞에 농단壟斷되었다. … 나가자! 자유의 비결은 용기뿐이다. 우리의 대열은 이성과 양심과 평화 그리고 자유에의 열렬한 사랑의 대열이다. 모든 법은 우리를 보장한다.

한마디로 자유와 민주주의의 실현이라고 할 수 있다. 4월 19일에는 엄청난 규모의 시위가 서울뿐만 아니라 광주·부산 등 전국 각지에서 벌어졌다. 그러자 이승만 정권은 이날 오후에 비상계엄령을 내리고 서울 시내 요소요소에 군대를 배치하였다. 그리고 시위대가 지금의 청와대인 경무대로 다가오자 무차별 발포를 하는 바람에 100여 명이 사망하는 사태가 벌어지기도 했다. 그날은 피의 화요일이었다.

군대와 경찰의 무자비한 탄압으로 서울에서는 며칠간 큰 데모가 없었지만, 지방에서는 4월 20일 이후에도 계속 시위가 일어났다. 그리고 서울 시내에서도 23·24일에 산발적으로 데모가 일어났다.

이런 상황에서 이승만을 하야까지 몰고 간 것은 4월 25일 교수단 시위였다. 서울대학교에 모인 27개 대학 교수들은 시국선언문을 발표하고 이어서 시가행진에 나섰다. 그때까지 이승만 정권하의 교수들은 무기력하고 나약한 모습이었다. 따라서 부패한 정권에 대한 비판이나 반대를 거의 못하고 있었다. 2·28 대구 시위부터 4·19 시위까지 침묵을 지켜 학생들의 비난을 받기도 했다. 이런 교수들이 "쓰러진 학생들의 피에 보답하라"는 플래카드를 앞세우고 가두시위에 나서니 학생들에게는 더 이상의 원군이 없었다.

나아가 이것이 촉매가 되어 25일 오후부터 밤늦게까지 서울에서 대규모 시위가 다시 일어났다. 이런 상황은 26일 아침에도 마찬가지여서 많은 학생과 시민들이 시청과 광화문 일대를 꽉 메우고 시위를 계속하였다. 결국 이승만은 이날 하야성명을 내고 대통령직에서 물러났다. 피의 화요일이 1주일만에 민권 승리의 화요일로 바뀌었던 것이다.

이승만의 하야

학생들과 시민들은 4월 19일까지는 이승만의 하야를 부르짖지 않았다. 그러나 피의 화요일인 그날 4월 19일 이후부터는 강하게 이승만의 하야를 주장하였다. 그만큼 4월 19일부터 4월 26일까지 사태의 전개가 이승만이 물러나지 않으면 안 될 정도로 급박하게 돌아갔다.

또한 미국도 4월 19일까지는 이승만 정권을 두둔하고 있었는데 그날 국민들의 엄청난 저항을 보고서 생각이 달라지기 시작했다. 그래서 여러 가지로 이승만 정권에게 개혁 등을 종용하다가 4월 25·26일쯤에 가서는 이승만 정권에 대해 비판적인 입장으로 변하였다.

이처럼 미국의 태도 변화가 이승만이 하야하지 않을 수 없는 하나의 원인이 되었지만 더욱 중요한 것은 미국이 그렇게 태도를 바꿀 수밖에 없게 만들었던 국민의 힘이다. 4·19야말로 역사를 민중 스스로가 만들어간 대표적인 예로 우리 현대사의 가장 중요한 경험이라고 할 수 있다. 그런 점에서 우리 역사의 장쾌한 한 페이지, 대서사시로까지 이야기하곤 한다.

4·19 직후에는 자유민주주의의 기틀을 세우자는 데에 보다 초점이 모아

져 있었지만 4·19에서 4·26으로 넘어오면서 점점 민족적인 성격까지 가미되어 우리 민족이 지향해야 할 바를 제시해 주고 있었다. 비록 스스로 완결된 형태를 갖추고 있지는 못했지만 당시 내세웠던 민족·민주의 과제는 바로 오늘날 우리들에게까지 이어지고 있는 것이다.

4 4·19 혁명의 의의

당시 4·19 주도 세력의 이야기처럼 4월 혁명은 아직 끝나지 않았다. 그것은 우리 사회가 아직도 4·19
에서 제시된 과제들, 특히 통일문제 등을 제대로 해결하지 못했기 때문이다. 이 미완의 혁명이 남긴
과제를 해결하는 것이 바로 오늘날 우리들의 몫이 아닐까?

혁명인가 의거인가

4·19는 의거라고 불러야 하나 혁명이라고 불러야 하나? 용어는 곧 그 사건의
의미 규정이란 점에서 선택에 어려움이 있다. 각 용어가 담고 있는 의미가 무
엇이며 그렇다면 4·19는 그중에서 과연 무엇이 합당할까?

4·19가 일어난 직후에는 의거라는 말을 거의 사용하지 않았다. 일부에서
1960년 3·4월 항쟁이라고 불러야 한다는 주장이 있었지만 거의 대부분이
4·19 혁명 또는 4월 혁명이라고 불렀다. 이것이 5·16 군사 정권에 의해서 의
거로 불리게 되었다. 쿠데타 세력들은 자신들이 4·19를 계승한다고 주장하
면서, 5·16이야말로 군사혁명이고 따라서 4·19는 미완의 의거라고 자리매김
하였다.

5·16 군사 정권은 겉으로는 4·19정신을 이어받는다고 하였지만 잘 알다시
피 4·19정신에 역행할 수밖에 없는 정권이었다. 또 갈수록 독재를 강화해 갔
기 때문에 독재를 부정한 운동인 4·19정신과는 거리가 멀어질 수밖에 없었
다. 그리하여 1960년대 후반 이후에는 학생들이 4·19 행사를 치르려고 해도

하지 못하게 하고 한때는 4월 19일에 학교에 들어가지도 못하게 했다. 이와 동시에 4·19의 의미를 축소시키는 작업을 여러 방면에서 하였는데 그 가운데 하나가 바로 4·19를 '의거'로 부르는 것이었다.

4·19가 혁명이냐 아니냐 하는 문제는 혁명을 어떻게 보는가에 따라서도 차이가 난다. 그 과정을 보면, 혁명이라고 규정하는데 그렇게 인색할 필요는 없을 것 같다. 우선 낡은 정권을 타도하고 새로운 이상을 지향하는 정권을 세우는 것을 혁명이라고 할 때 4·19는 이런 정의에 부합된다고 할 수 있다. 즉 이승만 정권이 분명히 4·19로 인해서 붕괴되었고 새로운 정부가 들어섬으로써 혁명적인 성격을 지니는 정치적 변화가 이루어졌다.

또한 4·19는 이승만 정권 하의 암울한 상황에서 벗어나 새로운 사회를 갈구하던 민중들의 여망과 연결되어 있었다. 실제로 4·19 이후에는 새 사회를 건설하자는 움직임이 봇물처럼 터져 나왔다. 이승만 정권 때에 실현하지 못했던 민주주의가 실현되어야 한다든가 민족자주성이 이룩되어야 한다든가 하는 이전과는 질적으로 성격을 달리하는 새로운 운동, 새로운 지향이 나타났다. 이런 모습들은 4·19에게 혁명으로서의 자격을 부여해 주기에 충분하다.

말하자면 4·19가 정권을 붕괴시키고 새로운 사회를 지향했다는 점에서 혁명으로 이해하는 것이 바람직하다는 것이다. 더욱이 이런 이해는 우리 스스로 민주주의에 대한 신념을 굳건히 하는 데도 도움이 된다고 할 수 있다.

4·19 혁명 이후

4·19를 제대로 이해하기 위해서는 4월 26일 이승만이 물러난 뒤의 상황을 살펴보는 것이 중요하다. 이승만 정권은 붕괴했지만 자유당은 그대로 남아있어서 그 당시 민의원에서 헌법을 개정하거나 주요 법안을 고칠 때에, 다수당인 자유당과 소수당인 민주당이 같이 개헌을 하고 법안도 고치면서 민주화를 진행시키는 모순적인 면도 보여 주었다.

또한 이승만 정권 붕괴 이후 들어선 허정 과도내각에 대해서도 말이 많았다. 이전의 이승만 정권과는 차이가 난다 하더라도 자유당의 서자격인 사람이 정권을 잡은 것이었기 때문에 과연 자유당 체질에서 얼마나 벗어나겠느냐 하는 비판이 있었다.

그러나 이와는 달리 언론에서는 4·19를 혁명이라고 높이 치켜세우면서 4·19정신을 이어받아야 한다, 4·19 이전 사회와는 다른 사회를 만들어야 한다고 주장하며 부정선거의 원흉들과 부패한 기업가들의 처벌을 강력히 주장하였다. 학생들은 신생활운동 등 국민계몽운동에 주력하였다.

이런 상황에서 7월 29일 총선이 실시되는데 이것이 정치권에 큰 영향을 미쳤다. 당시 자유당은 이제는 더 이상 재기할 수 없는 그런 지경이었다. 그래서 4·26 이후의 의회에서 소수파인 민주당에 질질 끌려 다니면서 민주당이 요구하는 대로 개헌도 해 주고 법안을 고치는 역할을 하였다. 반면 민주당은 거대정당으로 발돋움할 가능성이 높아졌다. 국민들이 민주당에 대해 항상 자유당에 의해서 탄압받았던 당이라고 해서 강한 애착도 가지고 있었고, 정치자금 등의 측면에서 다른 어떤 정당보다 유리한 위치에 서 있었다.

한편 혁신계의 경우 당시 5·6월의 신문들을 보면 혁신계가 상당히 두각을 나타낼 것처럼 보도를 했지만, 7월에 들어서면 그런 예상들이 약해졌다. 사실 혁신계는 4·19 직전까지 너무 심하게 탄압을 받았다. 특히 진보당사건 이후에는 조직 자체가 대단히 약해진 상태였기 때문에 4·19가 일어났어도 여기에 제대로 가담조차 못하는 상황이었다.

그러다가 4·26 이후에 조금씩 활동이 활발해지면서 한국도 유럽에서처럼 진보 세력과 보수 세력, 즉 혁신계와 민주당의 양당정치를 실현시켜야 한다는 목적 아래 7·29 총선에 임하였다. 그러나 조직과 자금 등에서 워낙 열세이다 보니까 참패하고 말았다.

당시 민의원 의석 가운데 2/3가 넘는 175석을 민주당이 차지하고 혁신계로 분류되는 사회대중당이나 한국사회당은 6%와 0.6%를 차지하는 데 그쳤다. 그야말로 현격한 격차가 났다. 7·29총선에서의 혁신계의 참패는 4·19 이후의 보수회귀 분위기를 단적으로 보여 주는 현상이었다.

혁명에서 통일로

이를 계기로 학생 세력과 혁신 세력들은 통일문제를 중심으로 새로운 방향을 모색하였다. 4·19 혁명 1돌이 되는 1961년 4월에 발표한 서울대학교 4월 혁명 제 2선언문을 통해서 학생들의 의식이 통일문제로 발전하는 모습을 엿볼 수 있다.

> 오늘 우리는 가시지 않은 일 년 전의 통분과 분노를 지닌 채 우리의 선혈로 물들여지던 4월의 광장에 다시 모였다. … 우리는 특권의식에 찬 그들에게 정권을 되돌려 주는 실패를 가져왔다. 하나부터 열까지 통분하지 않을 수 없으며, 지내온 이 1년간의 정치시간은 치욕과 울분밖에 갖다 준 것이 없었다. 우리는 여기서 3·4월 항쟁을 계속 발전시켜야 한다. 지금 이 땅의 역사 사실을 전적으로 변혁시키기 위해서는 반봉건, 반외압 세력, 반매판자본 위에 세워지는 민족혁명을 이룩하는 길뿐이다. 이 민주민족혁명 수행의 앞길에는 깨어진 조국의 민족통일이라는 커다란 숙제가 놓여있다. 이를 이룩하기 위해서 우리들 젊은 대열은 정비하고 전진한다. … 의롭게 가신 3·4월의 영웅과 전체 선열의 무덤에 승리의 꽃다발을 드릴 그날까지.

반봉건·반외세·반매판자본의 민족민주혁명을 위해서는 민족통일이 먼저 해결되어야 한다는 주장이다. 사실 4·19 직후부터 통일문제가 제기되었던 것은 아니었다. 7·29선거 때 약간 쟁점이 되기는 했지만 그 당시에도 그리 중요시 되지는 않았다. 그러다가 8·9월에 들어서면서부터 학생들과 혁신계에서 점점 통일문제에 대한 관심이 커 갔다.

또한 중립화 통일론이 미국이나 일본에 있는 우리 교포들로부터 제기되기 시작하고 맨스필드 미 상원의원이 오스트리아식 통일방안을 제기한 것이 통일문제에 대한 관심을 크게 제고시켜 주었다. 그리하여 12월 초에는 서울대학교에서 민족통일연맹이 결성되기도 하였다.

이런 통일문제가 본격적으로 제기되는 것은 1961년에 들어서였다. 민족자주통일중앙협의회가 만들어지고 민족민주청년동맹과 같은 청년단체가 만들어지면서 통일문제가 거세게 부각되었다. 당시 학생 세력과 혁신계는 통일이 되어야 민족문제, 민주주의문제 등이 해결될 수 있다고 보았다.

미완의 혁명

당시는 실업자 홍수시대로 우리 경제가 매우 어려웠다. 학생들과 혁신계는 이런 상황이 남북이 분단되었기 때문에 야기되었으며 따라서 남한에서 유리한 것과 북한에서 유리한 것을 상호 결합시켜 민족경제를 형성해야만 경제적으로 발전할 수 있다고 생각하였다. 외세 의존적, 종속적인 경제가 아니라 주체적이고 민족적인 경제로 발전시키기 위해서는 통일국가를 전제로 한 경제 전망과 계획을 가져야 한다는 것이었다.

지금도 남북한 통일문제를 이야기할 때 통일비용의 부담을 문제점으로 제기하면서 망설이는 사람도 일부 있는 것 같다. 그러나 아마 손익계산을 해 보면 결코 통일비용에 못지않은 통일의 수혜가 있을 것이다. 독일의 경우도 통일 후 비용에 대한 부담이 있었지만, 지금 아니 이미 유럽의 최강국이 되어 유럽연합을 좌지우지하고 있음은 주지의 사실이다. 통일이 오히려 독일의 위상을 높이는 데 큰 역할을 했던 것이다. 우리도 통일이 되어야 미국·중국·일본·러시아 등 주변 강대국과 호혜평등의 관계 속에서 외교 활동을 할 수 있다. 분단된 상태에서는 항상 주위 국가와의 관계가 어렵고 또 실제로 이용당하기 십상이다.

그러므로 통일논의는 우선 북한과 어떤 관계 속에서 통일을 맺는 것이 가장 좋을 것인가를 민족적이고 민주적인 입장에서 찾아볼 필요가 있다. 여기에 더하여 통일을 이룩하기 위해서는 우리 내부가 어떻게 정리되고 어떤 체제를 갖추는 것이 가장 적합한가도 생각해 봐야 하겠다. 변화무쌍한 이 시대에 통일이 갖는 역사적 의미, 민족사적인 의미를 새로운 관점에서 평가할 필요가 있는 것이다.

4·19는 결국 통일논의를 마지막으로 5·16 군사정변에 의해서 좌절되었다. 그러나 4·19가 지닌 역사적인 생명력이 상실된 것은 아니었다. 4·19가 우리 현대사에 미친 가장 큰 영향은 우리가 스스로 민주사회를 이룩할 수 있다는 능력과 신뢰, 그리고 새 사회를 향한 벅찬 생동감을 주었다는 것이다. 이런 점에서 4·19는 영원한 생명이라고 할 수 있다.

정신사적 전환의 기점

영국의 《런던 타임즈》는 "역사적인 지난 주간이 증명할 수 있었던 것은, 외국 비평가들이 생각했던 것보다 한국인들은 자유 정부를 향유할 수 있는 자격을 가지고도 남음이 있다는 사실이다."(4월 26일)라고 전하였다. 《파리 마치》도 "한국학생들과 민중 및 군부의 태도는 한국의 정치적 성숙도를 처음으로 입증하였다. 일본인들은 한국 학생과 일반 민중의 용기에 오로지 찬탄을 보내고 있다."(4월 27일)라고 썼다.

수없이 많은 찬사가 전 세계의 언론을 누볐다. 아마 대한민국이 세계에 알려지고 난 후 이처럼 찬양 일색의 큰 반향을 불러일으킨 적은 없었을 것이다. 이는 세계적으로도 획기적인 사건이었다. 따라서 우리 민족에게 미친 영향은 말할 것도 없었다. 식민지, 분단, 6·25 전쟁, 이승만 독재 등으로 점철된 현대사의 질곡에서 극적인 탈출을 할 수 있는 결정적 계기가 되었다. 특히 이런 계기를 우리 스스로 만들어냈다는 자부심은 식민지배 등으로 왜곡되었던 우리 민족정신을 새롭게 일깨우는 정신사적 전환의 기점이 되었다. 이런 변화는 이후 산업화와 민주화를 이끌어 오늘의 성공을 이룰 수 있는 절대적 동력이 되었다.

그러나 당시 4·19 주도 세력의 이야기처럼 4월 혁명은 아직 끝나지 않았다. 그것은 우리 사회가 아직도 4·19에서 제시된 과제들, 특히 통일문제 등을 제대로 해결하지 못했기 때문이다. 이 미완의 혁명이 남긴 과제를 해결하는 것이 바로 오늘날 우리들의 몫이 아닐까?

5 5·16 군사정변과 10월 유신, 그리고 산업화

많은 사람들은 배고픔에서 벗어났다는 사실 하나만으로 박정희 시대에 향수를 가지고 있다. '근대화'는 분명 최소한의 배고픔에서 벗어나게 해 주었다. 그러나 동시에 수많은 노동자들의 땀과 희생이 있었고, 마침내는 '아름다운 청년 전태일'을 낳았다.

박정희 신드롬

가장 존경하는 인물에 대한 설문 조사 결과들을 보면, 백범 김구, 세종대왕, 이순신 등과 함께 박정희 대통령이 꼽힌다. 그 순위도 2위 정도를 차지할 정도로 높다. 김대중 대통령도 5위권에 들곤 한다. 그렇게 꼽는 이유로 박정희는 산업화, 김대중은 민주화라는 큰 업적을 이룬 대통령으로 보기 때문이다.

박정희 시대의 산업화는 '개발독재'라는 말과 짝을 이룬다. 개발은 좋은 의미이고 독재는 물론 나쁜 의미이다. 개발독재란 국가 주도의 급속한 경제발전으로 긍정적 평가를 받기도 하나, 군사문화의 확산, 군의 탈법적 정치개입의 선례를 남겼으며, 민주적 정권교체의 지연, 산업화의 지역·계층간 불균형 등의 부정적 결과를 낳았다는 점에서 비판을 받기도 한다.

그런데 언제부턴가 비판은 숨을 죽이고 미화가 전면에 나서고 있다. 이를 박정희 신드롬이라고까지 부른다. 박정희 시대에 대한 학문적 연구는 아직 충분하지 못하고 깊이도 그리 깊지 않다. 그럼에도 신드롬이라 불릴 정도로 옹호론이 대두한 데는 현재의 정치지형이 불러들인 측면이 크다. 박정희 시

대 18년의 역사를 거슬러 가보자.

5·16 군사정변

1961년 5월 16일 새벽, 제2군 부사령관인 소장 박정희와 육군사관학교 8기
생 출신 군인들이 주도하여 제2공화국을 폭력적으로 무너뜨리고 정권을 장
악하는 군사 쿠데타를 일으켰다. 이들은 곧바로 군사혁명위원회를 조직하여
전권을 장악하면서 군사혁명의 성공과 6개항의 '혁명공약'을 발표하였다. 그
6개항은,

　① 반공을 국시의 제일로 하고 반공태세를 재정비·강화한다.
　② 미국을 위시한 자유우방과 유대를 공고히 한다.
　③ 모든 부패와 구악舊惡을 일소하고 청렴한 기풍을 진작시킨다.
　④ 민생고民生苦를 시급히 해결하고 국가자주경제의 재건에 총력을 경주한다.
　⑤ 국토통일을 위하여 공산주의와 대결할 수 있는 실력을 배양한다.

한일협정 반대 시위

한일협정 반대운동은 1964년 3·24 시위 이후 전국으로 확대, 6·3 항쟁에서 절정에 이르렀다. 그러자 박정희 정부는 비상계엄령을 선포하여 이를 억압하였다. 그리고 이듬해 2월 15일 한일기본조약에 합의하고 8월 14일 한일협정 비준동의안이 여당 단독으로 국회를 통과하였다. 이렇게 통과된 한일협정의 대가로 얻은 일본의 경제협력자금이 산업화의 밑거름이 되긴 했지만, 한일 관계 정립에 여전히 걸림돌이 되고 있다. 사진은 대한민국역사박물관 전시 패널이다.

⑥ 양심적인 정치인에게 정권을 이양하고 군은 본연의 임무로 복귀한다.

는 것 등이었다.

쿠데타 도중에 일부의 반대도 있었지만, 미국 정부의 지지 표명 등에 힘입어 합법성을 주장하면서 '군사혁명위원회'를 '국가재건최고회의'로 재편하여 3년간의 군정軍政 통치를 시작하였다.

그 후 군정을 연장하려다가 국내외의 강력한 반대에 부딪치자 결국 '군 복귀' 공약을 어기고 선거를 실시하였다. 그리하여 1963년 말 대통령 선거와 국회의원 선거를 승리로 이끌고 제3공화국을 출범시켰다. 5·16 군사정변은 양대 선거의 승리를 통해 정당화되었다.

이처럼 5·16 군사정변이 일어나면서 현대사의 굴레가 만들어진다. 일본육사를 졸업한 만주국군 중위 출신의 대한민국 육군 소장 박정희가 그 정변의 주인공이고, 이른바 성장 신화 속의 야누스 역을 맡는다.

조국근대화=산업화

그는 무엇보다 "민생고를 시급히 해결하고 국가자주경제의 재건에 총력을 경주한다."는 혁명공약의 이행에 몰두한다. '조국근대화', 즉 산업화가 지상명제였다. 제1차 경제 개발 5개년 계획이 시작된 1962년부터 한국 경제는 고도성장의 시동을 걸었다. 이 근대화의 밑천은 1965년 굴욕적인 한일협정에서 일제 35년의 희생을 판 돈, 그리고 저 멀리 이국땅 월남의 전쟁터에 젊은 목숨을 판 돈이었다. 비록 아쉬움은 크나 이렇듯 일본의 경제협력 자금과 베트남전에 따른 특수경기에 힘입어 박정희 정권은 1960년대 중반 이후 '조국 근대화'에 매진할 수 있었다. 그로부터 불과 20여 년 만에 한국은 근대적인 산업국가로 탈바꿈할 수 있었다.

정부는 외국에서 자본을 끌어와 수출 산업을 지원하는 국가 주도의 수출지향적 산업화 정책을 추진하였다. 낮은 임금의 풍부한 노동력을 바탕으로 섬유, 합판, 신발 등 경공업 제품이 산업화 초기 한국의 수출을 이끌었다. 경부고속도로도 1968년에 착공하여 1970년에 준공되었다. 수도권과 영남 공업지역을 연결하는 대동맥 역할을 하며 1일 생활권이란 말을 낳았다.

제1·2차 경제 개발 5개년계획(1962~1971)을 추진하는 동안 연평균 8.6%의 고도성장을 달성하였다. 경제규모가 3조 4191억 원으로 11배 이상 늘어났으며 1인당 국민총생산도 1961년의 82달러에서 1971년에는 289달러로 크게 높아졌다.

한편, 1970년대의 성장은 중화학 공업이 이끌었다. 중화학 제품이 전체 수출 상품에서 50%가 넘는 것을 목표로 하였다. 기업들은 대규모 공장을 앞다투어 건설하였고, 중공업은 빠르게 성장하였다. 1972년~1978년 동안 연평균 8.9%에 이르는 높은 성장을 이룩함으로써 1인당 국민총생산이 1977년에 1천 달러를 넘어섰으며 1978년에는 1,400달러로 늘어났다. 수출도 1971년 10억 달러에서 크게 늘어나 1977년에 1백억 달러를 넘어섰다. 1977년에는 생산액에서도 중공업이 경공업을 넘어섰다. 경제개발계획 추진 이후 처음으로 경상 수지 흑자를 기록하기도 했다. 이처럼 잘살아 보겠다는 국민의 의지와 국가의 적극적인 노력이 결합하여, '한강의 기적'이라는 재건과 성장의 신화를 만들어냈다.

그러나 산업화가 마냥 좋은 것만은 아니었다. 1960년대 말 불황을 맞아 파산 위기에 놓여 있던 대기업들에게 이른바 8·3조치(1972년)라 불리는 〈경제의 안정과 성장을 위한 긴급명령 제15호〉를 통해 엄청난 금융혜택을 제공하는 등 재벌의 경제력 집중 현상을 낳았다. 또 박정희 정권 마지막 해에는 중화학 공업에 대한 중복 과잉 투자의 문제점이 드러나면서 국가 경제 전체가 심각한 위기를 맞았다. 경부고속도로 건설 과정에서는 호남 소외 논란이 일기도 하였다. 박정희 시대 근대화 지상주의의 폐해는 성수대교(1994. 10.)와 삼풍백화점(1995. 6.)의 붕괴가 상징하고 있듯이 압축성장의 그늘 속에 암적인 존재들이 숨어 있었다.

10월 유신

박정희 정권은 1970년대 들어서면서 정치적으로 위기를 맞았다. 해방 이후

20여 년이란 시간이 흐르면서 국민들의 의식 수준에서도 적지 않은 변화가 있었다. '조숙한 민주주의'에서 벗어나 점차 자유민주주의의 가치에 대한 이해가 높아갔고, 따라서 독재에 대한 거부감도 커졌다. 그 결과, 1971년 4월 대통령선거에서 각종 억압적 분위기를 조성했음에도 불구하고 김대중 후보에게 가까스로 이겨 대통령에 당선되었다. 이어지는 5월 제8대 국회의원선거에서는 여당인 민주공화당이 의원 정수의 55.4%에 해당하는 113명으로 과반수 의석을 차지했지만, 야당인 신민당이 기존의 44석을 두 배 이상 상회하는 89석을 확보하였다. 이로써 박정희 이후 정권교체 가능성 등 권력 승계의 위기가 나타났다.

이런 위기 상황에서 1972년 10월 17일, 박정희는 장기집권을 목적으로 초헌법적 비상조치인 10월 유신을 단행하였다. '대통령' 박정희가 일으킨 또 하나의 쿠데타였다. 그는 근대화를 위해 효율적인 체제를 구축해야 한다는 명분 아래 강력한 권위주의체제를 만들었다.

《경향신문》 10월 18일자에 '전국에 비상계엄 선포'란 제호 아래 게재된 10월 유신 관련 대통령 특별선언을 보자.

평화통일이라는 민족의 염원을 구현하기 위하여 우리 민족진영의 대동단결을 촉구하면서 오늘의 이 역사적 과업을 강력히 뒷받침해 주는 일대민족주체 세력의 형성을 촉성하는 대전기를 마련하기 위해 … 헌법 일부조항의 효력을 정지시키는 비상조치를 국민 앞에 선포하는 바이다.

통일과 한국적 민주주의의 토착화를 위해 구질서를 청산하고 능률의 극대화, 자주적인 총력체제 구축을 이루겠다는 뜻을 담았다. 이는 '한국적 민주주의'를 제도화하겠다는 것인데, 그 핵심은 대통령 1인에게 모든 권력을 집중시키는 것으로 1인 독재체제를 한층 더 강화하였다. 대화와 타협을 핵심으로 하는 의회민주주의와 시민적 권리의 표출을 '정치과잉'이라 하여 배제하는 것이었다. 이에 대통령 간선제가 시행되었고 의회의 권한은 제한되었다. '한국적 민주주의'라는 이름 아래 유신헌법과 아홉 번에 걸친 긴급조치 등으로 국민의 기본권을 제한하고 그에 저항하는 사람들을 가차 없이 처벌하였다.

한국적 민주주의와 국사교육 강화

1963년 9월 집권에 성공한 박정희는 농민, 어민, 노동자, 소시민 등 서민에 기반한 민족적 민주주의라는 이데올로기를 동원하였다. 자신의 이념을 강력한 민족적 이념에 바탕한 자유민주주의사상이라고 주장하였다. 그러나 그것은 경제성장주의에 지나지 않았다. 통일이나 민주주의와 같은 가치는 박정희식 민족주의에서는 배제되었다.

1960년대 후반부터 '민족사'와 '전통문화'는 한국적 민족주의의 원천으로 동원되었다. 즉 전통문화 유산과 호국의 얼을 국민의 정신적 지주로 삼을 것을 강조하였다. 박 정권의 조국근대화 이데올로기 만들기에 '전통'을 중시하는 지식인과 '근대화'를 중시하는 지식인이 결합하였다. 그 결과물이 〈국민교육헌장〉이었다. 헌장 선포 이후 국가주의를 효과적으로 불어넣기 위해 관련 교육제도를 개편하였다.

1960년대 후반부터 학교교육에도 투철한 민족의식·국가의식을 가진 인간 양성이라는 측면이 부각되면서 많은 변화가 있었다. 이런 정신에 맞추어 교육과정도 전면 개정되었다. 국민윤리가 필수과목으로 지정되었고 국사 등 국책과목에 대해서도 수정·보완이 이루어졌다.

1972년 정부는 '국적 있는 교육', '민족주체성 확립을 위한 교육'을 내세워 국사교육 강화정책을 추진하였다. 이 정책은 국사학계나 문교부의 건의에 의한 것이 아니라, 대통령의 개인 의지가 발현된 것이었다. 그리하여 검인정(2종)으로 되어 있던 국사교과서를 1973년 6월에 국정(1종)화로 전격 변경하였다. 이 정책은 국사학계의 반대에도 불구하고 이를 무시한 채 강행되어 1974학년도부터 전국의 모든 중등학교에 새 국정 국사교과서가 배포되었다. 국사교과서의 국정화는 국사교육 강화정책과 10월 유신이라는 시대상황이 맞물려 이루어진 것이었다.

새마을운동

산업화 못지않게 박정희 시대에 대한 평가가 나누어지는 것 중 하나가 새마을 운동이다. 1970년부터 시작된 '새마을운동'은 범국민적 지역사회 개발운동이었다. 새마을운동은 1970년 4월 22일 한해旱害대책지방장관회의에서 박정희 대통령이 농촌재건운동을 위해 근면·자조·자립정신을 바탕으로 한 마을가꾸기 사업을 제안했는데, 이것을 새마을가꾸기운동이라 부른 데서 시작되었다. 1971년 정부는 전국 33,267개 행정리동行政里洞에 시멘트 336포대씩을 지원하여 전 마을에서 일제히 '새마을가꾸기운동'을 추진하였다.

1960년대 경제개발이 도시 중심으로 추진되면서 도시와 농촌 간 소득 격차가 현격하게 벌어졌다. 박정희 정권은 집권의 안정된 토대를 구축하고자 집권여당의 정치기반이었던 농촌의 지지를 다시 다질 필요가 있었다. 그 일환으로 추진된 것이 새마을운동이었다. 1960년대 경제개발이 도시 중심의 근대화전략이었다면, 1970년대 초 새마을운동은 농촌 중심의 근대화전략이었다.

새마을운동이 많은 성과를 거두자 유신체제 수립 이후 도시·직장·공장에까지 확산되어 근면·자조·협동을 생활화하는 의식개혁운동으로 발전하였다. 정부 주도하의 국민적 근대화운동이 되었고, '정치적 국민운동'으로 그 성격이 바뀌어 갔다. 새마을 지도자들은 유신체제의 정당성을 선전하는 한편, 일부는 통일주체국민회의 대의원으로 뽑혀 유신체제의 적극적 지지 세력이 되었다. 관 주도의 새마을운동은 국가권력의 의지에 따라 추진되었고, 여러 수단을 동원하여 농민들의 적극적인 참여와 지지를 이끌어 냈다.

박정희 대통령은 "새벽종이 울렸네, 새 아침이 밝았네."로 시작하는 〈새마을 노래〉를 직접 작사·작곡하였고, 방송매체를 통해 아침, 저녁으로 방송하였다. 〈잘살아 보세〉라는 제목의 새마을운동 노래도 귀에 익숙하다.

이 새마을운동은 민족도, 통일도, 평화도 모두 밀어내고 당당히 시대적 과제의 첫 자리를 차지하였다. 그래서 그때 우리나라 기차 이름에서 무궁화호, 통일호, 비둘기호 등을 다 밀어내고 새마을호가 으뜸의 자리를 차지하였다. 물론 지금은 고속철도 위를 달리는 KTX가 최고 등급의 자리를 차지하고 있지만….

그러나 한때 활기차던 새마을운동이었지만, 1970년대 후반이 되면 벌써 쇠퇴 징후를 보인다. 농촌은 근대화가 진행되면서 이해관계가 복잡해졌고, 반면 농민이 기대했던 정권은 경직되면서 농민의 자율을 억압하는 기제로 작용하였다. 도농 간의 격차도 해소되지 못한 채 농가 부채만 크게 늘었다. 이에 따라 농민들의 호응도 점차 시들하더니 박정희 사후 급격히 쇠퇴하고 말았다.

지금 경상북도 청도에 가면 '대한민국 새마을운동의 발상지'라는 커다란 안내판을 쉽게 만난다. 청도 신도마을의 잘살기운동이 그 시원이란 주장이다. 새마을운동은 이처럼 여전히 지자체의 자랑스런 홍보 아이템이 되기도 한다.

새마을운동의 흔적들

전라남도 화순군 도암면 도장리 마을회관에 보관되어 있는 새마을운동 관련 문서가 2013년 공개되었다. 총 6,000여 페이지에 달하는 방대한 양으로 당시 새마을운동이 중앙으로부터 말단 하부까지 어떻게 관철되었는가를 생생히 보여 주고 있다.

1 1977년 도장리 새마을운동 관련 문서

2 1972년 도장리 새마을운동에서 노동력을 동원한 내역을 기록한 장부

3 1972년 도장리 새마을운동에서 시멘트를 사용한 내역을 기록한 장부

4 1972년 도장리 새마을규약

5 1972년 도장리 새마을 어린이단 규약. 어린이들까지 새마을운동에 동원되었음을 보여 주고 있다.

6 1972년 도장리 새마을 사업계획

7 1972년 도장리 새마을 가꾸기 사업 완결 보고서. 사업 내용, 정부 지원과 개인 부담 내역들이 상세히 기록되어 있다.

병영사회의 그림자

한국사회의 병영화는 베트남 참전 때로 거슬러 올라간다. 베트남 참전은 1960년대 말 남북한 군사적 긴장관계를 급격히 고조시켰다. 박정희 정권은 오히려 이런 긴장관계를 안보위기론과 연결시킴으로써 장기집권에 활용하였다.

1968년 2월 박정희 대통령은 향토예비군설립 연설에서 "오늘 여러분은 일하며 싸우고 싸우며 일하는 향토방위의 전사가 될 것을 조국과 민족 앞에 엄숙히 선서하였다."라 하고 또 "총 들고 건설하며 보람에 산다."는 예비군가의 한 구절을 인용하면서 마무리하였다. 그리고 이듬해 박정희 대통령의 신년사 제목은 "싸우며 건설하자"였다. 이렇듯 조국근대화는 경제와 군사가 결합된 "일하며 싸우고 싸우며 일하는" 총력전의 형태로 추진되었고 그 과정에서 대민통제는 물론, 병영사회의 그림자들이 곳곳에 길게 뻗어 나갔다.

'하면 된다'는 군인정신이 대화와 타협이란 민주주의의 수단들을 무력화시켜 버렸다. 병영사회의 억압적인 분위기는 개인의 창발성에 따른 지적 문화의 발전을 억누르고, 대중들을 향락적 소비문화에 빠지게 하였다. 이렇게 국민들의 비판의식을 마비시킴으로써 유신체제를 지탱해 나갔다.

1975년 5월에는 학도호국단 설치령을 반포하여 학원 병영화를 추구하였다. 그리고 같은 해 6월 〈민방위의 날에 관한 규정〉이 대통령령으로 제정되었고, 이를 토대로 9월 22일 전국에 민방위대를 창설하여 사회의 군사화로까지 나아갔다. 1976년 5월부터는 관주도로 행정단위의 최말단 조직인 반班을 대상으로 반상회를 운영함으로써 전국민을 행정의 최소 단위까지 묶어 통제를 강화하였다.

결국 박정희는 1979년 10월 26일 당시 중앙정보부장이었던 김재규에 의해 총기 시해弑害되었다. 김재규는 같은 해 12월 18일 재판의 최후진술에서 "대통령 각하와 자유민주주의 회복과는 이건 아주 숙명적인 관계를 만들어 놓고 있기 때문에 결국은 자유민주주의를 회복하려면 한쪽을 희생할 수밖에 도리가 없는 것이다."라 하여 자신의 행위를 정당화하였지만, 유신체제의 한계를 지적한 것이기도 하였다.

성장과 도덕성이란 두 잣대

많은 사람들은 배고픔에서 벗어났다는 사실 하나만으로 박정희 시대에 향수를 가지고 있다. '근대화'는 분명 최소한의 배고픔에서 벗어나게 해 주었다. 그러나 동시에 수많은 노동자들의 땀과 희생이 있었고, 마침내는 '아름다운 청년 전태일'을 낳았다. 전자는 성장을 뜻하고, 후자는 도덕성을 뜻한다. 성장과 도덕성 중 어느 하나를 선택해야 할 때 과연 어느 것이 더 우선일까? 여기서 풀기 어려운 성장과 도덕성의 가치논쟁이 생긴다.

쉽게 말하자면 부자치고 깨끗한 사람 있냐? 이런 말이나 마찬가지다. "손해 보고 판다."가 장사꾼의 공인된 거짓말이듯이 도덕적으로 깨끗하게 해서 큰돈을 벌 수는 없다고 흔히 생각한다. 그래서 "개같이 벌어서 정승같이 써라."는 속담에 진실이 담겨 있다. 돈은 개같이 벌어야 벌린다는 것이다.

선진제국주의 국가들이 어떻게 선진국이 되었는가? 식민지 수탈을 위한 제국주의 침략이 그 동력이 되었다. 또 산업혁명을 말하는데 산업혁명은 부녀자, 아동의 노동력까지도 철저하게 팔아서 이룬 발전이다. 그렇다고 지금 와서, "노동자들의 비인간적인 고통이 있었으니 산업혁명은 해서는 안 되는 일이었다." 라고 할 수 있느냐는 것이다. 이 질문에 아무도 그렇다고는 답하지 못할 것이다. 그저 '필요악'이었다는 정도로 넘어가고 만다. 또는 그때 그 노동자는 희생했을지라도 그 노동자의 자식들은 지금 그 희생의 혜택을 보지 않느냐, 그러면 된 거 아니냐는 말도 나온다. 그래서 성장은 도덕성과 반비례한다는 이야기도 나온다.

이런 논리는 '개발독재'라 불리는 박정희 시대에 그대로 해당한다. 산업화 초기 경제발전을 위하여 국가의 권위주의적 개입이 불가피했기 때문에 개발독재 역시 불가피한 현상이라고 본다. 이런 주장은 점차 확대되어 마침내 '박정희가 없었으면 한국의 경제성장도 없었다.' 라는 주장으로까지 나아간다.

박정희 신드롬은 기득권층에 의해 의도적인 지원을 받으면서 우리 사회에 영향력을 확대해 나갔다. 그러나 지금 와서 보니까 그렇다는 것이지 사실 1980년대에만 해도 박정희 시대를 재는 잣대는 도덕성에 있었지, 성장에 있지 않았다. 박정희 시대에 성장이란 잣대를 대게 된 것이 바로 1990년대 이후의 큰 변화이다.

6 지배문화, 저항문화, 대중문화

KOREA

지배문화와 저항문화 간에는 타협의 여지가 없었다. 조화나 균형보다는 대립만이 서로 존재할 수 있는 이유가 되었다. 그렇지만 그런 대립 국면에서도 사실 타협 내지 교섭 문화가 폭넓게 자리 잡고 있었다.

'민족' 깃발 빼앗기

우리나라의 20세기는 식민지−제국간의 대립, 동·서간의 이념 갈등, 남북 분단, 군사독재, 민주화운동, 노동운동 등으로 이어지는 분열과 대립의 연속이었다. 역사 자체가 대립적이었기 때문에 '문화'를 둘러싼 논의들도 이분법적, 대립적 관점이 우세하였다. 또 그게 사실이기도 했다. 그래서 문화에 대한 이해도 지배문화와 저항문화라는 관점에서 파악하였다.

그런데 지배든 저항이든 공통점이 있었다. 바로 '민족' 지상주의였다. 민족은 지배든 저항이든 어디든 나타나는 화두였다. 내용상의 스펙트럼은 다양했지만, 어느 경우든 민족을 떼어 놓고는 존재할 수 없었다. '민족주의'가 어떤 이념보다도 초월적 지위를 누리고 있었다는 데 사실상 20세기 한국 문화의 특징이 있다.

민족이란 말의 지위는 1960·70년대로 들어오면서 더욱 높아진다. 특히 4·19 이후 민족주의 계열의 민족 내지 민족문화 인식이 계승되면서 증폭되었다. 이처럼 민족주의 전통이 워낙 강했기 때문에 '지배'든 '저항'이든 대립 세력이 똑같이 '민족'이란 깃발을 들었다. 이른바 '한국적 민족주의'든 '민중적 민족주의'든 민족주의를 앞세웠다. 따라서 두 진영 간에 그 '민족'이란 깃발을 빼앗기 위한 싸움이 치열하게 전개되었다.

지배문화=한국적 민족주의

유신체제가 들어선 1970년대 초 이후에는 국가주의 이데올로기가 극성을 부렸다. 국가주의는 '민족'을 불러내는 담론의 틀이 되었고, 국가는 '민족'의 성격과 내용을 규정하였다. 이는 이른바 '한국적 민족주의'라는 이데올로기에 담겨 교육, 매스컴, 예술정책과 문화재 정책을 통해 퍼져 나갔다.

당시에는 문화를 '한 인간집단의 생활양식의 총체'라는 포괄적 개념보다는 '예술적 표현양식과 활동' 정도로 좁혀서 이해하고 있었다. 따라서 문예가 곧 문화였다. 이때 국가의 문예정책은 단지 박제화된 관제문화를 만들거나 탈정치화된 대중을 창출하는 소극적 수단이 아니라, 한국적 민족주의를 지배이데올로기로 자리 잡게 하기 위해 국가가 문화영역에 개입하는 적극적 수단이었다.

1973년 10월 20일의 문예중흥선언을 보자. 이 선언은 "우리는 민족중흥의 역사적 전환기에 처하여 새로운 문화창조의 사명을 절감한다. 한 겨레의 운명을 결정짓는 근원적 힘은 그 민족의 예술적 문화적 창의력이다."라는 말로 시작하고 있다. 국가가 선언의 형태로 문예중흥을 실천하고자 함에서 국가주의의 전형을 볼 수 있다. 특히 "우리는 길이 남을 유산을 개발하고 민족적 정통성을 이어 받아 오늘의 새 문화를 창조한다."라는 부분에서 더욱 그러하다. 예술은 민족예술로 재창조되어 국가에 봉사하고 민족의식을 고취시키는 것이어야 했다. 전통은 국가발전과 국민총화를 위해 재창조되어야 했다. 그리하여 전통과 예술 모두 "얼마나 민족적이냐?"가 평가의 기준이었다. 이때의 '민족적'은 '국가적'이었고 '국가적'이란 '국가발전과 국민총화'였다. 결국 '민족적'이란 당시 정권의 지배이데올로기에 봉사할 때만 인정되는 그런 것이었다.

이런 기조 위에서 1973년 한국문화예술진흥원을 설립해 문화예술인들을 유신체제에 협조하도록 유도하였다. 다만 순수 문화예술 지원을 위한 문예진흥기금을 설치한 데 대해서는 긍정적으로 평가하기도 한다. 한국문화예술진흥원은 2005년에 한국문화예술위원회로 전환하여 민간자율기구화하였다.

선택된 역사 재구성

역사도 비슷한 과정을 겪었다. 즉 위와 같은 문화정책=문예정책의 실현을 위해 국가는 민족문화 창조를 외쳤고 이를 위해 역사를 적극적으로 활용하였다. 다만 그 과정에서 국가는 역사를 역시 '민족적'='국가적'이란 기준에서 선택하여 재구성하였다. 이는 국가가 정권의 체제유지와 강화를 위한 수단으로서 '공적인 기억', 즉 '지배적 기억'을 만들어 가는 과정일 뿐이었다. 이때 선택은 취하는 것만이 아니라 버리는 데도 선택이 행해졌다. 즉 취사선택이었던 셈이다. 그렇다면 취한 것은 무엇이고 버린 것은 무엇인가? 전통문화 속에서 만나는 '국가주의', '충忠'의 관념은 과다할 정도로 취하였고, 민속의 범주에 속하는 전통적 관습과 태도는 버리는 대상이었다. 그 기준은 오직 국가가 정한 "얼마나 민족적이냐?"였다.

기억을 만들기 위해 취해진 것들은 무엇이었을까? 이는 문화재정책을 통해 엿볼 수 있다. 문화재정책은 새로운 민족사를 창조해 나가는 국민의 정신적 지주로서 국민교육의 기능을 발휘하도록 하는 기조 위에서 추진되었다. 그리하여 ① 국난극복의 역사적 유산, ② 민족사상을 정립시킨 선현유적, 그리고 ③ 전통문화의 보존계승을 위한 유적 등 세 가지가 주요 대상이 되었다. 이는 다시 호국선현과 국방國防유적으로 집중되었다. 구체적으로는 이순신과 현충사, 경주고도개발慶州古都開發과 화랑도, 세종대왕과 한글창제, 강화도의 진보鎭堡 및 수원성의 복원 등을 꼽을 수 있다.

이런 일련의 '선택적 역사재구성'의 과정은 10월 유신 이후 '한국적 민족주의'의 표방과 함께 가속화되었다. 그리하여 역사적 영웅과 민족문화의 황금시대를 상징적으로 띄웠다. 문신文臣보다는 무신武臣, 지역적으로는 경상도, 현대를 피해 오래된 과거로, 민중문화보다는 지배계급의 문화, 지방문화재보다는 국가문화재가 강조되었던 것이 이 시기 문화재정책의 특징들이었다.

이런 경향은 일부 역사학에도 그대로 나타났다. 근대주의의 틀 안에서 한국사를 주체적이고 발전적으로 파악하려는 일부 한국사연구자들의 관점은 당시 자본주의 근대화를 기초로 정책을 추진하던 박정희 정권의 이해와 일치하였고, 이선근 등의 주도로 역사에 토대를 둔 한국적 민족주의를 형성하게 하였다. 물론 이에 대한 저항 영역에는 민중사학을 표방하는 한국사 연구자들이 서 있었다.

1980년대 5공화국의 문화정책도 기본적인 맥락은 같았다. 다만 권력의 정당성 확보를 위한 폭력적 통제가 보다 더 강해졌다. 5공화국은 이런 폭력성을 내세우며 '의도적 육성'과 '체계적 배제'를 기조로 한 문화정책을 전개하였다. 전자의 예는 〈미스 유니버스 대회〉나 〈국풍 81〉 같은 것으로 나타났고, 86아시안 게임과 88 서울올림픽의 유치로 이어졌다. 이런 대규모 이벤트의 유치는 1980년대 내내 대중의 일상과 의식을 옭매는 대규모 의식조작의 수단으로 기능하였다. 따라서 5공화국의 문화정책은 그 자체 정권안보 행위였다.

저항문화=민중문화운동

저항문화의 영역은 민중문화운동이 차지하였다. 문화운동권은 서구 상업문화에 대비되는 '민족성' 짙은 문화를 강조하였고, 지배계층의 문화에 대비되는 '민중성' 강한 문화를 강조하였다.

그들은 관 주도의 문예정책들로 인해 한국의 전통문화는 박제화되어 박물관에 격리, 감상의 대상으로 전락해, 그 결과 생생한 생명력을 잃었다고 보았다. 또 상업화, 서구화가 문화의 계급성을 부추겼고, 그나마 대접받고 있는 전통문화라 해 봐야 양반문화일 뿐이라고 보았다. 따라서 이런 이해에서 나오는 문화운동권이 외래문화에 대항하는 민족문화를, 그리고 지배층의 문화에 대비되는 민중문화를 한국문화의 본령으로 지향하게 됨은 당연하였다.

이는 더 나아가 민중=민족이 되었고 민족문화의 원형은 민중문화 속에서 찾고 전통의 현대적 재창조는 민중의 현실을 반영해야 한다는 입장을 취하게 했다. 이런 입장이 구체화된 것이 대학의 탈춤운동이었다. 이는 민중문화 운동권이 추구한 전통민간예술의 현대적 재창조였다. 이 운동은 물론 순수예술운동은 아니었다. 그들은 순수예술을 비판하며 변혁 의식을 고양하였고, 예술의 정치화를 주창하였다. 탈춤은 정부 차원에서도 무형문화재나 민속자료의 보호 차원에서 다루고 있었다. 그러나 이는 문화운동권이 탈춤을 통해 민족·민중문화의 부흥을 꾀하려 했던 것과는 크게 달랐다. 그 차이는 물론 민족문화에 대한 개념의 차이에서 빚어진 일이었다. 그런 차이가 있었지만, 어느 경우든 민족문화를 정치적으로 활용하고 있었다는 점에서는 마찬가지였다. 이는 '민족'이란 같은 화두로 문화를 풀어 가는 데서 나온 원초적 동질성인 셈이었다.

이런 저항문화의 상징은 '공동체성'과 '신명성'으로 나타났다. 그런 상징은 1970년대 초반 도시의 대학탈춤반 활동을 통해서 일어났다. 이는 "'우리 것'이라고 하는 전통문화의 주체의식 각성", 다시 말해 도시화된 환경 속에서 이미 상실하기 시작한 전통문화의 맥락을 다시 잡아보려는 노력이었다. 이는 '집단적 신명'으로 나아갔고, 정치 및 사회에 대한 비판운동을 지향하였다.

비판성의 강조는 연극회 또는 가면극회 활동에서도 나타났다. '전통풍물 + 비판의식'은 곧 '시위와 사회운동'이라는 등식으로까지 이어졌다. 이러한 일련의 과정은 문화운동이 곧 사회운동의 하나로서, 사회운동을 위한 강력한 무기이자 표현방식이 되도록 하는 데 공헌하였다. 그 안에서 풍물, 탈춤, 마당극 등 전통 연행예술은 민중성을 담는 지배적 상징이 되어 저항적 정체성 형성의 핵심 기제가 되었다.

1970년대 대중문화의 이중성

1960·70년대의 비판적 지식인들은 이 시기의 문화정책이 대중의 탈정치화에 이용하기 위해 퇴폐적이고 상업적인 대중문화를 양성했다고 지적하였다. 그러나 이는 그런 점도 있었지만 꼭 그렇지만도 않았다.

박정희 정권의 문화적 취향은 일종의 엄숙주의, 금욕주의, 실용주의의 특징을 갖고 있었다. 박정희는 소위 퇴폐적, 향락적 문화에 대해서는 대단히 부정적인 입장을 갖고 지나치리만큼 가혹한 처벌을 내리곤 하였다. 대중문화에 대한 정책에서도 반정부, 반국가적 행동과 사상에 대한 검열 뿐 아니라, 폭력, 선정, 허영과 낭비조장 등 비윤리적이라고 판단되는 행위에 대해 엄격한 통제를 가하였다. 건전함, 진취성, 근면, 단합과 총화, 질서와 규율, 실용성, 그리고 애국애족심과 국가에 대한 충성심 등이 이 시기 문화정책에서 적극적으로 권장되던 가치규범이었다.

그 때문에 1970년대에는 관료적 권위주의가 상업주의적 대중문화의 수준을 자신들의 의도에 따라 적정 수준으로 통제하였다. 왜냐하면 대중문화의 현실도피적이고 탈정치적인 성격은 관료적 권위주의의 유지에 도움이 되지만, 마비적, 탐닉적 성격의 대중문화의 만연은 관료적 권위주의가 요구하는 총력동원체제에 역작용할 것으로 인식했기 때문이다. 따라서 1970년대의 대중문화는 상업주의와 외래문화의 영향 아래 소비적, 향락적, 오락 지향적인 성격을 지니면서도, 다른 한편으로는 전통적이고 복종적인 가치를 강조하는 이중적 성격을 갖게 되었다.

이렇게 본다면, 쾌락을 앞세운 상업성을 그 본질로 하는 대중문화에 대해, 그 쾌락 때문에 정부는 비판적이었다. 쾌락에 대한 민중문화운동권의 입장 역시 두말할 필요도 없이 비판적이었다. 따라서 대중문화는 그 쾌락이 구실이 되어 지배와 저항의 양면으로부터 비판을 받는 고달픈 신세가 되었다.

이는 서로 다른 발상에서 출발했지만 동일한 비판 대상을 찾은 셈이었다. 문화운동권도 대중을 민중으로 흡수해야 했고 정권 또한 대중을 정권의 지지층으로 만들어야 했다. 같은 목표가 만들어 낸 동상이몽이었다. 양자 모두 '민족'을 정치의 수단으로 활용하는 입장과 근본적으로 상통하였다. 양자 간에 대립만이 있고, 타협이 존재할 수 없었던 시절이 만들어 낸 문화현상이었다. 서로 다르다고 주장하면서도 서로 같은 목표를 지향하고 있었던 데서 오는 패러독스이기도 하였다. "한국적 민족이냐?", "민중적 민족이냐?"의 문제에서 오는 패러독스였다.

대중들의 대중문화

대중문화는 엄숙성을 내세우는 정부나 운동권 어디서도 환영받지 못하였다. 그래서 여전히 '딴따라'로 여겨졌고, 저급, 통속 등등의 단어로 치부해 버리고 말았다. 그러나 이 시기 '대중'들에게 대중문화는 그렇지 않았다.

우리나라에서 1970년대 이후는 명백히 대중의 시대이고 또한 도시의 시대이다. 농촌과 도시의 생산력 및 인구비율이 역전된 것은 1970년대에 이르러서였다. 이러한 대중의 시대, 도시의 시대를 상징하는 것으로 TV, 영화, 라디오 등의 대중매체, 아파트, 초고층빌딩, 그리고 대중문화의 영웅=스타들을 설정할 수 있다.

각 매체별로 당시 대중적 인기를 끌었던 작품들을 중심으로 개관해 보자. 먼저 1965년 10월 1일 방송된 TBC 라디오 홈드라마 〈아차부인 재치부인〉을 들 수 있다. "유전하는 역사 속에서도 17년을 하루같이 정상을 지켜온 프로그램이 있다면 그것은 홈드라마 〈아차부인 재치부인〉이다."라고 할 만큼 대표적인 도시형 프로그램이다.

다음 텔레비전의 경우를 보자. 1961년 12월 KBS-TV의 개국에 이어서 1964년 TBC-TV, 1969년 MBC-TV가 출범하였다. 세 방송국 사이의 각축전은 명실공히 TV 전국시대의 장을 열게 되었다. 1964년부터 1969년까지

TBC가 내세운 기획과 편성 가운데서 가장 두드러지게 시청자의 관심을 자극한 것은 두 가지였다. 하나는 호화로운 쇼 프로의 출현이요, 다른 하나는 일일연속극의 시도였다. 1972년도에 들어서면 문자 그대로 TV연속극 전성시대가 전개되어 치열한 경쟁을 벌였다. 그중에서도 최대의 시청자를 모은 드라마는 일일연속극 TBC의 〈아씨〉(1970)와 KBS의 〈여로〉(1972)였다. 〈아씨〉는 아씨가 시집가서 남편과 시부모를 모시는 데부터 시작해 다음 세대들을 기르며 늙어가는 한평생을 통해 온갖 갈등을 자기희생으로 감수하며 사는 한국적 여인상을 신파적으로 그렸다. 〈여로〉 역시 전통적인 한국가정을 배경으로 며느리와 시어머니간의 갈등을 그린 권선징악, 해피엔드의 전형적인 멜로드라마로 일제 강점기부터 출발해 한국전쟁 그리고 부산 피난시절에 이르는 세상사를 서민이 폭넓게 공감할 수 있게 엮었다. 〈여로〉는 시청률 70%를 넘나드는 인기절정의 드라마였다. 대중문화의 핵인 텔레비전은 일상을 반영하면서 대중에 접근해 가 대중에 영향을 미쳤다. 텔레비전이 대중들의 일상을 만들어 나갔다.

한편, 1960년대는 한국 영화에도 큰 전환기였다. 1950년대 후반 중흥기의 영화가 우리 영화계의 창조적 의욕으로부터 자생한 것이었다면, 1960년대의 영화는 제도적인 통제에 의해 타율적인 변화를 겪었다. 1962년 1월 26일, 당시의 국가재건최고회의가 전격적으로 최초의 영화법을 제정 공포했는데, 그 특징은 검열의 강화에 있었다. 상영금지뿐 만 아니라, 용공혐의나 외설혐의 등으로 입건되는 등 표현의 자유가 현저히 억압받았다.

1960년대에는 청춘영화와 문예영화 등이 인기를 끌었다. 청춘영화는 해방과 6·25 전쟁을 지나 이제 20대 전후에 이른 젊은 세대가 주인공이 되고 관객이 된 영화였다. 김묵의 〈성난 능금〉(1963), 김기덕의 〈맨발의 청춘〉(1964), 이만희의 〈흑맥〉(1965), 정진우의 〈초우〉(1966) 등이 그런 영화였다. 이런 현상은 전후의 세대가 기성의 세대와는 달리 뚜렷한 아이덴티티를 가질 만큼 성장했음을 보여 준다.

한편, 군정이 노골화 될수록 문예영화는 신파조의 멜로드라마 성향을 견지해 나갔다. 정소영의 〈미워도 다시 한 번〉(1968)은 그러한 신파 멜로드라마를 집대성하였다. 이 영화는 서울 개봉에서 무려 40만 명을 넘게 관객을 동원한 히트작으로 전 4편을 속편으로 제작하였다. 이런 영화의 붐은 군사 정권 하에서 대중들이 겪던 폐쇄성, 퇴영성, 무위감 등의 심리를 반영하는 현상이다. 정부의 문화통제와 왜곡된 대중문화의 실상을 보여 주며 일제하의 신파성에 상응하는 정서였다.

물론 이런 대중문화 현상에 대해 1980년대의 문화운동권에서는 여전히 비판적이었다. 즉 매스미디어를 통한 향락적이고 퇴폐적인 대중문화는 대중의 취향을 복종시키고 지배집단의 이데올로기를 대중에게 주입시키기 때문에 반민중적 성격을 띠고 있다고 주장하였다. 또 상업문화의 병폐를 지적하면서 이는 서구자본주의 종주국의 문화가 한국의 고유문화를 밀어내면서 점령해 오고 있는 것으로 설명하였다. 그리하여 그것은 곧 문화적 주체성의 상실이 되고 문화 식민주의가 된다고 믿었다.

그러나 어디까지가 주체성이고 어디까지가 아닌지를 가리는 일은 대중문화의 경우 그리 쉽지 않았다. 특히 뽕짝이 그렇다. 이미 대중가요의 전통이 되어버린 뽕짝(트로트)이 일제 강점기에 일본이 의도적으로 생산한 문화침략의 산물이라고 비판되기도 하지만, 동시에 이것은 이미 평범한 사람들의 일상생활에 자리 잡아 그들의 애환을 달래는 것이 되어 버렸다. 민족·민중의 애환을 달래는 역할 속에서 뽕짝은 민족의 전통이 되어 버려 이를 주체성과 대립되는 요소로만 치부해 버릴 수 없게 되어 버린 것이 지금의 현실이다.

타협문화의 관점에서 본 청년문화

지배문화=정권과 저항문화=문화운동권 간에는 타협의 여지가 없었다. 조화나 균형보다는 대립만이 서로 존재할 수 있는 이유가 되었다. 그런 풍토 하에서는 이분법적 사고가 주류를 점할 수밖에 없었다. 그렇지만 그런 대립 국면에서도 사실 타협 내지 교섭 문화가 폭넓게 자리 잡고 있었다. 다만 20세기 말까지도 그런 문화를 드러내 놓고 말하기는 어려웠다. 이분법적 사고가 종 말을 고하고 다원화 사회로 들어선 지금, 타협 내지 교섭 문화에 적극적으로 관심을 갖고 되돌아봐야 할 시점이 되었다.

타협의 여지없이 대립이 극단을 향해 치닫고 있던 1970년대에도 통기타, 블루진, 생맥주 즉 통·블·생 문화라 불리던 청년문화, 타협 공간의 문화가 있었다. 최근 복고풍 유행의 분위기에 한몫했던 영화 〈세시봉〉(2015)이 그리 고 있는 문화가 바로 그것이다.

당시 대학생운동의 지상목표는 '민주주의'나 '민족주의' 같은 이른바 '통념 적 진리'의 실현이었다. 그런데 여기에 지나치게 매몰됨으로써 획일화되는 경 향이 있었다. 이에 대한 비판에서 통·블·생으로 상징되는 청년문화에서 희 망적 미래를 찾으려는 움직임도 있었다.

그러나 대립적 시각에 익숙해 있었던 대학, 아직 통념적 진리를 달성하 고 있지 못한 현실에서 통·블·생은 여전히 딴따라 문화일 뿐이었다. 그래서 "딴따라 문화가 우리 우상이란 말이냐."라며 타협적 시각을 받아들이지 못 하였다.

문화적 획일주의의 굴레는 컸다. 민주화 국면에서 타협적인 것은 전열을 흐트러뜨려 결국은 지배문화에게 유리하게 작용할 뿐이라 하여 비판적이었 다. 아직 타협할 때가 아니라는 생각이 우세하였다.

요즘 〈응답하라〉 시리즈가 유행하게 되었던 것도 사실은 그런 타협문화에 대한 기억들이 많은 부분을 차지하고 있었다는 뜻이다. 대립적 국면이 사라지 면 언제든 전면에 나설 수 있는, 드러내지는 못하지만 안으로 즐기는, 그런 타 협공간의 문화가 충분히 많이 있었음을 알 수 있다. 딴따라 문화란 말을 바꾸 면 대중문화였다. 통·블·생은 포퓰러 컬쳐의 속성을 지닌 대중문화였다.

타협 공간의 확대

1990년대 이후가 되면 문화는 지배와 저항이란 구분으로 설명하기 어렵다. 그 까닭은 지배와 저항의 경계가 불분명해졌고 종래 타협의 공간에 놓여 있던 대중문화가 지배문화는 아니지만 문화의 '지배적 영역'을 차지하게 되었기 때문이다. 이는 다시 말하자면 지금 21세기 초는 산업화·민주화 시기와는 달리 지배와 저항간의 대립의 각은 무뎌졌고 대신 타협의 공간이 크게 확대되었다는 뜻이다.

지금도 여전히 정체성 위기를 말하고 문화 전통에 대한 재해석과 재평가, 나아가 우리 문화 찾기를 말하고 있다. 그런 점에서 여전히 민족문화담론은 계속된다. 그러나 크게 달라진 점이 있다. 즉 담론의 주체가 달라졌다. 그 주체는 정권도 또는 그에 저항하는 특정 세력도 아니다. 그보다는 대중매체를 선도하는 문화산업이 주체가 되었다. 더 이상 민중성이나 민족문화를 따지지 않는 신세대가 대중매체와 문화시장을 이끌어 간다. 지금은 정권이 문화산업의 하나로 대중문화를 지원은 해도 사회모순을 은폐하는 수단으로 이용한다고는 볼 수 없다.

7 5·18 광주민주화운동과 6월 항쟁

광주민중항쟁은 군사독재와 지역차별 등 5·16 이후 쌓인 여러 사회모순들이 폭발한 것이었고, 거기에는 1960년대 이래 지속된 민족민주운동의 성장이 바탕이 되었다. 말하자면 우리 현대사에서 하나의 획을 긋는 사건이었다. 세계적으로도 민주주의와 인권신장의 측면에서 많은 주목을 받고 있다.

〈모래시계〉

〈모래시계〉라는 텔레비전 드라마가 공전의 히트를 친 적이 있었다. 1995년에 방영되었으니 벌써 20년이 지났다. 드라마의 내용도 시청자들의 흥미를 끌 만했지만 주목받았던 이유의 하나는 민감한 주제인 5·18 광주민중항쟁을 최초로 극의 대상으로 삼았기 때문이다.

광주·전남 지역이 아닌 타 지역 사람들 가운데는 이 드라마를 보고 비로소 5·18의 진상을 알게 되었고, 그래서 충격을 받았다는 사람들이 적지 않았다고 한다. 그런 소식을 접하면서 한편으로는 텔레비전의 영향력을 새삼 느끼지만, 다른 한편으로는 씁쓸한 마을을 금할 수가 없다. 수백 명의 민간인이 그 민간인을 지키라는 군인들에 의해 학살당한 한국 현대사의 비극이 15년이 지나서, 그것도 드라마를 통해서 전국적으로 주목받게 되었으니 말이다. 이 사건을 모티브로 하여 〈꽃잎〉이란 영화가 그 뒤를 이었고, 시차를 두고 〈화려한 휴가〉, 〈26년〉 등의 영화가 나왔다.

민주화를 숙제로

산업화를 이끈 박정희 정권 18년 동안, 산업화에는 성공했으나 그 열매의 분배는 공정하지 못하였다. 승자독식 구조가 그랬다. 승자는 물론 대기업이었고, 엘리트였다. 그리고 '국민 만들기'에 나섰다. 국민은 자유롭고 독립적인 인격체가 아니었다. 국가가 제시한 규격과 표준에 맞추어 만들어지는 통치의 대상일 뿐이었다. 새마을운동을 위시해 주민등록제, 혼·분식 장려, 가족계획 등 국가는 나를 만들고 우리를 이루는 모든 곳에 작용하였다.

반면에 인권이나 민주주의는 무시당하였다. 박정희에게 민주주의는 무질서와 비능률일 뿐이었다. 대의기구인 국회는 무책임한 정당과 그 정략의 희생물로만 보였다. 이렇듯 개발이 급한 처지에 민주주의는 거추장스런 존재였다. 그래서 '우리 실정에 가장 알맞은 체제개혁을 단행'하였다. 그것이 10월유신이었다.

이런 상황이 10년 가까이 지속되었으니 비판의식이 생길 수밖에 없었고, 저항은 필연적이었다. 어두운 시대적 상황을 극복하기 위한 숙제, 민주화란 과제가 주어졌고 이를 위한 피눈물 나는 노력이 또 시대를 점철하였다. 잃어버린 민주주의를 찾기 위한 저항, 즉 민주화운동은 1970년대 산업화가 차지한 동전의 다른 한 면이 될 수밖에 없었다.

1960년대 민주화운동은 한일회담 반대, 3선 개헌 반대로 이어졌다. 결과는 여의치 않았다. 특히 3선 개헌 저지 실패의 충격은 커 민주화 세력은 실의에 빠졌다. 그러다가 1971년 대통령 선거를 앞두고 지식인 원로들과 4·19 및 6·3 세대 청년, 학생들, 기독교계가 민주수호국민협의회를 결성하는 등 전열을 정비하였다. 1971년을 '민주수호의 해'로 정하고, 공명선거를 통해 일인 장기집권을 저지함으로써, 3선 개헌으로 무너진 민주주의의 기본헌정을 부활시키고자 하였다.

선거는 박정희 대 김대중의 맞대결로 이루어졌다. 634만 표 대 539만 표로 95만 표 차이로 박정희가 이겼다. 그러나 용공조작, 지역감정 조장, 군 몰표 등 "투표는 이겼으나 개표에서 졌다."라는 소리가 나올 정도의 억압적 분위기였음을 고려한다면 알 수 없는 승부였던 셈이다. 민주화 진영에서는 민주수호운동으로 선거혁명을 기대했었다. 결과는 비록 고무적이었지만 끝내 성공하지는 못하였다. 다음을 기약할 수밖에 없었다.

이런 민주화 운동의 상승 국면에서 미래에 대한 불안감을 느낀 박 정권은 이런 대결 상황을 민족진영의 대동단결을 해치는 혼란으로 규정하고, 10월 유신이란 '정상적인 방법이 아닌 비상조치'로써 대응하였다. 이에 따라 박 정권과 민주화운동은 사건을 거듭하면서 대립의 도를 높여가며 극단으로 치달았다.

1970년대 후반의 민주화운동은 그 전과는 사뭇 달라졌다. 종교계는 물론 여기에 차츰 성장하기 시작한 사회운동이 가세하였다. 1978년 2월 동일방직 노동자투쟁과 그해 4월 함평고구마사건 등이 그 대표적 사례였다. 민주화운동은 더욱 격렬해졌고 박 정권은 긴급조치를 남발하면서 이를 억눌렀다. 1970년대 말로 오면 파국적 충돌을 피하기 어렵게 되었다. 그 파국의 출발은 1979년 8월 YH무역 여공사건이었고, 10월 부마항쟁이 그 뒤를 이었다. 그리고 부마항쟁의 압력 속에서 독재 권력의 최상층부가 분열한 결과, 10·26 피격사건이 일어나면서 막을 내렸다.

5·18 광주민주화운동

민주화란 엄숙한 시대적 과제 앞에서 목숨을 건 희생들이 이어졌지만, 총칼을 든 군사 정권이 만들어 내는 극악한 위협과 공포를 떨쳐내고 맞대결하기는 결코 쉽지 않았다. 그럼에도 불구하고 민주화를 위한 국민적 열정이 모이고 또 지역차별로 인한 분노와 저항의 에너지들이 맞물리면서 1980년 5월 광주항쟁으로 터져 나왔다. 이는 향후 군사 정권에 맞대결할 수 있는 민주화운동의 기폭제가 되었고 1987년 6월 항쟁으로까지 이어졌다.

광주민중항쟁이라고도 불리는 5·18 광주민주화운동은 1980년 5월 18일

부터 5월 27일까지 광주시민과 전라남도민이 중심이 되어, 김대중 석방, 전두환 보안사령관을 비롯한 신군부 세력의 퇴진 및 비상계엄 해제 등을 요구하며 전개한 민주화운동이었다. 당시 광주시민은 신군부 세력의 5·17 비상계엄 전국 확대와 이로 인해 발생한 헌정파괴·민주화역행에 항거하였다. 이에 신군부는 강경 진압에 나서 시위진압훈련을 받은 공수부대를 투입해 폭력적으로 진압하였고, 그 과정에서 수많은 시민들이 희생되었다.

광주민중항쟁은 군사독재와 지역차별 등 5·16 이후 쌓인 여러 사회모순들이 폭발한 것이었고, 거기에는 1960년대 이래 지속된 민족민주운동의 성장이 바탕이 되었다. 또한 학살과정에서 미국의 역할이 알려지면서 미국이 무조건 좋은 나라만은 아니라는 생각도 갖게 하였다. 그리고 이후 1980년대 민족민주운동의 역량이 비약적으로 상승하는 데 결정적인 기여를 하였다. 말하자면 우리 현대사에서 하나의 획을 긋는 사건이었다. 세계적으로도 민주주의와 인권신장의 측면에서 많은 주목을 받고 있다.

상황이 이러함에도 불구하고 오히려 국내에서 5·18은 아직도 정당한 평가를 받지 못하고 호남이란 지역적 사건으로 축소되는 경향이 없지 않다. 지역감정에 매몰될 때 역사가 얼마나 왜곡될 수 있는 것인가를 우리는 5·18의 역사에서 잘 알 수 있다.

88 서울올림픽의 아이러니

서울의 봄을 무참히 짓밟고 5·18 항쟁마저 총칼로 제압한 신군부 세력은 국가보위비상대책위원회를 구성해 집권을 기정사실화하였다. 이어 전두환이 통일주체국민회의 대의원 선거에 의해 제11대 대통령에 취임하였다. 1980년 10월 27일 공포·시행된 제5공화국 헌법에 따라 이듬해 3월 전두환이 다시 제12대 대통령에 취임함으로써 제5공화국이 출범하였다. 10·26 이후 서울의 봄을 맞아 기대했던 민주화는 이처럼 또다시 미뤄지는 어처구니없는 결과를 낳았다.

그런데 그로부터 얼마 지나지 않은 1981년 9월 30일 밤 11시 45분(한국시간) 서독 바덴바덴에서 열린 IOC총회의 올림픽 개최지 표결에서 서울이 일본 나고야를 52 대 27로 누르고 최종 선정되었다. 박정희 정권 때 올림픽 유치 의사를 결정했으나 10·26으로 무산되었는데, 전두환이 대통령 취임 직후 국민적 지지를 얻고자 다시 거론하여 유치에 성공하였다.

물론 유치에 나섰던 이면에는 정권 유지를 위한 명분 쌓기가 있었다. 그런데 아이러니하게도 올림픽은 5공 세력에게는 독이 되었고 거꾸로 민주화 세력에게는 약이 되었다. 왜 그렇게 되었을까?

올림픽은 인류의 화합과 번영을 추구하는 스포츠의 대제전이다. 그런데 제22회 모스크바올림픽이나 제23회 로스앤젤레스 올림픽이 정치적인 이유로 반쪽올림픽이 되었다. 이런 시점에서 '분단국가'인 한국에서 제24회 대회를 성공적으로 개최하게 된다면 세계평화를 정착시키는 새로운 전환점이 될 수 있었다. 따라서 올림픽의 서울 개최는 이념과 체제의 갈등을 해소하고 인류의 영원한 전진을 약속한다는 상징성 때문에 세계적인 관심을 집중시켰다.

이런 사정이 있어 서울올림픽 개최를 앞두고 5공화국 정권은 군사력은 물론 종전과 같은 정치적 억압도 행사하기 어렵게 되었다. 민주주의란 외형을 만들어 세계에 보여 줌으로써 올림픽의 성공 개최를 이끌어야 할 책임이 따랐기 때문이다. 민주화 세력을 억압하자니 올림픽을 앞두고 세계의 이목이 두렵고, 올림픽을 위해 민주주의를 용인하자니 정권이 위태로워지는 진퇴양난의 국면이 조성되었다.

결국 5공 정권은 유화국면을 수용하지 않을 수 없었다. 그렇지 않아도 광주항쟁이 불씨가 되어 그에 대한 부채의식과 연대의식이 각계각층으로 번져가고 있었는데, 뜻밖의 유화국면은 민주화 세력에게 더없이 좋은 기회가 되었다. 또 올림픽을 계기로 그동안 금기시되어 왔던 공산권 예술까지도 받아들여야 했다. 이는 너무 당연한 것이었지만, 그런 경험은 동서 갈등 구조에 익숙해 있던 사람들에게는 충격이 아닐 수 없었다. 그 결과 서울올림픽을 계기로 한국민의 정치의식에 큰 변화를 가져왔다. 그런 변화는 시대의 흐름에 순응하는 '발전적 변화'였다.

88 서울올림픽 참가단의 시가행진

올림픽은 5공 세력에게는 독이 되었고, 거꾸로 민주화 세력에게는 약이 되었다.

6월 항쟁까지 민주화의 긴 여정

88 서울올림픽을 앞두고 유화국면이 조성되면서 1985년 중반에 이르기까지 학생운동, 노동운동, 농민과 도시 빈민들의 생존권투쟁 등 사회 각 부문의 민주화운동은 폭발적으로 확산되고 성장해 나갔다. 특히 이 무렵 학생운동은 국민으로부터 전폭적인 지지를 받았다. 거기에 학생들의 가족이 대거 가세하였다. 이로써 민주화 운동의 대중성이 확보되면서 지루했던 민주화 공방은 대중이란 우군을 맞으면서 승리를 전망할 수 있게 되었다.

이후 운동의 초점은 대통령 직선제 쟁취로 모아졌다. 이는 민주헌법쟁취 천만인 서명운동으로 이어졌고, 마침내 1987년 1월 박종철 고문치사사건이 터지면서 운동은 정점으로 치달았다. 그 맥락에서 6월 10일 호헌철폐를 외치며 일어난 6월 민주항쟁은 대통령 직선제로의 개헌을 담고 있는 6·29 선언을 이끌어 냄으로써 대장정을 마무리하였다. 20일 동안 수백만 명이 서울과 지방 주요 도시 거리에 쏟아져 나와 호헌철폐와 독재타도를 외친 '민주화의 대드라마'였다. 5·18 광주항쟁이라는 피의 강을 건넌 뒤 7년 만에 민주화 대장정이 마침내 승리의 봉우리에 올라선 것이다.

민주화 투쟁이 승리로 끝나자마자 같은 해 7월부터 9월까지 노동자 대투쟁의 불길이 전국에서 타올랐다. 이는 한국 노동운동의 새로운 출발점이 되었고, 1995년 민주노총의 탄생으로 이어졌다.

1987년 체제와 시민사회 원년

6월 항쟁의 결과, 1987년 10월 29일 제9차 헌법 개정이 있었다. 개정 헌법 제10호가 확정됨에 따라 제6공화국이 되었다. 그렇게 잦았던 헌법 개정도 이때를 마지막으로 지금까지 유지되고 있다. 그래서 6월 항쟁 이후를 87년 체제라고 한다.

87년 체제란 곧 민주화를 뜻한다. 여야 합의에 의해 헌법을 개정함으로써 정치의 민주화를 제도적으로 완성하였다. 또 개정된 헌법에서 특기할 만한 것이 제119조 ②항의 '경제주체간의 조화를 통한 경제민주화' 관련 조항이다. 그리고 이어지는 조항에서 농업 및 어업, 그리고 중소기업의 보호·육성, 지역균형발전을 위한 지역경제 육성 등을 의무화하였다.

이와 더불어 87년 체제를 이루는 특징 중의 또 하나는 시민사회를 통한 사회의 민주화였다. 6월 항쟁 자체가 넥타이 부대로 표현되는 시민들의 적극적인 동참이 힘이 되었다. 그리하여 6월 항쟁 직후부터 NGO^{Non Government} ^{Organization}(비정부기구)라 불리는 시민단체가 급격히 성장해 시민사회의 영역이 커졌다. 한때 TV 저녁 뉴스에서 경제정의실천시민연합과 참여연대 관련 뉴스는 단골메뉴였다. 그래서 이들은 '제 5의 힘^{5th Power}'이라고 불렀다. 때문에 1987년을 시민사회 원년으로 보기도 한다.

우리나라의 경우 1987년 이전에는 사회운동의 모든 지향이 오로지 민주화 투쟁, 즉 독재 청산에 집중되었다. 민주화란 독재 청산과 동격으로 인식되었기 때문에 독재 정권이 청산되지 않고서는 어떤 것도 무의미하다고 생각하게 했다. 독재 정권 아래에서 인권, 평화, 성, 환경, 문화 등의 의제를 제기하는 것은 사치스러운 행위로 비판받았다. 심지어는 개량주의로 취급되기 쉬웠다. 따라서 시민사회가 진짜 관심을 가져야 할 이런 의제들은 우선순위에서 밀릴 수밖에 없었다. 그러다 6월 항쟁을 통해 민주화의 큰 봉우리를 넘어서자 그동안 억제되어 왔던 다양한 의제를 중심으로 시민 단체가 우후죽순처럼 등장하기 시작하였다.

1990년을 지나면서 세계는 서구 자본주의의 놀라운 위기극복 능력을 다시 한 번 확인했고, 반면 '현실' 사회주의의 무력함도 확인하였다. 그러면서 그런 차이를 낳게 한 서구 자본주의의 비밀이 일찍이 그람시^{Antonio} ^{Gramsci}(1891~1937)가 말한 대로 시민사회에 있다는 사실을 다시 떠올리게 하였다. 그래서 그람시 열풍이 불었고, 그의 책은 사회과학 출판사의 창고에서 먼지를 털어 내며 찾은 그나마의 책마저 품절 사태에 이르게 하였다. 그래서 시민사회론은 1990년대 각광받는 논쟁점이 되었다. 민주화 세력의 열정도 시민운동에 흡수되었다.

1987년 여성민우회 등을 주축으로 한 한국여성단체연합이 결성되었고, 1989년 경제정의실천시민연합, 1994 참여연대 등이 뒤를 이었다. 환경단체의 위상도 급격히 올라갔다.

그 많던 시민단체는 어디로 갔을까?

민주화 운동과 그 절반의 성공을 바탕으로 시민사회가 빠른 속도로 자리 잡아 갔다. 하지만 시민운동이 정점을 찍은 지 얼마 되지도 않은데, 지금은 그 많던 시민단체가 어디 갔는지 모를 정도로 시민사회의 공백이 커졌다. 어느 틈엔가 시민운동이 슬그머니 자취를 감추고 말았다. 하루도 빠짐없이 매일 저녁 TV 뉴스에 단골메뉴로 나왔던 NGO 소식은 찾아보기 힘들다. 저항의 전통 속에서 형성되었던 민주화 세력이 시민운동으로 흡수되었지만 독재라는 타도 대상을 잃어버린 후의 열정은 예전 같지 않았다.

특히 노무현 정부 시절 시민단체가 제도권으로 편입되면서, 성과도 냈지만, 거꾸로 정부에 기대는 순간, 그때까지 키워왔던 자생력이 크게 약화되었다. 이렇듯 저항의 끈을 놓자 시민사회 자체까지도 힘을 잃어버리는 결과를 낳았다. 아무래도 공공성의 역할을 맡는 시민사회의 전통이 축적되지 않았기 때문은 아닐까? 포스트모더니즘의 대두와 신자유주의의 확산은 사회보다 개인이 우선인 환경을 만들어 그렇지 않아도 미숙했던 '공공성'의 시민사회가 커지는 데 한계로 작용하였다.

게다가 2011년 MBN, TV조선, JTBC, 채널A 등 종합편성채널 등장 이후 언론이 모든 아젠다를 흡수해 버리고 이를 해결 능력도 잘 보이지 않는 정치권에 퍼 나르다 보니 오히려 시민 없는 시민사회가 되어 버리고 만 모양새이다. 앞으로 공공성의 시민사회 경험을 축적해 나가면서 민주적 가치를 생활화, 상식화하는 데서 새로운 답을 찾아야 할 것이다.

8 포스트모더니즘의 대두와 일상성

KOREA

'일상적 삶'의 영역은 '자본주의의 손에서 생산'되고 자본주의의 손에서 '철저히 식민화'되었다. 그런 일상의 삶 속에서 사회변혁에 대한 욕구는 실종되고 말았다. 신자유주의 확산과 그에 따라 양극화가 더욱 심해진 오늘, 일상의 현실에서 벗어나기는 더 어려워졌다.

지금은 요리 세상

요즘 TV에 보이는 각종 연예프로그램들을 보면, 하찮게 보이던 의·식·주를 주제로 한 것들이 대종을 이루고 있다. 즉 입고 먹고 사는 것과 관련된 것들이 채널을 도배하고 있다. 허영만 화백의 만화 〈식객〉이 대중들의 관심을 끌기 시작하더니 〈삼시 세끼〉, 〈냉장고를 부탁해〉, 〈오늘 뭐 먹지?〉 등 '먹방'이라 이름 붙은 요리프로그램들이 줄을 잇는다. 지금은 가히 요리 천국이라 할 정도로 채널을 이리 돌리고 저리 돌려도 하루 종일 요리하는 장면을 만난다. 언제부턴지 그 이름도 낯설었던 '셰프'가 아주 편한 말이 되었고, 인기스타가 되었다. 그뿐인가? 〈슈퍼맨이 돌아왔다〉부터 시작해서 아이들을 키우는 부모의 일상에 넋 놓고 앉아 있는 사람들의 모습도 흔히 볼 수 있다. 인테리어도 오락이 되고 있다. '홈 스토리'라는 전문채널까지 볼 수 있다. 우리의 일상적 삶이 오락이 되고 상품이 되어 우리 주변을 온통 휘감고 있다. 어떻게 이렇게 되었을까? 그리고 이런 현상을 우리는 어떻게 받아들여야 할까?

'현실' 사회주의의 붕괴

20세기를 크게 규정지었던 이데올로기, 그것은 바로 '소련' 즉 소비에트 사회주의 공화국연방Union of Soviet Socialist Republics, USSR이 대표하는 '현실' 사회주의였다. 이 '현실' 사회주의의 붕괴는 현대사의 전개에 커다란 변화를 가져왔다. 특히 마지막 남은 분단국가, 20세기 이념의 대립을 21세기까지 천형天刑처럼 끌고 가야만 하는 우리에게 '현실' 사회주의의 붕괴는 더욱 큰 혼돈으로 다가왔다.

소련이 해체하는 그때, 우리에게 다가온 혼돈은 문민정부의 탄생을 통해 증폭되었다. 문민정부는 탄생의 전과 후에 각각 '3당 합당'과 '전두환·노태우의 구속'이라는 모순을 낳았다. 5공 세력과 손을 잡고 태어난 문민정부는 집권 후 5공의 핵심인 전직 두 대통령을 구속하여 앞뒤가 맞지 않는 행보를 보였다. 이런 혼돈스런 상황 속에서 전선戰線 없는 정치구도가 만들어지면서 "나도 민주 세력, 너도 민주 세력"이라거나, "너도나도 보수, 내가 보수 원조"라는 말들의 잔치로 이어졌다. 의미가 전혀 다른 '세계화'와 '신토불이身土不二'가 모두 좋은 말들로 선전되었다. 대립되는 가치나 현상들이 너무도 자연스럽게 한 입에서 나왔다.

물론 따지고 들면 겉으로 대립적이어도 같은 지향점이 있기 때문에 한 입에서 나올 수 있었다. 문민정부를 보자. 문민정부에는 구체제와 단절하는 측면도 있지만, 엘리트간의 협약을 통해 위로부터 주어진 정치적 민주화였다는 점에서 구체제를 계승하는 측면이 분명히 있었다. 아니 그 측면이 더 컸다. 이른바 구조조정을 통해 대중에게 고통 전담을 강요하는 새로운 성장 지상주의, 세계적 신보수주의 추세 즉 신자유주의에 무방비상태로 장악당한 한국경제는 지난날의 국가권력과 자본권력 간의 정경 유착을 새로운 형태로 재생산해냈다. 그렇지만 '문민'이란 말은 다양한 가능성의 물꼬를 텄고, 그 터진 물꼬의 한 가운데서 어느 날 갑자기 '현실' 사회주의가 사라졌다.

포스트모더니즘의 대두

'현실' 사회주의가 사라지면서 생긴 빈 자리가 컸다. 대체할 이론을 찾지 못해 우왕좌왕할 때 바로 그러기를 기다리고 있기라도 했듯이 포스트모더니즘을 앞세운 대중문화가 홍수처럼 밀려들었다. 신세대들은 좋다고 아우성, 기성 세대들은 어지럽다고 아우성이었다.

포스트모더니즘에서 포스트란 후後 또는 탈脫이란 말로 번역한다. 따라서 포스트모더니즘이란 후근대성 또는 탈근대성이 된다. 즉 '모더니즘 이후' 또는 '모더니즘을 벗어나서'라는 뜻이다. 그렇다면 모더니즘이 무엇인지 알아야 포스트모더니즘도 논의할 수 있을 것이다.

모더니즘=근대성의 특성으로는 합리주의rationalism를 첫손에 꼽는다. 누군가를 말할 때 "그 사람은 참 합리적이야!"라고 한다면 그 사람은 어떤 사람일까? 쉽게 말하면 예측 가능한 행위를 하는 사람, 앞과 뒤가 일치하는 행동을 하는 사람을 뜻한다. 갈릴레이의 측정술에서 시작한 과학의 발달이 이런 합리주의를 뒷받침하였다. 그런 점들이 근대의 기술문명을 선도하였다.

이런 합리주의는 편리함을 추구했고 단순화를 좇았다. 세상을 보는 눈도 가급적이면 단순하고 편리한 것이 좋았다. 하나의 이론으로 모든 것을 다 설명할 수 있다고 하는 거대 이야기에 대한 기대가 컸다. 그러다 보니 역사학에서도 큰 틀로 일도양단할 수 있는 명쾌한 논리가 필요했고 이를 거대담론 grand narrative이란 이름하에 마르크스 역사학에서 찾았다. 그런데 포스트모더니즘이란 바로 이를 벗어나는 것이었다. 보편 과학이 종언을 고하고 거대담론을 더 이상 신뢰할 수 없게 된 상황에서, 다원성의 문화비평이 사회과학을 밀어내고 바로 그 자리를 차지하는 현상이 곧 포스트모더니즘이었다.

열린 음악회

포스트모더니즘 현상으로 첫손에 꼽는 것이 〈열린 음악회〉였다. 1993년 5월 9일 첫 방송 이래 대한민국 대표 음악 프로그램으로 자리 잡고 있는 열린 음악회가 다원주의의 전형을 보여 주었다. 종전에는 〈쇼쇼쇼〉, 〈쇼 2000〉, 〈쇼 일요특급〉 등 대중가요 프로그램, 흘러간 노래와 트로트를 부르는 〈가요무대〉, 그리고 〈국악한마당〉, 〈슈퍼클래식〉, 〈교향악단 연주회〉 등 이른바 장르별로 각각 나뉘어 프로그램이 구성되었다. 그것이 당연하였다. 그중에서도 특히 대중음악과 클래식음악 간에는 높은 장벽이 있어 결코 한 자리에 설 수 없었다. 그러던 것을 〈열린 음악회〉가 무너뜨렸다. 대중가요는 물론, 클래식음악, 심지어는 국악까지도 한자리에 섞어 놓았다. 바로 시대적 변화에 부합하는 다원주의의 진면목을 보여 주었다. 열린 음악회는 첫 방영 후 그 신선한 구성에 매료되어 폭발적인 인기를 누렸다.

이어서 장르를 초월한 융합, 이른바 퓨전fusion이 유행하였다. 이는 하이브리드hybrid, 비빔밥문화 등으로 이어졌다. 금기가 사라졌다. "안 돼"라는 말은 사라지고 "괜찮아"라는 말이 그 자리를 채워 나갔다. "안 돼"라는 말은 하나의 틀을 정해 놓고 거기서 벗어나는 일을 막는데 쓰는 말이다. 따라서 획일적이고 거대한 논리의 틀을 앞세우는 산업사회=모더니즘에는 적합한 단어였을지 모른다. 그러나 다양성을 생명으로 하는 포스트모던사회, 지식기반사회에서는 시대착오적인 단어가 되었다. 모든 다양성을 열어 주는 "괜찮아"라는 말만이 지금 적합한 화두가 되고 있다. 다양성이 없는 사회에서 창의력은 아예 꿈도 꾸지 못하기 때문이다.

사회변혁의 논리가 사라진 자리

'현실' 사회주의가 붕괴하고 포스트모더니즘이 대두하는 혼돈의 길목에서 어느덧 사회변혁의 논리들은 사라지고 문화비평이 지식인의 사명처럼 되어 버렸다. 1980년대를 치열하게 살았던 사람 중에서 1990년대의 후반을 넘어서면서 여전히 초지일관初志一貫하는 사람들이 얼마나 되었을까? 분명히 어렸을 때 초지일관이란 말은 가슴에 새겨야 할 좋은 말로 들었는데 이게 정말 헷갈리게 되었다. 초지일관의 재해석을 요구하는 이 변화가 현대사 읽기를 어렵게 만든다.

왜 갑자기 사회변혁의 논리들은 사라지고 문화비평이 그 자리를 채우게 되었는가? 더 나아가 대중문화에 대하여 그렇게 비판했던 그들이 어떻게 대중문화의 옹호론자로 변하였는가? 도대체 그 사이에 무슨 일이 있었을까?

'현실' 사회주의가 붕괴했다고 해서 우리 사회의 모순이 해결된 것은 아니었다. 그래서 "사회적 모순이 분명히 있는데 왜 그 모순을 극복하려는 사회변화는 일어나지 못하고 있나?"라는 의문이 생길 수밖에 없다. 바로 이 의문에 대한 답을 찾으면, 바로 앞 질문에 대한 답도 찾게 될 것이다.

일상성의 지배

사실 이런 의문은 일찍이 앙리 르페브르Henri Lefèbvre(1901~1991)가 아무도 거들떠보지 않던 일상성의 범주를 비판이론에 도입하면서 관심을 촉발시켰다. 르페브르는 '일상의 삶을 벗어나서는' 오늘날의 문화를 생각할 수 없다고 말한다. 그는 현대적 '일상의 삶'이 자본주의적 삶의 '변화'를 가장 잘 보여 주는 곳이면서도 동시에 자본주의의 '변하지 않는 부분' 즉 사회관계를 가장 잘 은폐하고 있는 영역이라고 본다. 그래서 '일상적 삶'의 영역은 '자본주의의 손에서 생산'되고 자본주의의 손에서 '철저히 식민화'되었다고 한다. 이게 무슨 말일까?

현대의 노동자는 공장에서 일만 하는 것이 아니라 노동 영역의 바깥에서 사회생활, 가족생활, 문화생활을 하고 있다. 그들은 각종 상품을 소비하고 광고나 대중매체에 끊임없이 노출된다. 따라서 자본주의적 일상에 적응하도록 계획된 환경에 포위되어 있다. 노동자만 그런 것이 아니라 대중들 모두가 마찬가지다. 즉 대중들 일반의 일상적 삶이 자본주의적 방식에 의해 철저히 기획·관리되고 있다는 뜻이다.

일상의 삶은 중산층에게는 가능한 삶일지 모르지만, 빈곤층에게는 선망의 대상일 뿐이다. 더구나 상위 1%가 누리는 초일상의 삶은 영원한 꿈일 뿐이다. 그럼에도 일상을 통해 흠모, 모방을 반복하며 그런 일상을 수용하고 있다. 바로 그런 일상의 삶 속에서 사회변혁에 대한 욕구는 실종되고 말았다.

따라서 '일상의 삶'을 바꾸지 않고는 그 틀에서 벗어날 수 없게 되었다. 하지만 신자유주의 확산과 그에 따라 양극화가 더욱 심해진 오늘, 일상의 현실에서 벗어나기는 더 어려워졌다. 과연 무슨 수로 이런 일상의 삶을 바꿀 수 있을까?

일상성의 동업자, 대중문화

일상성과 함께 포스트모더니즘의 특징을 이루는 것 중의 하나가 대중문화이다. 포스트모더니즘의 대두에 따라 나타난 학문적 화두의 이행 즉 '사회변혁의 논리를 찾던 사회과학에서 문화비평으로'의 이행은 '민중문화에서 대중문화로'의 이행에 대응한다. 그런 점에서 대중문화는 자본주의적 일상성의 지배를 뒷받침하는 일등공신인 셈이다.

종전의 대중문화론에서는 대중문화를 대중의 비판의식을 마비시키는 마취제로 보아 부정적으로 받아들였다. 데이비드 리즈만의 《고독한 군중》이나 프랑크푸르트학파의 문화산업론 등이 그런 예들이다. 우리나라에서도 5·6공 때까지 대중문화는 '3S'라 해서 사회모순의 은폐 수단으로 위로부터 강요되었고 정치 이데올로기 전파의 수단으로 삼아 정권이 부추겼다. 3S란 영화 Screen, 성 Sex, 스포츠 Sports의 머리글자를 딴 말이다.

그러나 대중문화의 팽창이 가속화하던 20세기말의 대중문화는 이전과 사뭇 달라졌다. 지금의 대중문화는 지배계급이 투여하는 마취제가 아니다. 지금은 정권이 의도적으로 부추기는 흔적을 찾아보기 어렵다. 저절로 전파된다. 동시에 그런 현상에 대한 어떤 통제도 없다. 자유란 이름으로 거의 모든 것이 허용되고 있다. 기껏해야 외설이 금지대상으로 간혹 거론될 뿐, 대중문화는 지상 최고의 자유를 구가하고 있다.

"더 이상 대중문화를 이분법적 틀로 접근해서는 안 된다. 엘리트주의적 문화관은 이제 폐기되어야 하고 대중문화를 인정해야 한다."는 데서부터 "대중문화는 그게 다. 대중문화야말로 이 시대의 문화다."라고 해서 대중문화를 적극 옹호하는 데까지 이르고 있다. 이제 대중문화에 대해 폄하하면 그 사람 자체가 우스운 사람이 되고 마는 지경이 되었다.

이처럼 대중문화는 곧 일상의 삶이 되었다. 이런 사정 때문에 지배계급은 겉으로 드러내놓고 이데올로기 공세를 취하지 않는다. 그렇다고 지배계급이 지배 의지를 버렸나? 결코 그렇지 않다. 그렇다면 왜 이렇게 달라졌을까? 그럴 필요가 없어졌기 때문이다. 대중문화가 바로 일상의 삶이 되면서 일상의 문화 그 자체로 지배문화의 역할을 톡톡히 해내고 있기 때문이다. 자본주의 문화가 일상성의 지배를 통해 성공적으로 이데올로기 기능을 수행하고 있다.

일상으로의 초대

가수로서는 드물게 음악을 통해 우리 사회에 뚜렷한 메시지를 전달했던 마왕 신해철. 2014년 10월 어느 날, 의료사고로 갑작스럽게 세상을 떠나 더 많은 아쉬움을 남기고 있다. 그런 신해철의 노래 중에 "매일 같은 일상이지만 너와 같이 함께라면 모든 게 달라질 거야."라는 가사가 있는 〈일상으로의 초대〉(1998년)란 곡이 있다. 반복되는 일상의 변화를 위해 '너'를 찾고자 했던 노래였다. 아직 보통사람들에게는 낯설었던 포스트모더니즘이 대두하던 그때, 신해철의 노래에서 일상이란 말을 접하면서 신선하게 느꼈던 새로움을 기억한다. 시대와 호흡을 같이 했던 그런 가수가 지금 새삼 그립다.

포퓰러 컬처 지향의 대중문화

그런데 지금 대중문화에 대한 평이 아무리 적극적이라 해도 그 안에는 여전히 전통적인 이분법적 인식이, 조금 형태를 달리 하지만, 여전히 나타났다. 대중문화의 영어 표현인 '매스 컬처mass culture'와 '포퓰러 컬처popular culture'에 담겨 있는 차이가 바로 그 이분법적 인식의 편차를 반영하고 있다. 매스 컬처라는 말로 쓸 때는 여전히 '종전의 대중문화론'에서처럼 부정적 의미가 있다.

반면 포퓰러 컬처라고 할 때는 보다 긍정적인 의미를 담고 있다.

포퓰러 컬처는 당대 사회성원들이 일상 속에서 창조하고 누리는 문화라는 의미이다. 삶에서 우러나온 거친 문화이지만 삶의 정서가 담긴 문화라는 뜻이다. 예를 들어 레게음악이 자메이카에서 불릴 때는 그 문화의 생산자와 수용자 사이에 연속성이 있어 포퓰러 컬처의 지위를 갖는다.

그런데 그것이 음반시장의 그물에 포착되어 문화상품으로 등장할 때는 매스 컬처의 지위를 갖는다. 대중문화란 말 그대로 대량으로 생산된 복제문화이고, 문화상품의 지위를 갖고 일방적으로 전달된다. 따라서 수용자의 정서와는 상관없는, 그야말로 시간과 돈을 포함하여 삶 자체를 소비하는 상품으로 그치고 만다.

대중문화에는 이런 양면성이 있다. 따라서 대중문화라 하더라도 문화적 정체성을 지키는 포퓰러 컬처로 만들어 낸다면 문화 주체로서 역할을 할 수 있다. 나아가 이는 문화 창조의 가능성을 갖기 때문에 현 시점에서 지향할 수 있는 최선의 선택일 수 있다. 따라서 어떻게 대중문화에서 문화적 정체성을 지키면서 생산적인 미래 문화로 만들어갈 수 있을까? 여기에 우리의 고민을 모아야 할 때이다.

9 IMF 사태와 신자유주의의 틈입

KOREA

"'금 모으기 운동', IMF 때 세계를 놀라게 한 한국인의 저력이었다. 당시 해외 유력 언론들은 대한민국 국민이 환난 극복을 위해 금을 모아 해외로 수출하는 모습을 보고 깜짝 놀랐다. 혼연일체가 돼 국가의 어려움을 극복하려는 국민의 노력에 놀란 것이다."

선진화로 착각한 OECD 가입

부동산은 여전히 한국 중산층의 꿈이다. 중산층에게는 꿈이었지만, 기업에게는 황금알을 낳는 거위였다. 불로소득처럼 부동산=대박이었다. 외환위기 이전에 한국 기업계를 보면 전반적으로 산업 경쟁력이 저하되고 부동산이나 금융투기에 뛰어드는 경향이 컸다. 노태우 정부 시절부터 신도시 개발 등 부동산으로 경기를 띄우려는 정책을 남발했던 것도 원인 중 하나였다. 그만큼 자본시장이 취약하였다. 여기에다 김ㅋ영삼 정부는 집권 중반기부터 '세계화'와 '신한국' 정책을 내세우면서 글로벌화를 추진하였다. 이에 따라 금융 규제가 무분별하게 풀리면서 문제를 더 악화시켰다. 특히 OECD 가입이 결정적이었다.

우리나라는 1996년에 OECD에 가입하였다. 이름 하여 경제협력개발기구 Organization for Economic Cooperation and Development이다. OECD는 북미와 서유럽 그리고 일본을 포함하는 광범위한 선진공업국간의 경제협력기구이다. 그러니까 선진자본주의 국가들 간의 국제경제협력을 긴밀히 하기 위해 만든 기구이다. 그렇다면 우리나라가 OECD에 가입하게 되었다는 것이 무엇을 뜻할까?

OECD 가입은 그 자체만으로 우리 경제가 선진화되었음을 뜻하는 것은 아니었다. 다만 선진 경제로의 진입을 위한 기회가 그만큼 확대되었음을 뜻할 뿐이었다. 그러나 김영삼 정부에서는 이를 "OECD 가입=선진국"이라 선전하였다. '조국근대화', '선진조국 창조'를 외쳐온 지 그 얼마이던가? 이제 그 선진국의 문턱을 넘어섰다고 자랑하였다.

하지만 IMF^{International Monetary Fund}(국제통화기금) 사태의 씨앗은 이때 이미 뿌려졌다. OECD 가입의 전제는 자본이동의 자유화 규약에 따른 자본자유화였다. 세계자본시장에 한국이 그대로 노출된다는 뜻이었다. 그런데 그때 우리 자본시장은 매우 취약하였다. 따라서 자본자유화에 따른 자본 유입의 과다로 인해 발생할 수 있는 부작용을 예견할 수 있었다. 그 부작용이란 금리 및 환율 변동에 따른 충격 즉 외환위기였다. 그러니까 OECD 가입 당초부터 외환위기는 충분히 발생 가능한 파국이었다. 그러나 우리나라의 경우 이런 위험에 대한 회피 장치와 위험 관리의 필요성에 대한 인식이 미흡하였다. 그리하여 선진화라는 가시적 성과에 급급한 나머지, 위험을 외면하고 너무 일찍 샴페인을 터뜨렸다.

IMF 사태

선진국 축배를 들기가 무섭게, 1997년 12월 3일, 우리나라는 IMF에 구제금융을 요청하는 '경제 국치'를 겪었다. 국가부도의 위기를 맞아 IMF로부터 자금을 지원받는 양해각서를 체결하였다. 기업이 연쇄적으로 도산하면서 외환보유액이 한때 39억 달러까지 급감했었다. IMF에서 195억 달러의 구제금융을 받아 간신히 국가부도 사태는 면하였다.

태국, 홍콩 등 동남아시아 여러 나라들이 연쇄적으로 '외환위기'를 겪고 있는데도 정부의 외환관리정책의 미숙과 실패로 'IMF 환란'이란 직격탄을 맞았다. 대한민국 대통령 김영삼은 1997년 11월 10일에 이루어진 강경식 경제부총리와의 통화 이전까지 외환위기의 심각성조차 모르고 있었다고 한다. IMF사태로 인해 많은 회사들이 부도가 나서 망하거나, 경영 위기를 겪었다. 이 과정에서 대량 해고와 경기 악화로 인해 온 국민이 큰 어려움을 겪었다.

1998년 2월, 김대중 정부가 들어섰고 김대중 대통령은 취임 이후 IMF의 개입을 전면적으로 받아들이고 경제개혁에 착수하였다. 대한민국은 IT 산업 장려 정책이나 대기업 간의 사업 교환 및 통폐합으로 경제 재건을 도모하였다. 2000년 6월, 남북정상회담을 개최하여 경제에 활력을 불어넣기도 하였다.

1998년 12월, IMF에 18억 달러를 상환하였다. 이를 계기로 금융 위기로부터 서서히 빠져나갈 수 있었다. 2000년 12월 4일, 김대중 대통령은 "국제 통화 기금의 모든 차관을 상환하였고, 우리나라가 'IMF 위기'에서 완전히 벗어났다."고 공식 발표하였다. 2001년 8월 23일, 대한민국에 대한 IMF 관리 체제가 조기 종료되었다.

금 모으기 운동

우리나라가 IMF 관리 체제로부터 조기 졸업을 할 수 있었던 데에는 혹독한 기업 구조조정과 정부의 자구 노력이 있었지만, 무엇보다 금 모으기 운동 등으로 일치·단결하여 극복에 앞장섰던 국민들이 있었다.

'금 모으기 운동'은 장롱 속에 있던 금을 해외로 내다 팔아, IMF로부터 빌린 달러를 갚자는 운동이었다. 신新국채보상운동이라고 불렸다. 전국 누계 351만 명이 참여한 이 운동으로 227톤의 금이 모였다. 그것은 21억 3천만 달러어치의 금이었다. 금 모으기 운동은 국가경제의 어려움 속에서 보여 준 국민들의 자발적 희생정신의 대표적인 사례가 되었다.

아이 돌잔치 때 받은 반지도 서슴지 않고 꺼냈다. 비상시를 대비해 장롱 깊숙이 숨겨 놨던 금반지·금목걸이·금팔찌도 가리지 않았다. 강남 부자라고 예외는 아니었다. 금괴가 쏟아져 나오기도 하였다. '금 모으기 운동',

IMF 때 세계를 놀라게 한 한국인의 저력이었다. 당시 해외 유력 언론들은 대한민국 국민이 환난 극복을 위해 금을 모아 해외로 수출하는 모습을 보고 깜짝 놀랐다. 혼연일체가 돼 국가의 어려움을 극복하려는 국민의 노력에 놀란 것이다.

위와 같이 한 언론에서는 금 모으기 운동의 감격을 전해 주고 있다. 국민들의 이 같은 애국심 덕분에 예상보다 훨씬 빨리 IMF에서 벗어날 수 있었다. 역시 극복의 동력은 이름 없는 국민들이었다.

신자유주의의 틈입挿入

"여러분, 부자되세요!" 이는 2001년 연말부터 이듬해까지 어느 카드 회사의 광고 카피로 인기몰이를 하였다. 외환위기에서 초래한 IMF 사태를 겨우 극복했지만 여전히 구조조정의 악몽에서 벗어나지 못하고 있을 때 이 말은 최고의 덕담으로 떠올랐다. 그런 가운데 부자라는 유혹의 틈새를 타고 신자유주의가 슬그머니 자리 잡아 버렸다. 신자유주의는 외환위기 이후 한국 경제를 살려낼 유일한 해결책으로 그것도 이른바 진보진영의 주도 하에 능동적으로 수용하고 말았다.

왜 그랬을까? 외환위기 '덕분'에 기업과 정부가 구조조정에 나섰고, 그 결과 경제의 펀더멘탈Fundamental(경제기초)이 더 튼튼해졌다고 생각하였다. IMF 구제금융을 신청하기 직전까지 정부는 "한국 경제의 펀더멘탈은 튼튼하다."는 말을 반복하였다. 그럼에도 불구하고 IMF 사태가 발생한 것은 개발독재에 의해 추진된 자본주의의 잘못 때문이라고 치부하고 이제 구조조정을 통해 그런 잘못을 근본적으로 수정함으로써 새롭게 거듭나야 한다는 믿음을 갖게 되었다. 따라서 구조조정은 힘들지만 오히려 기회라고 여겨 불가피한 것으로 받아들였다. 그 결과 이런 구조조정을 요구하는 신자유주의는 개혁 이데올로기라는 식으로까지 받아들였다.

그래서 진보의 아이콘으로 불렸던 노무현 대통령도 좌파적인 정책을 편다고 공언했지만, 실제로는 한미FTA, 이라크 파병, 제주도 해군기지 건설, 평택 미군기지건설 확장 등 우파적인 정책을 펼쳤다. "좌회전 깜빡이 켜고 우회전 하냐."는 비판을 받았을 정도였다. 그래서 심지어는 '좌파 신자유주의'라고 불리기까지 하였다. "그의 영혼이 왼쪽으로 기울었다면, 그가 발 딛고 선 땅은 신자유주의 영토였는지 모른다."는 누군가의 지적처럼 신자유주의는 이렇게 대한민국을 점령하였다. 마지못해 수용했다기보다 적극적 대안으로 받아들였던 것이다. 틈입이란 '기회를 타서 느닷없이 함부로 들어감'이란 뜻이다. 정말 신자유주의는 우리나라 경제에 틈입하였다.

그 결과 초국적 자본의 이윤추구를 전면적으로 보장하는 결과를 낳았다. 그로 인해 일자리를 잃은 근로자, 비정규직 문제, 청년 실업 등등 사회적 고통은 커졌다. 당시 정부는 물론 사회 대부분이 신자유주의가 초래할 이런 결과에 대해 너무 안이하게 생각하고 있었다. 그러니까 신자유주의를 대책 없이 스스로 불러들였다. 그 연원은 OECD 가입부터 시작하였다. 선진화로 착각한 OECD 가입은 오히려 외환위기를 초래하였고, 그 해결 과정에서 예상

뉴욕 월가 근처의 주코티공원

주코티공원은 2008년 세계금융위기 이후인 2011년 9월 월가의 탐욕과 1% : 99%로 상징되는 경제적 불평등에 저항하여 일어난 월가시위(Occupy Wall Street!)의 거점이었다. 우리나라를 비롯해 80여 개국 900여 도시에서 동조시위가 일어난 바 있다.

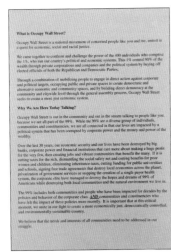

월가시위대가 나눠 준
팜플릿

"월가시위란 무엇인가?", "왜 우리는 오늘 여기에서 이야기하는가?", "우리가 말하고자 하는 문제가 무엇인가?"라는 소제목에서 알 수 있듯이 왜 자신들이 시위에 나설 수 밖에 없었는가를 잘 설명해 주고 있다.

못한 신자유주의가 자리 잡는 기이한 악순환구조 속에 말려들어갔다.

현대경제연구원은 2008년 9월 〈외환위기 이후 10년간 서민 경제의 현황과 과제〉라는 보고서를 통해 "전체 경제규모의 성장에도 불구하고 서민들의 체감소득과 소비는 오히려 줄어들었다."고 밝혔다. 장롱 속 돌반지까지 내놓았던 필부필부匹夫匹婦들에게 돌아온 건 깊어진 양극화요, 가난의 대물림이었다.

그렇다고 반反신자유주의가 답은 아니다. 이미 지구화된 신자유주의로부터 우리만 예외일 수는 없다. 따라서 신자유주의는 87년 체제에서 정립된 민주화, 특히 경제민주화의 기조가 유지되는 선에서 실용적 정책 수단의 하나로 수용할 수 있을 것이다.

그래도 희망은 있다

우리들에게는 여전히 현대사를 이끌어간 승리의 역군, 금 모으기 운동을 이끌고, 2002년 월드컵 응원에서 놀라운 역동성을 보여 주었던 국민들이 있어 희망을 이어 간다. 특히 87년 체제에서 형성된 민주화가 더 민주적인 모습으로 나타난 2008년 촛불집회가 희망을 더하였다.

미국산 쇠고기 수입을 반대하는 촛불문화제로 시작한 촛불집회는 시위에 관한 통념을 뒤집은 새로운 현상이었다. 촛불집회는 주도 세력이 없는 자발적 개인들의 모임이라는 점이 가장 큰 특징이었다. 중·고생들로부터 시작하여 대학생, 일반 회사원, 유모차를 끄는 젊은 주부들까지 다양한 개인들이 자발적으로 동참하였다. 또한 문화제의 형태를 띤 비폭력 저항이었다. 그래서 누구든지 시위대의 일원이 될 수 있었고 누구든지 시위의 중심일 수 있었다.

그야말로 대중들의 창의적인 연출이었다. 이런 집단적 창의성이야말로 지금, 그리고 앞으로 대한민국을 이끌어갈 큰 자산이다. 각자가 중심이면서 수평적으로 소통하고 협력하는 세대의 탄생이야말로 미래의 희망이다.

촛불집회에서 가장 많이 불린 노래가 '대한민국은 민주공화국이다.'라는 〈헌법 제1조〉였다. 촛불 소녀들은 "우리는 학교에서 배운 대로 하고 있어요."라는 피켓을 들었다. 체제를 비판하기보다 체제의 진정성을 수용하는 것이 오히려 더 강한 비판이 되었다. 87년 체제 이후 숱한 도전도 받았지만 경험으로 체득한 민주주의의 불가역성을 보여 주는 현장이었다. 이는 언제든 재현될 수 있는 성숙한 민주시민사회의 모습이었다.

창의교육의 필요성

이 시대에는 창의, 창조가 특히 강조되고 있다. 왜 그럴까? 우리는 지식이나 정보가 기하급수적으로 늘어나는 사회에 살고 있다. 2020년이 되면 지식의 양이 73일을 주기로 2배로 증가할 것이라고 한다. 또 2050년이 되면 지금의 지식은 1%밖에 사용할 수 없을 것이라고 전망한다. 이처럼 세상은 그 변화의 속도와 규모에서 종전과는 비교가 안 될 정도로 빠르고 크다.

이때문에 직장의 개념도 달라지고 있다. 한국고용정보원 통계에 따르면, 2011년 8월 현재, 2년 전 취업자 조사 결과, 전문대졸 이상 취업자 열에 셋은 2년 안에 직장을 옮겼다. 일반 4년제 대졸 취업자도 절반만이 같은 직장에 다니고 있었다. 이런 추세를 감안한다면 현재 은퇴하는 사람들이 평생 약 4~5개의 회사에서 일했다면, 지금 초등학교 아이들은 약 18~25개의 단체나 회사에서 일할 것으로 예측하고 있다. 평생직장이란 말이 무색하다.

따라서 우리는 아직 발명되지 않은 기술을 사용하는, 아직 존재하지 않는 직업을 위해 현재의 학생들을 준비시켜야 한다. 도대체 어떤 방법으로 아이들에게 지금까지 존재하지 않았던 세상을 살아갈 수 있도록 준비해 줄 수 있을까? 바로 이 질문에 대한 답이 창의교육이다.

대중창의시대를 준비하며

인류역사는 창의적인 사람들의 창조적 활동에 의해 진보해 왔다. 예나 지금이나 문명의 진보를 위해 창의는 중요하다. 그런데 오늘날 창의의 필요성은 예전과 다르다. 문명의 진보를 위한 소수의 창의인재는 여전히 필요하지만, 그보다는 이제 대중의 생존을 위해 창의가 필요해졌다. 이른바 '대중창의시대'가 도래했다고 말해야 할 때이다. 대중들은 기하급수적 변화에 대응하기 위해서 끊임없이 적응해야 하고 '진짜' 창의적인 사람들 역시 그 기하급수적 변화를 이끌어내기 위해 더욱 창의적이어야 한다.

우리들은 지금까지 존재하지 않았던 세상에서 살아야하기 때문에 적응이 더욱 중요해졌다. 그래서 창의력과 혁신성, 적응력과 융통성 등이 삶의 키워드로 강조되고 있다. 그런 추세에 맞춰 "지식의 대통합=통섭"이 크게 주목받고 있다. 분리되어 있던 과학과 인문학을 융합하여 창의력 문제를 해결하려는 시도들이 나타나고 있다. 인문학의 역할에도 새삼 주목하게 되었다.

이처럼 대중창의시대를 열어 추격형 경제에서 선도형 경제로의 전환을 이루어내는 것이 지금의 시대적 과제이다. 집단적 창의성을 이미 경험하고 있는 우리 국민들에게 미래는 더 큰 희망으로 다가올 것이다.

10 문화산업과 한류

KOREA

1998년 김대중 정부를 거치면서 불과 십여 년 만에 '한류韓流'를 바탕으로 한 한국문화산업은 세계 9위 수준에 달하였다. 2002년 월드컵 응원에서 볼 수 있듯이 대중들이 연출하는 문화의 새로운 모습, 바로 거기에 한류의 힘이 들어 있다.

2002년 월드컵과 붉은 악마

2002년 한국−일본 월드컵하면 한국대표팀이 승승장구하며 4강까지 오르는 극적인 장면과 더불어 붉은 악마가 연상된다. 그만큼 붉은 악마의 응원은 인상적이었다. 붉은 악마는 1995년 12월에 결성된 한국 축구 국가대표팀 지원 클럽이다. 하지만 거기에 그치지 않는다. 경기장에 붉은 색 옷을 입고 오는 사람이면 모두가 붉은악마가 된다. 붉은 옷을 입는 것만으로도 붉은 악마가 된다. 이처럼 한국 축구는 붉은 악마와 떼놓고 설명할 수 없을 정도다. 붉은 악마는 한국 축구 문화를 대표한다. 아니 우리나라의 대표적 문화현상이 되어 버렸다.

2002년 6월, 한국대표팀이 이탈리아를 꺾고 8강에 진출했을 때 문화방송 〈100분 토론〉에서 "월드컵, 우리는 왜 열광하나?"라는 주제를 놓고 토론이 있었다. 그중 흥미로운 것은 "우리 모두가 월드컵에 열광하는 이유가 무엇인가?"라는 질문에 대한 의견들이었다. "민족적 일체감의 표현이다. 또는 애국심의 발로"라 하여 커다란 의미부여를 하기도 했고, "모이는 열정은 민족이고 국가이다. 방어적 민족주의 속에 형성되어 왔던, 그래서 잠재되어 있던 애국심, 국가나 민족에 대한 운명공동체 의식이 토대가 되어 단결력으로 나타났다.”고 보기도 하였다. 민족이라는 공동체를 축구를 통해 발견, 확인할 수 있었다는 뜻이다.

그런데 신세대들은 단호히 “애국하러 시청 앞에 나가서 응원하지 않았다. 거리 문화, 그 축제 속에서 한번 즐기고 싶어서 나갔다.”라고 말하였다. 그러면서 이는 조직 동원을 하던 그런 시대의 행위가 아니라 개인의 창의적이고 자발적인 즐거움을 위해 자신의 삶을 경영해 나가고 그것이 자연스럽게 엮어져서 공동체의 목표가 수립되는 ‘세련된 민족주의’, ‘세련된 애국심’으로 바뀐 새 시대의 행위라고 보았다. 개개인의 쾌감들이 모여서 큰 덩어리가 되었던 것이지 복고주의적 애국심 때문은 아니라는 것이다. 이처럼 응원문화 속에서 달라진 역사를 읽어야 했다.

개인이 앞서고 그것도 쾌감, 자기 발견, 자기 프라이드 등의 정서가 앞선다. 물론 그렇다고 민족을 모두 버리지는 않는다. 다만 개인에서 출발해 민족에 도착하고 있다는 점에서 크게 달라졌음을 확인할 수 있다. 대중들이 연출하는 문화가 이렇게 달라졌다. 문화의 새로운 모습, 바로 거기에 ‘한류韓流’의 힘이 숨어 있었다.

문화산업의 시대

지금 21세기를 ‘문화의 세기’라 부른다. 이를 특징짓는 가장 뚜렷한 변화는 문화적 가치가 인간 삶의 모든 면에 확산되었다는 점과 문화와 경제가 한 몸처럼 연결되었다는 점이다. 오늘날 지식·정보가 기반이 되는 창조경제시대에 인간의 모든 경험은 산업적 가치로 전환된다. 따라서 문화를 바탕으로 하는 무형의 경제자산은 점점 더 그 가치가 커진다. 이제 문화는 하나의 소비대상, 상품이다. 문화는 이데올로기의 장에서 벗어나 산업이 되었다. 돈이 되었다. 그리하여 지금 문화의 시대가 왔고 문화산업의 시대가 왔다고 한다.

문화산업은 국가나 특정 지역이 갖고 있는 문화를 바탕으로 창의력을 통해 발현되는 지식산업이다. 따라서 이제 세계는 누가 얼마나 고유한 문화를 많이 가지고 있고 이를 얼마나 효율적으로 상품화하느냐에 국가경쟁력이 달려 있다고 할 것이다.

김대중 정부와 한류

우리나라에서 문화 및 문화산업에 대한 체계적인 정책은 1994년 문화산업국이 신설되면서 시작하였다. 문화체육관광부 산하 문화산업국은 문화산업진흥기본법을 근거로 문화산업 정책을 시행하였다. 문화산업국 신설로 상징되는 정책의 전환은 '문화적 매개 기능 중심의 문화산업 규제정책'에서 '경제적 중요성을 적극적으로 강조하는 지원 정책' 쪽으로의 변화라고 표현되기도 한다.

　문화산업에 대한 정책적 지원체계가 확립되고 실질적인 사업들이 본격적으로 추진된 것은 김대중 정부에서부터였다. 1998년 2월 김대중 대통령은 취임사에서 문화산업을 국가 기간산업으로 육성하겠다는 정책의지를 명백하게 선언하였다. 그는 "21세기 한국에서 신기술과 문화산업이 나라의 근간이 될 것이다."라고 언급하며 정식으로 '문화 건국'이라는 슬로건을 내걸었다. 방송위원회 신설(2000. 2. 14)과 한국게임산업개발원(1999), 한국문화콘텐츠진흥원(2001) 등 각종 정책지원기구를 설립하는 한편, 재원 및 지원제도 등을 가시적으로 확충하였다.

　이와 같이 문화산업 진흥을 위한 법과 제도 등을 정비함으로써 문화산업 발전을 위한 토대를 마련하였다. 이를 발판으로 문화산업은 괄목할 성장을 이루어 문화산업 핵심 생산국으로 진입할 수 있었다. 게임, 애니메이션, 캐릭터산업이 발돋움할 수 있는 기반 여건이 조성되었으며, 영화, 방송영상, 음악산업의 경우 아시아 최고 수준에까지 이르렀다. 문화산업이 21세기 한국경제 발전의 원천이 되었다는 이야기이다. 그래서 '한류'의 기원을 1998년 김대중

대통령의 문화정책에서 찾는다.

국가지식정보화사업

자료의 정보화 및 웹 서비스화는 유용하기 그지없다. 이는 국가지식정보화사업 덕분이다. 국가지식정보화사업은 2000년 1월 지식정보자원관리법과 정보화촉진기본법에 근거해 그해 3월부터 정부가 수행하였다. 이 사업은 1999년에 자료소장기관들에서 수행하던 공공근로사업을 이어받아 정보통신부가 주관하였다.

이는 "21세기 지식정보화사회에 대비하기 위하여, 유용한 지식정보를 손쉽게 획득, 활용할 수 있도록 지식정보 데이터베이스를 확충하고 DB간 상호활용을 위한 전자적 공유체계를 구축하는 것"을 주요 내용으로 하였다. 사회적 지식 증대 효과가 큰 과학기술(한국과학기술정보연구원), 교육학술(한국교육학술정보원), 문화예술(한국문화정책개발원), 역사(국사편찬위원회) 등으로 나누어 지식정보자원을 체계적으로 정리하였다.

이 사업은 공공근로사업을 계기로 시작해 활성화되었는데 바로 IMF 사태 때문이었다. 1997년 우리나라는 초유의 IMF 사태라는 경제위기를 맞았지만, 이는 역설적으로 지식정보화사업을 급속히 추진하는 데 큰 효자 노릇을 하였다. 위기가 기회가 되어 지식정보화시대를 앞당겼고, 그런 토대 위에서 '한류'도 성장할 수 있었다. 한류 돌풍의 선봉에 섰던 〈대장금〉(2003)이나 천만 관객 시대를 불러온 〈왕의 남자〉(2005) 등은 모두 《조선 왕조실록》의 정보화와 문화원형의 개발이 그 바탕이 되었다.

이어지는 국가의 문화산업 정책

노무현 정부에서도 문화콘텐츠산업을 국가전략산업인 10대 성장동력산업의 하나로 선정하였다. 2005년 7월 〈문화강국C-Korea 2010 비전〉을 발표해 세계 문화산업 5대 강국 실현을 위한 참여정부 문화산업 진흥정책의 비전을 제시하였다. 정책목표로는 '국제수준의 문화산업시장 육성, 문화산업 유통구조의 혁신, 저작권산업 활성화 기반 구축, 한류 세계화를 통한 브랜드 파워 강화' 등을 제시하였다. 대중음악과 방송드라마에서 촉발된 한류가 정부의 정책과제로 채택되어 한류 확산 및 한류 지속화를 위한 지원정책이 추진되었다는 점도 주목할 만하다.

이명박 대통령 역시 취임사에서 "이제는 문화도 산업이다. 콘텐츠산업의 경쟁력을 높여 문화강국의 기반을 다져야 한다."라고 하여 문화산업의 중요성을 강조하였다. 특히 스마트콘텐츠의 등장과 플랫폼, 소셜네트워크의 발전으로 인한 문화콘텐츠산업 생태계 진화에 부응하기 위한 계획도 적극 수립 추진하였다. 박근혜 정부도 3대 국정기조로 '국민행복', '창조경제'와 함께 '문화융성'을 꼽고 있다. '문화융성'을 정책기조로 채택하여 문화예산의 2배 증액과 문화기본법 제정을 공약하였다.

2000년 한국의 문화산업 수출액은 5억 달러에 불과했지만, 2004년에는 자동차에 이어 두 번째로 큰 수출품이 되었다. 정부의 문화산업 진흥정책에 힘입어 문화산업의 매출액이 2006년부터 스마트 기기 및 플랫폼의 발전, 드라마와 K-POP 등 한류 열풍이 맞물리면서 꾸준히 증가하였다. 2010년 문화산업 수출액은 32억 달러로 10년 만에 6배 이상 상승하였다. 2013년에는 50억 달러로 한국 GDP의 15%나 되었다. 세계 9위 수준에 달하였다. 1998년 김대중 정부를 거치면서 불과 십여 년 만에 '한류'는 이렇게 성장하였다.

한류의 성장

한류는 우리나라의 대중문화를 포함한 '한국적인 것들'이 다른 나라들에서 인기를 얻는 현상을 말한다. 초기 한류는 아시아 지역에서 주로 드라마를 통해 나타났다. 1998년부터 한국의 대중음악 즉 아이돌그룹이 이끄는 K-POP이 일본, 아시아로 진출하면서 본격적인 한류 시대를 열었다. 드라마들도 〈사랑이 뭐길래〉(1991)가 1997년 중국에서 관심을 끌기 시작하더니 〈대장금〉이 큰 물결을 일으켰다. 〈대장금〉은 드라마와 함께 한국의 전통문화를 알렸다는 점에서 더 큰 역할을 하였다. 〈겨울연가〉(2002)는 일본에서, 〈풀하우스〉(2004)는 아시아에서 한류의 문을 활짝 열었다.

2010년을 넘어서면서 '한류'는 끊임없이 변화해 나갔다. 이제는 유튜브를 통한 'K-POP'의 선풍적인 인기로 지역적인 제약을 뛰어 넘고 있다. 싸이의 〈강남스타일〉(2012)이 대표적이다. 이처럼 한류는 아시아뿐만 아니라 라틴아메리카, 동북인디아, 중동, 유럽, 북아메리카 등 세계 곳곳에서 소비되고 있다. 〈별에서 온 그대〉(2013), 그리고 〈태양의 후예〉(2016)까지 이어지는 한류의 흐름은 한국 문화산업의 성공을 이끄는 견인차였다.

일본 대중문화 개방

1998년 10월, 국민의 정부는 일본 영화와 일본어판 만화책 및 잡지의 '상륙'을 허가함으로써 1965년 한일 국교정상화 이후 논란이 되어온 일본 대중문화 개방에 관한 최초의 '원칙적 개방'을 선언하였다.

알게 모르게 일본 대중문화의 영향을 듬뿍 받고 있던 때에 자칫 개방으로 인하여 문화적 식민지로 떨어지는 것 아닌가라는 우려가 컸다. 식민지의 악몽 때문에 일본 문화의 유입에 따른 부작용을 크게 우려하지 않을 수 없었고 그에 따른 한국문화의 위축에 대한 걱정도 많았다. 반일이니 극일이니 하면서 이를 민족주의라고 미화하며 그것이 곧 애국이라 여기는 분위기가 여전히 대세였던 당시에 일본 대중문화 개방은 모험이기도 하였다.

하지만 1993년 12월 타결된 다자간 무역협상, 즉 우루과이라운드 이후 국제화와 문화교류의 상호주의 원칙에 따라 일본의 대중문화라 해도 개방이 불가피해졌다. 따라서 이제 국내의 문화산업계는 국내 시장을 스스로 지키기 위한 비상한 국면을 맞았다.

그렇지만 우려는 우려로 그쳤다. 기우였을 뿐이었다. 오히려 한류가 성장하면서 문화개방이 문화산업계에 효자가 되는 전화위복 현상이 나타났다.

스크린쿼터의 결과 한때 위축될 듯하던 한국 영화 시장은 지금 오히려 전성 시대를 구가하고 있다. 일본 영화는 찾아보기도 힘들 지경이다. 어떻게 그럴 수 있었을까? 여기서 새삼 문화정체성의 힘을 느낀다. 문화가 다르면 공감하기 어렵다는 단순한 진실을 어렵게 깨달았다.

문화정체성의 힘

1990년대의 언제부터인가 '신토불이身土不二'는 본질주의적 한국문화론을 대변하는 대표적 상징어가 되었다. 이는 물론 세계화와 문화제국주의의 거센 물결이 초래하는 문화적 동질화에 대한 대응이자 저항이었다.

경계가 무너지고 국경의 의미가 약해질수록 민족, 혹은 국가라는 상상의 공동체는 새로운 정체성이 규정되고 경합되는 장으로서 오히려 더 중요한 의미를 지니게 된다. 그리하여 '우리 것 찾기'에 더 몰두하는 현상을 발견할 수 있다. 이는 세계화에 대항하는 '민족문화의 재정치화 현상'이라고 이해되기도 한다.

우리가 문화 속에서 남과 다르면서 우리끼리는 같은 것을 찾을 때 이를 문화정체성이라 한다. 이런 문화정체성을 찾으려 할 때 그 핵심에 '민족'이 있음은 지난 100년간 문화의 흐름 속에서 잘 알 수 있다. 따라서 문화정체성의 첫 번째 소재는 민족문화 내지 전통문화임에 틀림없다. 그럼에도 불구하고 단순히 배타적이고 본질주의적인 민족문화에 의지한다면 혹 민족적 문화정체성을 세울지는 모르겠지만 그것이 바람직한 정체성의 모습은 아닐 것이다. 더군다나 현재처럼 소비사회와 세계체제가 급속도로 확산되는 상황에서는 본질주의적 민족문화에 대한 집착은 오히려 현실에 대한 성찰을 저해할 수도 있다.

따라서 적합한 민족문화=전통문화를 정하고 이를 적절한 수준으로 수용하는 것이 중요하다. 그러나 무엇을 민족문화로 규정할 것인지, 어떤 것을 문화유산으로 보존할 것인지, 어느 수준으로 이를 선정해야 하는지 등등에 대한 합의점을 찾는 일이 그리 수월하지는 않다. 더구나 민족의 고유문화란 고정되어 불변하는 것이 아니라 끊임없이 새롭게 규정되는 살아 있는 것이란 점을 고려한다면, 이 질문에 대한 답이 더욱 어려워진다. 그럼에도 불구하고 답을 찾아야 한다면 그 답 찾기는 '민족' 그 자체에서 시작할 수밖에 없다.

'우리 것'은 선택 가능한 상품 중 하나이며, 그것도 가치 있는 상품이다. 우리 고유의 정서가 배어나는 이른바 포퓰러 컬처로서의 대중문화를 토대로 성장한 한류가 이 명제를 증명하고 있다.

11 현대사 읽기

KOREA

남이 잘되는 것도 못 봐주지만 남보다 못사는 것도 받아들이기 어려워하는 풍토, 그래서 나도 너처럼
잘 될 수 있다는 오기, 소도 팔고 땅도 팔아 이를 뒷받침했던 교육열, 이를 위해 열정과 헌신으로 뛰
었던 국민들. 아무리 둘러봐도 성공의 동력은 바로 그런 국민밖에는 없다.

〈변호인〉과 〈국제시장〉

해방 이후 제대로 된 국가를 만들기 위해서는 두 가지가 꼭 필요하였다. 하나
는 빈곤의 해결, 즉 먹고사는 문제였고, 다른 하나는 민주주의였다. 그것이
다름 아닌 산업화와 민주화였다. 두 과제가 모두 필요한 것이었지만, 양자는
서로 극단의 대립을 겪었고 지금도 여러 곳에서 부딪히고 있다.

꼭 1년 간격으로 개봉한 영화 〈변호인〉(2013. 12)과 〈국제시장〉(2014. 12)이
모두 흥행 대박의 숫자인 천만 관객을 넘었다. 잘 알다시피 〈변호인〉은 민주
화를, 〈국제시장〉은 산업화를 주제로 한 영화들이다. 천만 영화는 결코 쉽
게 탄생하지 않는다. 대규모의 소비 환경을 만들어 주는 스크린 점유율도 크
겠지만, 작품성은 물론이고, 특히 대중성이 없으면 달성하기 어려운 숫자이다.

사정이야 어쨌든 두 영화 모두 대중들의 공감을 얻어 낸 것은 분명하다. 〈변
호인〉을 본 관객이 〈국제시장〉도 보았고, 〈국제시장〉을 본 관객이 〈변호인〉
도 봤다. 이는 우리 국민들은 한국 현대사의 두 축, 즉 산업화와 민주화가,
서로 대립적이든 이분법적이든 상관없이, 모두 의미 있는 것으로 수용하고

있다는 뜻이다. 진보와 보수의 기세 싸움으로 비춰질 수도 있었겠지만, 관객은 '무승부', 아니 둘 다 '승리'라는 답을 내려 준 것이다. 바로 여기에 현대사를 '새로', '다시' 볼 수 있는 답이 숨어 있지 않을까?

산업화를 이룬 박정희와 민주화의 주역 김대중은 존경받는 대통령의 순위에서 거의 1위와 2위를 차지하고 있다. 이것이 현대사를 받아들이는 우리 국민들의 인식이라고 본다.

현대사의 굴레

그런데 현실정치에서는 좌우 진영논리를 내세우며 여전히 대립 갈등이다. 거기에는 세 가지 원인이 있다고 생각한다. 첫째는 반민특위의 좌절로 친일파 청산작업이 막을 내리며 '친일 청산 없는 정부 수립'이 그대로 현대사의 굴레가 되어 버렸다. 둘째는 1980년 서울의 봄이나 1987년 6월 항쟁으로 기대했던 민주화의 결과가 '독재 청산 없는 민주화', '처벌 없는 과거사 청산'으로 귀결된 것이었다. 셋째는 '좌회전 깜빡이 켜고 우회전'이라 비판하는 데서 보듯이 진보의 아이콘 노무현 정권이 신자유주의를 적극적인 대안으로 받아들였다는 점이다.

그리하여 산업화는 신자유주의로, 민주화는 절차적 민주주의로 귀결되어 여전히 진행형의 과제로 남게 되었다. 이런 현대사의 굴레가 씌워지는 순간마다 상수가 되어 작용했던 것이 분단의 결과인 북한이었고 우리나라를 둘러싼 미·일·중·소 등 외세의 이해관계였다.

독재 청산 없는 민주화를 넘어

1980년 '서울의 봄'은 독재 정권 18년의 장기집권을 마감하고 민주화의 꿈이 실현될 순간이었다. 그러나 광주민주화운동의 뼈아픈 상처만을 남긴 채 미완의 민주화로 끝나고 말았다. 그러나 광주에서의 숭고한 희생은 민주화운동을 폭발적으로 확산시켰고, 1987년 6월 항쟁의 성공을 뒷받침하는 정신적 원천이 되었다.

그러나 6월 항쟁의 성공으로 쟁취한 직선제 개헌마저도 민주진영의 분열로 인하여 민주 정부 수립에 실패하였다. 군사독재 세력이 청산되지 않고 오히려 합법적으로 재집권할 수 있는 기회를 제공해 주었다. 그리하여 이른바 '독재 청산 없는 민주화'로 남게 되었다. 그 후 3당 합당으로 대통령에 당선된 김영삼 정부의 출범도 그 뿌리 위에서 나온 싹이었기 때문에 여전히 독재 청산은 미루어졌다.

그러나 문민정부 출범 후 1995년 5·18특별법 제정에 대한 국민적 요구가 거세어졌다. 이에 따라 김영삼 대통령은 역사바로세우기 차원에서 특별법 제정을 지시하였다. 마침내 〈5·18민주화운동등에관한특별법〉 제정으로 희생자에 대한 보상 및 희생자 묘역 성역화가 이루어졌다. 특별법 제1조에서 1979년 12월 12일과 1980년 5월 18일을 전후해 발생한 사건을 헌정질서 파괴범죄행위라 규정하였고, 이는 1997년 재판에서 "12·12사건은 군사반란이며 5·17사건과 5·18사건은 내란 및 내란목적의 살인행위였다."고 단정하였다.

1997년 대법원은 성공한 쿠데타의 가벌성에 대해 "피고인들이 정권장악을 통해 새로운 법질서를 수립한 것으로 볼 수 없고, 우리의 헌법질서하에서는 헌법에 의한 민주적 절차를 거치지 않고 폭력에 의해 헌법기관의 권능행사를 불가능하게 하거나 정권을 장악한 행위는 어떤 경우에도 용인될 수 없다."라고 분명하게 적시하였다.

그리하여 전두환, 노태우는 각각 무기징역과 징역 17년형을 선고받았다. 이후 특별사면으로 풀려났고 복권되었지만, 군부의 행위는 헌정질서 파괴범죄행위로 규정되어 사법처리되었다는 점에서 독재 청산 없는 민주화로부터 한 발 벗어날 수 있었다. 이제 쿠데타는 어떤 경우에도, 비록 성공하더라도, 결코 처벌을 피할 수 있는 행위가 아님이 분명해졌다.

이것이야말로 광주민주화운동이 이루어낸 민주화의 큰 진전이었다. 5·16 군사정변 때와의 차이를 여기서 찾아볼 수 있다. 그리고 광주민주화운동은

1997년 '5·18 민주화운동'이란 이름으로 국가기념일로 제정되었다. 그해부터 정부주관 기념행사가 열렸다. 2011년 5월에는 5·18 광주민주화운동 관련 기록물이 유네스코 세계기록유산에 정식으로 등재되었다.

그 뒤를 이어 2005년 12월 1일, 진실·화해를 위한 과거사정리위원회가 〈진실·화해를위한과거사정리기본법〉에 따라 출범하였다. 위원회는 항일독립운동, 일제 강점기 이후 국력을 신장시킨 해외동포사, 광복 이후 반민주적 또는 반인권적 인권유린과 폭력·학살·의문사 사건 등을 조사하여 은폐된 진실을 밝혀 과거와의 화해를 통해 국민통합에 기여하기 위함을 목적으로 하였다.

과거사정리위원회는 2010년 12월 31일, 5년간의 활동을 종료하였다. 그동안 의미 있는 성과를 낳고 특히 현대사 연구를 촉발하였다. 결과는? 어느 정도 진상규명을 통해 잘못된 과거사를 바로잡았다. 그러나 정권이 바뀌면서 마무리가 흐지부지되고 말았다. 씁쓸한 마무리였다. 그 과정에서 예견되었던 것이지만, 가해자에 대한 처벌은 단 한 건도 없었다. '처벌 없는 과거사 청산'에 그치는 한계를 드러냈다.

좌회전 깜빡이 켜고 우회전

지금 세계적으로도 그렇고 우리나라도 우경화 경향이 뚜렷하다. 그런 조짐은 1995년 세계화를 외치며 OECD 가입을 추진할 때부터 나타났다. IMF 사태를 겪고 난 후 김대중, 특히 노무현 정권을 거치면서 '좌회전 깜빡이 켜고 우회전'이란 말처럼 신자유주의라는 틀 속으로 빨려 들어갔다.

현 우파 세력들은 민주화운동에 뿌리를 둔 국사학계에 대하여, "90%가 좌파"라고 규정하며 왜곡하고 있다. 이에 대한 판단은 수용자인 국민 각자가 하게 될 것이다. 교학사 교과서 문제나 현재 밀실에서 편찬하고 있는 한국사 국정교과서 사태 등으로 볼 때 무엇이 상식인지, 다수의 뜻이 무엇인지는 분명하다. 그러나 숫자로 이기는 게 중요한 건 아니고, 미래지향적인 해석이 무엇인지가 더 중요할 것이다.

역사에서 교훈을 배운다. 친일이나 독재를 미화해서 얻을 것이 무엇인가? 어디에나 공功과 과過는 있다. 공을 내세운다고 과가 없어지는 것은 아니다. 과를 드러낸다고 공의 가치가 사라지는 것도 아니다. 공과 과가 50:50을 이루는 것이 균형도 아니다. 반복해서는 안 될 것은 비판적으로, 잘 한 건 잘하였다고 긍정하는 것이 미래지향적인 해석이 아닐까? 친일과 독재를 비판하는 중요한 이유는 반복되지 않도록 하기 위한 것이다. 이를 청산하지 못하면 언제든 다시 반복할 수 있기 때문이다.

성공의 원동력, 국민

70여 년 전 우리나라는 식민지였다. 또 그뿐인가. 해방된 지 5년 만에 '동족상잔의 비극'인 6·25 전쟁의 소용돌이를 겪었다. 그 폐허 속에서 현대사는 시작하였다.

그것만이 아니었다. 5·16, 10·17, 10·26, 12·12, 5·18, 6·10 등등 이런 숫자들만 나열해도 현대를 살고 있는, 그래서 현대사 읽기에 관심이 있는 사람이라면 금방 알 수 있듯이 한마디로 파란만장한 사건들의 연속이었다. 최루탄이 난무하고 고문치사, 살인진압 등등, 그리고 이에 맞서는 돌 던지기, 화염병, 쇠 파이프, 몸을 사르는 항거…. 도대체 이런 나라가 어떻게 불과 반세기 남짓에 선진국의 대열에 들어섰을까? 이런 사실을 어떻게 받아들여야 할까? 지구상에 선례가 없는 일이다. 당장이라도 망할 것 같던 나라에서도 뭔가 잘한 일이 있었다는 것이다.

무엇을 잘했을까? 국민 하나하나가 아낌없이 흘린 피와 땀이 바로 그 답이다. 우리가 이루어 낸 성과들은 국민 각자의 우수성을 신뢰하지 않고는 설명할 수 없는 일이다. "사촌이 땅을 사면 배가 아프다."는 말처럼 남이 잘되는 것도 못 봐주지만 남보다 못사는 것도 받아들이기 어려워하는 풍토, 그래서 나도 너처럼 잘 될 수 있다는 오기, 소도 팔고 땅도 팔아 이를 뒷받침했던 교육열, 이를 위해 열정과 헌신으로 뛰었던 국민들, 아무리 둘러봐도 성공의 동력은 바로 그런 국민밖에는 없다. 민주화투쟁의 원동력이 되기도 했고, 한강의 기적을 일으키기도 했던 진짜 주역은 단연 국민들 자신이었다.

정치적 갈등의 순간순간 맞은 선거를 통해 국민들은 절묘한 선택을 하여 놀라운 균형을 잡아 주었다. 아무도 예측하지 못한 기막힌 결과라는 말을 쓸 정도로 우리 국민들의 집단적 현명함이 오늘 우리를 여기까지 이끌고 왔다고 감히 말할 수 있다. 월드컵 4강 신화를 만들었던 붉은 악마의 응원문화, 촛불집회에서 보여 준 대중들의 역동성, 세계를 놀라게 한 한류의 신세계, 이런 국민들에게서 미래의 희망을 본다.

세월호의 참사에서 우리는 정부, 관료, 그리고 지도층, 책임져야 할 사람들에게서 절망을 보았지만, 거꾸로 사회적 약자들에게서 희망을 보았다. "승무원들은 마지막까지 있어야 한다. 너희 다 구하고 나도 따라가겠다."던 승무원 박지영 양, 10여 명의 학생들을 구출하며 자신의 첫 제자들을 지키려 했던 교사 최혜정 등 7인의 의사자들이 바로 그들이었다.

진정한 승자, 국민의 기록

역사는 옛 것이지만 역사쓰기는 항상 현재의 입장에서 해석, 정리되어 '다시', '새로' 쓴다. 개인이 사적私的으로 남기는 기록들은 당연히 다양하겠지만, 공적公的 기록 즉 국가기관에 의해 만들어진 역사는 항상 이긴 자의 편이다. 이긴 자가 역사를 자기중심으로 쓰고자 하는 것은 어찌 보면 당연하다. 하지만 바로 그렇기 때문에 승자의 기록이 사실을 그대로 반영하고 있지는 않다. 어디까지가 사실인지도 불분명하다. 그래서 역사의 기록을 해석하는 사료 비판이 역사학의 출발점이 된다.

민주화가 이루어진 지금, 정치적 승자는 5년을 주기로 계속 바뀐다. 승자가 엎치락뒤치락하기 때문에 역사도 이랬다저랬다 한다. 혼란스럽게 보이지만 어쩌면 당연한 모습이기도 하다. 그러나 아무리 역사를 승자의 기록이라 하더라도 5년마다 바뀌는 그런 역사가 되어서는 안 될 것이다. 현대사의 진

정한 승자는 5년마다 바뀌는 정권이 아니라 집단적 현명함과 열정, 헌신으로 오늘의 선진화를 이룬 '국민'이다. 따라서 이런 국민의 입장에서 정리되는 현대사가 되어야 할 것이다. 그렇다면 그 현대사는 누가 쓸 것인가?

현대사의 진정한 승자는 오늘의 선진화를 이룬 국민이다. 이러한 국민의 입장에서 정리되는 현대사는 과연 누가 쓸 것인가?

역사는 역사학자에게

역사가 엎치락뒤치락하는 데는 역사학계의 책임도 크다. 아직 현대사 정리의 경험이 일천하고, 또 격동의 현대사가 만들어 놓은 정치과잉이 그런 결과를 낳고 있다.

역사학계에서 현대사 연구는 1990년 이후에야 연구다운 연구가 시작되었다. 역사란 지나간 과거를 대상으로 한다는 '상식' 때문에 현대사는 역사의 대상이 되기 어려웠다. 그래서 현대사는 역사학자들보다는 사회과학자들의 영역이었다. 그러다가 1990년 이후 새로운 자료들이 공개되기 시작했고, 이념으로부터 상대적으로 자유로운 환경이 조성되면서 현대사도 역사학자들의 연구대상이 될 수 있었다.

현대사 연구의 기존 성과들이 대부분 냉전시대와 남북분단이란 부자유스런 환경에서 생성된 것들이었다. 그래서 정치적 판단이 앞섰고 이념 대립의 장이 되곤 하였다. 연구 환경이 크게 달라진 지금, 그런 굴레에서 벗어나야 한다. 그리고 기존의 견해들을 재검토해야 할 필요성이 커졌다. 이미 적지 않은 부분에서 수정이 이루어지고 있다.

따라서 역사학자들이 해야 할 일은 한국사교과서를 '바꾸는 데' 또는 그것을 '막는 데' 집착하기보다 '연구'를 통해 학문적 성과를 축적하는 것이다. 지금 현대사가 학문적 연구 결과를 토대로 '사실'을 둘러싼 논쟁, 즉 학문의 영역으로 들어오고 있다. 바람직한 변화이다.

역사학자들의 균형 있는 노력들이 더 필요하겠지만, '약은 약사에게, 진료는 의사에게' 맡기듯 역사는 역사학자에게 맡겨야 한다.

평화통일을 위한 노력

지금 우파 정권은 북한 정권의 붕괴에 따른 흡수통일을 기대하고 있다. 그리고 북한 정권이 붕괴되면 통일은 저절로 올 것처럼 생각하고 있다. 그러나 꼭 그렇지는 않다. 북한이 한 뿌리인 남한과 합쳐 통일을 이룰 거라는 건 우리의 기대일 뿐이다.

북한이 중국을 택하는 경우도 전혀 배제할 수 없다. 물론 그런 일은 상상하기도 싫고 또 그래서도 안 되겠지만, 세상사는 모르는 일이다.

왜 이런 생각을 하게 될까? 북한이 다급해지는 경우, 연변 조선족 자치주처럼 되지 말라는 법이 없다. 바로 그 순간을 위해 중국은 이른바 동북공정을 준비하고 있다.

동북공정이란 고구려의 옛 땅인 중국의 동북 지역에 대한 학술연구로서 다민족들을 단결시켜 사회주의 중국의 통일을 강화하기 위한 작업이다. 중국은 고구려를 중국의 소수민족이 세운 지방 정권이라고 보아 고구려사는 중국사의 일부라는 견해를 계속 주장해 왔다. 동북 지역의 전략적 가치가 증대함에 따라 이 지역에 대한 역사적 연고권을 주장하려는 것이다. 이 지역의 역사를 중국사로 공언해 둠으로써 북한의 붕괴나 남북통일 등 향후의 상황 변화에 대비하려는 것이다.

이는 영토패권주의의 발로로 당연히 문제가 있는 정책이다. 그렇지만 현재처럼 남북의 대립국면이 심화되고, 반면 북한의 중국 기대기가 커진다면 북한 붕괴의 결과가 어떻게 될지 예측하기 어려운 상황이 올 수도 있다.

그런 점에서 북한과의 동질성을 회복하고 포용적인 정책을 펴는 이른바 평화통일론이 우선되어야 함은 당연하다. 그렇기 때문에 대화를 통해 평화통일을 이루는 것이 절대 필요하다. 중국은 그런 시기를 이미 대비하고 있는데 우리는 동질성 회복보다는 적대감만 키우고 있으니 참 안타깝다.

열린 민족주의

미국에는 애국주의가 있다. 이는 폐쇄적 민족주의나 마찬가지다. 한국에게 민족주의를 없애라고 충고했던 미국에서 애국주의의 풍조는 커지면 커졌지, 줄어들거나 사라지지는 않고 있다. 미국식 애국주의가 할리우드 영화를 통해 얼마나 확대 재생산되고 있는지 생생히 볼 수 있다. 군사 재무장을 위해 역사 왜곡도 서슴지 않는 일본은 어떻고, 또 이미 슈퍼 차이나가 되어 버린 중국은 또 어떤가? 주변의 어떤 나라도 민족주의라는 관점에서 볼 때 점점 더 폐쇄적이 되어 가고 자국중심주의가 심각해져 가고 있을 뿐이다. 아무도 버리지 않는 민족주의 또는 애국주의를 우리만 버려야 하는가? 물론 그래야 할 이유는 없다.

세계화의 물결이 민족을 약화시키는 계기가 되었지만, 역으로 세계화시대에 자본의 논리에 대항할 수 있는 유일한 이데올로기는 민족주의밖에 없다는 주장이 여전히 설득력을 지닌다. 그렇다고 예전의 민족주의를 곧이곧대로 붙들고 있어야 한다는 뜻은 아니다.

개인으로부터 집단으로, 아래로부터 위로, 자연스럽고 자발적으로 형성되는 집단성, 그 집단성에 기초한 민족주의야말로 21세기 새롭게 지향해야 할 민족주의가 아닐까? 남북통일을 이루어 낼 수 있는 궁극적인 힘도 바로 이런 민족주의에서 나온다고 믿는다.

찾아보기